戦争と地方政治

戦中期の千葉県政

池田宏樹
Hiroki Ikeda

アルファベータブックス

戦争と地方政治——戦中期の千葉県政／目次

第三章　太平洋戦争期の藤原県政

第四章　太平洋戦争期の川村県政……189

序章

一、一九六〇年代以降の歴史学の成果を踏まえて

日中戦争から太平洋戦争期の歴史研究は今日、非常に多くのものが生み出されてきている。以下は本稿で活用させて頂いたものを紹介しておく。まず一九六三年（昭和三十八）の岩波日本歴史講座現代3、同4に収録の論文を挙げることが出来る。特に現代4の藤原彰「太平洋戦争」は大変に参考になるものである。[1] また一九七一年（昭和四十六）に刊行された『太平洋戦争史』全七巻は一九三一年（昭和六）にはじまり四五年（昭和二十）にいたる一五年間の日本帝国主義のアジアに対する侵略戦争の歴史叙述が中心であるが、一九五二年サンフランシスコ講和会議までを扱っており、本稿では第二、三、四、五巻を参考にした。[2] さらに一九七六年（昭和五十一）の岩波日本歴史講座近代7に収録の江口圭一「日中戦争の全面化」、犬丸義一「反ファシズム運動とその解体」、原朗「戦時統制経済の開始」、木坂順一郎「大政翼賛会の成立」、森武麿「戦時下農村の構造変化」は大変に参考になり、[3] 一九七七年（昭和五十二）の岩波日本歴史講座近代8に収録の由井正臣「太平洋戦争」、中村隆英「戦争経済とその崩壊」、粟屋憲太郎「国民動員と抵抗」、藤原彰「敗戦」も参考になった。[4] 一九七九年の『体系・日本現代史』3に収録の木坂順一郎「日本ファシズム国家論」は一九三一年九月から九年がかりで立憲君主制から天皇制ファシズムへ移行してゆく過程の叙述が非常に説得的であり、大変に参考になるものであった。[5] 一九九五年（平成七）の岩波講座日

本通史近代4に収録の由井正臣「一九四〇年の日本」も参考になった。[6]

二〇一五年（平成二十七）の岩波講座日本歴史近現代4収録の諸論文も参考にしたが、翼賛運動に論及がないことは残念に思った。[7] 一九八二年の藤原彰「日中全面戦争」、木坂順一郎「太平洋戦争」は読み物としても、判りやすく、好著である。[8] これらに代表される論文の多くは国内外の動向を踏まえた通史論文である。これらを地域に照らして観た時に、どのように具体的に地域史が見えるものであるのかを検討したいと思う。戦時体制が強化されればされるほどに、中央集権が強大となり、地方制度はますます改悪されてゆく。しかしこの地方制度改変の問題はほとんど取り上げられていない。そこで千葉県の県政と経済の動向を取り上げることにしたいと思う。

（注）

（1）千葉県立中央図書館蔵岩波日本歴史講座現代4所収、岩波書店、一九六三年
（2）前掲図書館蔵歴史学研究会編『太平洋戦争史』全七巻、青木書店、一九七一年
（3）前掲図書館蔵岩波日本歴史講座近代7所収、岩波書店、一九七六年
（4）前掲図書館蔵岩波日本歴史講座近代8所収、岩波書店、一九七七年
（5）前掲図書館蔵『体系・日本現代史』3、日本評論社、一九七九年、二頁
（6）前掲図書館蔵岩波講座日本通史近代4所収、岩波書店、一九九五年
（7）前掲図書館蔵岩波講座日本歴史近代4所収、岩波書店、二〇一五年年
（8）前掲図書館蔵『昭和の歴史』第6、同7、小学館、一九八二年

二、戦中期の地方政治追究の意義

日本では個人と国家の関係は自由民権期に民権か、国権かと云うことで、重要な論争課題となった。大正デモクラシー期に個人や個性の尊重が叫ばれ、明治期の国家主義への抵抗が見られ、政党政治期にその発展が期待されたが、政党政治崩壊以降、戦時期と重なって国家主義が全面に押し出され、特に大政翼賛会が登場する天皇制ファシズム期には個人や個性、あるいは自由を全く敵視し、「国家あっての個人」として様々の人権が無視されたのである。この人権が国家のためにどのように抑圧され、踏みにじられたのか、そして個人の生命や財産を「戦争に勝つこと」を名目に国家が掠奪したことを千葉県を事例にして明らかにしたい。

上述の『体系・日本現代史』の「刊行のことば」では、「平和憲法をふみにじろうとする軍靴の足音がふたたびたかまろうとしている現在」と一九七九年の政治情勢に危機感を持ち、「日本ファシズムの確立と崩壊」についての研究を発表したのであったが、現代は一九七九年の情勢とは比較にならない程に平和憲法を踏みつぶそうとする動きは強大となり、緊迫した情勢を迎えている。戦後七一年間の平和は戦争とファシズムで犠牲になられた国内外の人々の無念な思いを国民が大事にして来たからこそ、続いたものである。再び暗黒の世界に引き戻されないために、日中戦争から太平洋戦争期の地方政治を通して身近な歴史を思い起こすべきであると思う。

第一章　日中戦争期の多久県政

一、はじめに

日中全面戦争が開始されたのは、今から七九年前のことである。一世代三〇年としても二世代以上も前のことであり、戦争を体験した人々は国民の中でも少数派となっている。それでも戦後日本歴史研究の成果で軍事、政治、経済、外交等に国民は中央の動きや戦争の実相をしっかりと把握出来るようになっている。しかし地方政治との関係となると、決して十分とは言い難い状況にある。日中戦争は開始から二年程はわが国の攻勢的な展開が見られた時期であった。この時期の千葉県政は第二八代多久安信知事によるものである。多久県政（一九三七年七月〜三九年一月、第二八代多久安信千葉県知事の県政期）については、まず『千葉県議会史』第四巻が参考になるが(1)、県政全体の特色を明らかにしているものではない。また『千葉県の歴史』通史編近現代2は「日中戦争期と千葉県」の中で軍事、政治、経済の様々な動きを触れているが、多久県政を直接に纏めているわけではない(2)。中里裕司氏は多久県政とそれに続く立田県政の工業化政策と都市事業の面で詳細に論述しており、大変に参考になるものである(3)。本稿では日中戦争第一局面と云われる時期の多久県政を取り上げ、地域の人々が戦争をどのように受けとめていたのかを追究し、多久県政の特色を明らかにしたいと考えるものである。

（注）
（1）千葉県立中央図書館蔵『千葉県議会史』第四巻、一九八二年
（2）前掲『千葉県の歴史』通史編近現代2、二〇〇六年
（3）中里裕司「日中戦争期における千葉県の近代化政策―工業化政策の限界と都市計画事業の挫折―」（『千葉県史研究』第八号別冊「近現代千葉の諸相」所収）、二〇〇〇年

二、日中全面戦争の開始

（一）木更津基地出撃と宇那谷部落移転

一九三七年（昭和十二）七月七日の夜、北京郊外の盧溝橋付近で日中両軍が衝突する事件が起こった。激しい戦闘があり、中国軍に相当の死傷者が出たが、日本軍にも戦死者八名、負傷者二〇名の被害があった。しかし現地では停戦協定が成立し、局地的な解決に向かうと思われたのである。しかし第一次近衛文麿内閣の増派によって八月中旬には日中両軍は交戦状態に入って、日中両国は全面戦争に突入することになった。戦争が始まると近衛内閣は一九三七年九月十日に臨時資金調整法、輸出入品等臨時措置法、軍需工業動員法の適用に関する法律、いわゆる統制三法を公布した。そして一九三八年四月一日には国家総動員法を公布し、同月六日には電力管理法を公布して電力を国家管理に移した。こうして日本は戦時優先の法的措置を行って、市場経済から統制経済に移行することになったのである。(1)

海軍は一九三〇年（昭和五）のロンドン軍縮条約で制限を受けた補助艦の「劣勢」を補うために、空母部隊の充実を図ると共に、それとは別個の地上基地から発進し、艦隊攻撃や都市戦略爆撃に使用出来る双発の陸上攻撃機

（中攻）を中心とする航空部隊を編成した。その基地には木更津と鹿屋（鹿児島県）が選ばれ、木更津航空基地は一九三四年（昭和九）十一月一日に起工され、一九三六年（昭和十一）四月一日に開隊となっていた。(2)

一九三七年七月十一日に海軍は木更津、鹿屋両航空隊を第一連合航空隊に編成し、第三艦隊附属となり、八月十四日には初の渡洋爆撃を開始して戦闘に加わったのである。(3)

陸軍では『佐倉市史』によれば、当時満州に出動中の佐倉歩兵第五七連隊の留守部隊を基幹に歩兵第一五七連隊が創設され、九月十七日に佐倉を出発、九月二十三日上海に上陸し、日中戦争に参戦した。

千葉県は一九〇五年（明治三十八）の日露戦争以降、〝軍郷千葉〟と云われた程に県内各地に軍事施設が増設されて来ていたが、一九三七年（昭和十二）八月一日に千葉憲兵分隊管内の管轄区域変更が行われ、銚子憲兵分遣隊が設置された。これは「交通の便不便、持ち場の密不密を考慮した画期的な改革であり、相互の連絡応援にも多大な利便をもたらすもの」といわれていた。管轄区域は香取郡小見川以東から匝瑳《そうさ》、海上両郡並びに銚子市と対岸茨城県鹿島郡全部で、軍部直接の目標は銚子飛行場、飯岡の高射砲、射撃場、対岸波崎町別所の廠舎、海軍爆撃場等であったが、戦時体制に移行する中で防諜や住民の不満の抑圧を強化しようとしたものであった。(4)

一九三八年（昭和十三）五月に匝瑳郡共和村（旭市）の人々に衝撃が走った。それは海軍香取航空隊の飛行場建設用地に同村八軒町、谷町場の両部落が決められたためであった。村長始め村民等には青天の霹靂であった。谷町場部落は帝国農会指定のモデル経営農家もあった県下の代表的な農村であったからである。両部落一四六戸には二〇日間での立ち退きが伝えられたと云う。飛行場用地内の農家九六戸の移転と、第一期買収地一〇〇万坪の買上が翌年春頃から始まった。移転先は同村内の字川西三番へ約四〇戸、その他は豊畑村（旭市）椿海村（匝瑳市）等へ分散移転した。部落では毎日のように集会所で相談会が開かれたが、常に銚子憲兵分遣隊から憲兵が派遣されて臨席していた。海軍大臣に陳情し、水田一反三〇〇円、畑同二五〇円で売り渡した。飛行場敷地は海軍施設部と住

民の各戸割当、生徒、刑務所囚人、朝鮮人の勤労奉仕で一九四二年（昭和十七）頃に完成したのである。(5)

千葉市小中台の土地約三万八〇〇〇坪が買収され、陸軍防空学校が新設となり、一九三七年十月十三日には起工式が行われ、一九三八年十月十六日に開校となった。

千葉郡犢橋《こてはし》村宇那谷（千葉市花見川区）は近世初期以来の農村であり、一八九一年（明治二十四）は戸数七二、人口六〇二人の村落であった。一八八六年（明治十九）下志津原に陸軍演習場が創設されると、宇那谷部落は下志津練兵場内に三角の形で突き出して残存することになった。陸軍では一九〇七年（明治四十）頃から同部落の移転交渉をしてきたが進展せず、当時「千葉県の小河内村」と称されていたのである。しかし民家に時々砲弾が落下すると云う恐怖があり、日中戦争勃発と共に部落側でも一九三八年（昭和十三）三月に「この際集団移転を敢行しよう」と意思が纏まり、一九三九年（昭和十四）五月末までに移転することになった。陸軍がどのように強制したのかは、今日では記録もなく、関係者の多くが他界しているので定かではない。当時戸数九六戸、五〇〇余人であったが、移転先は千葉市若松町（若葉区）三六戸、千葉郡犢橋村内山（花見川区）三〇戸、印旛郡旭村栗山（四街道市）六戸、同郡志津村上志津（佐倉市）四戸、同郡千代田村四街道（四街道市）五戸、千葉郡大和田町勝田（八千代市）五戸、印旛郡阿蘇村（八千代市）四戸、東京、市川方面六戸等であった。宇那谷部落の人々は粗放農業で、養畜的農業の経験がなく、従来の経営法では耕地面積が狭いので、経済上の破綻は必定と見られていた。

そこで千葉市職業課では指導に乗り出すことにした。まず三六戸と最も多く移住した若松町には農事実行組合を組織させ、合理的経営によって反当収益の増加を図ることにした。高宮技手が趣味、特技を生かして農業経営に当たるための「農業経営の大綱」を作成した。大綱では三六名の宅地平均一反五畝歩、耕作地は全て畑地で、反別平均三反歩、共同耕作圃三町歩であったが、組合が一か年一、五〇〇円を目標に収益を挙げようとする仕組みであった。各家庭の事情を斟酌して、①養畜を加味する集約栽培、②蔬菜の集約栽培、③庭園樹、花卉類を加味する集約栽培、④藁加工を加味する集約栽培の四つの形式に分けて経営させるものであった。また消費を節約し、悪習の打破、改善を図るために、①冠婚葬祭の節約、②節酒・節煙の断行、③農業必需日用品共同購買並びに販売、④共同浴場の設置、⑤共同利用の機具器械の設備、⑥日常生活食料品（味噌・醤油・茶）の共同製造等の実行を血盟させようとするものでもあった。(6)しかし果たしてこの「大綱」がどこまで実践されたのかは不明である。古老の話によると、有力者であった小沢伝重郎氏が陸軍から一括買収した地に移り、各自が小沢氏から宅地一反歩宛を購入した。当初陸軍の話では耕作用の畑地も確保したと云っていたが、それはなく、移住者たちは親戚や知人の畑地を借用し、サツマイモや麦類を栽培して生活の糧にした。宇那谷部落では水田稲作が出来たが、若松町では畑作だけの生活なので大変であったと云う。宇那谷部落の氏神であった鹿島神社、祖先の菩提寺の大聖寺も若松町に移転し現存している。(7)

一九三八年六月十七日、降りしきる雨を衝いて学徒動員のトップを切り、千葉中、師範学校生徒二〇〇名、千城、誉田両村青年団員一〇〇名、青年学校教員養成所生徒二五名の合計三二五名はカーキ色の合羽や時代物の蓑に身を堅め、午前六時に千葉郡千城村に集合、傷痍軍人療養所建設の鍬入れ式に参列した。同療養所はこれら勤労学徒等一万人の奉仕活動で完成したものである。同年十一月二十九日に落成式が行われ、十二月一日に全国二九療養所中で最初の開所となっていた。(8)

『柏市史』によれば、一九三七年六月二十六日に近衛師団経理部は飛行場予定地を東葛飾郡田中村（柏市）に決定し、九月二日鍋島侯爵と大地主吉田甚右衛門等所有の土地一二〇町歩を買収、同月二十八日には測量を開始して一九三八年一月二十五日には起工式を行った。また『横芝町史』によれば、陸軍航空本部が一九三八年五月に山武郡横芝町と上堺村の用地一三二町歩余を買収して飛行場を建設していたのである。

(二) 軍人遺家族援護と在満支将兵後援会の結成

一九三七年七月十五日の地方長官会議で政府から訓示された事項を伝達するために、県では七月十九日午後一時から千葉市の教育会館で県下三二四の市町村長を集めた会議を開催した。多久知事は軍事面では動員と防空に万全の体制を、経済面では投機思想に走らず自制と公価価格の維持を強調し、派兵の大義名分の徹底と挙国一致の実を挙げることを求めた(9)。通例では市町村長会議だけで終わるものであったが、今回は「政府が全国各方面の和協一致を強調、地方でも産業、金融、その他全機関の蹶起を促す方針」であったので、県では政府意図を知事から伝達指示するために、七月二十四日午後一時から千葉市の日赤支部会議室に産業各種団体、金融財政関係、青年処女団体、在郷軍人、愛国婦人会、国防婦人会、農会、衛生会、医師会、消防義会、教育会並びに言論機関等、あらゆる県単位の有力団体長を招致し、非常時局対処の懇談を行った。そして国防強化を邁進するために、恒久的な防護団(警固、警報、防火、防毒、避難所、交通整理、救護、配給等を目的)の設立することを決定したのである(10)。

県では県下市町村長会議、各種団体長会議、全警察署長会議と矢継ぎ早に招集、県の方針の示達に万全を期して来たが、さらに在満支将兵に対する銃後の守りを積極的に強化するために、八月四日午前十時から県庁知事室に知事、総務、警察、学務、経済の四部長と社会、社寺兵事両課長等を加えた県庁首脳部が緊急会議を開催した。約二時間に亘る鳩首協議の結果、全県下一丸となって在満支将兵後援会を組織して、一五〇万県民から一〇万円(戸数二九万戸、一戸に付三五銭の見当)の醵金を集め、在満支将兵慰問、遺家族慰問、救護費等に充当することを決定した。そして八月九日には全県下の郡市町村長、在郷軍人、学校長、愛国婦人会、国防婦人会、青年処女会、神社仏閣、郡市農会等の六〇余名を日赤千葉支部会議室に招致して将兵後援会創立準備会を開き、会則と事業内容を決定し、即日に醵金活動を開始した。県当局が主体となった後援会組織は全国でも稀有と云われていた(11)。

日中戦争勃発以来、県では学務部が出動兵士後援会を主管し、経済部の経済更生委員会では物資需給調整を担当、警察部では警備や動員を担当、総務部では出征兵士家庭の貧困者への免税問題を担当していたが、銃後の活動が急増してきたことから、相互の連絡を欠く恐れを避けるために、知事を会長に時局対処協議会の結成を検討していた。九月六日午前十時から県立図書館に知事、総務、警察、学務、経済の各部長、農産、農政両課長以下庁内全課長、県会議長、千葉、銚子、市川、船橋の四市長、県町村会長、各郡町村会長、県農会長並びに各種団体長等五〇余名を招致して千葉県時局協議会を発足させたのである。⑿

内務省は大日本医師会と軍人遺家族の医療問題を協議中であったが、大日本医師会からの申し出で軍人遺家族に対しては無料又は半額で診療することになり、八月二十七日には内務省衛生局長から各道府県長官（知事）宛に「各道府県でも同様の措置」となるように通牒を発した。千葉市では医師会、歯科医師会、薬剤師会、産婆会と交渉の結果、市長の証明書のある者に限り、無料又は割引をすることになったのである。⒀

八月十三日に文部省で開催された非常時全国学務部長会議では出動将士の家族に対して救護、慰問、扶助に万全を期すために、出動将士家族の子弟は①小学校授業料全免、②公私立中等学校、青年学校及び私立小学校は授業料、入学考査料、入学料の減免をする、③小学校では修学困難者には学用品その他給与並びに学校給食に関し、特に考慮すること等が指示され、県では十四日付で全県の学校並びに青年団、青年学校等各種団体に通牒した。⒁

八月三十日に開会された臨時県会では「日支事変関係県税賦課特例設定ノ件」が提案され、「現役中従軍シタル者及コレト同一世帯ニ在ル家族」は「軍事扶助法ニ依リ扶助ヲ受クル者」、「戸数割ノ納額ガソノ市町村ノ戸数割平均賦課額の五分ノ一未満ニシテ生活困難ナル者」のいずれかに該当する者は営業税と雑種税が免除されることになった。ちなみに戸数割平均額は一二円七八銭であり、その五分の一の額は二円五六銭であった。⒂

千葉市の恤兵会発会準備会は八月七日に開かれ、祈願、慰問激励、生活扶助、医療救護、耕作助成、子女教育援助、職業斡旋及び法律相談、納税、標識等の事業内容を決定した。⒃また町村では千葉郡誉田村（千葉市）が県下で最初に恤兵会を組織していた。高橋村長を会長に江尻助役を副会長とし、六区長を幹事とした陣容で、村会の議決を経て村の基本金から一、二二六円を同会に繰り入れ、また一戸一〇銭を目標に村内から醵金を募集した。事業内容は千葉市とほぼ同様であった(17)。

現役兵の家族に対する軍事扶助は二五〇戸・家族四〇〇人、年額二万五〇〇〇円であったが、県社会課の調査では日中戦争で急激に増加を来たし、新たに出征した家族の扶助は九月初旬までに凡そ二八〇家族・九三〇人であり、その後一五日間に新たに許可決定したものは六五〇戸・家族二、三〇〇人に達し、九月下旬の許可件数は凡そ一日平均四〇余戸となり、一、二〇〇戸、日額支給五〇〇円に達していた。一方被扶助者の間では①低額に過ぎる、②扶助の許可が遅い、③取扱の趣旨が徹底されていない等の声が挙がっていた。県下三二四市町村中全然取扱をしていない町村が八〇余もあった。このため同課では趣旨徹底に主力を注ぐことになったのである(18)。

県では在満支将兵後援会を組織して醵金目標を一〇万円から一五万円（後に二五万円）に増額し、銃後活動を行っていたが、醵金は僅かの二万円しか集まらなかった。県では富豪の人々から多額の醵金を求めるために、国民精神総動員第四日目の十月十六日午前十時に全県下二五〇名の多額納税者を日赤千葉支部に招致した。ところが当日定刻までに参集した者は僅か一割余の二八名に過ぎず、肝心の茂木コンツエルンからも顔を見せなかった。県ではやむなく定刻を三〇分繰り下げて懇談会を開会し、今後の積極的な後援を依頼の上、欠席者には文書で重ねて依頼することにしたが、出席した関係者は「富豪の誠意のなさ」には驚くばかりであったと云う(19)。

千葉県は全国有数の軍郷県であったが、軍事扶助法（一九三七年七月一日施行）による居宅扶助率は市部一人一日三二銭、町村部同二七銭であった。居宅扶助率の低さでは沖縄県、群馬県に次ぐ全国第三位であり、隣接する東京府は五〇銭と四五銭であった。「これでは生活上均衡が取れず、思想上にも影響が悪い」と多田満長代議士からの注意があり、県では直ちに調査報告書を携えて社会課長が内務省社会局へ出頭し、法令最高限度の市部一人一日

三五銭、町村部同三二銭への増額を申請し、本省でも実情に鑑み、これを妥当として改善となったのである。(20)

軍事扶助法では出征者の家族には生活救護は行われたが、生業援助は全く行われておらず、要望する声がしきりだった。一九三八年（昭和十三）一月十一日に厚生省が新設となり、同省は生業補助に注目して全国に指示を行った。一月二十九日県では知事室で庁内部課長会議を開き、協議の結果、千葉県では授産事業に重点を置き、まず応召出征家族には叺筵《かますむしろ》製造機を一台宛配付すると共に、郡農会を通じ小兎一番と飼《つがい》育箱一個宛を無償配付することにした。叺筵製造機は一台二〇円であったが、軍事扶助を受けている家族は無償で国から配付され、その他は県軍事援護資金のうちから一台に付一〇円宛補助されることになった。なお、中小商工業者の出征家族に関しては二月四日に関係者が協議を行い、中小商工業者援護連盟を組織して援護にあたることにしたのである。(21)

（三）戦死者の急増と県護国神社の新築

戦局を攻勢的に進めていた日本であったが、戦争であるから犠牲者の出現は避けられず、陸軍では支那事変の千葉県最初の戦死者は市原郡菊間村草刈出身（市原市）の中村三好二等兵であった。上述の七月八日の戦闘で負傷した二〇名の一人で、頭部と胸部に傷を負い現地で治療中であったが、七月十六日に死亡したものである。また海軍での千葉県最初の戦死者は海上郡鶴巻村倉橋出身（旭市）の石毛仁郎一等水兵で八月十五日の上海での市街戦で亡くなったものである。(22)

陸海軍は一九三八年四月に「第一回支那事変死没者論功行賞」を発表して以来、一九三八年末の戦局転換第一期までに一二回発表したが、千葉県出身者を見ると七六二名であり、戦死者が急増していたことが知られる。(23)

戦死者は靖国神社に合祀されたが、上述の戦死者は県招魂社にも合祀されたのである。千葉県招魂社は一八七八年（明治十一）一月二十七日に時の千葉県令柴原和の命令で県庁広場に創建されたものである。祭神は明治維新での陣没者一四柱と佐倉大隊として西南戦争に出陣して亡くなった一六三柱であった。一八八九年（明治二十二）に千葉神社境内へ遷座された。日清戦争とそれに続く台湾征討、北清事変の三度に及ぶ陣没で二六五柱。そして日露戦争では一、三九一柱。一九一四年（大正三）から一九二〇年（大正九）の第一次世界大戦関係では四一柱が合祀されてあった。(24)

一九三六年（昭和十一）四月に沼田連隊区司令官は県招魂社の移転新築を計り、永井準一郎千葉市長は千葉市発展のために亥鼻山の県立師範学校の移転と県招魂社の新築を願い、これに石原雅二郎知事も賛意を示したことで、三者が一体となって計画の実現を期すことになった。永井、沼田、岩重隆治県学務部長の三者協議での計画は県招魂社の移転と同時に千葉市発展の「癌」であり、改築が切望されていた師範学校を移転させ、両者を新設中であった県営総合グランド付近に新築し、それに伴い千葉駅から千葉寺へ縦貫する大道路を新設すると云うものであった。また県としては師範学校の敷地一万三七一八坪を売却して同地を住宅地として売却し、改築資金に充当する。招魂社の工費は約一〇万円とし、県、市、連隊区の三者が一丸となって県下各市町村長、各種団体の協力を得て募金する計画であった。(25)ところが一九三七年（昭和十二）に入り、県営グランドその他の寄付、恤兵金等の負担を鑑み、工費募集案は川井章知県学務部長の手許で撤回することになった。本殿工費一〇万円のうち二万円は基金とする案であったが、材料の暴騰によって行き悩みとなってしまったからである。(26)一九三八年（昭和十三）十月に至って亥鼻台での新築案が浮上した。一〇万円の寄付を目標に奉賛会を設立し、神社設計は県都市計画係で準備していたが、やはり寄付金の集まりが芳しくなかった。折しも時局柄、境内の広いことが求められ、一時に二万人位の参拝者を受け容れたいとのことから、一九三九年度（昭和十四）予算に五万円程度の県費を計上し、一五万円の事業に変更となった。一方亥鼻台では師範学校移転跡を加えない限り狭隘なので、新たに市内の荒木山方面に求める案が浮上することになった。何れの案でも敷地は千葉市が寄付し、社殿は一〇万円で建立する。県費五万円は道路その他の附帯施設を行う計画であった(27)。けれども師範学校改築問題が全く停頓し、その後の見通しが困難となってしまった。一方招魂社の移転改築は益々切実になったので、県当局は再検討を行い、候補地を亥鼻山から荒木山に移し、敷地四、〇〇〇坪、外苑には運動場も設けて神域二万八〇〇〇坪とする招魂社案を計画した。そして十一月七日に永井市長、宮内三朗助役と世話人（市議）一〇名を知事室に招き、知事等県幹部と敷地変更の懇談を行った。従来の案では敷地一、三〇〇坪で軍隊の参拝にも、また各種の行事にも甚だ不便であり、時節柄立派なものを造りたいと云う考え方には市当局も共鳴した。しかし市では招魂社の移転改築を条件に師範学校敷地二万八〇〇〇坪を県へ寄付した経緯があり、今回移転に伴ってさらに四、〇〇〇坪の敷地を寄付せねばならない点に問題があり、市会に諮って回答することになった(28)。十一月十一日の市会全員協議会で永井市長は県との交渉経過報告した。大勢は亥鼻山案支持で、荒木山地方の三名の市議が荒木山案支持を表明した。十二日に市長等は出県し、「市会の総意は亥鼻山維持にあるので、最初の計画通り建設して欲しい」と伝えた。県も市の懇願を容れ、亥鼻山案を再検討した。これまで招魂社問題は奉賛会が寄付金募集を行っていたが、県は初めて県会に提案することにしたのである(29)。県の亥鼻山案では南向きであり、師範学校が移転しなければ、団体参拝が狭小だったが、市当局は東向きと西向きの二案を県に提出した。この両案では東西に約一、八〇〇坪増えて、敷地が三、〇〇〇坪となり、しかも新たに敷地と指定した場所は病院坂から右折する道路から西部一、八〇〇坪の民有地で、これを買収するものとなっていた。県では早速に神社局に提出し、神社局で立案中の護国神社の条件に適合するか意向を質した(30)。県では本省の承認する見込みがついたので、十二月十日に通常県会へ追加予算として提案したのである。十二月二十七日午前十時に日赤千葉支部で県招魂社奉賛会の評議員会が開かれ、招魂社建設費一六万円中同会の受け持つ一〇万円の各市町村割当について協議を行った。県下二九万戸が一戸当たり三五銭平均として寄付すること、千葉市だけは一戸当たりの負担額を他の二倍位の割合で引き受ける。県下の全市町村長は氏子総代となる等を決定した(31)。

県招魂社は一九三九年（昭和十四）四月に県護国神社と改称した。敷地は地主四名中二名が買収に応じず渋滞していたが、七月二十一日に交渉が成立し、敷地の総面積は四、五六二坪となった。[32]こうして四年間に及んだ招魂社の建立問題は落着し、亥鼻山に鎮座することになったのである。[33]

（注）

（1）千葉県立中央図書館蔵藤原彰『昭和の歴史5　日中全面戦争』小学館、一九八二年、六七頁
（2）拙稿「昭和初期の木更津築港と海面埋立について」（利根川文化研究三六号）、二〇一三年、一二頁
（3）前掲図書館蔵日本海軍航空史編纂委員会『日本海軍航空史』第一巻（用兵編）、時事通信社、一九六九年、二三一頁
（4）前掲図書館蔵「東京日日新聞千葉版」一九三七年八月十五日付
（5）前掲図書館蔵『旭市史』第二巻、一九七三年、六四四頁
（6）前掲図書館蔵「千葉毎日新聞」一九三九年二月十七日付
（7）前掲図書館蔵「東京日日新聞千葉版」一九三九年四月二日付、若松町居住の松戸与作氏（九一歳）の話
（8）前掲図書館蔵「読売新聞千葉版」一九三八年十一月二日付
（9）前掲図書館蔵「読売新聞千葉版」一九三七年七月二十日付
（10）前掲図書館蔵「東京日日新聞千葉版」一九三七年七月二十二日付
（11）前掲図書館蔵「東京日日新聞千葉版」一九三七年八月十日付
（12）前掲図書館蔵「読売新聞千葉版」一九三七年九月十一日付
（13）前掲図書館蔵「千葉毎日新聞」一九三七年八月二十七日付
医師会：外来治療は医師会規定の五割引、入院治療は三割引、歯科医師会：歯科治療は免除、充塡料は半額（但し技工を除く）、薬剤師会：投薬は半額、極貧者は無料、産婆会：助産は半額
（14）前掲図書館蔵「東京日日新聞千葉版」一九三七年八月十五日付
（15）前掲図書館蔵「昭和十二年臨時千葉県会議事速記録第一号四四頁

(16) 前掲図書館蔵「東京日日新聞千葉版」一九三七年八月八日付
(17) 前掲図書館蔵「千葉毎日新聞」一九三七年八月二十六日付
(18) 前掲図書館蔵「千葉毎日新聞」一九三七年九月二十八日付
(19) 前掲図書館蔵「東京日日新聞千葉版」一九三七年十月十七日付
(20) 前掲図書館蔵「東京日日新聞千葉版」一九三七年十一月十日付
(21) 前掲図書館蔵「東京日日新聞千葉版」一九三八年一月三十日付
(22) 前掲図書館蔵「読売新聞千葉版」一九三七年八月十七日付
(23) 前掲図書館蔵「東京日日新聞千葉版」一九三九年七月七日付
(24) 前掲図書館蔵「千葉新報」一九四三年四月十六日付
(25) 前掲図書館蔵「東京朝日新聞千葉版」一九三六年四月十六日付
(26) 前掲図書館蔵「東京朝日新聞千葉版」一九三七年八月三十日付
(27) 前掲図書館蔵「東京朝日新聞千葉版」一九三八年十月三十日付
(28) 前掲図書館蔵「読売新聞千葉版」一九三八年十一月八日付
(29) 前掲図書館蔵「東京日日新聞千葉版」一九三八年十一月十六日付
(30) 前掲図書館蔵「東京日日新聞千葉版」一九三八年十一月二十七日付
(31) 前掲図書館蔵「東京朝日新聞千葉版」一九三八年十二月二十八日付
(32) 前掲図書館蔵「読売新聞千葉版」一九三九年七月二十三日付、一九四二年八月六日に県護国神社上棟式が行われ、一九四三年三月二十八日に竣工式となり、同年四月十九日に千葉神社境内から遷座となった。遷座時点での祭神数は四、九九四柱であった。
(33) 前掲図書館蔵『千葉市誌』一九五一年、五八六頁

三、多久県政の展開

(一) 多久安信知事就任と戦時機構改革

一九三七年(昭和十二)六月六日付の「東京朝日新聞千葉版」は「石原知事対川久保、坂井両部長、庁内陰惨な空気」とショッキングな見出しを掲げた。六月四日新発足の第一次近衛文麿内閣が「相剋摩擦一掃」の声明を発したことから、この時とばかり自己の栄達或いは首の座を気にして県首脳部は浮き足起ち、石原雅二郎知事と川久保常次郎総務、坂井貞一経済両部長の日頃の確執が激化したのである。両部長は「今庁内全般が陰鬱の極にあるのは、一に知事の陰性な性情のためだ」と云い、また知事は「部長などそう他所へ動きたがるのは間違っている」と云っていたが、「知事は内務省へ出頭する毎に両部長の難点を上司に伝達して転任希望を阻止している」と両部長側から噂が流され、某部長の如きは「知事の勇退乃至他県転出方を本省次官へ陳情する」等、相互に悪態の暴露合戦を起こすと云う醜状を晒していたのである(1)。

馬場鍈一内相は地方官の人事刷新から知事四名、部長級一二、三名の勇退を構想していると云われていたが、その予想される中には噂の二人であった石原千葉県知事と川久保千葉県総務部長が入っていたのである(2)。

案の定、七月六日の内務省の異動では、石原知事が依願免官となり、新千葉県知事には多久安信岡山県知事が転任して来ることとなった。また川久保総務部長は退官となり、坂井経済部長も福島県経済部長への転出となった。総務部長には警視庁特高部長の上田誠一、経済部長には内務省社会局事務官の清水虎雄となり、着任後尚日の浅い田中省吾警察部長、川井章知学務部長と共に県首脳部の陣容が一新されたのである(3)。

多久安信第二八代千葉県知事は四八歳で、一九一四年高文合格、一九一五年東大法科政治学を卒業し、三重県を振り出しに愛知、富山、神奈川県の学務部長、徳島、福井両県の内務部長、警視庁官房主事、長崎県の内務部長を経て青森県知事、岡山県知事を歴任していた。(4) 上田新総務部長は四〇歳、一九二一年東大法学部独法科卒業、宮城県を振り出しにサーベル生活に入り、同県警察部警務、保安両課長、兵庫県保安、特高両課長、京都府特高課長、警視庁特高課長、同衛生部長、上海領事館領事兼内務書記官、警視庁特高部長を歴任しており、一九二九年（昭和四）に警視庁入りしてからは、元共産党幹部の田中清玄の検挙を始め左翼事件の大部分を手がけ、思想警察の総元締であった人物である。「多久知事とは知事が警視庁の官房主事時代、僕は衛生部長をやって居たから、いわば昔のお仲間だ」と語っていたが、後に多久県政期に左翼弾圧が起こっているが、それを予感させる様な人事であった。(5)

多久知事着任の直前、石原前知事最後の仕事となった水産と工場両課の独立が七月一日付で行われた。千葉県は水産年額二、〇〇〇万円を突破し、全国第六位の水産県で、多年水産課独立要望の声が高く、経済部商工水産課から分離独立したものである。また千葉県は工場法適用工場九九一、職工数一万一二五四人、非適用工場五、四五三、職工数三万四四一二人で、汽罐数全国第一八位、蒸罐数第六位の工業県へ成長しており、市川、船橋両市の工業化、大多喜、茂原の天然ガス事業の発展があり、さらに工場退職積立金法による主管事業が増加していた。三月に開かれた県下工場懇談会では満場一致で工場課設置が要望されており、警察部保安課から分離独立となったのである。しかし全国の工場課設置県は既に二九県もあったのであるから、寧ろ遅れていたと云えるものであった。(6)

多久県政は時局に即応するために三つの県庁機構改革を断行した。その一つは一九三八年（昭和十三）二月に臨時軍事課を新設したことである。従来県で扱う軍需品は米麦等主要食糧については農産課、叺莚その他の農産加工品は農政課、水産物は水産課、シャツその他縫製作業は商工課等で管轄していた。事変勃発以来、相当多種多様に亘って来た軍需品の事務は経済部内に軍需品供出係を置いて対応していたのである。(7) しかしこれを整備し、供出の増大とその円滑な処理を行うために、清水経済部長の発案で関係事務一切を臨時軍事課に統合することにし、初代課長には清水部長が兼任した。そして知事を委員長に県関係部課長、県農会、県販購連、県信連その他学識者を委員とする軍需品供出委員会を設置したのである。(8) その二つは同年六月二十五日に農政機構を刷新し、農産、農政の両課を解消して新たに農務、企画、畜産林務の三課を新設する大異動を行ったことである。農業に関しては生産から出荷販売まで農業関係一切の事務は農産課で統轄し、従来農政課の所管であった出荷、販売の斡旋、米穀調査、小作争議調停等も全て農産課に移り、さらに産組の事務も農産課に移したことから、同課は大膨張となったので、農務課と改めたのである。新設農務課の厖大に鑑み、そのうち従来農産課所管であった畜産山林関係を切り離して新たに畜産林務課を設置した。かくて農政課を廃止し、企画課を新設したが、同課は経済更生一般、自作農創設維持等、主として農林省経済更生部関係の事業を収容すると共に、一方経済更生、銃後生産拡充は経済部全般の問題であるとの観点から経済部内各課統合の企画事務を管掌することにしたのである。

そもそもこの改革の動機は①従来農産物の生産指導は農産課が行ったが、その販売、出荷となると農政課の縄張りになって兎角両者の連絡を欠くと云う対立を解消して、農業政策の円滑を図るため、②銃後経済の諸対策には明確な指導性が必要であったことから各課統合の機関にするため、③従来の農政課が同課創設当時の趣旨以外に所管事務を収容していたため等であった。特に満一二年在勤した松下農政課長が農林省へ転任したが、同課長は農政、商工両課長を兼務し、しかも全国でも珍しい小作官の課長でもあったことから、その転任による経済部の痛手の克服策でもあったのである。(9) 岡尊信水産課長は農務、畜産林務と合わせて経済部三課の課長となり、弘津恭輔学務課長は商工課長を兼務し、企画課は清水経済部長の直属となった。この課長級異動と同時に技師、主事、属、技手以下経済部内一〇〇余名の配置転換に伴う大異動が発令されたのである。(10) ところが最古参であった岡課長が二〇年の県庁生活に別れを告げて九月二十三日に退官したのを機に経済部は再び大異動を行い、畜産課と林務課の独立が発令されたのである。(11) その三つは重要物資の統制実施に伴い、千葉県でも物価抑制委員会の活動と相俟って、これら統制物資の需給を円滑にし、また法網を潜って買い占め、暴利等を貪る商人の跋扈を防ぐために県警察部では応急的措置として特高課内に経済警察係を設置した。県では経済警察の活動を重視して内務省に警視級の警察官をはじめ四〇余名の経済警察官増置を希望し、警視級の警察官増員が実現すれば、増員警視を課長に警察部内に経済警察課を設け、保安課で行っていたガソリン統制の仕事等をはじめ一切の経済警察的活動は同課の仕事とする方針にした。増員が実現しない場合は保安課内に警部級経済警察官を置き、経済警察に関する事務は同課の新しい仕事とした。経済警察課設置の如何に拘わらず県下二九警察署には新たに経済警察係を設置し、全署員にも経済警察に関する法律を徹底させる一方、経済警察係の講習会を開催することにしたのである。[12]

県警察部では八月一日から商人のお目付役として経済警察が活動を開始した。内務省からの配給警官は二四名であったので、保安課内に警部一名、警部補二名、巡査二名を配置し、千葉、市川、船橋、銚子、松戸、木更津、北條の七署に巡査部長一名宛、佐倉、成田、佐原、小見川、旭町、八日市場、成東、茂原、大原、八幡、鴨川、東金の一二署には巡査一名宛配置とした。田中警察部長は「出来れば県下二九署全部に係員を配置したかったが、予算の都合で駄目だった、配置洩れのところには欠員を補充するよう努める、民間業者に物資統制の趣旨を周知せしめ、この種の犯罪の予防を第一の方針とする、また周知させる方法としては各署単位に商工会連合会を組織し、その中に統制委員を置いて当局と連絡をとり違反行為のないよう努力するつもりだ」と語っていた。[13]

石原県政期の三年間は予算編成が「消極的だ」と非難を浴びてきた。しかし県の財政状態は税収約五五〇万円、税外収入約五〇〇万円であり、一方県債は二、〇〇〇万円に近く、年償還額は二〇〇万円に達し、税収の約半額を占め、税外収入（財産売却代、手数料その他）五〇〇万円は自給自足の状態で余裕がなかった。[14]従って新規事業を企てるには、既定事業の整理節減による外に方法がない状態の中での予算編成であった。予算総額は九九六万八九三〇円で、前年度当初予算に比して六九万一三五一円の減であった。

（二）政民両派同数県会と時局認識

多久県政発足の直前であった一九三七年六月三十日に民政党渋谷司県議の失格と成島勇県議の代議士当選による欠員二名の東葛飾郡補欠選挙が執行された。結果は渡辺藤一郎（民政新）六、三六〇票、矢島喜一郎（民政新）四、二〇一票で当選し、渡辺敬蔵（政友新）は三、二五二票で次点となり、県会の勢力分野は政友派一九名、民政派一八名、中立二名、欠員三名（長生郡一、安房郡二）であった。[15]また七月八日に安房郡補欠選挙は締め切ったが、中途供託を済ませ、出馬の意を仄めかした政友派四宮長喜、同武田俊義の両名が遂に出馬を断念、結局政友派押元才司、民政派川名伝の両名となり、当初の予想通り無競争の当選となった。これで県会分野は政友派二〇名、民政派一九名、中立二名、欠員一名となったのである。[16]ところが前年に実施された県議選の選挙違反で高滝政吉、松本源十郎、坂本斉一の政友派三県議が失格となり、八月三十日に開会した県首脳部着任後、最初の臨時県会開会時では県会勢力分野が民政派一九名、政友派一七名、中立二名、欠員四名となっていたのである。この中で最も注目されたのは吉野力太郎議長の進退問題であった。吉野も選挙違反で公判中であったからである。民政派では吉野議長を辞任させ、一気に議長獲得の望みを抱くものもあった。しかし開会当日吉野議長は辞表を提出せず、政友派の宿舎であった加納屋に姿を現した。臨時県会では北支事変での「将兵へ激励感謝電文」を発送することにしていた。県会の慣例では電報その他は全て県会議長名で発表することになっていたが、司直取調中の議長が名を連ねるべきでないとして、吉野議長の進退が解決しないことから、開会が出来ない事態となったのである。

中立派の石橋弥等の革新連盟は吉野議長に会見を求めたが拒否されてしまった。政友派では星野懿吉、横田清蔵、大枝十兵衛等首脳部が加納屋で吉野議長に辞退を勧告することにし、吉野議長も「辞退やむを得ず」と遂に意を決し辞表提出を承諾したので、議長後任問題は暫く触れず、議事は議長欠員の侭、横田副議長の手で進捗させることを政友、民政、中立三派で申し合わせ、漸く臨時県会は開幕となったのである[17]。臨時県会開会直前の午前中に民政派の成毛種吉県議が脱党届を提出して中立派参加を声明した。これで県会分野は民政派一八名、政友派一七名、中立三名、欠員四名となり、中立派は議長不在では非常時に相応しくないとして、直ちに議長選挙を行うべきと主張した。民政派では同党の長老であった島田弥久を議長に擁立することを内定し、中立派に図ったが拒否され、中立派は民政派の伊藤博愛を議長、中立派の原徳治を副議長に推すならば、民政派と連携すると回答した。翌三十一日に三時間に及ぶ民政、政友両派の折衝の結果、議長に島田、副議長に横田の留任との妥協が成立した。中立派は最後まで反対したが、多数で押し切られ、議長選挙は三八票中三四票で島田が当選したのである[18]。

その後香取、安房、東葛飾三郡で補欠選挙が実施され、香取郡は政友派の菅澤重義六、六九九票、民政派の林四郎兵衛六、四六一票と二三八票差の大接戦で菅澤が制し、県会分野が政友派、民政派共に一八名と伯仲した[19]。安房郡では館山北條町長であった石崎常夫が政友派から立候補し、民政派の鈴木森蔵に二、一一一票の大差で当選し、県会分野で政友派が一九名となり、再び一名リードすることになったのである。東葛飾郡では民政派系中立の川村（野田市）染谷亮作が無競争で当選となった。しかし立候補の意志がないと一九三八年（昭和十三）三月九日正式に辞退届を提出して、やり直しとなった。そして六月四日に成島勇代議士の推薦を受けた柏町の町長であった濱島秀保が民政派から立って無競争で当選となった[20]。これで再度政友派、民政派は同数となったのである。

両派が同数となったからと云ってかつてのように県政に緊張が高まることはなかった。両派の政策的違いもほとんどなくなってしまっていた。その要因には戦時となり、中央政治への負担が増え、それだけ地方政治に余裕がなくなったこと、また国益優先で県民の利益を守ろうとする意志を持つ議員が少なくなったこと等があった。

さて、県議等は戦時への時局認識はどのようであったのであろうか。一九三七年（昭和十二）十一月十日開会の通常県会で最初に質問に立った民政派のベテラン議員伊藤博愛（山武郡選出）は「今日ノ事変ハ亜細亜民族ノ繁栄ト大和民族ノ大陸進展ガ目的（略）大陸侵略ノ意味デハナイ、我ガ優秀ナル大和民族ガ大陸ニ進展シテ、他ノ民族ヲ指導啓発シ（略）彼等ト共ニ大亜細亜民族ノ復興ヲ求メルノガ目標」とし、中国における日本の存在は「東洋ノ藩塀デアリ、城郭デアル、若シコノ日本ガナカッタナラバ、支那四〇〇余洲ト云フモノハ、既ニ欧米諸国ノ蹂躙スル所トナッタト思フ」と日本の中国進出を正当化していた。そして「ソノ恩義ヲ忘レ、支那ノ軍閥ハ却ッテ日本ヲ侵略国ト、コレヲ怨ミ、十幾カ年ニ亘リ国民ニ排日観念ヲ植付ケ、遂ニ今次ノ事変ヲ惹起セシメタ」と、政府や軍部の主張した「暴支膺懲」に同調した認識であった。[21] 他の県議も同じ傾向であったが、その中で政友派のベテランであった星野懿吉県議（市原郡選出）の発言は注目されるものであった。彼は「コノ非常時予算ヲ提出スル時ニハ、県ノ全体ノ状況（略）非常時ニブツカッテ居ル所ノ県、ソノモノノ状況ハドウカト云フコトヲ見透スコトガ必要」と指摘し、事変が起きて千葉県にどんな影響が起こったかを考えるとして、四つ（①将兵の召募、②馬匹の挑発、③軍需品の供出、④軍事労務の供給）の問題を指摘した。そして若し事変が二年、三年と続いて行くならば、重大な問題が起こって来る。即ち生産力の激減と生活の不安定さの危険を指摘したのである。予算案は「所謂平時ノ予算ソノモノヲ踏襲シテアルニ過ギナイ」と批判する。農家経済の根本問題は肥料問題であるが、「馬ヲ取ラレテ、馬ノ肥料ガ無クナリ、所謂厩肥ノ原料タル乾草ヲ皆出シテシマイ、何ヲ以テ農村ハ所謂自給肥料ヲ拵ラエルコトガ出来ルカ、（略）千葉県ハ二、〇〇〇万円ノ金肥ヲ使用シテイルガ、ソノ金肥ハドウナルカ、船腹ノ不足ノ関係ヤ硫安ガ火薬ソノ他ノ爆発物製造ニ使用サレ、化学肥料ノ価格騰貴ヲ来スコトハ当然、サウシテ自給肥料ノ要素ノ馬ガ少ナク、又肉類ノ騰貴デ農家飼育ノ豚、牛ガ少ナクナッテ来テイル」と農家の現状を述べ、「県ハコノ肥料問題ヲ解決スベク五、〇〇〇余円ノ増額」をしているが、その内容は「タダ一人ノ肥料関係ノ人間ヲ置キ、アト半分ハ奨励費トシテ二、〇〇〇余円ヲ計上シテ居ルニ過ギナイ」と指摘していたのである。星野県議は戦争の見通しを「第一期戦ヲ終ワッタカノ如クデアルガ、今後前途遼遠ト考エル」ととらえていたのであり、戦捷に浮かれていた人々には気づかなかったことであったが、肥料問題、それはやがて農業生産力減退を引き起こし、日本最大の弱点となる国民の食糧問題へ波及することの懸念を示していたのであった。[22]

一九三八年（昭和十三）十一月十八日に開会した通常県会では多久知事から「事変ハ正ニ新段階ニ入ッタ（略）事態ハ今ヤ全ク長期建設ノ道程ニ入リ、コレガ達成ニハ亦多大ノ困難ガ予測サレル」として県民の覚悟を訴えたのである。[23]そして提案した予算案は総額九四六万七八八三円であったが、整理、節約、打切り、繰延による減額分が一二六万二八〇〇円、既定計画や新規事業の増加分は七六万一八〇〇円で差引五〇万一〇〇〇円減であり、前年度当初予算に比して五〇万一〇四七円の減額予算であった。軍事援護に関する経費を一四項目で総額八万九〇〇〇円、また生産拡充に関する経費一八項目で一二万七四〇〇円を計上していて、戦時予算の様相を明確にしていたのである。[24]審議では「如何にも非常時局ニ対応スル所ノ幾多ノ施設ハ講ゼラレテ居ルノデアリマスガ、如何センソノ金額ニ至リマシテハ極メテ少額デアリ、全ク胡麻塩的ノ予算デアル、コノ予算ハ贔屓目ニ見マシテモ、コノ難局打開ニ処スベキ所ノ方法ハ講ズルコトガ出来ナイモノト感ズル」等の種々の批判があったけれども、結局無修正で可決されていたのであり、県会の時局認識は全体として緊張感に欠けるものであった。[25]

開会当日に島田議長が辞表を提出した。これは前年八月の臨時県会の際に民政、政友間で在任期間を半期交替とする「紳士協約」に基づく行動であった。[26]十二月二日に議長補欠選挙、同五日に田中副議長辞職の補欠選挙があり、いずれも指名選挙で、議長に政友派の星野懿吉、副議長には伊藤博愛が就任したのである。[27]

（三）軍需工業の下請化

千葉県では一九三七年（昭和十二）八月十七日に工場懇話会の臨時総会を開催した。従来各警察署別に工場懇話会を結成し、それを連合した県工場懇話会連合会が存在していたが、総会では県工場課が肝煎りでこれを解消して一県単位の県工場協会を誕生させたのである。その県工場協会の下には各警察署別の工場協会支部を組織したが、これは統制と指導力を発揮するためであった。[28] しかし多久県政の工業振興政策は石原前知事時代の農村の工業化を引き継ぐ面が強かった。一九三七年十一月の通常県会では松本栄一県議は「農村ニ於テ農閑期ノ余剰労力ヲ利用致シマシテ農産品又ハ水産品ヲ原料トシテ加工スル工場ノ設置ヲ奨励スル（略）是デ工業ガ発達スルト思ッテ居ルノガ私ニハドウモ理解出来ナイ」と痛烈に批判し、工場を誘致し、「十分利益ノアル工場ノ出来ルヨウニ県ガ斡旋努力スル必要ガアル」と工業発展策の採用を促した。しかし多久知事は「工場ヲ誘致スルコトハ、誠ニ同感」と応じながら、「シカシナガラ工場ヲ誘致シマスルコトハ色々ナ条件ガゴザイマシテ」と提案には賛成しておらず、多久県政の前半期は石原県政と同様に消極的だったのである。[29]

ところが多久県政は一九三八年（昭和十三）の事業目標に工業振興を掲げ、①工場の誘致、②工業資源の開発、③下請工業、④農村加工業、⑤水産工業の五つを挙げたが、右のうち工場誘致では官民合同の工場誘致協会の設立を準備し、一月十九日に松下県商工課長は上京して商工省、企画庁で打ち合わせを行い、理研工業社長大河内正敏子爵を訪ねて意見を聴取、二月上旬には第一回工場誘致座談会を開催して本格的に活動を展開することにした。[30]

折しも一月八日に鴨川ニッケル株式会社が創立総会を開催した。同社は発起人総代に元文相の平生釟三郎が就任。資本金二、〇〇〇万円の会社であった。鴨川ニッケル鉱が発見されたのは七年前のことであったが、事変の勃発で軍需品製造に必要であることから設立されたのである。日本で使用するニッケル八、五〇〇トンの九〇％までがカナダからの輸入であったが、将来には三分の一は鴨川ニッケルが占めると有望視されていたのである。[31]

銚後産業の発展を図るために銚子市当局が工業組合設立を慫慂した結果、東部澱粉工業組合、黒生瓦製造工業組合、銚子鉄工機械業工業組合、千葉県極東製粉工業組合、千葉県漁網撚糸工業組合、東部製綿工業組合、染織工業組合が生まれ、一月六日には缶詰工業組合の発起人会が開かれており、漁業都市の外に工業都市への発展を目指していた。なかでも銚子鉄工機械業工業組合の軍需工業操業については川村市長が陸海両軍省に県を通して業務分与問題で奔走した(32)。しかし戦時に伴う統制経済は鉄材配給統制のために工業組合以外には鉄は一切配給されなくなってしまったのである。そこで県では二月二十一日千葉市商工会会館に県下の工業関係者二〇〇余名を集めて、鉄工工業組合設立準備会を開催し、農鍛冶、自動車修理及び一般機械、特殊（もくねじ等）の三部門に分けて、各工業組合を設立することにした。この結果既設のメリヤス、綿織物、漁網、ネーム織、毛織物の工業組合と併せて県下には四〇余の工業組合が設立となったのである(33)。物資統制の影響で各種工業は何れも材料配給難に陥り、現状維持が困難となって失業者も続出する傾向にあることから、県ではこの際に軍需工業、輸出工業、代用品工業等に転換させることにし、その皮切りに鉄工業を軍需工業へ転換させたのである。一九三八年三月には海軍省が鉄材使用軍需品大量注文を指定して来て、銚子鉄工工業組合をはじめ全県下の工場は一丸となって軍需品製造の一大ブロックを形成し、注文に応ずることにした。当時の千葉県の工業年産額は四七〇万円であったが、この軍需品下請工業の発展によって県下工業界は一大飛躍が予約されるだろうと当時の新聞は「嬉しいニュース」として報じていた(34)。千葉市の鉄工工業組合の共同工場は市内寒川に設けられ、建物は一八〇坪一万一〇〇〇円、機械設備一〇万円、土地購入費一万四〇〇〇円、総額一三万円で組合出資三万円、他の一〇万円は国庫補助並びに低利資金の融資。銚子市の方は市内埋立地に設け、建物四一〇坪二万六〇〇〇円、機械設備一一万七〇〇〇円、事務所五、五〇〇円、総額一四万九〇〇〇円で組合出資三万円、他の一〇万円は国庫補助並びに低利資金の融資を求めるものであった。同時に千葉市には右共同工場付近に県営の下請工業検査場を新設し、製品の県営検査を実施する。検査場は建物費一万円、機械設備費一万円で設備費は国庫からの補助であった。また皮革業者は靴二二〇名、軍装三〇名はそれぞれに工業組合を組織して軍需品製造に転換し、各々に共同施設を設ける計画であった(35)。

長生郡機械鉄鋼組合員二一名は鉄鋼統制で配給が激減し、生活困難に陥ったので軍需工業に転換し、各工場の機械を持ち寄って茂原町に総経費三万円の共同工場を建設することにした。そして七月二十九日に石井理事長外一二名は出県し、商工課に製品注文先の斡旋を陳情した。また香取郡鉄鋼工業組合では主として車類を製作していたが、鉄鋼統制の影響で車輪を半分造って中止している状態であり、車の注文の斡旋方を同日岩立理事長外一四名が陳情していた。(36) さらに夷隅郡鉄鋼工業組合では殆ど失業状態に陥っており、八月八日大原町小学校で六五名を集めて失業対策臨時組合を開催し、①鉄鋼配給増額、②設備を整え軍需工業に転換の二項を申し合わせ、八月十日に組合代表が出県陳情を行っていたのである。(37) このように軍に結びついて注文を受ける場合は生き延びる可能性もあったが、軍需産業に転換することは平時ならともかく、戦時しかも戦局が悪化すれば、注文どころではなくなるのであるが、当時はまだその認識に誰も気づこうとしていなかったのである。

商工省では工業開発について県直属の諮問機関を設置する場合はその経費に補助を出すことにしたので、県は地方工業委員会を設置することにした。この委員会の目的は工業資源の開発及び振興に関する調査であり、知事が会長、副会長には経済部長が推された。委員には県関係部課長約一〇名の他に広く県内外の学識経験のある者約二〇名が選ばれることになった。この委員会結成の動きは三月に始まり、委員会規程は六月十日付で県報に告示されたが、(38) 三八名の委員、一七名の顧問の委嘱は十月三十日のことであり、第一回の委員会が開かれたのは十二月二十日のことで大変にスローモーであった。(39) このような県の姿勢に対して県会では矢島喜一郎県議が「此ノ施設ガ遅レテ居ルコトハ何故デアルカ（略）電力ノ高価ナコト、道路ガ悪イコト、工場誘致ニ対シテ県当局ガ今日マデ考エテ居ラナカッタコト」と批判し、資源開発等の経費に六〇〇円を予算計上したことに対しては「現在ハ審議、調査ヲスルト云フ時代デハナイ、モウ既ニ実行ニ移ラナケレバナラヌ時代ジャナイカ、此ノ重大ナル工場誘致ニ対シテ六〇〇円位ノ予算デ足リルノデアルカ」と質していた。これに対して多久知事は「本県ハ軍事施設ガ非常ニ多イ為ニ却ッテ工場ノ種類ニ依リマシテハ誘致ガ困難デアル」としながら、「委員会ヲ組織シマシテ、ソレ等ノ問題ヲ研究シタイ」と地方工業委員会の研究を得てからと答えたに過ぎなかったのである。(40) たしかに多久県政期に工業化の胎動は見られたが、目先の軍需産業を追い求めるだけで、農業中心の千葉県を本格的な工業県へ転換させる道を追求しようとしたのではなかったのである。

（四）戦捷に躍った銃後産業と統制経済の本質

日中戦争の全面化が展開すると、戦局の第一面では日本の大攻勢期であり、それは思わぬ軍需景気を農村社会にもたらしたのである。長生郡を筆頭に夷隅《いすみ》、市原、山武、香取では農村婦人の有利な副業であった叺莚生産は戦時下にあっては副業どころの生やさしいものでなく、軍需品の重要な一部門を占めるに至ったのである。相場も需要に応じてビンビン跳ね上がり、専ら軍用に供される一七目叺一梱（一五枚入り）一円五〇銭、一八目二円八〇銭で前年同期に比して七、八〇％の高値である。米、麦、馬糧と将兵や軍馬の糧秣が叺莚に詰め込まれ、戦線へと輸送されていた。長生郡下では全農家一万一〇〇〇有余戸のうち、八、一二〇台の製莚機を有し、全機が昼夜分かたず操作され、生産能力も一機一日一梱の製莚も可能だと云われていた。原料は一八目一梱に付藁約三〇把（一梱一銭五、六厘見当）と機具損料、機械油若干、あとは手間代に当たるから、農家にとってはインフレ景気であり、老若農村婦人の鼻息は荒く、銃後の守りの意気も高いものであった。(41) 戦時下の食糧として急激に需要を増加させていたものの一つに大和煮鰯缶詰があった。全国一の大量生産地の王座を確保していた銚子港の大和煮缶詰は数年前までは年間四、五万箱に過ぎなかったが、事変発生後軍部からも戦線にある将兵の携行糧食として好適なものと認められて、俄然注文が殺到したのである。時局の波に躍る新興産業の最たるもので、二〇万箱を上回ると見られていたのである。(42) 乳牛王国房州は戦争と共に発展膨張したと云われ、第一次世界大戦では戦前一二、三石日産乳量が一八〇〜二〇〇石に飛躍したが、ところが今次の戦争でそれを上回る勢いで、黄金時代であると云われていたのである。[43]「忙しさは日露の時の五〇倍」と船橋市の山口野菜工場の主人は云う。ホウレン草、牛蒡、小松菜、人参、大根切り干しを船橋、酒々井、八街、大和田等の工場で乾燥させ、陸軍糧秣廠へ送られていたのである。山口の四工場では男三割、女七割で凡そ二五〇人が年末から年始も形ばかりの休息で昼夜兼行の大車輪、それでも手不足で、さらに五〇人を募集する景気であった。箱作りの大工も毎日八人では間に合わず、一二人総出であった。[44]負傷を負った将兵が使用する衛生材料「副木」箱満載のトラックは毎日松戸町根本の松戸製作所から運び出されていた。三〇万円の大量注文のため、男女八〇名を増員、常用の一五〇名と一緒に毎朝七時から夜九時まで大車輪の生産を行っていた。[45]戦時に躍進の途を辿るものに養兔事業があった。兔毛皮は輸出禁止品目に指定され、全国的に大増産が行われたが、君津郡は県下随一の養兔王国と云われていた。小櫃村、周南村、環村の三か所に種兔場を設け、優良種の生産を計ったが、品種は全国一と云われた。一九三七年度の出荷頭数は一二〇〇頭であった。[46]戦争勃発時は当業者も「花どころではあるまい」と悲観していたが、歳末から新年にかけて水仙、菊、マーガレットその他色とりどりの花は一日少なくて五、六〇〇〇俵、暮れの二十七、八日は一万俵を突破したと云う。水仙一本一銭から六厘、金盞花六厘だが、二、三倍の高値になっていた。水仙の本場保田町では水仙だけで約二〇町歩、十一、十二月に二か月で一、〇〇〇円以上稼いだ農家があった。房州全体の作付け反別は三五〇町歩であった。[47]これら商品以外にも軍需の俄景気に躍ったものが多数あったのである。しかしそれは所詮戦捷に付随した徒花に過ぎなかったことをやがて人々は深刻に知らされることになるのである。

資本力に優れる百貨店が地方に進出し、地域の中小商工業者と摩擦を起こし始めるのは昭和恐慌が展開する中のことであった。一九三一年（昭和六）一月中旬に東京白木屋では船橋町に臨時出張所を設け、また東京松屋では三月一日から千葉市をはじめ船橋、市川、東京府下金町、奥戸等京成線千葉線沿線一帯一六町村を無料配達区域とした。船橋商工会では緊急対策委員会を開いて東京高島屋の進出に反対同盟を結成して対抗することにした。[48]東葛北部一〇町村長会では六月十八日に銚子町で開催された県町村長会の議題に百貨店排撃案（町村条例で臨時特別町村税を賦課する）提案したのである。[49]

一九三二年七月には佐原町の奈良屋デパートが小見川、笹川、銚子での出張販売ビラを配布したが、不況に苦しんでいた小見川商工会では奈良屋デパートに対して、県商工連合会のデパート進出阻止決議を示し、景気回復まで出張販売の中止を申し込んだ。佐原商工会でも小見川商工会に同情して理事長等が奈良屋と懇談を行ったが、奈良屋側は「商業に国境ない、出張販売の計画は中止出来ない」と要請を拒絶し、七月二十七日にはトラック数台に商品を積んで小見川町に向かった。憤慨した商店側では同町消防組第五、第六両部一〇〇余名がデパート出張店前にガソリンポンプ二台を動員し、「放水演習中、諸車、自動車の通行御遠慮下さい」の大札を立て、大放水を行ったのである。これにはデパート側のトラックも諦めて引き揚げざるを得なかったが、これをきっかけに不況に我慢出来ぬ各町では自町営業擁護の立場から、他の都市から進出して来るデパート販売には極めて強い決心で撃退防止策を講ずる形勢となった。[50]このような状況から同年には百貨店関係の政府草案、そして一九三六年には議員案が登場することになった。そして一九三七年八月に政府提案の百貨店法案が議会を通過し公布となった。百貨店法には二つの側面がある。一つは百貨店相互を統制する面、今一つは小売業救済する面である。しかし「五、〇〇〇坪の売り場面積をもつ百貨店が新設されたとすれば、単に売り場面積だけでも、間口二間、奥行き二間半の小売業店舗一、〇〇〇が新設されたのに匹敵する、しかも百貨店は資本力その他によって小売商に数倍する威力を発揮する、百貨店法は小売業救済には大して役立つとも思えぬが、なきに勝るといった空気が支配的だった」と百貨店法案審議の様子を当時の新聞は報じ、この法律の本質を衝いていた。政府案は貴衆両院を無修正で通過したのである。[51]

一九三七年七月に市川商工会ではデパート排撃の烽火を挙げ、県下並びに関東各都市商工会に檄を飛ばして回答を求めていたが、松坂屋の松戸進出で悩んでいた松戸商工会から青柳副会長外三名の代表が訪れ、反デパートで市川商工会との共同戦線の盟約を協議した。そして埼玉県商工連合会、川口市商工連合会、千葉県商工連合会、東京市渋谷商栄会等からは共同戦線を張ってデパート進出に対して大同団結し、全国的阻止運動を起こすべしとの回答があったのである。(52)市川商工会は中元売出しと時局の急変とで沈黙を続けて居たが、旧盆も過ぎたので、いよいよ活発な運動を起こすこととなり、八月十九日に県商工連合会と松戸町商工会代表を迎えて連合協議会を開き、「百貨店排撃期成同盟会」結成した。そして当面①デパートの出張所廃止、②同無料配給所廃止、③全国的に商品券の廃止の三項を掲げて運動することにしたのである。(53)「百貨店排撃期成同盟会」には東京近郊各都市商工会でも賛同多く、九月二十七日には東京両国駅前の両国ホテルで各代表が集結し、反デパート同盟創立総会を開催した。そして日本百貨店協会、高島屋、三越、白木屋、松屋、松坂屋等訪問、商工大臣、商務局長、商務課長に陳情したのである。(54)

これらの動きは百貨店法の施行規則制定が十月一日であったので、その規則に前項の要求を反映させようとする行動であった。しかし運動は余り効果を挙げることが出来なかった。本来統制経済は大資本の利益を優先するものであり、県民の多くはまだ統制経済の本質が分からなかったたが、やがて統制経済が全面的に展開する中で、その本質を知らされることになるのである。

(五)三つの人民戦線結成弾圧事件顛末

何事も総動員と云う言葉が持て囃された時代であったが、国民の心の中まで戦争に動員出来ぬとしても、戦争に批判的な考え方を根絶しようと、言論、思想への弾圧が猛威を振るったのである。

一九三五年(昭和十)七月のコミンテルン第七回大会はすべての社会民主主義政党をブルジョアジーの支柱として攻撃するセクト主義に根本的な批判が行われ、共産党と社会民主主義政党との共同を軸に、労働者階級を先頭に農民、都市知識人など広範な人々を民主主義的な共同綱領のもとに結集して反ファシズム人民戦線を樹立することをめざす統一戦線政策を明確に打ち出したのである。この採択された方針は房総でも意外な反響があったのであるが、しかし今日では殆ど顧みられていない[55]。

その一つは一九三七年四月六日に安藤一茂（無産青年同盟千葉支局農村班長）、森内都治（元京成従業員、南葛飾青年同盟支局員）が、五月七日には小林吉作（全協中央委員、共産党員）、堀田清助（社大党員、東京市電購買会理事）、崔奎元（東京自動車労働組合都北支部幹事）、五十嵐ゆき（隅田京成乗合バス車掌）が検挙された事件である。彼等は同年一月の京成バス争議の応援に関わったことを契機に、小林をキャップとして全協日本交通運輸労働組合再建を目指し、小林、五十嵐が京成自動車部オルグ、森内と堀田が電車部オルグを担当した。運動方針としてはコミンテルン第七回大会決議に基づき合法場面を利用して運動を展開、全協再建準備委員会を結成した。職場代表者会議を一〇数回開催したり、争議ニュース等を発行して、京成内に同志五〇余名獲得したと云う。崔奎元は全協再建準備委員会のメンバーではなかったが、再建計画を承知して運動に加わり、安藤も全協メンバーではなかったが、森内と共に京成沿線にスローガンを書き連ねて再建運動を支援した[56]。七月十五日に六名は検事局に送られたのであったが、四か月に及ぶ取調でも有罪とする証拠が見付からず、不起訴処分となったのである[57]。

その二つは一九三八年（昭和十三）一月七日に一一名が検挙された全農事件（農民赤化事件）である。この事件は茨城、埼玉にも関係した大規模なもので、全農千葉県連書記で日本共産党員の山口武秀と共に香取郡中村北中（多古町）の全農支部長で日本共産青年同盟員であった伊東武次が人民戦線方針を採用して県下農民層の組織化を企てたものである。当時三四歳であった伊東武次の活動歴を紹介しよう。伊東は一九二九年（昭和四）六月に日大専門部法律科別科を中退後、東京で新聞配達をする傍ら、全国新聞労働組合員として組合運動に従事した。しかし一九三〇年（昭和五）五月に家庭の都合で帰郷することになったが、直ちに全国農民組合に加入し、全農県連執行委員となって農民運動を行ったのである。一九三二年から一九三三年にかけて全農県連が総本部派と全国会議派に分裂すると、成田、佐倉、市川等の全国会議派の会議に出席して活動し、その間三回にわたり小作争議の応援を行っていた。一九三二年（昭和七）九月二十日頃に日本共産党員で匝瑳郡須賀村（匝瑳市）出身の全農県連青年部書記であった柏熊祐の勧誘を受けて共産青年同盟員となり、共産党機関紙「赤旗」や共産青年同盟機関紙「無産青年」の読者になると同時に数部の配布活動にも加わったのである。[58]一九三五年（昭和十）七月のコミンテルン第七回大会で採択された人民戦線方針を知ると、これに共鳴して同年十一月中旬に山口武秀と共に香取郡南部に散在する単独小作組合や未組織小作人等に働きかけ、「香取郡南部小作人連絡会」を結成したのである。同月下旬には栗源町、久賀村、中村の小作人有志一同名義で「小作組合並びに小作人諸君への提唱」と題するビラ約一〇〇部を配布した。また十二月頃には鈴木徳作、小沼正巳を連絡係にし、一九三六年（昭和十一）二月頃より十月にかけては前後五回にわたって香取郡南部小作人会名義のニュースを毎号五〇部位発行し、その都度香取郡南部の単独小作組合に配布したのである。一方各小作組合の幹部間を歴訪して連絡協同の必要を訴えた。さらに同年五月上旬には全農中村支部名義で「当面する我々の方針」と題して人民戦線結成に参加を呼びかけるビラを発行し、全農県連幹部等に配布した。「香取郡南部小作人連絡会」の影響下には四〇〇人を糾合していたと云われていたのである。

同年五月に日本共産党員の鈴木政一郎が全農県連書記として赴任するや、その働きかけで全農県連執行委員長の黒田寿男代議士や岡田宗司等を招いて人民戦線結成の演説会を開催した。さらに伊東が居住する中村の村会議員の改選では自ら立候補して村政の現状を暴露した挨拶状三〇〇部を村内に配布したのである。総同盟県連合会六〇〇名、全農三六〇名の勢力を結合して社会大衆党（社大党）千葉県連が結成されると、鈴木政一郎の依頼を受けて同党に加入し、同党香取支部結成のための演説会を計画した。[59]事件では五名が検事局送りとなったが、鈴木徳作（中村農）、萩原英祐（多古町多古全農支部員、煎餅製造）、椎名寛（香取町返田、全農県連執行委員）の三名は起訴猶予、鈴木政一郎と伊東が起訴となった[60]。十二月一日に予審が終結し有罪となって、伊東は一九三九年（昭和十四）一月二十七日に求刑通りの懲役二年の判決があった。伊東は裁判長から「今どう考えているか」と問われて、「自分の行ってきた事は日本には容れられぬものであることを確然と悟った」と答えたが、判決には不満顔で退廷したと云う。伊東は受け容れられなかったが、自分の行為が間違っているとは思っていなかったのである。一方鈴木に対しては二月十六日に懲役二年六か月の判決があった。本人は「裁判長の御寛大なる判決に、この場で服罪致します」と直ちに控訴権を放棄して服役したのである[61]。

その三つは一九三七年（昭和十二）十月五日に八名が検挙された「房総文学」事件である。この事件は一九三六年七月に日本資本主義発達史講座の中心的執筆者であった平野義太郎、山田盛太郎、小林良正等、また雑誌「ズドン」「文芸街」「時局新聞」等の同人であった桜井武雄、矢浪久雄等が一斉に検挙された所謂コム・アカデミー事件があった際に検挙洩れとなり、病気静養旁々千葉市市場町に居住していた鹿児島市出身の福永剛が文学趣味から知り合った押尾兄弟、日暮甲一、石井与作等と同人雑誌「房総文学」の刊行を企てて検挙されたものである。福永は上京して謄写版の筆耕をやっていた文学青年であったが、コム・アカデミー事件で摘発された雑誌「全貌」の発行人であり、文化闘争の第一線で活躍した経験があった。「房総文学」の成功に次いで全国各地に散在する同人雑誌を一丸とする連盟を組織し、その主導権を掌握して文化戦線の統一を図ろうと計画していたと云われるが、病に倒れ、稲毛海岸病院に収容されて九月二日に客死していた。享年二八歳であった。日暮甲一は印旛郡川上村吉倉（八街市）出身で、豪農で元村長日暮久衛の長男で山武農学校卒業後、共産青年同盟員となり、一九三二年（昭和七）日大「Yの友の会」を組織し、さらに「哨兵」と云う同人雑誌を発刊した。一九三三年警視庁に検挙され、一九三五年（昭和十）六月東京地裁で懲役二年執行猶予三年の判決を受けていた者であった。「房総文学」を指導する一方、居住する川上村吉倉でも青年団員を対象として「田園誌」を発行していた。兄弟揃って検挙された押尾和（一二）、押尾宗平（二〇）の二人は文学青年で純文学に凝って「ささ舟」「赤い翼」等の同人雑誌を発行していた。やがて左翼文学に親しむ様になり、福永と知り合ってからは、その有力な協力者となっていたのである。「房総文学」は人民戦線結成方針に沿って一九三六年七月五日に謄写版刷りの月間雑誌として創刊され、一九三七年四月までに六号を刊行した。発禁を受けぬ程度の際どい文章で読者に呼びかけ、会員六〇名、同人一二名を獲得していた。「房総文学」はガリ版刷りであったが、頗る巧妙美麗なもので、最高五〇〇部、平均三〇〇部を印刷、千葉市内の書店には堂々店頭に陳列して販売されていたものであった。[62] 事件では日暮のみ起訴され、他は起訴猶予或いは釈放された。日暮は懲役二年の判決であった。[63]

この三つの事件に共通する人民戦線結成方針はどのような意義を持っていたのであろうか。党派性を強調するのでなく、職場会議開催や、ニュース、パンフレット、ビラの発行、或いは同人誌の発刊等を通じて様々な要求の一致出来る点で団結してファッショ化に抵抗しようとしていたことは、今日に重要視されている「一点共闘」の原初的な形態のような活動であったと云える。しかし共産党の中央は弾圧を受けて機能停止状況であったし、「ファッショに反対」を主張していた社大党は一九三七年（昭和十二）十一月五日に新綱領を制定してファシズムに同調してしまったので、全国各地に人民戦線結成を目指す活動が見られたが、全体を動かすことにはならなかったのである。

（注）

（1）前掲図書館蔵「東京朝日新聞千葉版」一九三七年六月六日付

（2）前掲図書館蔵「東京朝日新聞千葉版」一九三七年六月二十七日付

（3）、（5）前掲図書館蔵「東京朝日新聞千葉版」一九三七年七月八日付、川久保常次郎は船橋市初代市長に就任した。

（4）前掲図書館蔵「読売新聞千葉版」一九三七年七月七日付

(6) 前掲図書館蔵「東京日日新聞千葉版」一九三七年六月二十四日付
(7) 前掲図書館蔵「東京朝日新聞千葉版」一九三七年十二月十七日付
(8) 前掲図書館蔵「読売新聞千葉版」一九三八年二月三日付
(9) 前掲図書館蔵「東京朝日新聞千葉版」一九三八年五月十七日付
(10) 前掲図書館蔵「東京日日新聞千葉版」一九三八年六月二十五日付
(11) 前掲図書館蔵「読売新聞千葉版」一九三八年九月二十四日付
(12) 前掲図書館蔵「東京日日新聞千葉版」一九三八年七月五日付
(13) 前掲図書館蔵「東京朝日新聞千葉版」一九三八年七月三十一日付
(14) 前掲図書館蔵「東京日日新聞千葉版」一九三七年十一月十一日付
(15) 前掲図書館蔵「東京日日新聞千葉版」一九三七年七月二日付
(16) 前掲図書館蔵「東京日日新聞千葉版」一九三七年七月九日付
(17) 前掲図書館蔵「東京日日新聞千葉版」一九三七年八月三十一日付
(18) 前掲図書館蔵「東京朝日新聞千葉版」一九三七年九月一日付
(19) 前掲図書館蔵「東京日日新聞千葉版」一九三七年十月二十七日付
(20) 前掲図書館蔵「東京朝日新聞千葉版」一九三八年六月三日付
(21) 前掲図書館蔵「昭和十二年通常千葉県会議事速記録」第二号、二八頁
(22) 前掲図書館蔵「昭和十二年通常千葉県会議事速記録」第四号、一一〇頁
(23) 前掲図書館蔵「昭和十三年通常千葉県会議事速記録」第一号、九頁
(24) 前掲図書館蔵「昭和十三年通常千葉県会議事速記録」第一号、一一頁
(25) 前掲図書館蔵「昭和十三年通常千葉県会議事速記録」第二号、三九頁
(26) 前掲図書館蔵「読売新聞千葉版」一九三八年十一月十一日付
(27) 前掲図書館蔵「昭和十三年通常千葉県会議事速記録」第八号、三八一頁
(28) 前掲図書館蔵「東京朝日新聞千葉版」一九三七年八月十七日付

(29) 前掲図書館蔵「昭和十二年通常千葉県会議事速記録」第二号、四三頁
(30) 前掲図書館蔵「東京朝日新聞千葉版」一九三八年一月十五日付
(31) 前掲図書館蔵「東京日日新聞千葉版」一九三八年一月十四日付
(32) 前掲図書館蔵「読売新聞千葉版」一九三八年二月三日付
(33) 前掲図書館蔵「東京日日新聞千葉版」一九三八年二月二十三日付
(34) 前掲図書館蔵「東京日日新聞千葉版」一九三八年二月二十五日付
(35) 前掲図書館蔵「読売新聞千葉版」一九三八年七月十七日付
(36) 前掲図書館蔵「読売新聞千葉版」一九三八年七月三十日付
(37) 前掲図書館蔵「読売新聞千葉版」一九三八年八月十一日付
(38) 前掲図書館蔵「千葉県報」一九三八年六月十日付、六一頁
(39) 前掲図書館蔵「東京朝日新聞千葉版」一九三八年十二月二十一日付
(40) 前掲図書館蔵「昭和十三年通常千葉県会議事速記録」第二号、八三頁
(41) 前掲図書館蔵「東京朝日新聞千葉版」一九三八年一月五日付
(42) 前掲図書館蔵「東京朝日新聞千葉版」一九三八年一月六日付
(43) 前掲図書館蔵「東京朝日新聞千葉版」一九三八年一月七日付
(44) 前掲図書館蔵「東京朝日新聞千葉版」一九三八年一月八日付
(45) 前掲図書館蔵「東京朝日新聞千葉版」一九三八年一月九日付
(46) 前掲図書館蔵「東京朝日新聞千葉版」一九三八年一月十三日付
(47) 前掲図書館蔵「東京朝日新聞千葉版」一九三八年一月十九日付
(48) 前掲図書館蔵「東京朝日新聞千葉版」一九三一年三月三日付
(49) 前掲図書館蔵「東京朝日新聞千葉版」一九三一年六月十二日付
(50) 前掲図書館蔵「東京日日新聞千葉版」一九三二年七月二十九日付
(51) 前掲図書館蔵「東京日日新聞全国版」一九三七年八月八日付

(52) 前掲図書館蔵「東京日日新聞千葉版」一九三七年七月二十一日付
(53) 前掲図書館蔵「読売新聞千葉版」一九三七年八月十八日付
(54) 前掲図書館蔵「千葉毎日新聞」一九三七年九月二十八日付
(55) 前掲図書館蔵小松七郎『千葉県民主運動史』（戦前編）、千葉県自治体問題研究所、一九七七年、五三頁
(56) 前掲図書館蔵「東京日日新聞千葉版」一九三七年七月二日付
(57) 前掲図書館蔵「東京日日新聞千葉版」一九三七年七月十五日付
(58) 前掲図書館蔵「千葉毎日新聞」一九三二年十一月二十五日付、柏熊祐は同年十月事件で検挙された。柏熊は小学校卒業後上京し、東京商工学校入学、その後早稲田工手学校中退、一九二四年横須賀海兵団入隊、除隊後中国に渡る、帰国後一九二九年十一月全農県連に加入、一九三二年八月同県連執行委員で共産党員であった匝瑳郡椿海村長谷川亀吉の勧めで共産党入党、同年九月同県連青年部書記となる
(59) 前掲図書館蔵「読売新聞千葉版」一九三九年一月十五日付
(60) 前掲図書館蔵「東京朝日新聞千葉版」一九三八年六月十六日付、なお山口武秀は茨城県で検挙されている。
(61) 前掲図書館蔵「東京朝日新聞千葉版」一九三九年二月十七日付、なお伊東はかつて全農千葉県連委員長で急逝した近藤忠治の二女きくと結婚していた
(62) 前掲図書館蔵「読売新聞千葉版」一九三八年五月三十一日付
(63) 前掲図書館蔵「読売新聞千葉版」一九三八年六月二十九日付

四、おわりに

一九三八年七月の利根川水害を契機に内務省の新放水路開鑿案が実現性を帯びて来た。この水路は東葛飾郡布佐町から印旛沼西岸を経て船橋海岸に出るのを第一案とし、他に布佐から千葉市検見川海岸への水路も考慮したもの

である。この利根放水路に関わって坂本斉一県議が銚子港国営論を提案した。彼の主張を聞いてみよう。まず利根川治水政策は「利根川ノ治水計画ハ三六万個デアル、ソノ中、江戸川ハ一〇万個ヲ流シ、今度手賀沼ヲ貫イテ東京湾ニ繋グ所ノ新放水路ニ依ッテ一〇万個ヲ流シ、アトノ一六万個ハ銚子河口カラ以前ノ水路ニ依ッテ流ス計画デアルト云フ、（略）利根川上流ノ一〇万個ノ水ガ一二、三年或ハ一五年後ニコノ新放水路ガ出来タ場合（略）コノ川ニ霞ヶ浦ノ水ガ来ルナラバ、差引下流ノ方ノ水ハ減ラナイ」と糞詰まり計画であると批判する。そして「利根川ノ本当ノ根本治水対策ハ銚子河口ノ大整理工事デナケレバナラナイ」と提案する。しかし当時銚子港は県営工事で漁港整備を行っていたのであるが、「銚子漁港ハ三年経ッテ千葉県側ニ三〇〇メートルノ防波堤ガ出来ル、コレヲ本当ニ完全ナラシムルニハ茨城県側ノ波崎ノ突端カラ太平洋ニ向カッテ約一、〇〇〇メートルノ防波堤ヲ築クニ非ザレバ、銚子漁港ノ本当ノ価値ヲ現ハシ得ナイ」と批判し、「千葉県ガ尚コノ突堤ノ為メニ三〇〇万円、五〇〇万円ノ金ガ背負ヒ切レルカ（略）私ハコノ際ニ国営商港ニ移管スルノガ当然デアル」と銚子港国営論を主張するのである。その利益は「利根川ノ河口ガ広クナル、糞詰リガナクナル、暗礁ハ取リ去ラレル、砂ハナクナル」と主張し、「ドイツノライン河ハ利根川ヨリ小サイ河デアル、シカシドイツ国ノ産業ノ大動脈ニナッテ居ル（略）コノ利根川ヲ利用スルコトハ我千葉県ニ与ヘラレタ絶大ナル福利デハナイカ」とドイツのライン河と比較し、田尻稲次郎博士の「利根川一億円計画」を基に「銚子河口カラ大キナ一万トンノ船ヲ印旛沼ヲ貫イテ東京湾ニ続カセル、サウスレバ東京湾ヲ廻ル所ノ航路ノ船ガ早クナル、ソレカラ石炭、ソノ他総テノ点ニ於テ実ニ有利デアル（略）船橋モ大キナ商港ニナル、ソレカラソノ沿岸ハ商工地帯ニナル、何処デモ船ガ横付ケニ出来ル、サウシテ銚子河口ガ国営商港ニナルナラバ、銚子ガ栄ヘ、コノ利根沿岸ガ全部栄ヘ、ライン河ノ如キ商工都市ガ連続的ニ出来テ、国家ノ大動脈タラシムルコトガ出来ル、農村ニ新シイ気運ヲ与ヘル一ツノ地帯ガ出来ヤセヌカ」と展望を語っていたのである。[1] 坂本県議のこの提案に対して多久知事は銚子漁港ガ完成シタ以後ニ於テハ、更ニ商港トシテ政府ノ了解ヲ求メル必要ニ迫ラレルモノト考ヘテ居リマス、シカシ漁港ノ問題ハ今後三年後ニ完成スル予定デアル、問題ハソノ後ニ持ッテ行カナケレバ、一寸政府ヲ動カスコトハ困難カト思フ」と答え、議論は噛み合わなかった。たしかに戦時中であり、直ちに国営商港論は無理であったと思うが、関東最大河川・利根川の利用方法の提起であり、しっかりと受けとめるべき重要な課題であったのである。(2)

多久県政は日中戦争開始期の県政であり、開戦直後から銃後の守りのための取り組みが見られたことである。また県予算は二年連続して減額編成であったが、国策順応の節約型予算と云えるものであった。臨時軍需課設置を始め、戦時に合わせて県庁の機構改革を行ったことにも特色があった。当時の新聞は「難問題緑海村学校抗争を見事に解決するなど、その手腕は誠に歴代長官中ピカ一」と評価していたが、しかし工業化、自作農化、漁業問題等は切実な問題が起こっていたのであったが、課題は総て先送りで解決出来なかったのである。(3)

多久・上田の治安コンビは県政史上珍しく三つの事件を弾圧した。どの事件も多くの検挙者を出したが、嫌疑事項に明確な証拠がなく、共産党員や共産青年同盟員の僅か三名のみを有罪に負わせただけに終わったのである。

一九三九年（昭和十四）一月七日、多久知事は東京市教育局長に転任することになった。多久知事の前任地岡山県の畑山四男美前知事を多久知事が一九三七年に小橋一太東京市長に推薦して東京市教育局長に就任していたが、一月四日に福岡市会が満場一致で畑山を福岡市長に推戴を決議したため、東京市教育局長が空席になっていたのである。多久知事が「小橋氏が東京市長に就任されて間もなく、それとなく相談され、私も慎重に考慮中であった」と語っているように、小橋東京市長に懇望されて転任となったのである。(4)

（注）

（1）前掲図書館蔵「昭和十三年通常千葉県会議事速記録」第三号、一一二頁

（2）前掲図書館蔵「昭和十三年通常千葉県会議事速記録」第三号、一一二頁
（3）緑海村学校抗争については拙稿「昭和期の町村紛擾と緑海学校騒動」『大正・昭和期の地方政治と社会』、二〇一四年、彩流社
（4）前掲図書館蔵「東京日日新聞千葉版」一九三九年一月七日付

第二章　日中戦争期の立田県政

一、はじめに

立田県政期（立田清辰《きよとき》第二九代千葉県知事）は一九三九年（昭和十四）一月から一九四一年（昭和十六）五月までの二年四か月間であるが、この時期は日中戦争第二局面と云われる時期、すなわち日中両軍が対峙の時期、日本にとっては長期戦を覚悟する時期であった。日本では内外の難局を乗り切るために、政治面では新体制運動が起こり、経済面では生産力拡充のために統制経済が拡大されたのである。本稿ではこの新局面に立田県政がどう関わったのかを追究するものである。なお、この時期の研究では『千葉県史』（大正昭和編）[1]、『千葉県議会史』第四巻[2]、『千葉県の歴史』通史編近現代2[3]、中里裕司氏[4]、下西陽子氏[5]の研究があり、参考になるものである。また立田県政期の住民運動については、拙稿の小論[6]がある。

（注）

（1）千葉県立中央図書館蔵『千葉県史』（大正昭和編）一九七一年

（2）前掲図書館蔵『千葉県議会史』第四巻、一九八二年

（3）前掲図書館蔵『千葉県の歴史』通史編近現代2、二〇〇六年

（4）中里裕司「日中戦争期における千葉県の近代化政策―工業化政策の限界と都市計画事業の挫折―」（『千葉県史研究』第八号別

冊「近現代千葉の諸相」所収）、二〇〇〇年

（5）下西陽子「戦前の県政界と大政翼賛会」（『千葉県近現代の政治と社会』所収）、岩田書店、一九九七年

（6）拙稿「東京湾浄化と住民運動」（『近代房総の社会経済と政治』所収）、二〇一一年、彩流社

二、日中戦争対峙期の影響

（一）〝靖国会〟結成と傷痍軍人下総療養所建設

厚生省は積極的に隣保相扶の実を挙げるために、銃後後援団体の統一を研究中であったが、名称を「銃後奉公会」と改め、警察の監督指導の下に各市町村に「銃後奉公会」を組織させる方針とし、一九三九年（昭和十四）一月十七日に開催した全国学務部長会議に付議した。高瀬五郎県学務部長は一月十八日に帰県すると、組織の結成を急がせるために各市町村長に通牒を発し、市町村銃後奉公会は毎戸主一名を会員とし、一定額の会費を徴収して活動するものとして誕生した。[1] 千葉市では従来恤兵《じゅっぺい》会が存在していたが、四月一日から銃後奉公会に改組した。多くの市町村も恤兵会を改組したのである。

陸軍は一九三九年（昭和十四）九月十日の第一三回支那事変死没者論功行賞から一九四一年（昭和十六）四月二十五日の第二六回までの千葉県関係者二、〇二九柱を発表した。この中には一九三九年五月に外モンゴルと「満州国」境付近で起こった関東軍とソ連軍の衝突であったノモンハン事件の関係者二七五柱が含まれていた。なお、海軍も同時期に三六柱を発表した。[2] すでに日露戦争の戦死者数を上回っており、遺族援護は緊急の課題であった。

市原郡五井町（市原市）では満州事変、日支事変で戦死、戦病死を遂げた人が一三人あったが、一九三九年三月

の彼岸に揃って遺家族が墓参りを行い、「戦死者の遺族はお互いに助け合わねばならぬ、それには遺族会を組織して、折りにふれて集まって亡き人の思い出話に耽ったり、農繁期には互いに農事を助け合い、〝靖国の家〟として後ろ指さされぬよう立派な生活を営なもう」との話になり、それを聞いた町当局も大賛成し、町長、八幡警察署長を顧問に、遺家族三枝峰五郎を会長に五井町遺家族会を結成した。遺家族だけでの結成は県下初のことであった。(3)

県では応召軍人遺家族の内職斡旋について政府から補助金四、五〇〇〇円を得たので、一人当たり一五〇円見当で、茶の湯、生花、製図、産婆、看護婦、教員、保母、自動車運転手等の職業を修得させることにした。(4)

一九四〇年（昭和十五）三月一日に軍人援護会県支部は理事会、評議員会、幹事会が千葉市の県立図書館で開かれ、立田知事、高瀬学務部長、中村社会課長、三好陸軍中将（以上理事）、藤田昌邦市原郡町村長会長等一三名の評議員が出席し、一九四〇年度の支部事業を決定した。援護事業で画期的であったことは、従来現役下士官は軍人援護事業から除外されていた。援護を受けていた者が例えば伍長に進級すると、その時点で援護が廃止されたが、改正して現役下士官となっても引き続いて援助が受けられる点であった。また現役兵、応召下士官兵の遺家族には、農家援護、養蚕業者援護、漁家援護、商工業者援護、林業者援護、その他自業者援護と各自の経営へ具体的に援助を行うことにしたことである。そして援助に要する資金の取扱は軍人援護会から各市町村の銃後奉公会を通して行われた。これら一連の措置は戦死者、戦病死者、軍属の遺家族、傷痍軍人、傷病兵だけでなく、召集解除者又は除隊者で帰郷後に罹病する者が続出し、生活困窮者が急増していた状況に対応するものであった。(5)

同県支部では靖国神社に「祭神として祀られている父」と対面させるため、遺児（小学五、六年生）の参拝団を組織した。一九三九年（昭和十四）九月の第一回は県下遺児代表三三名、一九四〇年（昭和十五）三月の第二回は七〇名が選ばれ、二泊三日の参拝を行ったが、「社頭対面」を二回にわたり経験した遺児たちを正会員とし、その保護者を一丸とする〝千葉県靖国会〟を組織した。(6) 同会規約によれば〝靖国の遺児〟の名誉と矜持を保持させる素地を作り、修養を積ませることを目的としたもので、毎年春秋二季に大会を開いて修養と慰安の催しを行う外、各会員が連絡を密にし、互いに励まし合うものであった。立田知事を会長として遺児の修養、身上相談等に応じることにした。県下在住の戦没軍人、軍属の遺児で「社頭対面」を経験した本人が満二〇歳になるまでを会員資格とするもので、この組織は全国でも珍しいものであり、一九四〇年十月六日に発会したのである。(7)

軍事保護院の傷痍軍人療養所建設地は千葉郡誉田村鎌取（千葉市）地先の松林が最も有望とされ、水道敷設、県道舗装、村道改修等の費用分担で立田知事は上京して同院と折衝した。県道の舗装は内務省の補助金決定次第に県費で実施、水道敷設は同院が分担、村道改修は全額同院負担となり、同所へ正式に建設が決定した。一九四〇年六月十五日に同院から中村工事課長、古野技師（医学博士）、古川、林両技手が来県し、社会、衛生両課員の案内で現地視察を行った。同院で設計に着手し、出来上がり次第着工、一九四一年早々に患者を収容する計画で、工事は一切を県に委託し、土木課が担当した。山林の伐採や整地は中等学校、青年学校、青年団員の勤労奉仕であった。敷地面積は六万坪、関係地主は六名で、療養所の規模は五〇〇床、総工費一一五万円であった。(8)同療養所は頭部戦傷者のための全国に唯一のもので、頭部戦傷で身体の自由を失った者、時々痙攣を起こす者、言葉が思うように出ない者、そのために普通に働くことの出来なくなった者等を収容して療養と同時にリハビリを行う施設で、開所式は一九四一年（昭和十六）十二月十八日に行われたのである。(9)

(二) 佐倉滑空飛行場計画の中止

文部、逓信両省では全国中等学校滑空教師養成と防空思想普及を目的に、印旛郡佐倉町下根、萩山、岩名の三部落に跨がる山林と畑地二〇万坪にグライダー滑空場を建設することにした。一九四〇年（昭和十五）一月二十六日に帝国飛行協会の堀中将、陸軍航空本部の高馬中佐、逓信省航空官の青木中佐、佐田少佐等一行が現地検分を行った。

同地は印旛沼に面した高台にあり、近くの臼井町江原台（佐倉市）には逓信省航空無電発信所が新設されて、工事が進捗中であった。滑空飛行場の第一期工事は県下中等学校及び青年団の勤労奉仕で四月までに地均しを終え、新学期から全国中等学校の滑空教師を集めて訓練を開始する計画であった。そして将来は飛行場及び飛行機製作所も設置するとしていたのである。[10]ところが地元の農家では耕地不足を理由に反対調印を取り纏めて、木倉町長に反対を表明した。佐倉町では四月十日に全町議を招集して協議した結果、町当局と全町議は地元の反対を押し切ってまで新設する意向ではないが、文部、逓信両省で佐倉町を希望しているので、両当局に陳情し、その回答を待って態度を決定することにし、町当局は積極的誘致運動を中止した。[11]五月一日に陸軍省航空本部の内田少佐が佐倉町を訪れ、木倉町長及び全町議、反対農民代表等と会見した。意見聴取の結果、「やや可能状態」に復したので、町では改めて建設協議会を開いた。大川助役は「地元では支障ない限りの賛意を表していますから、二〇万坪と云う大きなものでなく、一〇万坪位でしたら、町発展のため、是非実現したいと考えています」と語り、新設に道が開かれるかに見えた。[12]しかし地元の反対農民代表門山慶一外三〇名は五月四日同町第二小学校に会合、「耕地不足の折柄であり、山林の伐採は潅漑に影響大なり」との理由であくまで反対を表明した。五月六日に関係部落の飯野、下根、土浮、岩名、萩山部落の農民は町当局へ反対陳情した。戦時下、軍の意向、町の発展と云う大義名分が物言う時代に農民が団結して生活を守り、建設中止に追い込んだ珍しい事例であった。[13]

（注）

（1）前掲図書館蔵「千葉毎日新聞」一九三九年一月十九日付
（2）前掲図書館蔵「東京日日新聞千葉版」一九三九年九月十日付
（3）前掲図書館蔵「東京日日新聞千葉版」一九三九年四月十五日付
（4）前掲図書館蔵「東京朝日新聞千葉版」一九三九年四月二十九日付

(5) 前掲図書館蔵「読売新聞千葉版」一九四〇年八月十八日付
(6) 前掲図書館蔵「東京日日新聞千葉版」一九四〇年五月十日付
(7) 前掲図書館蔵「東京日日新聞千葉版」一九四〇年八月三日付
(8) 前掲図書館蔵「読売新聞千葉版」一九四〇年六月十六日付
(9) 前掲図書館蔵「東京日日新聞千葉版」一九四一年十二月十九日付
(10) 前掲図書館蔵「東京朝日新聞千葉版」一九四〇年一月二十八日付
(11) 前掲図書館蔵「東京日日新聞千葉版」一九四〇年四月二十八日付
(12) 前掲図書館蔵「東京日日新聞千葉版」一九四〇年五月三日付
(13) 前掲図書館蔵「東京朝日新聞千葉版」一九四〇年五月五日付

三、立田県政と大政翼賛会

(一) 立田清辰知事就任と政党政治期最後の県議選

第一次近衛文麿内閣に代わった平沼騏一郎内閣は一九三九年(昭和十四)一月十一日に知事更迭を行い、多久安信前知事の後任に立田清辰鳥取県知事を第二九代千葉県知事に任命した[1]。

立田知事は岐阜県出身で、五〇歳、一九一六年(大正五)東京帝国大学法科卒業、一九一八年に高等文官試験合格し、鳥取県を振り出しに、香川、茨城、熊本、徳島県、朝鮮総督府、一九三三年(昭和八)山梨県内務部長、宮城県警務部長から一九三六年(昭和十一)四月に鳥取県知事に就任した人物である。野球、庭球、ランニング等のスポーツをはじめビリアード、囲碁等頗る多趣味で、明朗、ざっくばらんの性格で、「鳥取県振興に功績があり、

県民から転任を惜しまれた」と云われていた。(2)

衆議院第一党の政友会では一九三七年（昭和一二）二月二十八日以来、鳩山一郎、前田米蔵、島田俊雄、中島知久平の四名による代行委員制をとってきたが、中島知久平を擁立し、親軍的立場を明確にしようとする革新派と、鳩山一郎を中心に議会政党の立場を守ろうとする正統派の対立が激しくなった。一九三九年（昭和十四）三月末、革新派は革新同盟を結成し、四月三十日の党大会開催のために本部を占拠した。これに対抗して正統派は本部を奪還せんとする行動に出て、政友会は未曾有の危機に陥った。病中であった鈴木喜三郎総裁は四名の代行委員では収拾不可能と判断し、四月二十八日に四名の代行委員を解任し、新たに久原房之助、三土忠造、芳沢謙吉の三名を代行委員に指名して事態の収拾方を一任した。革新派は四月三十日に大会を開き、中島を総裁に選出し、新代行委員や鳩山等の除名を発表した。一方正統派は総務会を開いて革新派党大会無効を決議し、五月二十日に臨時党大会を開催して久原を総裁に選出した。ここに政友会は完全に中島派と久原派の二つに分裂したのである。(3)

政友会千葉県支部には中島、久原両派から毎日の如く同志獲得の電報が舞い込み、同支部からは川島正次郎支部長、鈴木亮幹事長が連日上京して折衝を続けたが、支部の態度は中島支持が絶対で、只一人岩瀬亮代議士は中立を標榜していた。鈴木幹事長は「このままの情勢では鳩山氏は党脱退の余儀なきに至るだろう（略）中島氏支持につき巷間には同氏と県の重工業発達とを結びつけている、（略）我々は決して政策的に動いているのでない」と語っていた。五月十八日に政友会県支部では大会に代わる常議員会を千葉市の加納屋本店で開催した。常議員五〇余名が出席し、まず役員選挙が行われ、満場一致で川島支部長の重任を決定した。次いで川島支部長から鈴木幹事長以下全役員の重任を指名し、緊急案件として総裁問題が出された。執行部は「中島氏絶対支持」を決議したかったが、岩瀬代議士派が反対の気勢を示したので、「立憲政友会千葉県支部は益々一致結束して県政のため尽瘁せんことを期す」との決議を挙げただけで、総裁問題には触れなかったのである。(4)

十一月の通常県会で立田知事は一九四〇年度予算は前年度の当初予算に比すると、一〇二万五七八五円増加したと説明したが、議員から「事変モ第三年目ニ入リマシテ国家ノ最高方針モ大分変ッテ来テ居ル（略）経済的ニハ第一年目ハ戦時体制準備時代、第二年目ハ物動計画ノ不完全ナ初歩実践時代、第三年目ニ入リマシテハ適正価格形成ト総動員法ノ全的発動ヲ武器トスル戦時計画経済時代ニ入ッテ来タ（略）コノ長期建設ニ対応シ、戦時計画経済ノ新段階ニ準拠シタ弾力アル高度ノ時局性ガ盛ラレテ居ラナケレバナラヌ」のに、弾力性が乏しく、総花的ではないかと追及があった。しかし知事は「地方予算ハ極度ニ抑制サレ、昭和十五年度予算ハ昭和十四年ノ当初予算ノ範囲内ニ止メヨ、唯々生産力拡充、銃後後援等ノ数個ニ亘ルモノダケハヤムヲ得ナイ、ソレ以外ハ不急ノ事業ハ全部取リ止メ、全国的ニ地方予算ヲ縮小シテ、ソノ余力デ中央ノ予算ヲ充実セントスルノガ国ノ方針デ、地方ニ厳達サレテ居ル（略）如上ノ予算編成方針ガ厳達サレテ居ル以上、如何トモスルコトガ出来ナイ」と政府の方針を明らかにし、「地方庁ハ国ノ政治ノ殆ド全部ガ地方庁ヲ通ス（略）従ヒマシテ時局ニ関連致シマシテ、各省々ガ内務省、農林省、商工省ヲ初メトシテ各省ガ時局ニ則ッタ或程度ノ要求ヲシテ来ル（略）ソノ結果我々ハ抑制サレタ地方予算ノ範囲内ニ於テコノ政府ノ要望ヲ満タサナケレバナラヌ（略）ソノ結果勢ヒ総花的ハヤムヲ得ナイ」と戦時優先で中央の要求を押しつけられると云う、苦しい実状を吐露していたのである。(5)

一九四〇年一月二十日に県会定時選挙が施行された。千葉郡定数二名と長生郡定数二名は無競争であったが、立候補者七四名で三九名を選ぶ選挙であった。投票率は市部（千葉、銚子、館山、船橋の四市）六七・六％、郡部（千葉郡を除く一一郡）七〇・二％であった。政党別総得票では政友派九万九〇七五票、民政派八万二三一六票、中立派（無産派を含む）一万六三〇〇票であり、当選者の総得票では政友派六万七四〇七票に対し民政派六万四〇六〇票で、政友派が三、三四七票多かったけれども、議席数は二一対二一と同数であった。民政派では前県会議長の島田弥久常任幹事の統率が絞まりをみせ、党支部の意志に反して出馬した者は三名に過ぎなかった。一方政友派は各郡乱立状態で同志討ちを演じ共倒れになったところが多く、公認で落選した者は民政派七名、政友派一三名と圧倒的であった。当選者の新旧の色分けで見ると、選挙前の噂では再選組は三分の一と見られていたが、再選一九名、新人一八名、元職六名と、再選組が二分の一に近いものであった。選挙違反件数四三件、取調を受けた被疑者三五三名、外に強制収容者七七名であったが、前回の一九三六年選挙の違反者五九五名よりは少なかった。しかし各府県議選での違反者数では長野県に次いで全国第二位と云う不名誉な記録であった(6)。

選挙結果について政友会支部長の川島代議士は「政友・民政の地盤伯仲で、代議士は今、政友六、民政五となっている（略）千葉、長生両郡が無競争となったのは、両者が譲り合った結果で、政民提携協調の最も麗しい姿である」と語っていた。また民政党支部長の多田満長代議士は「政民提携時代に即して人物本位の候補者を選び成果を収めた（略）官僚独善の弊風を打破し、政党政治渇望の曙光が見えて来た証左である」と語っていたが、共通する認識は「政民提携協調」であった。しかし「政民提携協調」で何を実現しようとしたのか、具体的には全く見えないものであった。また彼等は政党政治渇望の曙光を本当に見たのであろうか。この選挙の半年後にこれらのリーダーが先頭となって政党解散に突き進んでしまったのである(7)。県議改選はその後一九四七年（昭和二十二）四月まで七年間行われず、政党政治期最後の県議選挙となったのである。

一九四〇年（昭和十五）二月十二日に臨時県会が招集された。開会に先立って午前九時に政友、民政両派では各議員控室に集合して役員問題の対策を協議した。民政派は多田満長支部長一任で役員人選を決定し、それを封筒に入れて島田弥久常任幹事が預かっていたが、政友派は群雄割拠の状態で、お互いが肚の探り合いのため纏まらなかった。そこで午後一時に政友派議員総会を開いて交渉委員に川口為之助、鈴木亮、横田清蔵、青木泰助、小堀晃三を選出し、民政派の交渉委員伊藤博愛、諏訪寛治、石川善之助、福地新作、戸坂清次と第一回交渉委員会を開いた。しかし政友派が纏まっていないので、開会当日は仮議長選挙に止め、①在任四か年間両派協調して県政に対処する、②正副議長はその任期を一か年とし、両派交互に選出する、③参事会員、同補充員、都市計画委員は両派折半し、一年交替とする、④右欠員の場合はその派より補充する、⑤県から任命される各種委員は両派同数とするよう県当局に申し出る等の覚書を交換して散会することにした。県会は午後三時半に開会され、渡総務部長が年長議長に出山述太郎（民政派）を指名した。仮議長選挙では青木泰助が「年長議長をそのまま仮議長」にとの動議を提出して決定し、政友、民政の申し合わせの通りに役員選挙に入らずに散会したのである。(8)

県会第二日の午後三時に第二回交渉委員会が開かれた。最初の議長をどちらの派にするかが議論された。民政派はこれまでの任期には吉野力太郎（政友）、島田弥久（民政）、星野懿吉（政友）の順で協調してきたから「今回は民政派に譲るべき」と主張した。政友派は抽選説を主張し、両派は譲らず、両派共に議員総会に諮ったが結果は同じであった。本会議の定刻が迫ったので、開会後直ちに休憩に入り、両派は再び総会を開いた。民政派では東葛飾郡選出の矢島喜一郎、渡辺藤一郎、金剛寺新之助等が市川市選出の福地新作を最初の副議長に擁立する運動を起こした。島田常任幹事に多田支部長の人選案の開封を求めたところ、「前期の議長に伊藤博愛、副議長に石川善之助、後期の議長に諏訪寛治、副議長に岩井力三郎」となっていた。大多数はこの人選案を議員総会の決定とすることを望んだが、矢島等の東葛組は「市川市政の混乱を収拾し、東葛飾郡の党勢発展を図るため、是非最初の一年を福地へ」と懇請した。岩井力三郎が後期副議長を譲ると申し出たが、東葛組は納得しなかった。しかし政友派からせき立てられて、午後四時四〇分に交渉委員会に戻った。この折衝に先立って中立派の石橋弥は「役員問題でこのように紛糾し、貴重な時間を費やしては県民に申し訳ないから、両派の協議が整わないなら、自分が決戦投票の緊急動議を提出する」と両派へ申し入れたのである。当日の出席県議は民政派二一名、政友派一五名、中立派一名であったので、この申し入れを聞いて民政派は俄然強気となった。万一決戦投票となれば、民政派だけでは過半数に達せず、若し政友派が退場した場合、会議は不成立になるが、石橋県議は決戦投票を発議した責任上居残るであろうから、二二名の過半数となって会議は成立し、正副議長共に民政派で独占出来るとの思惑からであった。この強気で民政派が「最初の議長をわが派へよこせ、厭なら決戦投票をやる」と突っ張ったので、政友派は副議長を出すことで譲歩したのである。政友派は控室で投票を行い、藤田昌邦一六票、青木泰助二票、松本栄一一票で、藤田を副議長候補にした。午後六時二〇分再開の本会議で議長選挙が上程され、諏訪県議（民政）が「投票せずに仮議長指名」の動議を出し、出山仮議長が伊藤博愛を議長に指名し、副議長は伊藤議長が藤田昌邦を指名したのである。(9)

（二）大政翼賛会県支部と県会の対応

民政党斉藤隆夫の反軍演説事件（一九四〇年三月七日衆院本会議は三分の二以上の多数で斉藤を除名）以来、政界には親軍的な新党運動が台頭した。それは三月二十五日に聖戦貫徹議員連盟の結成となって動き出した。結成総会には民政党斉藤除名賛成派、政友会中島、久原両派、社大党その他各党各派の代議士一〇〇余名が出席し、①支那事変処理には近衛声明を支持し、その徹底を期す、②東亜新秩序建設を是認する第三国と提携し、これを妨害する敵性国家に対して厳然たる態度を執る、③自由主義的経済体制を是正し、新経済体制を樹立する、④共産主義、自由主義、功利主義等一切の非国家的思想の殲滅を期すとの申し合わせを行った。(10)六月三日の聖戦貫徹議員連盟総会では「政党解消、国民的強力新党結成の方策と具体方法」を満場一致で可決した。(11)そして六月十一日には各党党首に解党を進言したのである。

六月二十四日に近衛文麿は枢密院議長を辞任し、「内外未曾有の変局に対するため（略）新体制の確立のために微力を捧げたい（略）最近とみに活溌になったいわゆる新党運動も（略）単なる既成政党の離合集散や眼前の政権のみを目標とするがごとき策動であるならば、自分はこれと事を共にすることは出来ぬ」との新体制運動推進への決意を表明した。この近衛出馬表明で新体制運動は第二段階に突入することになった。(12)

この声明を受けて、まず七月六日に社会大衆党が解党、同十六日に政友会久原派が解党、同三十日に政友会中島派が解党した。八月六日に聖戦貫徹議員連盟は常任幹事会を開き、政党解消に一定の役割を果たしたので、聖戦貫徹議員連盟を解散し、新たに新体制促進同志会に合流することにした。八日には衆議院の新体制促進同志会結成大懇親会が丸之内の東京會舘で開かれたが、一二六名（旧政友中島派三九名、旧久原派二一名、旧統一派一〇名、民政党脱党派二五名、旧社大党一二名、旧時同七名、東方会二名、旧国同二名、第一八名）が出席し、解党、脱党した議員各派の大同団結による新体制促進同志会が成立した。(13) 八月十五日には民政党も解党したのである。

これらの動きは県内にどのように影響したのであろうか。東方会、大日本青年党、東総同盟、皇国青年同盟の国家主義的な四団体は七月九日に千葉市の教育会館で「難局打開県民大会」を開催した。臼井壮一、小寺栄吉（以上東方会）、原徳治、浜名儀三、川人信正（以上大日本青年党）、大野哲心（東総同盟）、林董、加瀬道之助、木島完之、石井忠（以上皇国青年同盟）等が「現状維持国家群への媚態を排撃、強硬外交と新国内体制の確立」を聴衆二、〇〇〇余名の前で絶叫し、「速やかに国内体制を強化一致せしめ、世界新秩序建設に邁進する国家群と協力して東亜新秩序建設を敢行すべし」とする宣言と決議を挙げた。また石橋弥県議が率いた日本革新党県支部連合会では新国内体制確立と近衛新党積極協力を掲げて再出発の態度を鮮明にし、九日には解党声明書を発表した。国家主義的な右翼潮流は近衛声明で勢いづいたのである。(14)

政友会県支部では七月十二日に千葉市加納屋旅館で幹部会を開き、新党問題の協議を行った。君塚角之助、川口為之助、星野懿吉、坂本斉一、萩原村次各県議等から意見があったが、本部の方針に順応し、適当の時期に解党して、新党合流することを申し合わせた。川島支部長は「しかしながら元来政党とは地方から固まって来たもので、今後は国策として解党するのだが、五〇年来の政党政派がしみこんだ県民一致がすぐ解け合うがどうか確かに疑問」と懐疑的であった。最終的に解党が決定したのは七月三十日で、解党式は八月十六日であった。(15)

民政党では新党を目指す永井柳太郎外三九名の代議士が町田忠治総裁の回答を待たずに七月二十五日に脱党を決行した。この中には多田満長党支部長が加わっていた。支部長を失った県支部では「多田氏今回の脱党は個人的行動であるから、ここ暫くは全員一致、党本部の態度を注視して行く」とし、支部長再選を行わず政情静観の態度であった。しかし八月二十三日に支部解散の協議会を開き、九月十五日に解党式を挙行したのである[16]。政友、民政両派の既成政党では解党には懐疑的であり、本部の判断を待つとする消極的な傾向が強かったのである。

新体制運動の会名は九月十六日に首相官邸で開かれた常任幹事会で「大政翼賛会」とすることが最も相応しいと意見が一致したが、名称は近衛首相の統裁に俟つとした。首相は一方的に宣言をせず、一応委員に諮ることにした。首脳部人事は近衛首相と有馬頼寧伯爵の間で銓衡を行って来たが、成案を得たので九月二十五日に有馬が官邸で近衛首相と協議し、常任総務、各局長、顧問、参与の統裁を得た。筆頭総務有馬頼寧が事務総長を兼任して全局を統率し、総務局長も兼任となった[17]。大政翼賛会の発会式は十月十二日に首相官邸で行われ、近衛総裁は「運動の本質は大政翼賛の臣道実践という事に尽きる」と挨拶したが、翼賛運動の綱領や宣言は発表されなかった。

十月四日に内務省は大政翼賛会地方支部の結成方針を決定し、七日の地方官会議で安井英二内相から指示が出された。九日の中央常任総務会では地方支部の組織は、まず地方長官（知事）に委嘱して当該地方から五名乃至一〇名の常務委員を選抜、この常務委員が支部の創立事務に携わるだけでなく、支部組織後もその侭最高幹部となり、地方での大政翼賛運動の中核体を形成する点で意見は一致した。しかし支部長を地方長官に充てるか、民間人を起用するか意見が一致しなかった。朝日新聞は「翼賛会県支部の組織問題」として県下有識者に①常務委員はどのような人物を選ぶべきか、②本県支部長は知事、民間人どちらを選ぶべきかの二点について記名アンケート調査を行った。五七名の回答であったが、①では職能代表、新体制の理念を持つ人が多かった、②では知事とする者が六三％、知事反対は二三％で、暫定的に知事とする者を加えると知事の支部長説は七四％と圧倒的であった[18]。

十一月十九日に翼賛会県支部の初代常務委員が発表された。立田知事が中央本部へ推薦手続きをとり、本部で決定したものである。立田清辰（県知事）、伊藤博愛（県会議長）、古荘四郎彦（千葉合同銀行頭取）、蕨直次郎（私立山武農林学校長）、飯田謙次郎（野田町長）、小堀晃三（県議、小見川町長）、布施六郎（東金町長）、市原文雄（夷隅郡青年団長）、川名伝（産組県支部副会長）、馬場良之助（佐原壮年団長）、太田健吉（県連合青年団副団長）の一一名であった。立田知事は「革新的人物は沢山あるが、翼賛会そのものが県民を指導して行く母体とならねばならぬ関係上、革新的でなくとも、これに順応出来る人であればよい訳である」と銓衡の経過を語っていた[19]。第一回の常務委員会は十一月二十二日に県庁知事室で開かれ、顧問、参与、理事の銓衡を行い、直ちに中央本部へ推薦の手続きをとった。また三十日に発会式を行うことを決めたのである[20]。

大政翼賛会運動規約では、中央本部に中央協力会議を、各支部に各協力会議を附置するとしていたが、まず中央本部から中央協力会議議員の推薦方を委嘱してきたので、常務委員の伊藤博愛、太田健吉を推薦、十一月二十五日に正式に委嘱があった[21]。十一月二十九日に県支部発会式に先立って顧問（二六名）、参与（二八名）、理事（一〇名）が決定されたが、常務委員は顧問中に二名、参与中に一名、理事中に六名入っていた。また参与中には国家主義団体の代表二名、女性団体代表二名が入っていた。三十日の発会式は千葉市の教育会館で挙行されて、ここに県支部の具体的活動が開始されることになったのである[22]。

翼賛会地方支部には支部長、理事若干、顧問若干で、支部長は総裁が指名または委嘱、その他の役員は支部長の推薦で総裁が指名するものであった。任期はいずれも一年、ただし支部長は当分置かず、地方常務委員の代行であった。支部長は支部を統理し、理事は支部長を助け、関係事項を審議、顧問は支部長の諮問に応じ、参与は支部の企画及び活動に加わるもので、支部の実際的仕事は事務局中の庶務、組織の両部で当たり、庶務は庶務と協力会議及び県民生活の指導と宣伝を行い、組織は地域的、職域的組織及び県民の各種訓練とか各種団体との連絡を行うものであった。支部に附随する協力会議の定員は県では三〇乃至六〇名、郡では二〇名乃至六〇名で、年二回以上開催し、支部長が招集する。支部の経費は本部の補助金その他の収入によるものであった。十二月二十日に県支部の中核である事務局の組織及び庶務両部長が決定した。庶務部長は伊藤博愛、組織部長は飯田謙次郎で、同時に小堀晃三を相談役として事務に加えた。事務局には部員一〇名と書記二、三名を登用することにし、日赤千葉支部に三室を確保したのである。(23)

十二月二十四日に中央本部より郡支部長は各郡町村長会長に、市町村支部長は市町村長に決定したと通知があった。なお町村長欠員のところは就任をみるまで暫定的に助役が町村支部長の事務を代行することにしたのである。

大政翼賛会の地方組織が整備されつつあった時に、十一月十九日に始まった通常県会では大政翼賛運動に関する問題が取り上げられた。当時の新聞では「今回の県会の論争の中心は福田特高課長の問題、煎じ詰めれば盛り上がる青年層の新人と旧政党人との新旧勢力の争い」としていたが、それは当時の世相に流された一面しか見ない報道であった。(24)県会では①大政翼賛運動の在り方、②運動に便乗した県官の言動の二点が問題になったのである。①大政翼賛会の今後については、これは悉く中央より指示される、しかし県自体が何等かの方法に依って考えるべきではないか、大政翼賛運動は唯単に中央の指示のみに俟つべきではない、大政翼賛会支部が設置された場合、隣組、部落会等の組織に変更があるようなことでは、何にもならないと云う意見があった。全て中央からの指示で動かされる体制に危惧を表明していたのである。また色々な団体が設置されたが、これらの団体は果たして大政翼賛運動に合致するものなのか、このような政治結社でない団体を組織することが良いことなのかと疑問が出されていた。(25)大政翼賛運動の展開に刺戟されて国家主義団体が県内でも跋扈していた。例えば大日本赤誠会県支部（原徳治代表）は十一月三日時点で、中央直属、君津、千葉、安房、市川の支部と準備中の夷隅、印旛を含めて一、八〇〇人の団体であった。振東社県支部は中央直属、千葉青年隊、千葉、市川、船橋、東葛、銚子、山武の各支部と市原に準備支部があり、一、八七〇人の会員があった。[26] さらに新体制を指導する者が果たして指導するだけの指導精神を持っているのか非常に疑わしく、形の上からの新体制であったなら、百害あって一利なしと断言する。「咥え煙草の人が人々に坂道で車を押させよう」と云うような指導精神ならば、百害あって一利なしと喩えて批判的であった。[27]

②については県官が「旧既成政党は罪悪を犯した、実に怪しからぬ、産業政策に失敗した政党は亡びるのが当り前」と演説したことへの批判と「企業合同は絶対に平等主義で行う」との演説への批判であった。実績主義でなく、平等主義では私有財産の平等化に発展しないかと恐れられ、企業合同の斡旋を警察が行うことへの弊害を主張した。また企業合同については政府の根本方針がまだ確立していないのに、「全ての企業に企業合同を進める」との講演が中小商工業者を不安にさせたことであり、この講演を請け売りした警官が中小商工業者に「お前達は盲腸だ、癌だ」と云い、銚子市長が諭告を出して不安の解消に努めたことを取り上げたのである。[28]

これらの追及の中で戸坂清次県議が県官の講演問題を取り上げ「一官吏ガ此ノ旧政党ニ対シテ誹謗スルトハ何事デアルカ（略）今日ノ我国ノ文化、経済、所謂国力ハ何ニ依ッテモタラサレタカ、是ハ全部憲政確立ノ賜デアル（略）然ラバ立憲政治ノ確立ハ何人ニ依ッテサレタカ、我々ノ政党ニ属シタル所ノ先輩ガ資材ヲ蕩尽シ、或ハ生命ヲ堵シ、権力ト闘ッテ今日ノ憲政ヲ見タノデアル」と立憲政治の意義を指摘し、「官僚ハ今日マデ何時モ時ノ権勢ニ便乗シテ自己ノ有利ノ立場ニバカリアッタ（略）官僚ハ等シク此ノ憲政確立ニ依ッテ恩恵ヲ蒙ッテ居ル（略）徒ニ他ヲ排シテ相剋摩擦ヲ生ゼシメルヤウナ、サウシテ弱キ国民ヲ不安焦燥ニ陥ラシメテ、独リ独善ノ優越ヲ貪ラムトスルガ如キ、是ハ何事カト云ハザルヲ得ナイ」と厳しく断罪し、立憲主義の危機に警鐘を鳴らしたのである。[29]

この県会での追及に対して十二月四日に振東社県支部は県当局と議員団へ警告を発し、また大政翼賛君津連盟では講演の内容を擁護し、県当局に同課長擁護の陳情書を提出した。[30] 舌禍問題を引き起こした福田忠光特高課長は辞職となったけれども、大政翼賛会に入会し、大政翼賛房総青年連盟協議会の結成に際しては原徳治、臼井壯一と共に顧問に就任していたのである。[31]

一九四一年（昭和十六）一月七日大政翼賛会常務委員理事会が県庁で開かれ、県民の実践要綱（①臣道実践に挺身、②大東亜共栄圏建設に協力、③翼賛政治体制建設に協力、④翼賛経済体制建設に協力、⑤文化新体制建設に協力、⑥生活新体制建設に協力）を六時間に亘って検討して、九日の参与、顧問会議に附議することにした。参与会議では原徳治赤誠会支部長が「臨時中央協力会議で太田健吉氏は右翼文化団体は翼賛運動を毒するといったが、その団体とは何か、また危険思想とはどんな思想か」と質問があった。伊藤庶務部長は「赤誠会、振東社を指したものでない」、太田常務委員は「両団体を例に挙げたのではない」と夫々釈明した。顧問会議では特に意見もなく、翼賛運動の四つの実践指針（①公益優先、国策協力、②生産拡充、生活刷新、③明朗闊達、体位向上、④職分奉公、県民一丸）が決定となったのである。[32]県振興課の調査では県下における一月十四日段階での部落会、町内会は五、九八五であり、また隣組、隣保班は銚子市を除き、二万四四九八であり、翼賛運動を支える下部組織の整備が進んでいたのである。[33]翼賛会県支部では一月十六日に千葉市の日赤支部で翼賛会郡市支部長会議を開き、決定した実践要綱を指示し、郡市支部結成と協力会議の構成を協議し、[34]一月二十二日には千葉市役所で町村支部長会議を開いた。

翼賛会県支部と県庁の表裏一体化のために、県庁内に常設連絡委員会を設置し、一月二十九日には常務委員会主宰者の立田知事が林振興、平山庶務、大村商工、近藤社会教育、井上労政、小谷人事、秦特高、市橋耕地、田中農務、向後経済保安の各課長、小堀支部理事、伊藤庶務、飯田組織両部長の一三名を委員に委嘱した。[35]

翼賛会県支部は二月三日に定例常務委員会を開き、千葉、船橋、銚子、館山並びに夷隅、安房の四市二郡から内申された郡市支部の理事、参与について銓衡を行い、内申通りに決定して中央に推薦した。また残る郡市支部の理事、参与並びに協力会議議員は二月五日までに内申を取り纏め、十日の常務委員会で銓衡して中央に推薦することにした[36]。翼賛会郡市支部の理事、顧問、参与、各郡協力会議議長については二月十七日に近衛総裁から指名があった。そこで二月二十日の千葉、海上両郡を振り出しに、各郡協力会議を開き、臣道実践の第一歩を踏み出すことにした[37]。翼賛会県支部では十八日に千葉市役所で郡市支部長及び郡協力会議議長と合同会議を開き、二十日から開催する郡協力会議の運営方法を協議した。地方協力会議の開催は全国で初めてのことであり、中央でもまだ運営方針が決せず、千葉県の方法が全国の模範となるので、常会式に行うことにした[38]。三月十日に翼賛会各町村支部の理事の一〇郡、二五七町村、一、二八〇余名が近衛総裁から指名があった[39]。

また翼賛会千葉県協力会議の議長と議員は三月十五日に指名となった。議長は県農会副会長の君塚角之助県議、議員は四〇名でその内訳は郡協力会議、市常会代表二〇名、各種団体代表七名、県会代表六名、学識経験ある各界代表七名であった。茂原町県青少年団副団長の山田みつは唯一人の女性であった[40]。そして三月二十五日に千葉市役所で第一回県協力会議を開催したのである。

翼賛会県支部では五月一日に県下二、二〇〇名に及ぶ推進員を決定した。地方官会議で支部長は知事に委嘱することに決定したので、支部の改組を行い、立田知事を支部長に委嘱した。常務委員会は支部の決議機関として存続させ、理事会を廃止し、五月五日に在任中の理事を常務委員に任命した。市町村支部の理事はそのまま常務委員と名称を変更しただけであった。町村支部は原則として顧問、参与を置かなかったが、本部から顧問は印旛郡の九町村、香取郡の二七町村、長生郡東浪見村、参与は印旛郡一〇町村、香取郡二五町村、安房郡長尾村、長生郡東浪見村に指名があった。このように立田県政期は大政翼賛会の地方組織を整備する段階に止まっていたのである[41]。

さて、政党支部を解散後、通常県会開会を控え「県議の帰趨を如何にすべきか」と一九四〇年（昭和十五）十月十四日に伊藤県会議長、藤田副議長は知事と協議し、二十三日には時局懇談会メンバー一〇名と知事が対策を協議した。そして十一月十九日から開会となる通常県会の前日十八日に暫定的であった県議員団は三派揃って議員団の発会式を行った。規約案は「団長は議長とし、副団長は副議長とする」とあり、その通りに伊藤団長と藤田副団長を選出し、幹事には福地新作、戸坂清次、石川善之助、増田栄一（以上旧民政派）、坂本斉一、松本栄一、小堀晃三、青木泰助（以上旧政友派）の八名を選んで正式に発足したのである。[42]

伊藤県会議長が一年交替の不文律を尊重して辞表を提出したので、一九四一年（昭和十六）二月十七日に臨時県会が開会となり、議長銓衡行われることになった。旧民政派では副議長候補に石川善之助県議を推すことで纏まった。一方議長候補を出す順番であった旧政友派では田中恭三（夷隅郡選出）、鈴木亮（印旛郡選出）両県議を推すものがあって纏まらず、同派の君塚角之助、吉野力太郎、川口為之助の三県議に一任することにした。しかし君塚は岩瀬亮代議士系の田中を、吉野、川口は鈴木を推して纏まらず、同派では予備投票を行い、一三対七で田中を議長候補と決定した。しかしこの形勢に不満の鈴木は川口、田中和三郎（印旛郡選出）と共に十八日朝、旧政友派の親睦会である清交倶楽部脱会を通告した。一方田中の議長候補通告を受けた旧民政派でも田中候補に意見が一致せず、県会再開した十九日夜に至って出席議員四一名で決戦投票を行い、鈴木亮二三票、田中恭三一七票、横田清蔵一票で、鈴木が勝利して議長就任となった。新議長の指名で石川善之助が副議長に就任したのである。政党支部は解散しても県議等は旧政派を基本に行動していたのである。[43]

（注）

（1）前掲図書館蔵「東京朝日新聞全国版」一九三九年一月十二日付

（2）前掲図書館蔵「読売新聞千葉版」一九三九年一月十二日付

（3）藤原　彰「日中全面戦争」（『昭和の歴史』5）小学館、一九八二年、一九〇頁

（4）前掲図書館蔵「読売新聞千葉版」一九三九年五月十九日付

(5) 前掲図書館蔵「昭和十四年通常千葉県会議事速記録」四号一七二頁
(6) 前掲図書館蔵「読売新聞千葉版」一九四〇年二月二十一日付
(7) 前掲図書館蔵「東京朝日新聞千葉版」一九四〇年一月二十二日付
(8) 前掲図書館蔵「読売新聞千葉版」一九四〇年二月十三日付
(9) 前掲図書館蔵「東京日日新聞千葉版」一九四〇年二月十四日付
(10) 前掲図書館蔵「東京日日新聞全国版（夕刊）」一九四〇年三月二十六日付
(11) 前掲図書館蔵「東京朝日新聞全国版」一九四〇年六月四日付
(12) 前掲図書館蔵「東京日日新聞全国版（夕刊）」一九四〇年六月二十五日付
(13) 前掲図書館蔵「東京朝日新聞全国版」一九四〇年八月九日付
(14) 前掲図書館蔵「東京日日新聞千葉版」一九四〇年七月十日付
(15) 前掲図書館蔵「東京日日新聞千葉版」一九四〇年八月一日付
(16) 前掲図書館蔵「東京朝日新聞千葉版」一九四〇年八月二十四日付
(17) 前掲図書館蔵「朝日新聞全国版」一九四〇年九月二十六日付
(18) 前掲図書館蔵「朝日新聞千葉版」一九四〇年十月十二日付
(19) 前掲図書館蔵「東京日日新聞千葉版」一九四〇年十一月二十日付
(20) 前掲図書館蔵「東京日日新聞千葉版」一九四〇年十一月二十三日付
(21) 前掲図書館蔵「東京日日新聞千葉版」一九四〇年十一月二十六日付
(22) 前掲図書館蔵「東京日日新聞千葉版」一九四〇年十二月一日付
(23) 前掲図書館蔵「東京日日新聞千葉版」一九四〇年十二月二十一日付
(24) 前掲図書館蔵「東京日日新聞千葉版」一九四〇年十二月十七日付
(25) 前掲図書館蔵「昭和十五年通常千葉県会議事速記録」二号九〇頁
(26) 前掲図書館蔵 内務省警保局編『復刻版社会運動の状況』（十二）、一九七二頁、六三六頁
(27) 前掲図書館蔵「昭和十五年通常千葉県会議事速記録」二号一五二頁

(28) 前掲図書館蔵「昭和十五年通常千葉県会議事速記録」二号一七三頁
(29) 前掲図書館蔵「昭和十五年通常千葉県会議事速記録」六号二九二頁
(30) 前掲図書館蔵「東京日日新聞千葉版」一九四〇年十二月四日付
(31) 前掲図書館蔵「東京日日新聞千葉版」一九四〇年十二月十七日付
(32) 前掲図書館蔵「東京日日新聞千葉版」一九四一年一月十日付
(33) 前掲図書館蔵「朝日新聞千葉版」一九四一年一月十五日付
(34) 前掲図書館蔵「朝日新聞千葉版」一九四一年一月十七日付
(35) 前掲図書館蔵「東京日日新聞千葉版」一九四一年一月三十日付
(36) 前掲図書館蔵「朝日新聞千葉版」一九四一年二月四日付
(37) 前掲図書館蔵「東京日日新聞千葉版」一九四一年二月十八日付
(38) 前掲図書館蔵「東京日日新聞千葉版」一九四一年二月十九日付
(39) 前掲図書館蔵「朝日新聞千葉版」一九四一年三月十一日付
(40) 前掲図書館蔵「千葉新報」一九四一年三月十六日付
(41) 前掲図書館蔵「千葉新報」一九四一年五月六日付
(42) 前掲図書館蔵「読売新聞千葉版」一九四〇年十一月十九日付
(43) 前掲図書館蔵「東京日日新聞千葉版」一九四一年二月二十二日付

四、統制経済の広がり

(一) 集荷、配給を巡る商組と産組の二本立て抗争

日中戦争が三年目を迎え、長期戦となる中で国民生活へ統制経済が浸透していったが、政府は集荷、配給を円滑にするため、商業組合(商組)と産業組合(産組)の二系統を活用することにした。しかし米穀、綿布、肥料、木炭等の国民生活の重要分野では両組の激しい衝突が展開したのである。

農林省では主要米産地に出荷督励官を派遣するなどして一九四〇年(昭和十五)三月までに政府米六五〇万石の買上げを目指し、千葉県の割当は二五万石と決まり、一九四〇年一月二十日までに供出となった。供米の開始である。そして一九三九年度(昭和十四)最終受渡分として残っていた三万八〇〇〇石をとりあえず一九三九年(昭和十四)十二月十日までに供出するよう通牒を発した。しかし米不足の折柄供出確保は相当に困難な問題であった。県当局は十二月五日に郡市農会幹事、各郡農産物検査支所長、県販購連、県農会、県農産物検査所等の関係者を千葉市の県立図書館に集めて各郡の割当を協議した。けれども石油、ロールゴム等の農業用資材不足と労力不足から第一回分の三万八〇〇〇石を十二月十日までに供出するのは困難とし、十二月二十日までに延期となった。

政府買上米は県米穀商業組合と県販購連の二本立てで集荷し、県内の政府指定倉庫に収容する。その後の需給調整に備えるもので、保管料、倉敷料等は政府が負担するものであった(1)。第一回供出分二五万石が完了する見通しとなり、第二回買上米一七万九〇〇〇石の出荷割当を行うために一九四〇年二月六日に県農産物検査所で高辻武邦経済部長、農務、商工各課長をはじめ県農会、県販購連、県卸売商組合代表、星野懿吉県町村長会長等が会同し、協議の結果、集荷分は産業組合(産組)一〇万石、米穀商業組合(商組)七万九〇〇〇石の割当とし、三月末までに出荷することを決定した。

「帝都の危機を救え」との声に応じ、政府供出米に対して県当局は全力を挙げ、商組、産組も割当量の供出に向かって大馬力をかけたが、そのため県内の需給状態がバランスを崩してしまい、千葉、船橋、市川市等の消費地は困難に陥り、県内の配給機構を整備して欲しいと消費地の米穀商から頻りに県当局に陳情が行われた。一九四〇年（昭和十五）一月二十九日には君塚県米穀商組合連合会理事長、大竹県卸売商組合理事長、元橋船橋穀肥商組合理事長、半場夷隅穀肥商組合理事長の四名が需要地と生産地とで連絡し、卸売商組合と県米穀商組合連合会とが緊密な連携の下に米穀需給の円滑を図る米出荷の協定書を作成し、二月五日に両組織は役員会で承認した。(2)これは農村生産者から買取人の卸商組合の手を通じ、需要地の白米卸商組合乃至卸商にまで流し、白米小売商から消費者に割り当てる協定であり、これによって政府米供出促進が出来るだけでなく、ヤミ取引を封殺する狙いがあった。

一方、農林省では各府県での米の需給不安解消のために政府買上米六五〇万石とは別個に、応急措置として府県に払い下げ用の買上げを行うことにした。千葉県分は一三万八〇〇〇石であり、買上げた米は全部県内の政府指定の民間倉庫に貯蔵し、四月頃から随時一定量ずつ払い下げを行い、県内の飯米需給に充てることにした。(3)

高辻経済部長は二月二十六日に農務課、県販購連その他の関係者と政府買上米の見通しを協議し、協議会では「第一回分二五万石、第二回分一七万九〇〇〇石の合計四二万九〇〇〇石のうち二五万石は二月二十六日までに納付済みである。一七万九〇〇〇石は郡から町村、町村から部落、部落から個人へ割当を完了し、県から市町村長に責任を持たせ、四月一杯には完納の予定である。また第三回分割当の一三万八〇〇〇石は県内消費分として県内倉庫に保管されるので、一九四一年度（昭和十六）に入ってから供出する方針で、総計政府買上米は五六万七〇〇〇石となるが、一九四〇年の実収高は平年の二〇八万石に比して五七万九〇〇〇石増の二六五万石九〇〇〇石であるので、政府買上米五六万七〇〇〇石は増収分で埋め合わせがつき、ヤミ取引や県外移出分を差し引いても、県民の食糧には何等不安ない」ことを確認した。(4)しかし四月九日の納付数量は八一・七％で、一八・三％が未納状態であり、第三次分の県内配給用買上米一三万八〇〇〇石は手つかずの状態であった。また食糧米を自給自足出来ない町村が一〇〇町村以上あった。さらに集荷成績は産組側に比較して商組側が悪かった。これは県米穀卸商組が県内小売商に配給すべき自由販売米と二本立てで集荷に当たっていた結果、政府米集荷に手が廻らず、一方小売商側は卸商側が政府米集荷に没頭したため、県内用配給米の不足を見越して、直接農村へ出向き一俵一円高のヤミ取引を行ったからと云われていた。県当局は事態を重視し、肥料不足での米減収の予想に加え、旱害への懸念から売り惜しみが見られるとして、四月二十三日に立田知事等首脳部では協議の結果、臨時食糧対策部を設置した。臨時食糧対策部は実務と評議の両機構を持ち、実務機構は農務課内の米穀係技師二名、技手三名、主事補一名、雇一名の七名に保安課や経済警察係内田警部以下五名、他に五名の技術官を増員して一七、八名の陣容で整備するもので、織田智経済部長が部長事務取扱となった。評議機構は県庁首脳部を参与に、各課長を理事、田中農務、向後保安両課長を常任理事、田尻主任技師を幹事として食糧問題に関するあらゆる対策を審議するものであった(5)。

四月三十日に臨時食糧対策部では産組側、商組側の両代表が出席の上、第三次政府買上米一三万八〇〇〇石の集荷会議を開いた。一三万八〇〇〇石の集荷を産組と商組でどのような割当率にするかを協議したのである。第二次一七万九〇〇〇石の集荷実績では、産組側は五七％の引受に対して未納数量は二万一〇〇〇石であったが、商組側は四三％の引受に対し四万一〇〇〇石の未納であった。県当局は完遂出来ない数量を引受られては困るから「完遂の自信のある数量を分担して欲しい」と双方へ要請した。産組側は「第二次割当に際して商組側は一〇万石を引受たいと主張したのを宥めて、産組側が多く引受たのにも拘わらず、商組側は減らされた数量の二分の一も集荷出来なかった。この際集荷は産組に一元化すべきである」と主張した。商組側は「郡町村の情勢が産組側に有利に傾いたために商組側の成績が挙がらなかった、しかし産組一元化は容認出来ない、従来通り二本立てで行きたい」と反論した。翌二日の第二回協議会では、商組側は「役員会で相談したが引受率は県で決定して欲しいと云うことになった」と説明した。田中農務課長は「割当数量は絶対に遂行して貰わねばならぬので、引受能力の不明なものに対し割当率を示す訳にはいかない」と商組側を追及した。産組側は「商組が引受けるなら、産組は手を引く、引受ける自信がないなら産組に任せよ」と前日同様に一元化を主張した。しかし四時間にわたって協議したが、商組側が役員会に諮って五月三日に回答するとして纏まらなかった(6)。五月三日の第三回協議会は三時間に及んだ末、商組側は第二次、第三次分を合わせて五万石の引受を約束した。残高六万二〇〇〇石と第三次一三万八〇〇〇石の合計二〇万石は結局産組側が一五万石を引受けることになったのである(7)。

五月十日に臨時食糧対策部では端境期までの県民の食糧米確保、政府買上米の供出、その他米の需給円滑を図るために、五月十日県下一斉に在米調査を実施することにし、同日付で臨時米穀調査規則を公布したのである(8)。臨時食糧対策部は同日の庁内全部課長会議で趣旨説明を行い、県下一九署長へ米の移動禁止の緊急指令を発した。そして五月十二日に各警察署長、農産物検査支所長、調査員との県打ち合わせ会、十四日に各郡毎に市町村長、調査員、警察署長、農産物検査所員を集めての郡打ち合わせ会、十六、七日に区長、農事実行組合長、部落団体長、駐在巡査、農産物検査所員を集めての市町村打ち合わせ会、十八、九日は県下九、一〇〇部落での打ち合わせ会を開いて趣旨徹底を図ると云う段取りとしたのである(9)。県当局の在米調査結果で農民の消費量に比して余剰米が二〇万石あることが分かった。一方で第二次、第三次分の未供出米が一九万石もあったので、県民の消費量と所有量とを公平にするため、県当局自体が買上げを実施することにした。買上形式は政府米と同じで、政府米一九万石の買上げと併行し、各町村長に責任を負わせて行うもので、数量は農民余剰米の六六％程度で、五万石程と見込み、六月末を完了とするものであった(10)。

六月十日に臨時食糧対策部は生産者への個人割当を決定し、十一日には緊急農産物検査支所長会議を招集、供出督励班を組織した。そして各郡の農産物検査員と庁内から一〇〇名余を動員して六月十三日から供出予定の二六〇町村に出張し、生産者と個々に面接して供出の承諾を求めることにした。しかし旱害地方では「植え付け完了まで供出を延期して欲しい」との要望があったことから、大掛かりな督励班の出動を見合わせ、各農産物検査支所長が町村長と協力して「供出承諾書」を取り纏めることに変更したのである。[11] しかし県当局の督励にも拘わらず供出成績は芳しくなく、六月二十四日の段階で承諾数量は二分の一に過ぎず、六月一杯の完遂は困難な状況であった。不成績の原因は①当局が農民の食用米を一人当たり平均月一斗と見込んでいたが、農民はそれ以上の飯米を貯蔵しようとしていたこと、②旱害の懸念から手持ち米を手放すことを不安視していたこと、③在米調査後に相当量を移出し、調査を基礎とした割当数と責任数とに齟齬が生じたこと等であった。そこで県当局は町村の米穀移動に対し許可制を断行することにし、臨時米穀移動統制規則を制定した。これで米穀は県外移出の禁止だけでなく、県内移動の自由もなくなったのである。[12]

政府米供出督励のため立田知事は県下の各郡を視察督励し、六月からの供出運動はかなり進捗したが、七月十日までに割当引受承諾書を提出したものは一五万石に過ぎず、なお十数万石を残している始末であった。そこで従来のような手緩い処置では到底埒が明かないとして七月九日に立田知事は渡正監総務、織田智経済、伊能芳雄警察の三部長の外、臨時食糧対策部を招集し、協議の結果、十日から部課長一三名が手分けして成績の悪い農村へ直接出向き督励することにしたのである。君津郡へ渡総務部長、夷隅郡へ里見冨次学務部長、香取・印旛両郡へ伊能警察部長、印旛郡へ桝本輝義商工、福田忠光特高両課長、海上・匝瑳両郡へ平山滋春庶務課長、安房郡へ濱島敏雄警務課長、市原郡へ三橋情報課長が督励班としてそれぞれ出張することになった。右の督励班と共に、織田経済部長を中心とした臨時食糧対策部が強制買上班となり、応じなかった場合は直ちに農林大臣の買入申込書を発行して強権を行使することにしたのである。一九三九年（昭和十四）十一月六日に公布された農林省の米穀配給統制応急措置令では「米穀の売渡又はその代理をなすものは販売の目的をもってその所有し又は占有する米穀に付、農林大臣より昭和十四年農林商工省令第八号第二項（米穀の公定価格）の規定に依り告示する最高価格による買入申込ありたるときはその申込に応じ、これを売渡すべし」とあった。この規定は米の所有者に対し農林大臣からの買入申込書が提出されると、これを受けた方では直ちに承諾書を提出しなければならず、これに違反したものは、一、〇〇〇円以下の罰金に処せられるものであった。県当局はあくまでも応じないとする某農家に対し強権を発動することに決定し、臨時食糧対策部ではその手続きをとったが、これは全国最初の強制買上げ処置と云われ、強制買上げが開始となった。当時の新聞は「こんな申込書を受ける農家は国策に弓引くものと烙印を押されたも同然で、不名誉な事この上ないと云える」と伝えたが、恐ろしい〝非国民〟のレッテル貼りが横行することになるのであった。(13)

農林省は米穀流通組織の一元化を図るために一九四〇年（昭和十五）八月二十日に臨時米穀配給統制規則を公布した。これに伴い県は臨時米穀配給統制細則を制定し、即日実施した。その内容は①市町村農会は米穀生産者や地主の米穀販売見込高を調査し、出荷計画を樹立する、②生産者や地主は農会の計画に従って出荷する、③米穀買受や販売の委託者は産組と農業倉庫に限定する、④両者は自由に買受、販売委託を受けることは出来るが、出荷は農会の計画に従う、⑤商組は知事の指定を受けた場合に限り、農会の斡旋で買受が出来る、⑥産組の取扱米は販購連へ、商組取扱米は知事指定の産業団体に納める等であった。配給米の中核は農会であることが明確に位置付けられ、産組と商組が争ってきた一元化の問題に決着がつけられたのである。(14)

九月二十六日に臨時食糧対策部では、新米が流通するまでの食いつなぎ対策を決定し、市町村長宛に通牒した。それは①供出未納分八万九〇〇〇石は県内需給用に振り向けるように農林当局に諒解を求める、②余剰米を持つ二〇〇町村は不足町村に急速出荷し、出荷米を除いた数量で自町村内の需給方法を講じる、③飯米不足の四一町村は速やかに引き取りの方法を講じ、その補給数量で需給方法を確立する、④自給自足の五九町村は自町村内の供出承諾数量を速やかに集荷し、不足は代用食、混麦で間に合わせる、⑤旱害を受けた二一町村は供出承諾数量を翌年度の需給調整用として現地保有する等であった[15]。

十月二十四日に農林省は米穀管理規則を公布し、十一月一日から施行したが、米穀生産中生産者、地主の自家用保有米を除いた全部が国家の管理米となるものであった。ただし全部政府の手に移るのではなく、政府で買上げるもの以外は生産者或いは地主の所有米として知事の指定する農業倉庫業者その他に寄託し、保管となったのである。

県の管理米集荷状況は一九四一年（昭和十六）二月五日で八五％で、二月一杯を完了の見込みとしたが、三月七日で九七・〇九％であった。すでに割当供出を完遂した郡は香取、印旛、長生、海上、匝瑳、千葉、夷隅の七郡であり、完遂の見込みが立っていたのは市原、山武の二郡であった。東葛飾、君津、安房の三郡と五市（千葉、銚子、館山、市川、船橋）は完遂困難と見られていた。東葛飾郡で成績の悪いのは松戸、小金、流山、八木、土、風早、我孫子、手賀、布佐、新川、福田、七福の各町村と市川、船橋両市であった。これらの地域は東京に近接している関係から相当に取引があったこと、とくに前年十二月に餅の移出禁止をやる前に加工して移出していたことが影響していた。君津郡は管理米を収容する倉庫が不足し、農家が自宅に保管したが、自宅保管をそのまま管理米として認めることにしたので、成績が上がる見込みとなった。安房郡では籾を貯蔵し、夏季に入って今摺りを実施する風習から調整が遅れたこと、また従来同郡では叺詰めを認めていたが、管理米は俵詰めのため、その講習に手間取ったこと、さらに避暑地であるので、消費者が買い溜めを行った影響もあったのである。五市では当局の督励の手が足らず、熱意に欠けていたこと、地主が誠意に欠けていたことの影響であった[16]。

商工省は綿製品を軍需と輸出向けに最大限供給をするために、一九三八年（昭和十三）七月一日に民需向け供給を一切禁止した。当然に起こる綿製品界の混乱を防止するために七月二十九日には綿製品加工制限規則、綿製品製造制限規則、繊維製品販売価格取締規則、綿製品販売制限規則等の商工省令を施行した。綿製品の使用は全国的に禁止され、オールスフ時代が到来することになったのである。ただし農山漁村、工場労働者に対しては社会政策的に相当量の綿布を卸商組の手でそれぞれ強制的に買上させ、それを政府監督下に産組、工場等の各購買組織を通じて切符制によって配給する方針であった。この農山漁村と労働者用の綿布配給を繞っては小売組合と産組間で争奪戦が各地で起こった。千葉県では産組側が農会及び漁組と提携して十月七日に県当局へ陳情したが、一方県織物小売組合では「綿布配給に関し産組挑戦を駁す」と産組を非難し、配給能力の確実性を比較した檄文を配布して両者間では争奪抗争が展開することになったのである[17]。

県当局は小売業者と産組の抗争に対して慎重な態度を持し、まず両者を動員して県内需要数量の基礎調査を行った。その結果、農山漁村民と工場労働者一人当たりの一か年消費量は最も必要とする織色木綿が一反乃至〇・三反であった。しかし政府の配給数量と比較すると、実数量の二〇分の一、縞木綿が一〇分の一の配給であり、大して必要のなかった小巾綿ネルなどが必要以上に配給されていたことが分かった。県当局は商工省に対して小売業者と産組と共に実需に適した配給修正を求めることにしたのである[18]。十一月十一日に県当局は各郡商組理事長、産組郡部会長、県販購連、県織物工業組合理事長等を集めて、商組五五％、産組四五％の配給率を示し、綿布の選別、買受方法を協議した。この綿製品の配給問題協議の経緯について県商組連合会会長の西川測吉県議は一九三八年（昭和十三）十一月の通常県会で次のように追及していた。「配給ト云フ建前カラ是ガ産組ノ使命デアル仕事ノ如クニ考エルコトハ観念ニオイテ誤リガアル」と対立抗争の出発点を振り返り、「元々綿製品販売ハ業者ノ過去数百年ノ歴史ヲ持ツ一ツノ権利デアル、然ルニ今回ノコノ国策デ（略）棉花ノ輸入制限ガ遂ニ加工制限トナリ、製造制限トナリ、販売制限トナッテ、同時ニ業者ノ所有スル所ノ卸小売ノ制限」と商業者の権利を抑えて政府の統制策が拡大したことを指摘した。全購連の取り扱いについては「大体コノ産業組合ノ施設ガ全国的ニハマダマダ殆ド行キ渡ッテイナイ（略）綿製品ノ配給問題ガ起コッテ、直チニ産業組合、購買販売組合ノ拡充運動トナッタ（略）各町村ニ一カ所ノ販売購買組合ヲ結成サセテ、コレニ依ッテ配給スル方法ヲ講ジタ（略）綿製品ノ二五番手以下ハ殆ド農村向ケデ、地方ノ業者ノ取扱ニ属スル、是ガ一度産組ノ手ニ渡ルト、殆ド常日頃農村ヲ顧客トシテ居ル業者ハ滅亡ニ瀕スル（略）コノ際、強イテ従来ナカッタ所ノコノ配給綿布ノ取扱ヲ産組ガ為サネバナラヌ理由ガ一体何処ニアルカ、地方小売業者ヲ失業サセテマデ、産組ガ新ニコノ施設ヲシナケレバナラヌカ、今日ノ時代ニ何ノ理由アッテコレヲヤラネバナラヌカ」と配給方法を痛烈に批判したのである。このような配給方法にした理由は政府が「商人ノ手ニ渡ッタナラバ、果タシテ労働者階級ニ流込ムカドウカ懸念サレタ（略）是ハ政府ノ考へ方ガ全ク机上ノ理想論デ、実際問題ヲ知ラヌ結果カラ起コッタ」と産組と商組が関わることへの経緯を明らかにした。そして配給に対する産組と商組の割当率について県は「町村ニ依ッテ商組ノ多イ方面ハ商組ノ数量ヲ多クシ、産組ノ発達シテ居ル場所ハ産組ガ多カッタ、ココニ四五ト五五ト云フ数字ガ現レタ」と説明したが、商組側では四五％は「従来の営業範囲をそれだけ産組に奪われた結果であり、非常に不満が多い」と主張したのである。[19] 両派の協議会では選別、買受配給は商組連合会と県販購連に一任する、相場は中央の公定価格通りとすることを確認し、配給率は商組五五％、産組四五％とする等を諒解して、漸く両者の抗争は終息したのである。[20]

一九三九年（昭和十四）三月二十五日に農林、商工両省は肥料配給統制規則を公布し、硫安、石灰窒素、過燐酸石灰、塩化加里の化学肥料を八月一日から配給割当にした。各府県は一月〜七月（春肥）、八月〜十二月（秋肥）を各一期として化学肥料を取り纏め、農林省に配給申請することになった。農林省では大体前年度と同額位の割当を許可するとしていたので、当面は各府県に対する配給に不安がなかった。しかし県段階から農村への配給には問題があった。千葉県では上述に見たように綿布配給の割当を繞って商組と産組の激しい争奪戦があったが、この抗争は肥料配給でも起こったのである。そもそも肥料配給はこれまで肥料商組が県下全消費数量の七〇％までを獲得し、卸売商の手を経て農民に供給してきた確固たる地盤を持っていた。一方産組は全販連から受け入れる肥料を県販購連に廻し、さらに県販購連はこれを単位組合に供給したが、県下全消費数量の三〇％しか扱っていなかった。

今回の肥料配給は商組と産組両者の二本立てで農民に供給することが政府の方針であった。そのため県当局は両者の按分を如何にして公平で、摩擦を少なく、迅速廉価に農民に供給するかが大きな検討課題であった。上田誠一総務部長を委員長に肥料配給統制委員会を設置して検討していたが、その間に両組共に蹶起して再三陳情を繰り返し、配分の大量獲得を目指して猛烈な運動が展開したのである。

八月一日の配給割当制実施を前にして六月二十六日に肥料製造会社重役、県内卸商代表等は立田知事に「産組偏重主義を取った場合は多年培った肥料会社の地盤が蚕食されると同時に商人の取扱絶対数量が減少する、従来の商取引慣行並びに地盤関係から見て、結局県に対する配給実数の減少を来たし、農民は割当はあったが、肥料が来ないの憂き目を見ることは明らかだ」と陳情した。また二十八日には県商工連合会は緊急理事会を開き「本県における肥料割当は政府の方針により過去の実績に応じて産組と商組に配当されると信じて、我々はこれまで相剋摩擦を避けていたが、産組がこの機に乗じて運動をするならば、最早我々も我慢ができない」と陳情したのである(21)。従来の肥料配給方法では製造配給会社から特約店に配給され、それを小売商を通じて各消費者に流し、その際配給切符は各町村長が発行していた。しかし縁故関係等で町村長は県が指定した以上の切符を発行し、酷い場合は隣村の分まで発行する有様であった。公平な分配のための切符制度がかえって肥料偏在の要因となり、折角切符を持って行っても、商店には肝腎の肥料がない事態が起こり、県会でも問題となって肥料配給の一元化を求める声となっていた。立田知事は「肥料配給ノ不円滑ナ原因ハ産組系統ト商組系統トノ二本建テヲ政府ガ指示シテコレヲ地方庁ニ強要スルノガソノ根本原因」と問題発生の原因を認めていた。しかし「政府ノ方針トシテ定メラレタ以上、コノ二本建テヲ如何ニ運用シテソノ円滑ヲ期スル点ニ努力スル」と政府追随の方針を変えなかったのである(22)。

十二月十一日に県下肥料商代表四〇名は県商工会館に集まって、肥料は製造配給会社から配給肥料を三四名の卸売商で組織する元売組合が一括して受け取り、県下をいくつかの経済地区に分け、そこに大配給所をつくり、さらに各町村毎に受渡主任（三名以内）を定め、そこに一町村分の肥料を纏め、町村配給部会に通知して各戸割当を決定し、配給する共同販売方法を採用することにした。この新方法は肥料商が従来の個人販売で利益を受けることをやめ、肥料商は全て共同販売組織の事務員となり、過去の販売実績によって保証料を受け取るものであった(23)。

前年の秋肥配給では市町村産組或いは商組から需要者へ配給、市町村には配給調整部を設けて不公平是正に当たらせたが、その調整部が殆ど機能を発揮せず、市町村長は事実上置き去りとなってしまった反省から、県当局は十二月二十二日に産組、商組の代表者を集めて協議し、新たに市町村長には絶対的権限と責任を持たせ、市町村長が農会の補助の下に、その市町村の配給数量を受け取り、これを市町村内農事実行組合又は農家組合或いは区長等に対し、産組系統、商組系統により公平に配給することにした。市町村長が空切符を抱えて現物を探し廻る憂いをなくそうするものであった(24)。また県当局は前年秋肥での産組、商組の抗争に懲りて、両組の代表者を招致し、協議の結果、割当の決定方法を県肥料配給統制委員会が所謂天下り式に行うのでなく、両組の代表者が直接折衝し、折り合った点を同委員会が形式上承認する方法をとることにし、一九四〇年（昭和十五）一月八日に両組代表一〇名宛が集まって直接折衝を行うことにしたのである(25)。直接折衝の行われる直前の一月六日には菅澤重義県議を先頭に県下各郡産組代表八〇名が県庁に押しかけ、「米の場合と同じく産組八〇％、商組二〇％の割当にして欲しい」と陳情した。これは両組の直接折衝へ圧力を与えるものであった(26)。

春肥の割当率を決める肥料配給懇談会は一月八日に県参事会室で開かれ、産組、商組代表各四名、仲立ちに星野懿吉県町村長会長、西川測吉県商工連合会長、君塚角之助県農会副会長等が出席し、懇談数刻に及んだが、両者の歩み寄りの曙光が見えた程度で物別れに終わった。一月十一日に懇談四回にして漸く割当を県当局に一任することになった。なお配給方法は商組、産組共に個人売買を許さず、共同販売で行い、町村で配給する場合は両組の分を町村長と町村農会長が管理し、各農家への配給量を指定することになったのである(27)。

県経済更生委員会肥料部会が一月十五日に県参事会室で開かれ、秋肥の割当率は商組六一％、産組三九％であったが、一任された県当局は秋肥に比して商組にやや有利な割当案を示した。このため産組側は承知せず、歩み寄りがつかず、委員中には四名の県議候補者がいたので、選挙運動に差し支えるとの理由から、一月二十日の県議定時改選終了後に再開することにした[28]。一月二十二日に肥料部会が再開され、商組六三％、産組三七％となった。産組は二％減っていたが、県は配給方法が産組一元化に近い恰好となり、商人は個人販売が出来なくなり、従来のような利得を得られなくなったから少し多くしたと説明した。産組側は不満であったが、今後増配があった場合は産組に増やすとの説得を受け容れ収めたのである[29]。

商組側では二月三日に県肥料卸商組合の役員会を開き、各地方に配給所を設け、その配給区域を確立し、配給所から町村へ流すために、県下に一四か所の配給所、六か所の支所を設置し、肥料配給機構を整備した[30]。また五月二十一日には県穀肥商組総会を千葉市の県教育会館で開き、穀肥集荷配給の産組一元化協議については「吾人は米穀と肥料の産組一元化に対し、従来の商権擁護の見地より絶対反対」を決議したのである[31]。

秋肥配給を決定する県経済更生委員会肥料部会が七月三十日に県参事会室で開かれた。産組、商組代表各一九名出席、織田経済部長を議長に①市町村肥料配給方法、②統制肥料の単肥用及び配合原料区分、③統制肥料の配給系統別区分の協議が行われた。①と②は原案通り可決したが、③の配給系統別区分の問題では、産組側は全国平均五二％を楯に両組の折半を主張し、商組側は春肥同様六三％を主張して互いに譲らず、激論の末、六名の特別委員会を設けて一任することにした。同日午後四時から特別委員会を開催したが、産組側は全国平均と政府米供出の影響を理由に五〇％を主張した。商組側は「春肥の配給では県の指示で好成績を挙げたので、その実績を減らされる理由はない」と六三％を主張して妥協がつかなかった[32]。八月五日に立田知事、織田経済部長、星野県町村長会長等も出席して特別委員会が知事室で開かれ、配給率を協議した。産組は全国平均の五二％を主張し、商組は春肥同様六三％とトーマス燐肥及び化成肥料（高度化成、特殊化成）を特別扱いとして全部商組へ配給するように主張したが、協議の結果、トーマス燐肥及び化成肥料を含めて商組六一％、産組三九％と決定した。トーマス燐肥及び化成肥料を除いた配給率は商組五八％、産組四二％で、産組側に有利な決定であった。[33]

十一月の通常県会では「肥料ノ配給ガ時期ニ間ニ合ワズ、増産計画ニ支障ヲ来ス」と肥料配給機構一元化問題の質問があったが、知事は「春肥ハ遅レタ所ガアッタガ、秋肥ハ大体順調（略）二本建ノ配給機構ヲ如何ニ調節スルカ研究ヲ要スル」とし、円滑が良く、好成績を挙げていた青森県へ農務課職員を派遣すると答えた。[34]そして県当局は商組、産組の代表者や県の長岡技師等を長野、石川両県その他へ視察派遣を行い、協議を進めたが、両組の利害関係から纏まらないので、両組の理解を図るために肥料協会を組織し、懇談的に配給上の欠陥を是正して行くと共に、一元化を目指して一九四一年（昭和十六）五月三日に県販購連専務外二名、県肥料卸商組土屋理事長外二名を県庁に集め、協会設立の協議を行った。[35]しかし知事が更迭となり、新知事に引き継がれることになった。肥料一元化が実現したのは一九四四年（昭和十九）四月のことであった。[36]

一九三九年（昭和十四）十一月十五日に開会した通常県会で「県は木炭の入荷見通しを明示して貰いたい」と質問があったほどに日毎に募る寒さ、これに逆比例して木炭のない悩みが県民の生活で深刻化していたのである。十二月二日に県商工課では千葉市役所に五市と主な町の木炭業者四〇名を集めて木炭需給懇談会を開催した。懇談では売る木炭がなく、閉店或いは休業する者が続出し、千葉市内では木炭商一五〇余軒のうち、閉店したもの十数軒、休業状態のもの六〇余軒と云う状態が明らかとなった。千葉市本町の木炭商業組合長は「私共には一五〇坪、一万二〇〇〇俵の収容力をもつ倉庫があり、最近までこの倉庫を空にしたことはなかったのに、今は倉庫に一〇俵以上の木炭が夜を明かしたことはありません。（略）市内の需要は毎日一、〇〇〇俵余で、これに対し現物は五分の一位しか着荷していません」とし、また木炭のない原因には「農村に金があって、副業の製炭を余り行わないこと、農村の労力が軍需工場に吸収されて炭焼きにまで手が廻らぬこと」と軍需事情にあることを指摘していたのである。業者たちが前途に一つの光明としていたことは、県当局が斡旋を引き受けた東北産の七万俵の入荷と十二月中旬に出廻る県内産の新炭であった。しかし新炭は東京方面から入り込む仲買商に買い占められる懼れがあった。各地の業者は県産米の場合と同じように県産木炭の県外移出許可制実施を要望していた。県では早速に十二月四日付で千葉県木炭移出統制規則を公布し、即日実施したのである。[37]

千葉県の一九三八年（昭和十三）の製炭高は白炭一万四七九二貫、黒炭五二〇万七九二貫、松炭一六七万七七九二貫、粉炭その他合計七〇九万四一二〇貫で、四貫目俵にして一八七万八三九二俵であった。県民の年間需要数量は一、〇〇〇万貫、二五〇万俵であったから、毎年凡そ二五％が不足であった。[38]

農林省は文部、内務両省と協力し、青年団員、農学校生徒等を動員して、国有林を開放、集団勤労と製炭実習を兼ねて木炭増産に応援させることにした。千葉県下の主な国有林面積は君津郡四、五〇〇町歩、夷隅郡四、〇〇〇町歩であり、約二分の一は杉、檜等、残り二分の一が松、樫、楢、雑木等であった。これらの国有林を管理した千葉営林署の話では、「払下げ可能地は二三〇町歩位で、それ以上の余地はない」とし、また「一町歩では七〇〇乃至八〇〇俵の木炭が製造出来るが、一窯築き上げるのに人夫三、四〇人を要し、焼いて出すまでに約一週間かかる。どんなに炭焼きが骨の折れるものか、この際、消費地の青年団に見習わせて、炭は尊いものだとハッキリ悟らせたいものだ」と語り、農林省の増炭政策には冷ややかであった。[39]

政府は十二月二十五日に木炭配給統制をリンク制（供給県との組み合わせ）で実施することにした。一九四〇年（昭和十五）一月九日に千葉県への一月中移入割当は岩手県から二〇万七〇〇〇貫、宮城県六万七〇〇〇貫、山形県一万二〇〇〇貫、福島県四八万五〇〇〇貫、茨城県一一万八〇〇〇貫、栃木県五万五〇〇〇貫、群馬県七万三〇〇〇貫の合計一〇八万四〇〇〇貫（約二七万俵）であると農林省から通牒があった。一方千葉県からの移出はガソリン代用木炭だけであり、一月から三月までに東京府へ一七万六〇〇〇貫の移出であった。[40]

農林省では木炭増産のため、道府県を主体とする公営木炭を実施する計画を立て、一月十八日に衆議院木炭法案委員会で発表した。この計画は製炭窯建設や製炭器具購入費に助成金を与え、一億貫の製炭を目標とするものであった。この方針について千葉県の林敬三林務課長は「原木の買入が困難である、県営でやるとしても東北地方のように国有林が沢山あり、また安く払い下げる可能性があるところは別だが、本県ではそんな条件もなく、恐らく成績は望まれぬ、県営よりむしろ町村で青年団や学生の応援で、役場、学校、官庁等で消費する分だけでも自給させる方法を講じることが適している」と語り、極めて消極的な反応であった。[41]

公営木炭は中等学校生徒や青年団の動員によるもので、政府は千葉県に三三万貫の生産を割当たが、急場凌ぎの計画であったことから、県林務課で決定した各町村への割当が正鵠を得なかったり、生産主体が市町村か、或いは中等学校か、または青年団なのかハッキリしなかったため、一九四〇年（昭和十五）三月末までには二二万貫の生産に止まっていた。その後県当局が督励に努めた結果、五月末までに漸く割当量を五万貫突破して三八万貫の生産となった。公営木炭生産計画は一九三九年（昭和十四）の県下生産量が八四〇万貫であり、その一〇％を見込んだものであった。木炭増産国庫補助金三万円のうち半額を県当業者に、残る半額を市町村に交付する。県営は君津郡湊町の鬼泪《きなだ》山、同郡秋元村（以上富津市）の模範林、三里塚（成田市）等の県有林で行い、県林務課員の指導で県庁職員と地元民を雇って製炭する。市町村営は青年団員と中等学校生徒等で市町村有林から原木を得て製炭するもので、目標は県営が一〇万貫、市町村営が九〇万三二〇〇貫（平均一市町村二、八〇〇貫）であった。[42]

七月二十八日に県営製炭事業の実施計画が発表となった。それによると、五つの模範林（印旛郡遠山村（成田市）御成婚記念模範林一万六〇〇〇貫、君津郡湊町（富津市）鬼泪山模範林一万六〇〇〇貫、同郡秋元村（富津市）御大礼記念模範林八、〇〇〇貫、安房郡国府村（南房総市）二千六百年記念模範林一万六〇〇〇貫、同郡豊房村（館山市）御成婚廿五年記念模範林四、〇〇〇貫）の間伐で行い、製炭高は六万貫（一万五〇〇〇俵）であった。[43]

八月二十日に県当局は木炭の需給を円滑にするために、木炭配給統制規則施行細則を二十日付で告示し、即日実施した。同時に販売先、販売数量、販売制限等を諮問するために、知事を会長に経済、警察両部長を副会長、関係官吏、木炭業者を委員とする県木炭配給統制委員会を設置したのである。[44]

八月二十六日に木炭配給統制協議会が県経済部長室で開かれ、植草春治（千葉市木炭商組長）、飯島宇一郎（銚子市木炭卸商組合理事）、鴇田満（君津郡亀山村産組長）、南（県販購連理事）外一名、県側から織田経済部長、林務、商工、農務、保安各課係官が出席。公布された木炭配給統制規則施行細則の運用を協議した。県木炭卸商組と県販購連が一丸となって木炭集荷配給機構をつくり、県内外の木炭を集荷し、商組と販売組合に卸売りし、両組が需要者に配給する案が出された。商組側は大賛成であったが、産組は賛否を留保し、纏まらなかった。[45]

九月七日に千葉市燃料小売商組の役員会が市商工会館で開かれ、協議の結果、十月一日から木炭の共同販売を行うことにし、実施案を決定した。共販所は一〇か所とし、旧市域は小学校通学区単位、その他は行政区画。配給所はその地域内の中央部に置き、一、〇〇〇俵位の貯炭場を有するものとした。木炭全部には切符制を採用するもので、県下では初めてのことであった。[46]千葉市では配給上の基礎資料とするため、九月十五日に木炭所有高と世帯調査を行った。寄宿舎、工場、銀行、会社等では相当量を所有し、某自動車会社では木炭自動車用を含めて七、〇〇〇貫（一、七五〇俵）を所有していたが、一方一般家庭では約六〇％は皆無の状態、残りの四〇％は五俵乃至一〇俵の所有状況であったことが分かった。[47]

業者団体と県販購連が価格を繞って肚の探り合いを続けて来たが、県当局は卸商を解消させて小売業者を一丸とする県木炭商業組合連合会（炭商連）を結成させることにした。産組が産地から集荷し、県販購連に販売委託したものと県販購連が他府県から移入したものを炭商連に流させ、炭商連は小売組合へ、小売組合は小売店へ配給する系統を整備したのである。まず小売組合は各警察署管内毎に結成した。十月十三日には炭商連結成の協議会が千葉市商工会館で開かれた。一方県林務課では県内各地を調査の結果、凡そ一〇万俵の現物を取り纏めたので、炭商連結成の最初の配給として消費地七〇市町村へ戸数に応じて配給することにしたのである。[48]

十一月二十九日から十二月二日までに千葉県に移入された木炭は五万六〇〇〇俵であった。これは政府から割当られた一八万俵の一部の十二月、一月分であった。このうち二万六〇〇〇俵は千葉市方面、三万俵は銚子方面に配給されることになり、各家庭は取り敢えず温かい正月を迎えることになったのである。[49]

自家用製炭では市街地の料理屋組合その他の団体が他町村に進出して盛んに製炭する状況があったが、通常県会でその弊害が指摘されたことから、県当局は木炭配給統制規則施行細則に「自家消費の木炭を他町村において製炭する場合は市町村長を経て知事の許可を受くべし」との条項を加え、十二月十八日付の県報で告示した。[50]

かつて寺崎喜三九千葉営林署長等は「国有林は国土保安と国の財源涵養のために存在するが、これが経営に当たっては施業案がある。施業案は一年生の木を百年生に育て上げる（略）そのためには間伐、植え替えもやる（略）施業案に基づいて伐採の絶対数量が生じる。この絶対数量を侵せば、国土保安の大理想が破れる訳で、一時的の要求は満たせるとしても、将来の脅威が恐ろしい」と語っていたが、戦争の長期化の中で、この原則は捨て去られ、やがて国土の崩壊へ突っ走る時代が来るのであった。

(二) 商業再編運動と転業問題

戦争の長期化に伴い物資不足、物価高は統制による公定価格と乖離が生じ、必然的にヤミ取引が頻発した。県当局では経済警察官を増員して商工省が一九三八年（昭和十三）七月に公布した物品販売価格取締規則や改正暴利取締令等で徹底取締を行った。一九三九年の違反総件数は一万三五六〇件、総人数一万三六四六人であり、その内訳を件数で見ると、①物資調整（鉄鋼九六五、非鉄金属六九、繊維一五六、皮革六五、ゴム三三二）、②物品販売価格取締規則三、七五九、価格等統制令七六〇、地代家賃統制令二四）、③暴利取締令六、八〇三、④金使用規則九九、⑤米穀搗精等制限令五一であった(51)。当時の新聞では新体制運動の展開により商工業者の利益第一主義が漸く揚棄されて、公益優先の旗印の下に経済警察違反件数が減少傾向を示し、ヤミ取引時代克服の曙光が見られると報じていたが、事態を楽観視したに過ぎないものであった。

一九三九年（昭和十四）から鉄、機械、鋳物等の中小工場の製造設備の新設増設は全て許可制となり、中小企業の整理統合を進める政策がとられた。中小工業は廃業に追い込まれるか、軍需大企業の下請けになるしか選ぶ道はなくなった。商業では消費物資の統制が進み、配給制、切符制になると、小売商店の商売は殆ど出来なくなり、転業か廃業を余儀なくされていったのである(52)。

一九四〇年（昭和十五）五月に政府は「生活必需品配給機構整備要綱」を示し、小売業の整備を進めたが、千葉県でも配給機構の是正、利潤追及主義の拋棄、商人の大整理を目指す商業機構の再編成運動が全県的に巻き起こったのである。県特高課の斡旋で四月に木更津町の商業者有志が懇談会を開き、その後会合を重ねて、八月十八日に同町全商業者が参集して商業新体制準備会発会式を挙行した。また千葉市でも八月十二日に有志が第一回の懇談会を開き、準備会結成の機運が現れていた。県当局では物資の配給に統制が加えられ、一部生活必需品に切符制が採用される時代では、自由主義時代の商権擁護運動等はヤミ取引の助長であり、国策遂行を阻むものとした。印旛郡木下町では米穀商仲間が共同して配給所を設け、交代で管理に当たり、余剰労力を他方面に活用していた。また商人の人数を制限、県商工課と連絡して転業対策に万全を期し、配給の合理化とヤミ取引の絶滅を図ろうとしていた。県当局はこれを「転換期の商業者に活路を当たるもの」と評価し、千葉、市川、船橋、銚子、館山各市有志に積極的に参加を求めて商業新体制の実現を促進することにした。福田忠光特高課長は「統制経済が計画経済へ移行し、従来商人が得ていた利潤が手数料主義的なものとなりつつある時代においては、商業機構の再編成は当然である」とし、各警察署毎に座談会を開らかせていたのである。[53]

銚子市で企業統合の先頭に立っていた小倉三郎署長は新興食品工業所と銚子海産品協同工場を建設して転業者の救済に乗り出すことにした。前者は資本金三万八〇〇〇円で、米屋、缶詰、貴金属宝石業の転出、失業者及び従業員で結成し、外川町に事務所、工場を建設して水産食料加工と販売を行うものであった。後者は原料配給が不能となった籐表業者七名で、資本金一万三〇〇〇円。鰯を原料とした食料品の製造で、籐表の女子従業員を採用、外川町に建設するものであった。[54]

転業問題は十一月の通常県会でも取り上げられた。知事は「コノ時局ニ依リマシテ最モ犠牲ヲ蒙ッタモノハ中小商工業者デアリ（略）転業ソノ他ニ致シマシテモ相当ノ経費ヲ要スル（略）小商業者ニ対スル救済ハ今マデ不十分デアル」と中小商工業者が犠牲者であることを認識しながら、財政上から取り組みが不十分であったことを認めていたのである。[55] 十二月十日に県職業課では転失業者の調査結果を発表した。十月末の結果であったが、商工業の失業者二五〇名、失業の危険のある者二四一名、転業者八一名であり、失業者の中には店舗は経営していても、名ばかりで居食いを続けていたものも含まれていた。転業者八一名のうち六四名は商業者からの転業であり、転業者の殆どは軍需工場への転出であった。[56]

千葉商工会議所は一九四〇年（昭和十五）二月に設立総会を開き、同会議所の初事業として一九四一年一月二十日に千葉市内の商工業者の実態調査を行った。物品販売、料理店、飲食店、カフェ等の商業者二、三八八名中企業合同計画中一六六名、企業合同を希望する者二七六名、転業計画中の者九三名、転業希望者五二名で、転業を望んでいる者は全体の六％に過ぎなかった。転業希望者の多くが酒場、小料理店等の接客業者が多かったのである。[57]

千葉署の経済生活相談所は二月十四日に開設され、毎週月、水、金の週三日相談に応じた。まだ相談に応じた日数は七日間であるが、件数は九〇余件、一日平均一二件であり、一番多いものは商工業者の転失業に関する相談であった。特に注目されたのは、煎餅製造業者と酒小売商の転業相談が激増して来たことで、いずれも物資不足による商売の不振を嘆き、他に生きる道を求めようとする深刻な苦悶の姿であった(58)。

厚生省からの委託で県職業課は中小商工業者転業対策の一つとして三里塚の県立農村道場に勤労訓練所を三月一日に開設した。商工業者中工場労務員等の筋肉労働転換希望者五〇名を集め、集団訓練を行う予定であったが、転換希望者は期日までに一名の申込者もなかった。同課では期日を延期して県下一〇か所の国民職業指導所を総動員して希望者を募ったが、遂に一名の応募者もなく、勤労訓練所は開設中止となってしまったのである(59)。この事態を千葉新報は社説「中小商工業と転業問題」と題して取り上げていた。「転業を欲しない気持ちは十分理解できるのであるが、産業再編成に基づく転業は自由主義経済時代における失業とはもとより異なるものであって、産業上の応召戦士とも云える、そう考えれば勇んで新職業戦線へ転換もできるわけである。（略）中小商工業者の中には政府が無用な経済再編成を企図して業者を苦しめると云うように考えている者が少なくないようである。しかしながら経済再編成、従って労務の再編成も興亜聖戦完遂、国防国家建設上不可避である（略）中小商工業者の気持ちには全く同情に堪えないものがあるが、時局の歴史的客観的必然性を深く認識して滅私奉公、国策に協力すべきではあるまいか」と主張していた。　国策推進を全面的に支持し、中小商工業者の気持ちを顧みない当時のマスコミ報道を象徴する社説であった(60)。

三月二十八日に県中小商工業職業転換対策協議会が千葉市の日赤支部で開かれた。県から立田知事外関係部課長、商工組合、商工会議所、金融関係各代表等が出席し、中小商工業者の転換指導に関し県として執るべき方策を協議した。協議の結果、①商工会議所又は商工課が主体となり、商工業者の現状調査を行い、続いて転業の必要あるものに対し、集中的調査を行い、更生の道を発見する、②調査目標は五市二五町とし、商工業者五〇名に対し一名の調査員を配置して実施する等を決定した。県下の廃失業者は凡そ六五〇名（業主二一〇名、雇人四四〇名）、廃失業の懼れのある者凡そ一、三〇〇名（業主八〇〇名、雇人五〇〇余名）と云われていたのである。[61]

国民職業指導所では中小商工業者の転失業問題に積極的斡旋を行う建前から、二月末にまず千葉、市川、船橋、銚子、館山の五指導所に七名宛の職業指導員を任命、諸般の準備を完了して相談者の殺到に備えていたが、四月七日まで千葉外一〇職業指導所には全然相談者がなく、全く開店休業の状態であった。[62]

藤原彰氏の指摘のように、企業整備の本格的展開は、太平洋戦争期に入ってからであり、その実態は別稿で触れるが、すでに日中戦争下でも、多くの小売商店主やその従業員が職を追われる事態が起こっていたのである。

（注）

（1）前掲図書館蔵「読売新聞千葉版」一九三九年十二月七日付
（2）前掲図書館蔵「東京朝日新聞千葉版」一九四〇年二月七日付
（3）前掲図書館蔵「東京朝日新聞千葉版」一九四〇年二月十四日付
（4）前掲図書館蔵「読売新聞千葉版」一九四〇年二月二十七日付
（5）前掲図書館蔵「読売新聞千葉版」一九四〇年四月二十四日付
（6）前掲図書館蔵「読売新聞千葉版」一九四〇年五月三日付
（7）前掲図書館蔵「東京朝日新聞千葉版」一九四〇年五月四日付
（8）前掲図書館蔵「千葉県報」一九四〇年五月十日付、一三七頁
（9）前掲図書館蔵「読売新聞千葉版」一九四〇年五月十一日付
（10）前掲図書館蔵「読売新聞千葉版」一九四〇年六月六日付
（11）前掲図書館蔵「読売新聞千葉版」一九四〇年六月十二日付
（12）前掲図書館蔵「東京日日新聞千葉版」一九四〇年六月二十七日付

(13) 前掲図書館蔵「東京朝日新聞千葉版」一九四〇年七月十日付
(14) 前掲図書館蔵「読売新聞千葉版」一九四〇年九月十一日付
(15) 前掲図書館蔵「読売新聞千葉版」一九四〇年九月二十八日付
(16) 前掲図書館蔵「読売新聞千葉版」一九四一年三月八日付
(17) 前掲図書館蔵「読売新聞千葉版」一九三八年十月六日付
(18) 前掲図書館蔵「読売新聞千葉版」一九三八年十月十四日付
(19) 前掲図書館蔵「昭和十四年通常千葉県会議事速記録」三号一二八頁
(20) 前掲図書館蔵「読売新聞千葉版」一九三八年十一月十二日付
(21) 前掲図書館蔵「読売新聞千葉版」一九三九年六月二十八日付
(22) 前掲図書館蔵「昭和十四年通常千葉県会議事速記録」二号九八頁
(23) 前掲図書館蔵「読売新聞千葉版」一九三九年十二月十三日付
(24) 前掲図書館蔵「読売新聞千葉版」一九三九年十二月二十四日付
(25) 前掲図書館蔵「東京日日新聞千葉版」一九四〇年一月六日付
(26) 前掲図書館蔵「東京日日新聞千葉版」一九四〇年一月七日付
(27) 前掲図書館蔵「東京朝日新聞千葉版」一九四〇年一月十二日付
(28) 前掲図書館蔵「読売新聞千葉版」一九四〇年一月十六日付
(29) 前掲図書館蔵「東京朝日新聞千葉版」一九四〇年一月二十三日付
(30) 前掲図書館蔵「東京日日新聞千葉版」一九四〇年二月四日付
(31) 前掲図書館蔵「読売新聞千葉版」一九四〇年五月二十二日付
(32) 前掲図書館蔵「読売新聞千葉版」一九四〇年七月三十一日付、商組側岩井県議、林県販購連理事　商組側土屋県肥料元売商組理事長、西川測吉県商工連合会長、中立君塚角之助県農会副会長、星野懿吉県町村長会長
(33) 前掲図書館蔵「読売新聞千葉版」一九四〇年八月八日付
(34) 前掲図書館蔵「昭和十四年通常千葉県会議事速記録」二号六二頁

(35) 前掲図書館蔵「読売新聞千葉版」一九四一年五月三日付
(36) 前掲図書館蔵「朝日新聞千葉版」一九四四年四月二日付
(37) 前掲図書館蔵「千葉県報」一九三九年十二月四日付、九頁
(38) 前掲図書館蔵「読売新聞千葉版」一九三九年十二月五日付
(39) 前掲図書館蔵「読売新聞千葉版」一九三九年十二月十五日付
(40) 前掲図書館蔵「読売新聞千葉版」一九四〇年一月十日付
(41) 前掲図書館蔵「読売新聞千葉版」一九四〇年三月十九日付
(42) 前掲図書館蔵「読売新聞千葉版」一九四〇年七月十六日付
(43) 前掲図書館蔵「読売新聞千葉版」一九四〇年七月二十八日付
(44) 前掲図書館蔵「読売新聞千葉版」一九四〇年八月二十一日付
(45) 前掲図書館蔵「読売新聞千葉版」一九四〇年八月二十七日付
(46) 前掲図書館蔵「読売新聞千葉版」一九四〇年九月八日付
(47) 前掲図書館蔵「読売新聞千葉版」一九四〇年九月二十二日付
(48) 前掲図書館蔵「読売新聞千葉版」一九四〇年十月十二日付
(49) 前掲図書館蔵「読売新聞千葉版」一九四〇年十二月三日付
(50) 前掲図書館蔵「読売新聞千葉版」一九四〇年十二月十八日付
(51) 前掲図書館蔵「東京朝日新聞千葉版」一九四〇年二月九日付
(52) 前掲藤原 彰「日中全面戦争」(『昭和の歴史』5)、二二八頁
(53) 前掲図書館蔵「読売新聞千葉版」一九四〇年八月十七日付
(54) 前掲図書館蔵「東京日日新聞千葉版」一九四〇年十一月十一日付
(55) 前掲県立図書館蔵「昭和十五年通常千葉県会議事速記録」二号八〇頁
(56) 前掲図書館蔵「朝日新聞千葉版」一九四〇年十二月十一日付
(57) 前掲図書館蔵「読売新聞千葉版」一九四一年一月三十日付

(58) 前掲図書館蔵「千葉新報」一九四一年三月二日付
(59) 前掲図書館蔵「千葉新報」一九四一年三月十二日付
(60) 前掲図書館蔵「千葉新報」一九四一年三月十六日付
(61) 前掲図書館蔵「千葉新報」一九四一年三月二十九日付
(62) 前掲図書館蔵「読売新聞千葉版」一九四一年四月八日付

五、工業化と社会政策

(一) 内湾埋立推進と県営砂鉄事業

県立野田農学校の工業校改組問題の発端は野田醤油株式会社が一四万円の寄付金付きで県へ働きかけたことであった。多久県政では工業振興に取り組んでいた折柄であり、県会の政友、民政両派も賛成調印を取り纏めたので、順調に推移するものと思われた。一方松戸町設置の郡立東葛農商学校の関係者は県立の移管運動を行って来たが、その都度県から設備不完全を理由に却下されていた。松戸町では野田町の農学校改組運動を知ると、松戸町出身の渡辺藤一郎県議等は野田町当局や野田町出身の戸辺五右衛門県議等と提携して農学校改組運動に賛成し、その代わりに東葛農商学校を県立移管するのが妥当と考え、一九三八年（昭和十三）十一月五日に野田町に出張して飯田謙次郎町長、戸辺県議等と会見、両校の改組と県立移管実現の運動方法を協議したのである(1)。

東葛飾郡東部町村長会は五日に柏町役場で野田農学校改組問題を協議した。柏町長で濱島秀保県議は同問題では全県議と同一歩調を取り、賛成の調印をしていたのであったが、これを撤回し反対を表明した。同町村長会では、

①野田は地理的に不便である、②農村地帯の農村子弟のために農学校を存置する等の理由から八日に出県陳情することにした。(2) 一方東葛飾郡中部町村長会は十一日に馬橋村役場で松戸外七か町村長が出席して、同問題の協議会を開き、協議の結果①野田農学校改組に賛成する、②東葛農商学校を県立移管するとの意見が一致した。(3) ここに東葛飾郡では東部と中部の二つの町村長会が対立することになった。

十三日に野田農学校卒業生会役員会は改組反対を表明し、二十日には卒業生大会を開催することにした。この事態に際して十七日に代議士の成島勇富勢村長が飯田野田町長を訪問して調停に乗り出した。(4) 二十日の野田農学校卒業生による「改組絶対反対総会」は母校大講堂で開かれ、藤井洋平会長は「財閥を擁した野田町のため所謂金縛りにあってやむなく調印したなど、今回の賛成調印には多分に不純なものがある」と痛撃し、「野田町長飯田謙次郎氏を中心とする一部有志の画策に依る県立野田農学校改組案に絶対反対」を決議し、陳情書を採択した。(5) 調停に奔走した成島代議士は十一月二十四日に出県し、多久知事と懇談した。恐らくこの会談で県の腹案が示されたのであろう、それに対し十二月十二日に濱島町長は柏町役場に東部町村長会有志を招集して「野田農学校を廃止して工業学校への改組は絶対反対、県当局の第二段の方針である農業科存置、工業科併置についても、その内容が醸造工業に主力を注ぎ、農業科を閑却することは絶対反対」を確認し合い、十五日に出県し、多久知事を訪問することにした。また染谷亮作元同校名誉校長（元県議）をはじめ東部七か町村長（我孫子、湖北、手賀、風早、布佐、冨勢、柏）は十二日午後に出県し、「やむを得ず工業科を併置する場合は農芸化学を基調とするよう」に陳情したのである。(6) 十二月十七日の通常県会最終日に野田農学校改組案が提案されることになったが、地元の賛否両派が傍聴に押しかけ、また船橋市の工業学校誘致運動の陳情団も押し寄せて、三派の複雑な空気が県会を取り巻いたのである。政友派では船橋市に誘致運動が起こったことから空気が一変してしまった。数回の議員総会を開いたが、船橋市出身の松本栄一県議が「野田併置絶対反対」を主張し、動揺する県議もあって協議が纏まらなかったのである。県当局も「地元の反対を押し切ってまで強行する事は弊害を招くから、この際一先ず見合わせて二月の臨時県会までに地元の空気を緩和し、出直すこと」を決定したので、結論は持ち越しとなったのである。(7)

一九三九年（昭和十四）一月二十八日に濱島柏町長は新任の立田知事を訪問し、野田農校改組と工業科併置の両案に絶対反対であると陳情した。地元の空気は相変わらず変わっていなかったのである。

ところで新春早々に千葉市立工業学校の機械科併置に伴って県立移管問題が起こったのである。同校は一九三六年（昭和十一）四月に応用化学科一科で創立されたのであったが、一九三八年（昭和十三）十一月の通常県会で「県立に移管する考えはないか」と質問があり、多久知事は「今以て県営の問題は考えていない」と答弁していた。(8)

しかし知事が代わる中で、一九三九年（昭和十四）一月二十七日千葉市宮内三朗助役、西川測吉、増田栄一両県議、大沢市議等が県学務部を訪問し、同校の機械科併置について県の助成方を懇請した。この会談の中で県立移管問題が市側から出されたのである。工業化に積極的であった立田知事は機械科併置では文部省に出向いて実施方を交渉したけれども、県立移管には慎重であった。その理由は同校では収支が償わず、毎年五、〇〇〇円の市費を投入していたからである。(9)野田農校改組では地元の空気が好転せず、新たな千葉工業学校移管問題が突発するに及んで、早急の解決は困難との判断から、二月臨時県会招集は見送りとなったのである。(10)

文部省は時節柄から各府県に中等工業学校を三〇校開設させる方針を決めて、補助金三〇〇万円案を大蔵省へ提出することにした。補助金は校舎の建設費及び機械器具の設備費等に充てられるものであったが、一校に約一〇万円位を支給し、私立の中等工業学校にも同様の補助金を支給しようと云うものであった。(11)全国からは九六校の申込があり、文部省はそれを三〇校に絞るので、激しい競争倍率であり、楽観を許されぬ状勢であったから、三月九日に高瀬五郎学務部長は文部省に陳情し、実現方を要望した。県では認可のあり次第、野田農学校改組案と共に臨時県会で諮ることにしたのである。(12)

三月十三日に濱島柏町長、染谷我孫子町長、新堀布佐町長等は斡旋役の鈴木亮政友派幹事長と共に県庁で上田誠一総務部長と面会し、「野田農学校に工業科を併置した場合は、工業科に圧倒されて農学校の影が薄れる、その場合県は農学校を柏町に移転独立させて欲しい」との条件を出した。上田部長は「万一の場合は十分考慮する」と答えたので、濱島町長等は改組に賛成を表明した。この結果、解決への見通しが立ったのである。(13)

一方県当局は三月十四日朝、永井準一郎千葉市長、宮内助役を招いて工業学校の設備充実費三万五〇〇〇円の外、機械設備費として五万円、合計八万五〇〇〇円の持参金（地元寄付）を求めた。市側は早速市会に諮って回答するとし、同日市会全員協議会で負担を承認したのである。同日午後に県当局は政友派四名（星野、鈴木、青木、横田）、民政派四名（島田、伊藤、諏訪、西川）、中立派石橋弥の九名の県議を知事室に招き、立田知事、上田総務、高瀬学務両部長、関係各課長等が相会して従来の経過を説明の上、立田知事が「この際断乎として両校を実施する」との決意を示し、一同は賛意を表明して、各派では総会を開くことになったのである。(14)三月十五日に立田知事は文部省を訪問し、両校問題は円満に解決したことを報告し、千葉工業学校機械科併置に対する国庫補助三万四〇〇〇円（四年間）の交付方を申請し、文部省も承認したのである。(15)

三月二十九日の臨時県会では「野田農学校に工業科（応用化学科）を併置する、千葉工業学校を県立に移管する」の提案があり、野村恵一郎、濱島秀保二名の質問があった。経費は野田農工学校については臨時部で建築費一四万円、経常部で校費四、七四六円を計上。この財源は設備費は野田町からの寄付金、経常部の校費は授業料等二、七六一円、県費支弁一、九八五円。千葉工業学校は建築設備総額二六万円。この財源は国庫補助七万六〇〇〇円、千葉市寄付金八万五〇〇〇円、県費負担九万九〇〇〇円であり、修正なく原案可決となったのである。(16)

千葉県工業の躍進を目指すために一九三八年（昭和十三）十二月に設立された県地方工業化委員会では三つの小委員会に別れて知事に出す答申案作成が付託されていた。第一小委員会は工場誘致、第二小委員会は中小工業、特に下請け工業の振興、第三小委員会は未開発資源の開発についてであった。一九三九年（昭和十四）一月二十六日に出された第一委員会の答申では①運輸、交通、水質、土質、電力、燃料、従業員等の基本的要件の調査を行い、企業者の工場設置の参考資料とする、②千葉県は農産額全国第六位、水産額第五位、工産額第二五位で工産額一億二〇〇〇万円の約三分の一は醤油、他は鉄鋼、澱粉等以外に見るべき工業に乏しく、未だ工業県の域に達していない、急速に工業県としての実力を具備するように施設をなす、そのためⓐガス、水道、道路の整備、ⓑ電力、交通、逓信の整備、ⓒ土地を低廉に提供の方策、ⓓ諸税の減免措置、ⓔ工場誘致協会の設置、ⓕ参考と印刷物の配布、ⓖ市町村合併等の事項を具体化すると云うものであった[17]。

二月二十二日には東京帝国ホテルに森矗昶日本電工社長、大河内正敏理化学研究所長、伊藤昭和産業社長、池貝鉄工所長その他千葉県出身で在京有力実業家から成る顧問を招き、立田知事、上田、清水、高瀬各部長以下第一小委員会委員が出席し、工場誘致の懇談を行った。各顧問からは「郷土のため先輩として熱意ある質問」が続出し、大成功の懇談会であったと云う[18]。

商工省が一九三七年（昭和十二）に始めた地方工業化政策は日中戦争勃発の影響を受け、一九四〇年（昭和十五）三月で打ち切られた。商工省工務局の機構改革で地方工業課は廃止となり、その予算は転業対策指導課に移され、委員会の事務は工業組合課に分掌されたので、地方工業化に関する商工行政は下請け調整に偏重することになってしまった。しかし戦争が長期化する中で国内資源の総動員、転業対策の観点から再び工業の地方分散化が重視されることになったのである[19]。

一九三九年（昭和十四）十一月の通常県会では松本栄一県議が「工業化委員会ノ答申ニ基イテ、県当局ガ工場誘致ニ如何様ナル方策ヲ講ジタカ」と質問し、工場誘致の費用計上が二、〇〇〇円であるが、「二、〇〇〇円位ノ金デドンナ運動ガ出来ルノカ」と追及した。立田知事は「金ヲカケナイデ出来ルダケ持ッテ来ルコトニ向ッテ努力ヲ集中シテ居ル」と答えたが、松本県議が「今尚逡巡シテ居ル」と批判したのは、当を得たものであった。[20]

一九三九年八月に明らかとなった内務省の利根放水路計画は総事業費一億円、船橋、千葉、五井沿岸六、七〇〇万坪の埋立事業であり、東京湾岸の千葉県側埋立問題を一挙に注目させることになった。大小の企業家は県当局へ埋立願いを続出し、競願時代が出現したと云われたが、渡正監総務部長は「県の方針としては利根大放水路の付帯事業として内務省と協力し、船橋市方面に六〇〇万坪の埋立事業を実施する（略）民間から埋立出願が続出しているが、この処置については内務省とも協議して慎重な態度を採らねばならぬ」と相変わらず消極的であった。[21]

一九四〇年（昭和十五）六月二十二日に内務省で土木会議港湾部会が開催され、東京湾臨海工業地帯造成計画の審議があり、千葉県から立田知事が出席した。江戸川放水路から養老川に至る五、〇〇〇万坪に亘る大埋立工事で、大要は第一期計画は千葉市都川から生浜町地先まで九〇万坪（千葉市直営工事）、第二期計画は生浜町地先から養老川川口に至る二七〇万坪（東京湾埋立会社工事）、第三期計画は船橋から検見川まで三、六〇〇万坪（内務省直営工事）、第四期計画は検見川から都川川口まで一五〇万坪（千葉市直営工事）、第五期計画は江戸川放水路から船橋まで二、〇〇〇万坪（内務省直営工事）であったが、第四期、第五期の計画は実際の工事者は未定であった。審議の結果、計画は原案通り可決し、一九四一年度（昭和十六）から着手することとなったのである。[22]

内務省の一九四一年度予算は十一月二十四日の大蔵省第一次査定で全部削除され、以来数次に亘る復活折衝を重ねたが、削除に次ぐ削除で難産を極め、十二月八日いよいよ最後の折衝に入り、徹夜交渉の結果、東京湾埋立は総額二、五〇〇万円、一三か年継続事業、初年度二〇〇万円が承認され、十日に閣議決定となったのである。[23]

千葉市で総工費一、〇〇〇万円、九〇万坪の大埋立工事計画が市会に正式報告されたのは一九四〇年（昭和十五）四月二十六日の市会終了後の全員協議会のことであった。[24]この埋立工事は大利根放水路工事と関連した浦安から養老川に至る大埋立計画の一部に編入されるのもであったが、県の特別の計らいで市営となったものである。

六月十八日千葉市会の臨時市会は埋立工事の促進を満場一致で可決した。しかし蘇我野漁業組合は大反対を表明し、二十四日に鴻崎豊吉組合長外理事等が県水産課を訪れ、漁民の権利擁護への協力を要請した。七月三日には千葉、今井、蘇我野の三漁組はそれぞれ役員会を開いて協議したが、千葉漁組は約一〇％、他の二組合は大部分の漁場を失うものであった。七月十一日に千葉漁組では篠崎組合長、石渡理事等多数が出県、佐野為丸水産課長に面会して工事縮小を陳情した。水産課では「事業の縮小は国家の計画であって、既に確立されたものであるから、不可能である」との意向を伝えた。千葉漁組では七月二十一日に第三小学校で総会を開催し、補償金交渉に転換することになった。(25) 九月十八日に市役所で篠崎組合長、幹事、理事一三名が出席し、宮内助役外関係各課長等と補償交渉が行われ、市側から査定額が内示された。この交渉では「皇国の興廃」に関するものとして補償の早期妥結と補償金の一方的決定が行われたと云う。組合代表者等は総会を開いて正式回答することにした。今井、蘇我野両漁組は三十数回にわたる会議を開いた。その間、漁組の役員や組合員には絶えず憲兵の圧迫が加えられたと云う。(26) 内示された補償金額は千葉漁組（一、三四六名）に三七万一一六四円、今井漁組（二五三名）に三三万五一六五円、蘇我野漁組（三三五名）に一一万二二二八円の合計八一万八五五七円であった。(27)

千葉市は九月二十七日に県土木課に埋立免許の出願を行い、十月十五日に千葉市会は事業費総予算一、〇三一万九八五八円、五か年継続事業を満場一致で可決し、直ちに永井市長等理事者と全市議がうち揃って千葉神社を参拝し、事業完遂を祈願した。なお工事は日立製作所と日立航空機の両社で行う契約を取り交わしたのである。(28)

蘇我野、今井の漁組は補償金交渉に内諾を与えていたが、難色を伝えられていた千葉漁組も同日漁組代表が永井市長と会見、非公式ながら回答したので、補償交渉は解決することになったのである。補償金はそれぞれの生産額から漁業に要した経費を差し引いたものの五か年平均で算定されたもので、漁民一人当たりに計算すると、四二五円余であった。当時小学校教員の初任給が月給五〇円であったから、補償金はその九か月分程度であり、僅かの補償で生涯の生活権を放棄するものであった。補償金は漁組が県へ漁業権放棄の届出及び農林省へ専用漁業権の変更を出願し、施行者側が埋立免許を受けた日から一週間以内に交付となるものであった[29]。千葉市からの埋立出願に対し、県から諮問があり、十一月一日に市会は臨時市会を開いて「出願免許に異議なし」の答申案を可決した。十二月二十三日寒雨煙る寒川海岸広場で九〇万坪の埋立工事起工式が行われ、工業都市化への第一歩が踏み出されることになったのである[30]。しかし東京湾臨海工業地帯造成計画は太平洋戦争の勃発となり、第一期計画が着手されただけであった。

資源開発として立田県政が注目したのは砂鉄であった。県当局は長生郡東浪見村（一宮町）、安房郡健田村、同郡南三原村（以上南房総市）、君津郡大貫町（富津市）の四か所での砂鉄採掘事業を一九三九年（昭和十四）七月十五日に県会全員協議会に提案したのである。日本有数の砂鉄精錬所として知られていた富山県高岡市の精錬所と契約の上、商工省鉱山局の認可が下り次第に砂鉄採取を開始する手筈であった[31]。

十二月十八日付でまず安房郡健田村地先海岸に許可が下りた。一九四〇年一月二十六日に招集された県参事会では前年の通常県会から委任された県営砂鉄事業に関わる追加予算の計上を行った。第一次採取目標は五万トン（見積価格七五万円）で、それに要する予算は当初五〇万円と見積もったが、このうち三〇万円は運賃であったので、売却先を富山県から東京中心に変更し、運賃が一〇万円程減額となり、五か年継続事業で三九万八〇〇〇円が計上されることになった。四か所の採掘面積は健田村四・八万坪、南三原村一〇万坪、東浪見村一六万坪、大貫町四・二万坪の合計三五万坪であった。県の調査では東浪見村の場合、鉄の含有率が平均三〇％で、深さ平均一間（一・八メートル）としても、全部で一六万立坪、純鉄分は四・八万立坪、八一万六〇〇〇トンとなって、価格見積もりは二、〇〇〇万円と云われた。高辻経済部長は「どうも凄いものだよ、これは実際本県にとっては天の恵与で、将来の発展に資すること大であろうと思う、これで県内に鉄工業が盛んになったら一石二鳥だ」とバラ色を謳歌していた[32]。

しかし県営予定地に隣接した夷隅郡東海村（いすみ市）では砂鉄騒動が勃発していた。一月三十一日に吉田村長外村議三名は吉野力太郎県議の案内で出県し、「同村日在区約一五〇戸並びに耕地約一〇町歩は夷隅川沿岸に位置し、砂鉄採取された場合は水害に見舞われ、住家も耕地も流出の虞れがあり、惹いては一村の興亡問題となる」との陳情を行っていたのである。(33)

県当局は埋蔵量だけでなく、含有率も一番良い東浪見村地先で採取を開始しようとしたが、「砂鉄の取り上げは村の致命傷だ」と村民の不満が起こった。村民代表の一人長谷川一は「東浪見村は県の準経済更生村に推されているが、事実村の経済は勧銀その他から約二〇数万円の負債に苦しみ、唯一の収入であった九十九里に面する年産三万円の海産物は陸軍用地となって使用出来ず、農地のうち二五町歩は他町村の所有に帰しており、経済的に大打撃を被る貧弱村で、これが更生には同村の南部に埋蔵する砂鉄の採取しかないので、さきに同地の砂鉄採取権を出願せる宮城県気仙沼町畠山新太郎氏と妥協して採取権を獲得すべく昨年十二月に鉱山局へ出願した。然るに県は後から飛び出して、僅かな手切れ金で、取り上げんとしているので、県と交渉したが、県では歩合制にせんと持ちかけている。これが採否は東浪見村の経済更生の致命傷となるのであるから、他へ譲渡することは絶対に出来ない」と主張し、五月一日には秋葉村長を訪問して、出県陳情に及んだが、県はこの陳情に対して誠意ある回答を与えなかったので、村民の調印を集めて鉱山局へ陳情する運動を起こしていて、この問題が未解決であった。(34)また物資不足難に遭い、レールやトロッコの工面がつかなかった。砂鉄法の改正で鉱山監督局から資材斡旋の目算がついたので、四月十九日付の県報で県砂鉄鉱業所処務規程を制定し、告示したのである。(35)

五月二日の地方官会議後の昭和天皇との陪食の際に、立田知事へ「砂鉄事業は採算が取れるか」との下問があり、中央でも注目されていた問題であった。時代のフットライトを浴び、日本初の県営砂鉄事業として登場した採取は東浪見村海岸地先に工費二万円で工場建設に着手し、六月二十八日には立田知事が出席して盛大な起業式を挙行した。埋蔵量五〇万㌧、トン当たり一七円と見て、年収八五万円、四〇%の純利として三四万円が見込まれ、特殊鋼としてニッケル鋼、クローム、タングステン等となり、このスチールはレール、軍艦等の重要資材となるものであった。そして九月に県林務課内砂鉄鉱業所として操業を開始したのである。[36]

一九四〇年十一月の通常県会で立田知事は「安房、君津郡ノ砂鉄ハ如何ニスルカ（略）若シ資材ガ十分入手出来レバ県直営デヤルノガ建前デスガ、若シ困難ナ場合ニハ、或ハ第三者ニ請負ワセル」と答弁していた。[37] 一九四一年（昭和十六）四月に第二次事業として開始した健田村、南三原村、大貫町の三か所については資材及び労力が及ばない事態のため、県当局は県内の事業家（健田採取地は山武郡上堺村伊藤清七、南三原と大貫採取地は香取郡本大須賀村石橋毅）に請け負わせることにしたのである。[38] 健田村の撰鉱工場は五月二十八日から試撰鉱を開始し、月産一、〇〇〇㌧が見込まれていたけれども、[39] 一九四〇年九月の開始以来一年間の全事業所の生産高は凡そ二万㌧（三〇余万円）の採取に過ぎなかったのである。[40]

（二）社会保健婦設置と満州千葉村建設

立田県政は社会政策の一つとして東葛地方住民の健康向上を目的に松戸町竹の花地区に県立松戸保健所を設置することにした。工費二万円で二階建て木造一五〇坪の庁舎を新築中であったが、竣工したので十月一日に開所した。一九三七年（昭和十二）七月に開所した木更津保健所に次ぐ県下二番目のものであった。[41] また一九三九年（昭和十四）段階で県下に無医村は七〇か村であったが、大部分は隣町村の医者で間に合い、実質的に医者の手の届かない村は二〇か村であった。そこでこれらの村に社会保健婦を設置し、産婆の仕事から一般の病気治療、乳幼児の育児相談をはじめ母性の教養や保健衛生等、方面委員（今日の民生委員）的な仕事までを分担させることにした。当時この社会保健婦制度実施の府県は鳥取、長崎の二県に過ぎなかった。立田知事が鳥取県知事時代に一九三七年三井報恩会の助力を仰いで、その土地の中農以上の家庭で、土地を離れない婿取りの女性を選び、これを社会保健委員に嘱託、看護婦と産婆の資格を持たせた後に、県下の無医村三〇か所に配置し、非常な好成績を挙げたものであった。千葉県でも県社会課で永らく計画中であったが、立田知事を迎えて漸く実現の運びに至ろうとするものであった。千葉県は三井報恩会の援助と県費、社会事業協会等からの合計八〇万円を一九四〇年度予算に計上した。上記のような女性を選び、一年間月額一〇円の補助を与えて産婆、看護婦等の技術を習得させ、一九四一年度から実施する計画であった。[42] 一九四〇年（昭和十五）五月二日に県社会課は一八名を決定し、八日に入学式を行った。そして一八名は一九四一年五月一日県会議事場での修了式後に、それぞれ任地に赴いたのである。[43]

我が国は一九三二年（昭和七）初頭に国策として第一期五か年計画の満州移民を発表した。その計画に基づき、試験移民として同年の第一次から一九三五年（昭和十）の第四次まで送り出しを行い、一九三六年の第五次計画からは集団移民で、一、〇〇〇戸を入植させ、第五次までで二千数百戸、人口五、〇〇〇人が入植した。[44]

しかし拓務省は第六次移民を募集開始にあたり、一九三七年（昭和十二）七月二十二日に関東一府五県の関係者を東京府商工奨励館に集めて「それまでの単独移民とは異なり、一家を挙げて移住させ、しかも一村から相当多数の戸数を送り、満州に自分たちの郷土の村を分けて建設させる」との新方針（分村）を提案したのである。[45]

ところで千葉県の満州移民は一九三三年（昭和八）の第二次移民に九名が渡満したのが最初で、第三次は不参加、第四次二名、第五次四名と少数であった。[46] 千葉県の移民事務は社会課が担当していたが、第六次では経済部が乗り出すことになり、一九三八年（昭和十三）三月には拓務省の委嘱で清水虎雄経済部長が現地を視察した。そして二〇〇名以上の集団移民を実施すれば、「念願の千葉村」建設は可能であるとし、農村経済更生事業の一部に組み入れ、「耕地面積の少ない部落」「現在のままでは困る部落」を新天地へ移すことにしたのである。[47]

しかし第六次一二名、第七次一六名、第八次三名と、県の意気込みと違って移民は一向に進まなかったのである。

立田県政になって一九三九年（昭和十四）一月二十四日に県当局は千葉市の県立図書館で「満州国へ千葉村を建設する案」作成の協議会を開催した。県下農学校、経済更生指導町村長、青年学校長、現地視察教員、県農会、三里塚県立農場、県からは立田知事、清水経済、高瀬学務両部長、関係課長係長、中央からは拓務省吉村嘱託、満州移民協会川尾副参事等総数八五名が出席した。千葉村建設大綱では①四月に第九次先遣隊三〇名を募集し、一か月の内地訓練の上、六月に渡満、六か月現地訓練の上、入植土地の選定を行う、②一九四〇年（昭和十五）十二月第九次本隊二〇〇名を募集し、翌年一月に内地訓練の上、二月現地入植と云う三か年計画であった[48]。

第九次先遣隊員の銓衡会が四月二十四日に行われた。経済、学務両部が緊密に提携して移民事業に乗り出したことが影響して意外に応募者が多く、定員二五名を上回って三二名を採用した。内訳は香取郡九名、印旛郡六名、山武郡四名、安房、君津、千葉郡各二名、夷隅、市原、匝瑳、海上、長生、東葛飾各郡一名、千葉市一名であり、年齢は三八歳を最年長に、最年少は二二歳であった[49]。同年六月に二二名が満州に渡ったのである。

立田知事は一九三九年十一月の通常県会での質問に「他ノ県デハ夫々其ノ県ノ村ガ満州国ニアリマスガ、千葉県ハナイ」と答え、「先遣隊ガ本年ノ六月下旬ニ渡満シテ千葉村建設ノ準備工作ニ当ッテ居リ、将来二〇〇戸余ノ千葉村ガ建設セラレル予定」と答えたが、一方で知事は①労働力が不足の事態であるのに、移住を奨励して良いのか、②国策であるので、ある程度の移民は送りたいが、千葉県農家の耕作反別は一町二反三畝歩で、全国平均の一町七畝歩を上回っており、極力千葉県が移民しなければならない理由は少ない、③行きたくない人までも無理に追い立てて移住を奨励する必要はないと満州移民の根本論を提起していたのである[50]。

拓務省では十二月に千葉村の候補地を北安省通北県天乙公司（黒竜江省北安市）と決定し、初代村長に印旛郡八街町住野（八街市）出身の鶴岡亀之助（三九歳）を任命した。天乙公司は北安省随一と云われる肥沃地で、二〇年間は無肥料で作物の栽培が可能であり、他の地帯と違って水稲栽培も可能と云われていた。千葉村の面積は九、三〇〇町歩中三、九〇〇町歩を耕地化し、残部は牧草地と山林にする計画であった。来県した鶴岡新村長は「今度の千葉村候補地は実に恵まれた土地で、本県民は幸福です。（略）先遣隊員一同はこの決定を知って夜も眠れぬ程の歓び方で、自動車運転の免許状を取るものもあれば、大工の腕を磨くものもあり、それぞれ千葉村建設の準備に張り切っています。（略）今後千葉県人はぐんぐんと大陸へ飛躍することになるでしょう」と語り、県庁係官を希望に沸き立たせたのである。(51)

一九四〇年一月に開催された全国学務部長会議では議論の焦点は各府県担当の満州開拓移民に関することであった。千葉県は他府県に比して著しく立ち遅れており、すでに通北県天乙公司に一万町歩の建設敷地が決定しているのに反して、送り出し計画戸数二〇〇戸に対し、先遣隊二六名、三里塚道場に後続部隊が十数名で、合計四〇名内外に過ぎなかった。帰県した高瀬学務部長は後続移民部隊一六〇名を可及的速やかに募集すべく焦慮し、とりあえず印旛、香取、山武の三郡の各町村より一名宛、一〇〇名を募集するために、自ら先頭に立ち、一月十三日香取郡多古農学校、一月十四日香取郡小見川農学校、一月二十五日印旛郡佐倉第一小学校、一月二十七日山武郡東金小学校、一月三十日山武郡松尾高等女学校、一月三十一日印旛郡木下印旛実業学校と移民遊説行脚に乗り出したのであったが、三郡からの送り出しには成功しなかった。(52)そこで県当局は市原郡白鳥村、同郡里見村（市原市）、夷隅郡老川村（大多喜町）の三か村の分村を計画した。まず八月二十六日から約一か月に亘って天乙公司の移民開拓地へ現地視察班を派遣した。視察班は企画課伊藤正平技師を班長に、加曽利勇作老川村長、永島隆治同村青年団長、里見村鈴木半兵衛県議、中村孝同村産組専務理事、高山安衛白鳥村長、吉川栄良同村議の七名であった。分村戸数は各村三〇戸ずつ合計九〇戸。開拓地には既に第九次先遣隊と第一回本隊の合計六〇名が移住していたので、九〇名が後続すれば一五〇名となり、引き続き一般から五〇名を募集して二〇〇名の千葉村を建設する計画であった。分村する老川村は戸数三九五戸、田畑耕作面積二七〇町九反歩、一戸当たりの平均耕作面積七反五畝歩、里見村は五三二戸、四六八町五反歩で、一戸当たり五反歩、白鳥村は四六九戸、三四〇町七反歩、一戸当たり七反歩で、薪炭、材木等の林産物で農業経営の不足を補っていたが、山持ちを除く一般民の生活は年と共に苦しくなっており、老川村は一戸当たり五三二円、里見村同七四四円、白鳥村同四七六円の負債を抱えていたのである(53)。

一九四一年一月八日午前九時半から千葉市の国民職業指導所で拓務省、満州開拓公社関係者、千葉村団長、県拓務委員二名、県庁側から里見学務部長、板倉職業、林企画両課長等が出席して満州千葉村送出し対策協議会を開催した。既に六〇戸を送出したが、残り一四〇戸をどうするかを協議し、市原郡白鳥村、同郡里見村、夷隅郡老川村の三か村から各二〇戸宛、その他を加えて三月までに八〇戸、六月までに残部を送出すことを決定した。午後引き続いて三か村の村長と県農会の職員を加えて具体的な協議を行い、九日から三日間の予定で中央から来た係官が県の係官と共に三か村へ出張した。三か村では移民熱が相当に盛んで、五〇戸が纏まっているとの報告があった。移民者の所有地や家屋の処分、負債整理等は一切村当局が引き受け、所有地は売却に当たって部落団体の共同収益地、或いは産組の事業敷地とし、小作地は耕作反別の少ない小作人に斡旋、負債は整理条件を緩和して家屋と引き換えにする、或いは彼地から年賦償還とする等の方法を取ることにした。移民層は一家を挙げて渡満するものが二分の一、次、三男が二分の一を占めていると云われていた(54)。二月五日の第一回銓衡は千葉市の国民職業指導所で行われ、全県下からの応募者一九名を選定した。六日の第二回銓衡は三か村の応募者を対象に市原郡白鳥村の大久保小学校で行った。しかし申込をしながら欠席者が多く、応募者五〇名と伝えられていたが、僅か一五名しか決まらなかった。特に分村計画を持ち出した里見村月崎部落では一人しか出席者がなかった。県当局は全国で最も成績の悪い「不名誉」挽回と意気込んでいただけにショックであった(55)。千葉新報では「社説満州拓士決定」を掲げ、その中で「父兄が血を流して獲得せる帝国の生命線である、吾等は父兄の遺業を継承し、飽くまでこれを死守しなければならぬ、ソ連の極東における勢力が増大せる今日に於ては、一層この生命線を鞏固にしなければならぬ」と満州開拓の主眼を述べ、拓士は「産業の戦士であると同時に満州開拓の戦士である」と位置付けていた。これまで「満州は広大な土地がある、肥沃な土地である」と募集を呼びかけることが主であり、本当の狙いを曖昧にしていたが、同紙の社説は図らずも満州移民の本音を漏らしたものであった[56]。

朝日新聞は白鳥、里見両村の「拓士送り出し失敗の因」として、①県当局の分村計画が杜撰、②両村指導者の熱意不足、③両村は比較的青年が少ない所であった等を挙げていたが、異境の北辺の地で防人の役割を担わさることへの住民の不安な気持ちを汲み取るような分析力を示すものではなかった[57]。

夷隅郡老川村では移住希望者が二〇戸あったが、「移住地の条件につき拓務省や県当局の話は余りうま過ぎて信用出来ない」と云う声があり、移民先達者であった粕谷豊吉村議に移民地の実地調査を依頼した。粕谷豊吉村議は一月二十七日に出発し、二月十五日に帰国し、「実際に見た上から渡満を厭う理由は一つもない」と希望者各戸を歴訪して実地調査の報告をすると共に勧誘を図っていたのである[58]。

県当局は関係者等の現地視察報告から移民地は畜産や林業が非常に有望であることが分かったので、新年度の分村計画では牛乳村と製炭村の建設に心掛けるとしていた[59]。第九次開拓団員三三名は一九四一年三月二十七日に渡満することになったが、それに先立って二十五日に千葉市の日赤支部で立田知事出席のもとで壮行会が挙行された。三三名のうち三か村一三名（白鳥七、里見三、老川三）、香取郡五名、印旛郡四名、夷隅郡三名、安房、君津、匝瑳、市原、山武、長生各郡一名、千葉、銚子両市各一名であった[60]。立田県政期の入植実績は二〇〇戸の目標であったが、九六戸に終わったのである。

（注）

（1）前掲図書館蔵「読売新聞千葉版」一九三八年十一月六日付

(2) 前掲図書館蔵「読売新聞千葉版」一九三八年十一月八日付
(3) 前掲図書館蔵「読売新聞千葉版」一九三八年十一月十三日付
(4) 前掲図書館蔵「読売新聞千葉版」一九三八年十一月十八日付
(5) 前掲図書館蔵「読売新聞千葉版」一九三八年十一月二十二日付
(6) 前掲図書館蔵「読売新聞千葉版」一九三八年十二月十三日付
(7) 前掲図書館蔵「読売新聞千葉版」一九三八年十二月十八日付
(8) 前掲図書館蔵「昭和十三年通常千葉県会議事速記録」三号一三八頁
(9) 前掲図書館蔵「東京朝日新聞千葉版」一九三九年一月二十八日付
(10) 前掲図書館蔵「読売新聞千葉版」一九三九年二月三日付
(11) 前掲図書館蔵「千葉毎日新聞」一九三九年二月十六日付
(12) 前掲図書館蔵「千葉毎日新聞」一九三九年三月十日付
(13) 前掲図書館蔵「読売新聞千葉版」一九三九年三月十四日付
(14) 前掲図書館蔵「読売新聞千葉版」一九三九年三月十五日付
(15) 前掲図書館蔵「読売新聞千葉版」一九三九年三月十七日付
(16) 前掲図書館蔵「昭和十四年臨時千葉県会議事速記録」一号三三頁
(17) 前掲図書館蔵「東京朝日新聞千葉版」一九三九年一月二十七日付
(18) 前掲図書館蔵「東京日日新聞千葉版」一九三九年二月二十三日付
(19) 前掲図書館蔵「千葉毎日新聞」一九三九年六月十三日付
(20) 前掲図書館蔵「昭和十四年通常千葉県会議事速記録」二号七〇頁
(21) 前掲図書館蔵「読売新聞千葉版」一九三九年八月三十一日付
(22) 前掲図書館蔵「東京日日新聞千葉版」一九四〇年六月二十三日付
(23) 前掲図書館蔵「朝日新聞千葉版」一九四〇年十二月十日付
(24) 前掲図書館蔵「東京日日新聞千葉版」一九四〇年四月二十七日付

(25) 前掲図書館蔵「朝日新聞千葉版」一九四〇年七月二十九日付
(26) 前掲図書館蔵『千葉市史』近世近代編、一九七四年、三八四頁
(27) 前掲図書館蔵「東京日日新聞千葉版」一九四〇年九月二十一日付
(28) 前掲図書館蔵「東京日日新聞千葉版」一九四〇年十月十六日付
(29) 前掲図書館蔵「読売新聞千葉版」一九四〇年十月二十六日付
(30) 前掲図書館蔵「東京日日新聞千葉版」一九四〇年十二月二十四日付
(31) 前掲図書館蔵「東京朝日新聞千葉版」一九三九年七月二十一日付
(32) 前掲図書館蔵「東京朝日新聞千葉版」一九四〇年二月十七日付
(33) 前掲図書館蔵「読売新聞千葉版」一九四〇年二月一日付
(34) 前掲図書館蔵「東京日日新聞千葉版」一九四〇年五月九日付
(35) 前掲図書館蔵「千葉県報」一九四〇年四月十九日付、一八九頁
(36) 前掲図書館蔵「東京日日新聞千葉版」一九四〇年六月二十九日付
(37) 前掲図書館蔵「昭和十四年通常千葉県会議事速記録」四号一六七頁
(38) 前掲図書館蔵「読売新聞千葉版」一九四一年四月六日付
(39) 前掲図書館蔵「東京日日新聞千葉版」一九四一年五月三十一日付
(40) 前掲図書館蔵「毎日新聞千葉版」一九四一年二月五日付
(41) 前掲図書館蔵「東京日日新聞千葉版」一九三九年九月九日付
(42) 前掲図書館蔵「東京朝日新聞千葉版」一九三九年十月二十四日付
(43) 前掲図書館蔵「読売新聞千葉版」一九四一年五月二日付
(44) 前掲図書館蔵高林直樹「満州開拓民と千葉県」(『千葉県近現代の政治と社会』所収)、岩田書店、一九九七年、二二六頁
(45) 前掲図書館蔵「東京日日新聞千葉版」一九三七年七月二十三日付
(46) 前掲「高林論文」二二八頁
(47) 前掲図書館蔵「読売新聞千葉版」一九三八年十一月五日付

(48) 前掲図書館蔵「読売新聞千葉版」一九三九年一月二十五日付
(49) 前掲図書館蔵「東京朝日新聞千葉版」一九三九年四月二十七日付
(50) 前掲図書館蔵「昭和十四年通常千葉県会議事速記録」二号一〇〇頁
(51) 前掲図書館蔵「読売新聞千葉版」一九三九年十二月二十七日付
(52) 前掲図書館蔵「東京日日新聞千葉版」一九四〇年一月十四日付
(53) 前掲図書館蔵「読売新聞千葉版」一九四〇年八月二十五日付
(54) 前掲図書館蔵「読売新聞千葉版」一九四一年一月九日付
(55) 前掲図書館蔵「朝日新聞千葉版」一九四一年二月八日付
(56) 前掲図書館蔵「朝日新聞千葉版」一九四一年二月七日付
(57) 前掲図書館蔵「朝日新聞千葉版」一九四一年二月十六日付
(58) 前掲図書館蔵「読売新聞千葉版」一九四一年二月十六日付
(59) 前掲図書館蔵「読売新聞千葉版」一九四一年二月二十七日付
(60) 前掲図書館蔵「読売新聞千葉版」一九四一年三月十二日付

六、おわりに

戦争が長期化し、軍人軍属の犠牲者が急増する中、一九四〇年（昭和十五）十月に千葉県知事を会長とする戦没軍人軍属の遺児を会員とする「千葉県靖国会」が誕生した。全国でも例のなかったものであり、目的は「靖国の遺族たる名誉と矜持とを保持せしむる素地を啓培し、その教養を完からしむる」ことであったが、規約第三条には「軍人援護会に於いて靖国神社の参拝をなさしめたる県下在住の戦没軍人、軍属の遺児をもってこれを組織す」とあって、県下在住の戦没軍人、軍属の遺児が誰でも正会員になれるものではなかった。毎年春秋の靖国神社例大祭に軍人援護会で選抜した遺児たちが社頭対面の行事に参加していたが、その者たちが正会員だったのである。戦没軍人、軍属は祭神として差別なく祀られていたのに、何故、遺児が差別されたのであろうか。ここには遺家族への配慮よりも、軍の名誉の維持を優先させようとした意図が感じられる。親兄弟を失った遺家族の悲しみよりも、「靖国の家」を年少期の者たちへ意識させるためのものであったと思われる。

立田県政期に中央で新体制運動が起こり、大政翼賛会が生まれて地方政治も翼賛政治に組み込まれた。大政翼賛運動規約では、大政翼賛会の構成員は総裁が指名、中央協力会議議長、議員、また支部の役員、さらに規約の制定及び変更も全て総裁が決すると云う中央集中制度であり、まさに大政翼賛会は上意下達の機関であった。

川島正次郎代議士は「元来政党とは地方から固まって来たもの」と主張して、政党解党には懐疑的であったし、また戸坂清次県議が「国力ハ何ニ依ッテモタラサレタカ、是ハ全部憲政確立ノ賜デアル（略）然ラバ立憲政治ノ確立ハ何人ニ依ッテサレタカ、我々ノ政党ニ属シタル所ノ先輩」と近代日本の発達は立憲政治の確立によるものであり、その立憲政治を支えたのは政党であったと主張していたことは正鵠を射たものであったと云える。

一九四一年（昭和十六）二月七日の貴族院予算総会では大政翼賛会は「憲法の認むる機関以外によってかかる事をなすのは違法ではないか」と違憲の疑義が出されていた。大政翼賛会と云うファシズムの出現で、立憲制の危機に直面していたのであったが、世界的にはナチスドイツの電撃作戦成功に眩惑されたり、日本国内でドイツと結んで新秩序建設を求める膨張主義的気運の高まりに押されてしまい、立憲制を守らなければならない政党が「バスに乗り遅れるな」と解党していった。けれども誰一人として行き先を知らないバスに飛び乗ったのであった。大政翼賛会の下に馳せ参じた政党政派の立憲制への未熟さを示すものであった。

中小商工業者の転失業問題が県会で取り上げられたのは、一九四〇年十一月の通常県会である。またこの問題に関して川村芳次銚子市長は「全市民ガ真ノ意味ノ新体制ニ欣然協力スル用意ガアルコトハ勿論ト思フガ、最近彼此ト其ノ本質ヲ謬リ、行過、先走リ等ノ結果（略）商工方面ニ無理ナ統合整理等ガ行ハレ」との諭告を出していた。たしかに特高課長や警察署長の先走りであったが、そもそも根本は中央本部の掲げる翼賛運動の実践指針の一つであった「公益優先」にあった。商業の利潤を「私益」とし、排除しようとしたことである。生産力を拡充するために統制経済を導入したが、自由な商業活動は邪魔な存在であり、制限しなければ不可能と受けとめられていた。しかし国益が即公益となるものであったろうか。自国の利益追求のために他国を侵略することは、国際社会の中では決して公益としては認められないだろう。立田県政期には私益制限が始まったが、まだ中小商工業者を犠牲者として扱っていたが、太平洋戦争期には経済的に行き詰まり、中小商工業者、特に零細な行商人等は国家権力で排除を優先する事態が出現することになっていくのである。

立田県政は千葉県の官選知事時代では最も積極的に工業化の問題に取り組んだ。野田農学校に工業科の併置、千葉工業学校の県立移管、全国最初の県営砂鉄採取事業等である。折しも内務省が利根放水路工事計画を取り上げたことで、内湾埋立にも関わった。この計画は船橋を中心に大工業都市建設を目指すものであったが、あくまで中央に依存したものであったので、戦争の激化で中央の工事計画が延引となると、それは潰れてしまったのである。

当時の新聞は立田知事を「良き牧民官として県民から親しまれ、一九四〇年（昭和十五）四月一度転任の噂立つや、県町村長会は立って、これが留任の猛運動を起こした」と報じていたが、翼賛会地方支部長についてのアンケート調査では立田知事個人を推薦する声が多くあったことは、それを裏付けるものであったと云える。(1)

立田知事は肥料配給機構問題では商組と産組の対立にあたって、「肥料配給ノ不円滑ナ原因ハ産組系統ト商組系統トノ二本建テヲ政府ガ指示シテコレヲ地方庁ニ強要スルノガソノ根本原因」と率直に混乱の大本の原因を指摘していたのであり、また満州千葉村建設の移民問題では千葉県が移民しなければならない理由は少ない、行きたくない人までも無理に追い立てて移住を奨励する必要はないと満州移民の根本論を提起していたのである。このように第二次近衛内閣の方針に批判的な言動を示したことは、中央の印象を悪くしたものであろう、一九四一年（昭和十六）五月九日の閣議決定で更迭となってしまったのである。七日夜に立田知事は「正直に云って自分は正式には住宅営団東京支所長への就任交渉を受けていない。（略）自分は痔の手術をしたばかりで、県庁へ一日一時間位しか出られない状態だ（略）内務省の方から正式の話がないのだから、勿論辞表は出していない。他に転任すると云う場合ならば兎に角、官吏を辞めることになるのに正式の話がないのは筋が通らないではないか。（略）健康のあやふやな状態で一身上のことを簡単に決めたくない。本県にはやりたいと考えている仕事が沢山あるし、住宅営団の仕事が自分の柄に合っているとも思われない。内務省の方から無理にも住宅営団に行けと云われた場合にはいまだ気持ちが決まっていない。九日の閣議で決定すると云うのは、事情右の如くである以上恐らく本当ではあるまい。常識では考えられないことだ。自分の後任に藤原君が決まったと云うのも果たしてどうか、自分には妙な気持ちがしてならない」と訝しがっていた。しかし結局本人が合っているとも思っていなかった住宅営団東京支所長を選択せざるを得なかったのである。(2)

戦局が長期化し、「地方庁ハ国ノ政治ノ殆ド全部ガ地方庁ヲ通ス（略）従ヒマシテ時局ニ関連致シマシテ、各省々々ガ内務省、農林省、商工省ヲ初メトシテ各省ガ時局ニ則ッタ或程度ノ要求ヲシテ来ル（略）ソノ結果我々ハ抑制サレタ地方予算ノ範囲内ニ於テコノ政府ノ要望ヲ満タサナケレバナラヌ」と立田知事が県会で答弁していたように、中央の地方への押付がますます強くなる中では、中央政府の方針に少しでも疑問を持つことは許されず、立田県政はその圧力で潰されたのであった。

（注）

（1）前掲図書館蔵「千葉新報」一九四一年五月十七日付

（2）前掲図書館蔵「読売新聞千葉版」一九四一年五月八日日付

第三章　太平洋戦争期の藤原県政

一、はじめに

藤原県政期（知事は第三〇代藤原孝夫）は一九四一年（昭和十六）五月から一九四二年（昭和十七）六月までの一年一か月間である。この時期は日中戦争が第三局面と云われた時期、すなわち中国軍が反攻期に入り、それを打開するため日本は遂に対米英戦に踏み出した時期で、中国とアメリカとの二正面作戦の展開となった。この難局を乗り切るために、政治面ではファッショ的な翼賛体制が強化され、経済面では統制政策がますます強まり、国民生活との矛盾が激しく噴出する時期に入った。

本稿ではこの難局に藤原県政はどのように関わったのか、また県民生活がどう苦しくなったのかを追究するものである。なお、この時期の研究では『千葉県議会史』第四巻、[1]『千葉県の歴史』通史編近現代2[2]の研究があり、参考になる。

（注）

（1）千葉県立中央図書館蔵『千葉県議会史』第四巻、一九八二年

（2）前掲図書館蔵『千葉県の歴史』通史編近現代2、二〇〇六年

二、対米英戦に直面する

（一）海軍茂原飛行場建設と繰り返される防空訓練

海軍省は一九四一年九月一日に長生郡東郷村（茂原市）の住民を突如招集し「時局は時間を待てず、住民は三か月以内に用地境界より外五〇〇メートルの地に移転すべし」と命令した。この命令で飛行場予定地内の住民は三次に亘って敷地外に強制移転が行われ、移転が完了したのは一九四三年九月のことであった。民家の移転は木崎四一、谷本二六、本小轡一四、新小轡一一、町保一一の合計一〇三戸で、他に小学校、役場、駐在所、一社一寺が移転を余儀なくされたのである。土地は水田一反当たり六〇〇円、宅地一、二〇〇円程度で買上られたと云う。移転者は主として飛行場周辺や三貫野（茂原市木崎）方面に移転した。飛行場の建設は軍施設部と付近住民、中学校、女学校生徒の勤労動員、朝鮮人の労働によった。飛行場の面積は二四〇町歩、兵舎敷地四〇町歩、滑走路三、〇〇〇メートルで、飛行場の北側に二〇基の掩体壕があった(1)。

大日本防空協会千葉県支部は県下各警察署別に支会を組織し、新たに一九四二年一月に県防空講習所を開設することにした。目的は防空思想の普及と防空事業の促進であり、防空戦士の養成であった。同協会県支部が結成されたのは一九三九年十月であったが、会員五、〇〇〇人、資本金一〇万円の団体であった。同講習所は千葉市内に開設し、県警防課内に置かれている同支部を講習所内に移し、会員を七日または一〇日間宿泊させて防空講習を行った。後に防空学校と改称となり、同年四月に開校した。防空学校の設置場所は千葉市吾妻町の国民職業指導所所属の応用化学並びに事務製図補導所の建物を使用し、普通科、選科の二科を置き、普通科は警防団員、特設防護団員、航空監視隊員、隣組防空係を一週間宛交替で収容。選科には普通科修了者を収容して指導者の養成を行うもので、期間は三日間程度であった。校長は青木重臣県警察部長が兼務し、講師には県航空本部、大日本防空協会県支部役員、千葉連隊区司令部員等が当たり、各科共に一回五〇名を収容し、一切の経費は県費で賄ったのである。(2)

首都防衛の任務を担う千葉県では防空設備と資材整備が急務であり、その促進の徹底を図るために、公共防空壕構築、小型ポンプ設備、隣組用貯水槽構築、海上防空視号施設等の設置申請に対しては、一九四一年六月十七日に助成金交付を決定した。助成金交付の割合は公共用防空壕（収容人員二〇名程度）一か所四〇〇円に対して一〇〇円助成、小型ポンプ（毎分放水量一〇〇リットル以上）一台四〇〇円に付一〇〇円助成、隣組用貯水槽（容量一立方米以上のもの）一か所三〇円に付一〇円、海上防空視号（規定のもの）一か所一〇〇円に付三〇円の助成であった。この第一回分で防空壕では佐倉町三か所、千葉市検見川町一か所、同市稲毛町一か所、貯水槽では千葉市一二か所、多古町三か所、鶴舞町三か所、飯岡町一か所、成田町一か所、大原町三か所、佐倉町七か所、千代田町三か所、小型ポンプでは佐倉町一台、千代田町一台、視号では飯岡町一か所、矢指村一か所が助成を受けたのである。(3)

一九四一年度第二次防空訓練が十月十二日から二十一日まで一〇日間に実施となった。この訓練は県下五市七町一村（千葉市、船橋市、市川市、銚子市、館山市、津田沼町、幕張町、松戸町、佐倉町、千代田町、二宮町、印旛郡旭村）で一般訓練を行い、全県下では監視通信訓練を行った。一般訓練では十二、十三日準備訓練、十四〜十六日各所自衛隊、補助隊の訓練、十六〜十七日隣組防空群の訓練、十八〜十九日警防団訓練、十九〜二十一日各機関の総合訓練と云う重点主義の実戦的訓練であった。十六日には県警防課によって県庁公園で焼夷弾の実験が行われた。県防空本部は警報伝達、灯火管制等は「概ね良好」の講評を行った。(4)

県警防課では全県下で一月十八日から三日間家庭及び特殊施設（町村役場、工場、旅館、その他公共団体施設）の灯火管制を整備点検し、この間特別の警報が発せられない限り準備管制（広告灯、看板灯、門軒、公園灯のみ消灯）を行い、二十一日から三日間の訓練では警戒管制をしき、二十二、二十三両日午後六時から七時の間に二回の空襲警報を発し、空襲警報の伝達には戦時管制下の警報と区別するためにサイレンを使用せず、警防団員が巡回伝達することにした。県防空本部は二十二日に実施した空襲管制は「完璧に近かった」と講評を行った[5]。

一九四二年度第二次防空訓練の実施要綱は一月三十一日に決定され、県防空本部から各警察署長宛に通牒されたが、実施期間は警防団一〇日間、隣組七日間、区域は五市九町一村に限定し、警防団は二月二十日まで、隣組は二月末までに終了するとした。この訓練の目的は警防団、特設防護団、隣組の再訓練であった[6]。

県防空本部では第三次防空訓練を六月二十七日に防空監視隊の再教育として行い、七月十日からは各市町村で防空訓練を行った[7]。防空訓練が繰り返され、日中戦争期とは異なるものであったが、まだ日本が戦局では攻勢的な段階であったことから、防空への認識が甘く、灯火管制に重点が置かれる程度のものであった。

（二）軍用機献納と金属類回収運動の開始

千葉県当局は日中戦争の長期化から戦意昂揚と資源回収の総動員運動展開のため、一九四一年（昭和十六）七月七日を期して「支那事変第四周年記念行事」を行うことにし、六月二十三日一斉に県下各市町村に「支那事変第四周年記念行事要項」、「大政翼賛聖戦完遂県下市町村総動員要綱」、「千葉県民軍用機献納資源回収運動実施要綱」を通牒した。この通牒に基づき、各市町村では国民学校、青年学校、管内銀行、会社、神社、寺院等と連絡を取り、記念日当日の七月七日には大政翼賛聖戦完遂市町村総動員大会を行い、軍用機献納運動を起こすことになった。この運動は七月七日に始まり、一九四二年四月を完了期（一〇か月間）とし、各家庭は毎月一人一銭以上の金額を献納するものであった。一人一か月一銭とすれば、県下人口一六〇万人、一か月一万六〇〇〇円で、一〇か月一六万円との概算であった。県では四月以降興亜奉公日（一九三九年九月一日以降毎月一日）での「一戸一品供出運動」

は引き続き行うが、軍用機献納運動が完了するまでの間は合流させることにしたのである。[8]

県では六月二十七日に知事を委員長に、関係部課長、連隊区司令官、県会議長、翼賛会両部長、五市長、各郡町村長会長等三一名を実行委員に任命し、[9]七月二日に開かれた第一回実行委員会では陸海軍に戦闘機を各一機宛献納する方針を決定した。[10]一九四二年（昭和十七）四月末までに目標の一六万円が集まり、千葉県民号を献納したが、一月二日に政府が閣議で興亜奉公日を廃止し、毎月八日を大詔奉戴日としたので、県では六月八日から大詔奉戴日の実践目標として新たに兵器献納運動を展開することにした。この第二期献納運動も第一期同様に廃品を一戸から一品宛供出させ、毎月一銭の献金を行い、高射砲等の兵器献納をすることにしたのである。[11]

そもそも軍用機献納運動は日中戦争開始期に朝日、毎日等の新聞社が呼びかけて全国的に広がったものであり、千葉県での最初の運動は一九四一年（昭和十六）五月に他県の水産業者の献納運動に刺戟されて、千葉県の水産業者間で起こったものであった。七月八日に水産関係二六団体長が出席し、県水産会主催の水産機献納協議会が千葉市の県水産会で開かれた。水産に因み「水産千葉号」とし、二機の献納を協議し、資金一五万円を七月末までに取り纏め、八月中の献納を決定した。[12]献納資金は一六万一〇二七円集まり、十一月十九日に織田智経済部長が海軍省に献納した。この献納運動の影響で艦上戦闘機が完成したので、海軍省は一九四二年二月二十八日に東京日比谷公会堂で献納機一一機の命名式を挙行した。このうち三機は千葉県水産会員二万人の献金によるもので、第一水産千葉号、第二水産千葉号、第三水産千葉号と命名されたのである。[13]

愛国婦人会でも献納運動を行い、海軍機一一機、陸軍機一八機を献納し、命名式が九月二十日に挙行されたが、その献金は三三〇万円で、そのうち千葉県会員の献金は二万八三九五円であった。[14]十一月十五日に東京羽田飛行場で挙行された海軍献納機一二機の命名式では、この中に千葉県東葛飾郡小金町（松戸市）の道徳科学研究所の献納二機が含まれており、第一、第二道徳科学号と命名されたのである。[15]県町村長会では軍用機「全国町村長号」、「全国町村議員号」に歩調を合わせて「全国町村吏員号」二機（陸海軍へ各一機）の献納を十二月八日の臨時総会で決議した。全国町村長会から正式の通知があり、一九四二年二月二十四日の県町村長会では県下三〇〇余の町村に檄を飛ばし、資金醵出者の範囲は町村長、助役、収入役、吏員定数で定められた有給吏員（その他の吏員、職員は自発的に参加）とし、一人一円を三月末までとする献納運動を開始したのである。[16]

一九四二年三月に農会、産業組合、畜産組合、養蚕組合、耕地協会の農業関係五団体から成る県農業協力会ではシンガポール（昭南島と改称）占領を記念して軍用機を献納することになり、県下一六万戸の農家が平均一円を醵出し、陸海軍に各一機宛献納することにしたのである。[17]

「出征将士に一本でも多くの日本刀を」とする軍刀報国供出運動は偕行社、水行社、軍人会館共同主催、陸軍、海軍、内務の三省協賛、大政翼賛会後援のもとで、全国八つの地方別に一九四二年三月一日から八月までのうち、各地二〇日間を期して巻き起こされた。千葉県ではこれに呼応して二月十七日に「千葉軍刀報国会」が生まれ、千葉刀剣業組合では評価鑑定委員を選び、県下各地で催す鑑定会場に供出された日本刀の軍刀としての鑑定評価を行って運動に協力することにした。県内供出運動第一日は三月二十八日に千葉市の千葉神社社務所で行われた。[18]

「支那事変四周年記念日」以来千葉連隊区宛の国防献金、恤兵金が急激に高まり、同司令部八月分の発表では、陸軍（国防献金）一、一五二円余、五〇〇円国債一枚、恤兵金四一四円余、海軍四三〇円、五〇〇円国債一枚、慰問袋二一八個で近来にない激増であったと云う。[19]

茂木順三郎野田醤油取締役は一九四一年十二月八日の対米英宣戦布告を知るや直ちに上京、陸海軍両省を訪ね、一〇〇万円を献金した。また九日には成田山荒木大僧正等が上京、陸海軍両省へ各一〇万円宛献金、同日成田町の多額納税者で羊羹「米屋」の経営者であった諸岡長蔵も両省へ出頭し、各一万円を献金したのである。[20]

対米英開戦から丸一か月目の一九四二年一月七日までに千葉連隊区司令部で扱った国防献金（憲兵隊扱いを含

む）は海軍一万九四六六円余、陸軍二万一七一二円余、恤兵金三、七八一円余であった。これを開戦前の十一月中海軍二三六円、陸軍一、一八七円余、恤兵金一二二円余と比較すれば、桁違いであり、連隊区始まって以来の記録であった。[21]また茂木順三郎は一月十五日に海軍省に出頭し、五〇万円を献金したのである。[22]

国民精神総動員中央連盟が音頭をとって廃品回収運動が行われて来たが、徹底しなかったので、一九三九年（昭和十四）四月以降、政府が直接に乗り出し、民間の廃品回収も政府が統制することになった。[23]しかし増加の一途を辿る需要に応じるために、政府は一九四一年（昭和十六）四月一日から公共団体を含む官庁所属物資（鉄、銅）の回収を実施することにした。また六、七月には全国的に工場、事業場の清掃運動を展開した。千葉県では県地方資源回収協議会の第一回委員会を六月四日千葉市の日赤支部で開き、工場、事業所の「清掃運動実施要綱」を可決し、引き続き午後一時から県内有力工場代表五〇余名を集めて六月十六日から実施の回収運動を協議した。回収対象は工場、事業場で、物件は鉄又は銅の不要品等であった。[24]

八月三十日に政府は回収工作を徹底強化し、主として工場、事業場、さらに一般家庭に及ぼして鉄、銅製品の回収を実施する金属類回収令を公布した。そこで県では県振興課が元締めとなって長期的に行うことにし、九月二十六日の木更津町役場を皮切りに県下一三か所で市町村長及び事務主任等と協議を行った。今回の回収運動には一般回収と特別回収があり、一般回収は廃品を集めることを目的としたが、特別回収は従来の廃品回収より一歩進んで不要品だけでなく、不急品や現に使用しているものでも供出対象としたところに違いがあった。一般家庭には愛国心に訴え、自発的供出とした。しかし法定組合や団体、資本金一〇万円以上の会社、劇場、旅館、料理店、貸座敷、常時一〇人以上の使用人のいる物品販売業と工場、私立学校、病院、トラックの車庫、車輌、アパート等の一九施設は指定施設となり、強制供出であった。[25]また神社、寺院も十月二十七日に内務、商工、文部三省から通牒を発して特別回収に追加したのである。[26]県下約三、〇〇〇か所の指定施設には知事から勧奨状を出し、十一月十五日までに県へ譲渡申込書を提出させることになった。回収は十一月二十五日に千葉署から各警察署単位で行い、十二月十五日までに終了する段取りであった。[27] 銅鉄回収運動の趣旨徹底のため、日本映画社製作の映画「鉄銅に動員令下る」を県下二八の常設映画館で強制上映させることにし、十二月十八日に県保安課から各署長宛に通牒を発し、千葉市内の興行場から上映を開始し、大体一週間宛で県内を一巡させたのである。[28]

一般家庭の回収は十二月十日から五市と一六町で実施した。五市のうちでは館山市が戸数の割合では良好な成績を挙げ、千葉市、船橋市も良かったと云う。地域的では市街地からは置物、花差し、農村では農具殊に千歯扱き、鎌等が主要な供出物であった。残りの町村は一月十七日から実施となったのである。[29] 成田山の銅鉄献納第一回分は一、〇〇〇貫の大鉄塔、五〇〇余貫の大天水桶、天水釜をはじめ大小一四〇点、死蔵仏具二五〇点で二万貫の供出であった。[30]

政府は一九四二年五月九日に金属回収令による強制譲渡命令を発動し、回収物件の譲渡申込期間を五月十二日から六月十日までに期間を限定した。県では指定施設に対し期日内に洩れなく譲渡申込書の提出を求めて、計画的回収を行うことにした。県下指定施設三、〇〇〇件中、前年の十一月十五日の提出期限までに譲渡申込を終わったものは、二、〇〇〇件で、残りの一、〇〇〇件は応じなかった。県では六月十日に締め切ったけれども、相変わらず一、〇〇〇件は応じておらず、県当局は最後の勧告を行うことにしたが、藤原知事が更迭となり、新知事に引き継がれることになったのである。[31]

(三) 青少年団武装行進と〝軍国家庭〟表彰

一九四一年(昭和十六)七月七日に千葉県では「聖戦第四周年」を迎えたことで市町村民総動員大会を開催した。千葉市では県、千葉市、東京日日新聞本社共催、連隊区司令部、軍人援護会が後援の「青少年団武装行進及び歴戦将校大講演会」が開かれた。武装行進に先立ち千葉市青少年団動員大会は県営総合運動場で開かれた。その後、一万五〇〇〇名による武装行進は式場を出発、千葉寺、長洲町、市役所前、大和橋、本町通りと市内目抜き通りを行進、千葉神社に参拝して散会した。千葉市始まって以来の盛況振りであったと云う。銚子市では各戸一名の動員で国民学校校庭に二万名が参集した。また館山市でも各戸一名の動員で一万名余が八幡神社に参集していた。成田町では不動尊前広場に一万二〇〇〇名が集まった。集会に集まった人数は不明であるが、その他各地で集会が行われた。この集会を期して上述の一人一銭の軍用機献納運動が始まったのである(32)。

十二月八日の対米英開戦直後であった十二日に翼賛会県支部主催の「米英撃滅必勝国民大会」が千葉市を皮切りに県下各地で開催された。千葉市では千葉神社で県、千葉市、翼賛会県支部、軍郷千葉支部、神祇会県支部共催で行われ、市民、軍民一万名が参集した。出席した藤原知事は「海陸到る所戦果大いに挙がり、既に敵を呑むの概あり、真に世界の驚異（略）皇軍赫々たる戦果と相俟って帝国の前途実に洋々」との告諭を発していた(33)。

一九四二年（昭和十七）一月八日の新年第一回大詔奉戴日に県、千葉市、軍人援護会県支部、翼賛会県支部共催の「銃後奉公国民総進軍大会」が千葉市の県教育会館で一、〇〇〇名の出席で開かれ、また各地でも奉戴日のスローガンであった「大詔奉戴、必勝必成」の集会が開かれた(34)。

対米英開戦後初の海軍記念日であった五月二十七日には県、市、海軍協会県支部、千葉連隊区司令部、千葉市音楽文化連盟と読売新聞本社が共催でハワイ真珠湾攻撃で散った岩佐中佐等「九軍神特別攻撃隊鑽仰大会」が千葉市の県営総合運動場で開催された。参加者は千葉市内の中等学校七校、青年学校一校、国民学校一六校、計二四校の生徒児童一万三四三〇余名であった(35)。

これら一連の大会は県民の戦意昂揚を示すものであったが、特に対米英戦では戦局が我が国に有利に展開している時期のものであり、知事をはじめ県民の多くは戦局の行方を「前途洋々」と楽観的に受けとめていたのである。

県青少年団では大日本青少年団本部の指令で、「聖戦第四周年」の一九四一年七月七日を中心にして前後一週間で慰問袋一万九〇〇〇個を前線の将兵に送る決定を行い、各郡市では町村団の割当を決め、陸軍は千葉連隊区に、海軍は横須賀鎮守府に委託することにしたのである。(36)

六月二十五日に県学務部は一九四一年七月七日の記念日に積極的に軍人援護行事（①出征軍人及び遺家族の慰問、慰藉（慰問文、慰問袋は隣組で行う、労力不足の遺家族には青壮年団、各種婦人団体で積極的に援助する、官公署、会社、工場、団体等の代表者に留守宅又は遺族宅を慰問させる）、②軍人援護映画会開催、③ポスター、懸垂幕の掲出（ポスターは県から送付する、官公署、銀行、会社、映画館、劇場、百貨店等で七月一日から七日まで軍人援護入懸垂幕を掲出させる）を計画実施して、軍人援護思想の徹底を図ることを市町村長に通牒した。軍人援護会県支部の事業費は二六万七〇〇〇円であったが、県から一五万円、本部から五万円の補助があった。事業完遂には七万五〇〇〇円不足したので、六月二十五日に五市長及び各郡町村長会長を千葉市の県教育会館に集め、捻出方法を協議し、戸数と納税額に応じて各郡市に寄付金を割り当てることにしたのである。(37) また同支部では十月三日に多数の軍人を出した「軍国家庭」を表彰することにし、十月七日の銃後奉公強化運動最終日の十月七日に五人家族九名、四人家族九七名、三人家族七八九名を表彰した。同時に遺家族中の遺児で奮闘する四名も表彰した。(38) さらに同支部では一九四二年五月から帰郷軍人生業資金貸付規則の一部を改正し、中小商工業者の整理統合の場合に限り、従来一世帯五〇〇円の限度を一、〇〇〇円に拡大した。この生業資金貸付は担保及び保証人の必要もなく、年利率三％であった。これまでに帰郷軍人に貸し付けた生業資金は九七件四万一〇〇〇円であった。(39)

県では一九四二年五月二十八日に軍事援護教育の徹底を期すために、千葉男子、女子両師範附属国民学校、館山市那古、船橋市船橋、香取郡小見川町、長生郡茂原町、印旛郡千代田村四街道の七つの国民学校を軍事援護教育の指定校として実践させることにしたのである。(40)

（注）
（1）前掲図書館蔵『茂原市史』一九六六年、七二〇頁
（2）前掲図書館蔵「読売新聞千葉版」一九四二年二月二十八日付
（3）前掲図書館蔵「東京日日新聞千葉版」一九四一年六月十八日付
（4）前掲図書館蔵「千葉新報」一九四一年十月二十二日付
（5）前掲図書館蔵「読売新聞千葉版」一九四二年一月二十四日付
（6）前掲図書館蔵「読売新聞千葉版」一九四二年二月一日付
（7）前掲図書館蔵「東京日日新聞千葉版」一九四二年六月十一日付
（8）前掲図書館蔵「千葉新報」一九四一年六月二十四日付
（9）前掲図書館蔵「千葉新報」一九四一年六月二十八日付
（10）前掲図書館蔵「東京日日新聞千葉版」一九四一年七月三日付
（11）前掲図書館蔵「朝日新聞千葉版」一九四二年六月七日付
（12）前掲図書館蔵「朝日新聞千葉版」一九四一年六月九日付
（13）前掲図書館蔵「東京日日新聞千葉版」一九四二年三月一日付
（14）前掲図書館蔵「千葉新報」一九四一年九月十七日付
（15）前掲図書館蔵「東京日日新聞千葉版」一九四一年十一月十六日付
（16）前掲図書館蔵「読売新聞千葉版」一九四二年二月二十六日付
（17）前掲図書館蔵「朝日新聞千葉版」一九四二年三月六日付
（18）前掲図書館蔵「千葉新報」一九四二年三月二十五日付
（19）前掲図書館蔵「朝日新聞千葉版」一九四一年九月三日付
（20）前掲図書館蔵「東京日日新聞千葉版」一九四一年十二月十日付

(21) 前掲図書館蔵「朝日新聞千葉版」一九四二年一月八日付
(22) 前掲図書館蔵「千葉新報」一九四二年一月十七日付
(23) 前掲図書館蔵「東京日日新聞千葉版」一九三九年四月二十五日付
(24) 前掲図書館蔵「読売新聞千葉版」一九四一年六月五日付
(25) 前掲図書館蔵「読売新聞千葉版」一九四一年九月二十六日付
(26) 前掲図書館蔵「東京日日新聞千葉版」一九四一年十一月七日付
(27) 前掲図書館蔵「東京日日新聞千葉版」一九四一年十一月八日付
(28) 前掲図書館蔵「読売新聞千葉版」一九四一年十二月十九日付
(29) 前掲図書館蔵「読売新聞千葉版」一九四二年一月三十日付
(30) 前掲図書館蔵「朝日新聞千葉版」一九四二年三月二十三日付
(31) 前掲図書館蔵「朝日新聞千葉版」一九四二年六月十三日付
(32) 前掲図書館蔵「東京日日新聞千葉版」一九四一年七月八日付
(33) 前掲図書館蔵「東京日日新聞千葉版」一九四一年十二月十三日付
(34) 前掲図書館蔵「朝日新聞千葉版」一九四二年一月九日付
(35) 前掲図書館蔵「読売新聞千葉版」一九四二年五月二十九日付
(36) 前掲図書館蔵「朝日新聞千葉版」一九四一年六月十二日付
(37) 前掲図書館蔵「朝日新聞千葉版」一九四一年六月二十六日付
(38) 前掲図書館蔵「朝日新聞千葉版」一九四一年十月四日付
(39) 前掲図書館蔵「千葉新報」一九四二年五月十五日付
(40) 前掲図書館蔵「朝日新聞千葉版」一九四二年五月二十九日付

三、藤原県政と翼賛体制

（一）翼賛県政と一九四一年水害

（1）藤原孝夫知事就任と翼賛県政の開始

一九四一年（昭和十六）五月八日に藤原孝夫前警保局長が第三〇代千葉県知事に内定したが、立田清辰前千葉県知事が病気のため九日の閣議に付さず、正式の発令は五月十六日であった。藤原知事は岡山県出身、四六歳、一九二〇年（大正九）東大法科卒、高文合格、山口県属を振り出しに富山県、京都府事務官を経て岐阜県学務部長、一九三二年（昭和七）内務省衛生局保健課長、同三七年山梨県知事、同三八年四月傷兵保護院創設と共に同院計画局長、同三九年厚生省労働局長、内務省警保局長後四か月間の浪人生活で返り咲いたものである。[1]

大政翼賛会と行政は表裏一体の関係であるとして、翼賛会県支部と県当局との連絡会議が六月十三日午前十時から県支部事務局で開催された。飯田組織部長から「中央協力会議は年二回、県は三回、郡は四回位の標準で行う。推進員はこれまで翼賛会の構成員としての規定がなかったが、規定を設け、身分を明確にし、総裁名で県支部長が指名し、さらに増員する。貯蓄運動や食糧増産では都市と農村の一体化を強める。青壮年問題は本部案の通牒が出る。七月の興亜奉公日には全国一斉に隣組常会を開く」等の本部で開かれた組織、庶務両部長会議の報告があった。一方県側からは八田健次振興課長が工場、事業所の清掃運動、郡常会の運用についての報告を行った。初の試みであった郡常会とは町村長を集めて行うもので、県政に関する質疑を受け付け、各課が速やかに回答を行ものであった。[2]郡常会は七月三日東葛飾郡（松戸町役場）、九日長生郡（茂原町役場）、十日印旛郡（成田町役場）で開催されたが、常会に反映した各種の質疑や要望事項は迅速に振興課で整理し、関係各課の説明や回答を徴し、翌月の常会で回答を伝えると共に、機関紙「常会資料」の八月号から時局問答の形式で連載し、その徹底を期することになった。こうして翼賛、行政の「表裏一体」の県政は始まったのである。(3)

六月十六日に千葉市の県教育会館で県下市町村長会議が開催され、そこに出席した藤原知事は①軍人援護事業の運営に完璧を期す、②国民精神作興と体力向上を図る、③翼賛運動展開を急務とする、④国民貯蓄を徹底する、⑤食糧増産に努力するの五つの県政方針を説明し、初の訓示を行った。(4)

藤原県政は県の振興計画と各課の連絡調整を図るために七月一日の部課長会議で県企画委員会の設置を決定した。委員は各部から課長二名、委員長には総務部長（渡正監）をあて、事務は庶務課が取り扱い、毎月第一、第三月曜日に例会を開くことにした。委員は振興課長（八田健次）、庶務課長（平山滋春）、商工課長（大村霄）、社会課長（尾関一夫）、学務課長（川野邉薫）、特高課長（秦重徳）、企画課長（小山健次郎）、警務課長（畑中順一）、幹事は庶務課長と書記二名とした。(5)

七月二十八日に県商工課では物価政策と物資の配給政策の関係を密接にし、低物価政策を維持するために、従来別々だった物資係と物資配給係を物資別に金属係、調味食品係、繊維係、燃料係、化学製品係に再編成し、金融係、商組係、工組係は団体係とする課内の機構改組を行った。(6)また九月十九日に新農村計画樹立、増産、供出の前進を図って総合的機能を発揮するために農務課と企画課を合体し、小山進次郎企画課長が新農務課長となり、各係は企画係、団体係、軍需係、特産係、農産係、米穀係の六つに統合した。(7)八月一日には総務部長更迭があって、渡正監に代わって鷲野重光（石川県総務部長）が就任し、十月八日には学務部長が里見冨次から菅野一郎となり、藤原県政首脳部の陣容が整ったのである。(8)

（2）一九四一年水害とその対応

一九四一年（昭和十六）七月十一日から二十一日まで三度にわたって豪雨があり、雨量は三六二・五ミリであった。そこへ二十二日夜半から台風が房総半島に上陸した。内務省の発表では千葉県の被害状況は、死者二名、全潰家屋八二、半潰家屋三二、床上浸水五二二、床下浸水四、二二七、橋梁流出九、堤防決壊一、道路決潰五八、浸水田畑二万一三四九町歩、崖崩二五、桟橋流出一、鉄道不通五であった[9]。この水害被害は千葉県では香取、印旛、東葛飾郡の三郡が中心で、冠水田の面積は二万町歩と云われ、このうち五、〇〇〇町歩は収穫皆無と見られていた。藤原知事は自動車で二十三日に野田橋付近の江戸川水防状況を視察し、県会議員団は八月一日に東葛飾郡二班、印旛郡二班、香取郡二班の六班に分かれ、一泊二日の現地視察を行った[10]。

八月三日に井野碩哉農相が被災地を、四日には田辺治雄内相が利根運河を中心に被災地と利根川本流の減水状況、手賀沼の増水状況を視察した。大政翼賛会本部でも同日に調査委員を現地に派遣した。五日には衆議院から世耕弘一、中村梅吉両代議士が千葉県選出の川島正次郎、宇賀四郎両代議士に案内されて来県、県庁で被害状況の説明を受けた後、鈴木亮県会議長等の案内で現地を視察した[11]。今回の水害を受けた茨城、福島、宮城、千葉の四県に対し、七月二十六日に「御内帑金」の下賜があった。水害被害高は水稲被害八五〇万円、畑作五〇万円、農業土木事業一〇〇万円、蚕糸一二万円、土木関係五、六〇万円、合計一、〇六〇万円余と推算されていた[12]。

県農会では翼賛会、町村長会、販購連等と協力し、全県に呼びかけて水害地救済の義捐金募集を行った。県会議員団では八月四日に水害地視察報告会を開き、対策委員会を設置した。対策委員長には坂本斉一県議が就任し、同委員会は七日に一二の応急対策と一〇の恒久対策を纏め、十一日の議員団総会を経て、県、政府へ要望を行った。この応急対策の中には「離村防止の土木工事、副業奨励」が入っており、また恒久対策の中には「利根運河の根本的大改修」が入っていた[13]。衆議院視察団の案内役を務めた東葛飾郡農会長の成島勇代議士は「農家が転業することがあってはならない、戦時食糧を確保しなければならない」との視察団の意見を紹介した。七日には関東水害対策代議士会が開かれ、千葉、埼玉、栃木、群馬、茨城各県選出代議士二〇名が出席し、要望事項を携えて全員で小倉正恒蔵相に陳情した。その後二手に分かれて田辺内相、井野農相に陳情を行っていた。(14)

県では水害対策として、耕地水害復旧工事は事業費三二三万五七三七円を組んだが、農林省では一五九万五七二九円の助成金を決定した。また離村防止対策事業では二五万円を計画したところ、農林省から三八万〇六六六円の補助命令があったので、県費を足して五七万一〇〇〇円の事業を一九四二年五月まで行うことにした。これによって一人二円の賃金で延べ二〇万人が救われることになったのである。(15)

勧業銀行千葉支店では既往貸付分は条件を緩和し、新規貸出には低利資金を放出して水害地救済を開始した。利率はこの種の資金では最低で、一か年以内、市町村は利率日歩一銭となった。(16)県副業課は家兎の一九四一年度目標が三五万羽であったが、水害で五万羽が斃死したので、水害町村単位に斃死五羽に対し五羽の割合で無償配付し、また空閑地が出来たので、その利用と栄養食補給を兼ねて家鴨飼育を奨励した。購入者は一羽五〇銭の三〇％負担であった。(17)さらに農民の離村防止と農村労働力の調整を行うために厚生省の助成で農村託児所を水害地に建設することにし、建設費一か所三五〇円と見積もり、二五か所を建設することにしたのである。(18)

一九四〇年（昭和十五）の旱害の際には農業保険の加入状況は七郡に過ぎなかった。しかし一九四一年では一〇郡となり、未加入は安房、匝瑳二郡で、水害地の大部分が保険の適用となった。全滅水田の場合、一反歩に付自作地七円、地主地一〇円の保険金が支払われた。水田収穫皆無六、三二四町歩五反八畝歩余、三割以上九割未満七五五町四反歩余に対し、保険金は七割を農林省と県、三割を郡保険組合が負担するもので、確定した保険金は水田耕作者には七四万二〇七五円余、地主には二七万四六九四円余、桑園耕作者に一万七五一六円余、総額一〇三万五八八七円余であった。(19)

（二）県翼壮年団の登場

大政翼賛会では第一回の中央協力会議以来懸案となっていた翼賛壮年団結成の基本要項を一九四一年九月二十四日に決定した。翼賛壮年団を翼賛会の外郭団体と位置付け、結成については九月二十六日の翼賛会本部で開かれた全国組織部長会議で中央の方針を明示した。千葉県ではすでに県青壮年団の名称で発足した五二の単位団があり、また従来の大日本壮年団系統下の二五団が存在した。翼賛壮年団の組織方針に則って既設団を改組し、未設置町村は新しい方針で結成することになった。当初は地方単位団から順次上級団を結成する組織方針であったが、上から翼壮本部を急増する方針に変更となった。その結成順序は翼賛会県支部長が翼賛会、県、郷軍、大日本壮年団、農村建設同盟、農業報国推進隊、商報、産報の関係者等と県翼賛壮年団結成準備会を結成する。次に既設団の改組方針と新組織方針を立て、県支部長名で翼賛会下部の支部長に指令する。下部の町村支部長は県中央に習って結成準備会をつくる。この準備会は町村内で最も信望ある者を銓衡委員に挙げる。銓衡委員は団員銓衡基準（①思想信念が団体の本義に徹している、②国家目的達成に率先躬行する、③地域、職域の実践を通じて他に垂範し、郷土に信望厚い、④政治団体に加入していない、⑤思想団体加入者は本来の性格を逸脱した行動をしていない）に従って個別的面接で団員を決定する。団員は二一歳以上、四五歳までとし、各地の翼賛運動の積極者が選ばれることになった。翼壮は自己の独立性を強調し、道府県翼壮団長を知事である翼賛会支部長に兼任させせようとした内務省の当初方針に激しく反対した。そのため知事には道府県名誉団長を兼任させることになった[20]。全県的に整備を遂げた時、県支部長（名誉団長）が県団長を団員中より指名、県団長が団員中の適格者を郡市町村団長に指名するとした。また翼賛会の推進員は全部加入し、中心的役割を果たすことが建前であった。この翼賛壮年団の実践項目は①国防思想の普及、②銃後奉公活動の強化、③有事の際は国土防衛の民軍的役割を担当するものであった[21]。

十二月十三日に千葉市の日赤支部で県翼賛壮年団結成準備委員会が開かれ、中央の組織方針に基づく原案を全員一致で承認し、直ちに市町村結成準備委員と団員銓衡委員を置き、市町村単位団編成に着手したのである。[22]

翼賛会の外郭団体として青壮年層が団結する翼賛壮年団は各市町村で単位団の結成を進め、県下三分の二である二〇〇余市町村が結成を終わったので、藤原知事は二月七日に県団役員を名誉団長に藤原孝夫知事、団長は矢野機陸軍中将、副団長は野村恵一郎翼賛会県支部組織部長、茂木啓三郎野田醤油会社工場長、顧問に七名、参与に一九名を指名した。今回の指名はまだ単位団結成が全部終わっていなかったので、終わり次第補充することにした。郡団、市町村単位団の役員は矢野団長が指名することになった。そして結成大会は二月十二日に千葉市の県教育会館で挙行したのである。[23]

「読売新聞」では県下の翼壮団の構成分子について二月二十一日までに翼賛会県支部に報告された一九八名の市町村団長の職業調査を行った。農業八三名で一番多く、次が公務員四一名、商業一三名、教員一二名、医師一二名、醸造業一〇名、郵便局長七名、僧侶五名、薬剤師四名、会社員三名、その他八名であった。年齢別では三〇歳台四二名、四〇歳台一一二名、五〇歳台三八名、六〇歳台三名であった。[24] しかしこの翼壮の経営的基盤がどのようであったのかは残念ながら不明である。他府県での研究では、農業の多くは自作、自小作上層であった。[25]

(三) 翼賛批判を封じる県会

さて、政党解散後の県会はどのように変化していたのであろうか。一九四一年(昭和十六)十一月十七日に通常県会が開会された。初日の県会散会後に議員団総会が議員控室で開かれ、正副団長以下役員改選の協議を行った。議員団は党派が解消し、全議員が大同団結していたが、内部は清交会(旧政友派)一六名、同脱会組五名、旧民政派二二名に分かれていて、清交会は横田清蔵を団長候補としていた。旧民政派の一部では正副団長には正副議長を選挙すべしとし、一方「正副団長は正副議長とする」との規約を「議員とする」と改正したのだから、正副議長では反対との意見もあって纏まらず、十一月二十一日に再協議となり、漸く鈴木亮県会議長、石川善之助副議長が正副団長になることに落ち着いたのである。[26]

一九四二年度予算案は歳入出共に一、七三九万六七一四円で、前年度当初予算に比して一八七万四二七六円増の提案であった。この予算案を中心に県会では討論が行われた。その中で小安嘉六県議は①歳入歳出で「昭和十五年度の決算では歳入は六〇万円増えたが、歳出では二九九万三〇〇〇円減っている、これは県民からの取立は増えたが、県民と約束の仕事は二九九万三〇〇〇円分上がらなかったことを示しおり、今年の予算の執行ではこのようなことのないようにして欲しい」と注文した。②人員の増大と人件費が多い、③一年間に県令が九六も出ており、規則が多すぎる、規定一点張りでは弊害が生じる、④生活必需品の統制が多い、菓子の配給では一か月一人一匁五分であるが、こんなことならやらない方がよい、⑤農民の心を察し、米に対する農民の愛着の情を尊重する、そうすれば生産増加として現れる、⑥農村の中心的人物の役割を重視する、⑦役人の交代が激しい、一九二六年（昭和元）から一九四一年まで知事が一一人、平均一年四か月、部長は平均一年八か月で余りに早すぎる等の意見を述べた。小安県議の意見は翼賛政治への批判に通じるものがあった。彼は一般質問者の最後であり、翌日（十一月二十六日）にかけて質問が続けられた。しかし小安県議の質問が「翼賛会論難」であると問題化した。本会議を休憩とし、別室で議員団幹事会が開かれ、「万一県民に県会そのものの意思が翼賛運動を否定するが如き誤解を与えては困る」との意見が出たので、小安県議は発言を取り消すとした。これで落着と見えたが、引き続いて開かれた議員団総会では甲論乙駁果てしなく紛糾を重ね、態度が決せず、二十八日に持ち越しとなった。旧政友派の幹部は「議員団の名誉のため断乎たる処置に出て、県民に謝罪せよ」と強硬な主張を行い、小安県議の発言を許した鈴木議長の責任論まで飛び出した。[27]結局小安県議（旧民政派）が本会議で「質問中ニ翼賛会ノコトニ及ンダガ（略）

偶々言葉ガ意思ニ副ハナイ点ガアリマシタノデ、皆様ニ御迷惑ヲ掛ケマシタ点ヲ衷心ヨリ陳謝致シマス、依ッテ翼賛会ニ関スル意見ハ全面的ニ取消ヲ致シマス」と発言し、懲戒処分の意思を表示するとして議場を退場した。そして福地新作県議（旧民政派）が「翼賛会ニ関スル質問全部ハ只今同議員カラ取消シタイト云フ意見ガアリマシタノデ、同議員ノ翼賛会ニ関スル質疑並ニ之ニ関スル知事ノ答弁ヲ議事録カラ抹消シタト云フ動議ヲ提出致シマス」との提案があり、異議なく動議が可決となった。[28] 十一月二十六日の小安県議の質問と知事の答弁は議事録削除となったので、内容はどのように翼賛会を論難したのかは不明である。ただ『千葉県議会史議員名鑑』の「小安嘉六」の項では「昭和十六年県会では当時結成されたばかりの大政翼賛会県支部発会に対して翼賛会無用論を展開し、千葉支部の解散動議を提出したが、否決された」とある。ファッショに賛同したり、時流に阿る議員が多数を占めていた県会では小安県議の主張はファッショを批判しようとしたものであり、貴重なことであった。[29] しかし当時の新聞は「表面はあくまで小安氏の自発的意志に基づいて問題が処理されたが、この裏には議員一同の圧力とか、さらにまた時局重大性の影響が反映していること勿論で、失言問題から議員が遠慮して退場するに至ったことは本県県会はじめてのことである」としか報じていなかった。県会の空気は議場内での議員発言を保障すると云う議会主義の原則すら最早抛棄するものとなっていたのである。[30]

（四）翼賛選挙の展開

（1）第二一回総選挙

一九三七年（昭和十二）四月に実施された第二〇回総選挙で選出された議員の任期は一九四一年四月二十九日で満了していたが、第二次近衛内閣は内外情勢の緊迫と選挙法改正を理由に実施せず、議員の任期一年延長の臨時措置をとっていた。東条英機内閣は一九四二年（昭和十七）二月十八日に翼賛選挙貫徹運動基本要項を閣議決定し、

第二一回総選挙は翼賛選挙と名付けられ、「大東亜戦争の完遂」を目的に、候補者の推薦制を採用して、議会を強力な与党で固めようとした。推薦制が衆議院議員選挙に持ち込まれたのは、我が国の総選挙史上初めてのことであった、けれども大日本帝国憲法第三五条には、衆議院は「公選セラレタル議員ヲ以テ組織ス」とあり、政府が候補者を直接推薦することは出来なかった。そのため東条内閣は二十三日に阿部信行元首相を会長とする翼賛政治体制協議会（翼協）を結成させ、政府に代わって候補者の推薦と選挙運動を行わせることにしたのである。[31]

二月二十三日に内相官邸で開かれた全国総務部長会議で翼賛選挙貫徹運動の内容が明らかとなったが、この会議に出席した鷲野県総務部長は二十四日知事に報告の上、直ちに準備に着手した。千葉県では候補者推薦の熱意昂揚と最適候補者選定の二目標に重点を置いて啓蒙運動を開始することにした。[32]このため三月六日には選挙粛正委員三〇名と幹事五名、書記六名で構成する選挙粛正委員会を改選した。改選に当たっては翼賛会県支部、県翼賛壮年団、郷軍県支部、県産報等の役員に協力を求め、官民一体の「挙県」運動を目指すものであった。[33]一方県翼壮団では三月十三日から一泊二日で館山市渚の家に矢野団長以下八七名の五市一二郡の翼壮精鋭を集め、翼賛選挙講習会を開催し、「大東亜戦争の完遂を図るため、今回の総選挙に際しては、公正明朗なる選挙を断行し、最適の人材を議会に送り、以て清新強力なる翼賛議会の確立を念願する」との決議を挙げ、翼賛選挙貫徹運動への猛進を確認しあった。また県では翼賛選挙の趣旨徹底のために、十六日から千葉市を皮切りに四日間にわたって五市並びに各郡単位で地区別協議会を開催したのである。[34]

翼協は推薦方法を具体化するため一三名の特別委員を選び、東京に本部を、各道府県に支部を置き、選挙告示前に政事結社の届出をして、候補者推薦活動とその当選のための選挙運動を行い、総選挙終了後に解散することを決定した。[35]千葉県の支部長には翼賛会県協力会議議長の永井準一郎千葉市長が指名され、三月十八日に永井支部長は支部を構成すべく適格者候補の銓衡に着手したが、矢野機（県翼壮団長）、君塚角之助（県農会長）、川名伝（県販購連副会長、翼賛会県支部常務委員）、濱口儀兵衛（ヤマサ醤油社長）、池田友一（県酒造組合会長）、鳥海孝太郎（安房郡農会長、県協力会議員）、星野懿吉（牛久町長）、諏訪寛治（県会議長）、花岡和夫（県医師会長翼賛会県支部顧問）、古荘四郎彦（千葉合同銀行頭取、翼賛会県支部常務委員）、野村恵一郎（翼賛会県支部組織部長）、篠塚正樹（豊浦村長、翼賛会県支部常務委員）、後藤秀四郎（船橋橋市長）、茂木啓三郎（野田醤油工場長、県翼壮副団長）島田弥久（元県議）の一五名は三月二十日に中央からの電報で委嘱となった。翼協は三月二十日に一道二府四二県の支部長と支部会員七四三名を決定し、翼協千葉県支部の発会式は三月二十六日に千葉市の衛生会館で行われたのである(36)。

翼協県支部では推薦の候補者銓衡を各選挙区共に定員（一区四名、二区三名、三区四名）一一名だけに止めることにし、三月二十八日から銓衡を開始した。銓衡会第一日の二十八日には一区一一名、二区一三名、三区一二名の三六名に達した。第二日の三十日には二八名に絞ったが、一一名にするのが大変であったと云う。三十一日に完了し、本部に内申した一一名の顔触れは第一区多田満長現代議士、篠原陸朗現代議士、後藤邦彦京成電軌社長、野村恵一郎翼賛会県支部組織部長、第二区今井健彦現代議士、吉植庄亮現代議士、伊藤清弁護士、第三区岩瀬亮現代議士、中村庸一郎桜ゴム社長、伊藤博愛翼賛会県支部庶務部長、白鳥敏夫前イタリア大使であった(37)。

銓衡結果には長生郡翼壮が推す白鳥敏夫や、全然予想されなかった野村恵一郎翼賛会県支部組織部長等が推薦候補に加えられたことを見ても、翼賛選挙で担う翼壮の役割が大きく、その圧力が反映していたのである。

ところが四月五日の本部総会で三区は定員より一名増の推薦決定となった。これを知った県支部は驚き、六日に千葉市の県支部事務所で緊急総会を開いた。総会では本部の横暴を詰るものもあったが、既に本部で発表後のことであり、不承不承承認した。三区で小高長三郎が本部推薦となり、新顔六名、現議員六名となったのである(38)。

候補者がほぼ出揃ったので四月九日に翼協では千葉市の支部事務所で選挙運動対策協議会を開いた。支部が定員の一一名を推薦したのに、本部が一名追加推薦したことに対し議論があり、いかに推薦候補とは云え定員よりはみ出した者の当選を望むことは無理な相談なので、応援の主力は当初支部が内申した一一候補に注ぐことに決定し、県支部会員連名の推薦状は本部推薦候補には出さないことにした。また言論戦は県支部として単独の推薦演説会は開かず、随時支部会員が応援演説することにしたのである。(39) 投票日前後は農繁期であり、共同作業、炊事、自給肥料等の計画対策でしばしば寄合が必要であったが、君津郡下の各町村部落農事実行組合は選挙話を絶対に許さない方針であった。また匝瑳郡翼賛壮年団は「翼賛議会の確立を期する東条内閣を絶対に支持する」との決議を表明した。(40) 千葉県はこれまで選挙の投票率が低く、全国的には最後から三、四番目と芳しくなかった。県では種々の棄権防止策を考えたが、その一方法として選挙当日に投票の済んだ有権者には「投票済証」を交付して、これを門口に張らせること、当日は青壮年団、少年団等を動員し、メガホンで街頭宣伝させることにした。(41) 選挙戦は第二期に入って言論戦は白熱化したが、演説会の入りが思わしくなく、開くに拓けず、自発的に中止となった流会組も多くなっていた。また人手不足から労務者の雇い上げが思うようにならず、文書戦に入れずに困っていた者もいた。(42) 選挙活動は演説会が協定で七五回となり、言論戦で一二二回を計画した候補者は方針の変更を余儀なくされていた。また立候補者の貼り札を貼るため、民家の許可を求めることは選挙委員でなければ出来ず、一町村五枚平均の貼り札を一々委員が労務者について廻らなければ成らなかった。さらに演説会場借入は申請者が事務長でなく、候補者が市町村長に出すのでなければならず、市町村長はすぐ傍の校長に照会するにも一々文書で行わなければならず、非常に手間のかかるものであった。(43) 翼壮の啓発運動は活溌であったが、「特定候補者運動だと断定されても仕方がない」との批判があり、運動の行き過ぎの指摘もあったのである。(44)

　四月三十日に投票が行われたが、投票率は全県で八三・一%、郡部が八一・九%に対し、市部は八三・四%と好成績であった。戦争中であり、選挙活動が著しく制限されており、まさに〝暗闇選挙〟であったが、それでも投票率がアップしたのは、激戦でもあったが、何よりも〝狩り出し〟の影響が大きかったと思われる。最も高かったのは君津郡の八八％、最低は安房郡の六七・七％であった。[45]

選挙結果は第一区九名立候補し、多田満長、成島勇、篠原陸朗、川島正次郎が当選し、次点は後藤国彦。第二区六名立候補し、吉植庄亮、伊藤清、今井健彦が当選、次点は山村新治郎。第三区は九名立候補し、岩瀬亮、中村庸一郎、白鳥敏夫、小高長三郎が当選し、次点が伊藤博愛であった。[46] 県全体の当選者は推薦組九名、非推薦組二名（川島、成島）であった。伊藤清や白鳥敏夫の様に地盤がなく、知名度で勝利したことは翼賛選挙の一面を反映していた。新聞では「今度の選挙で一番強く感じ、胸をうたれたのは翼賛壮年団の活躍」とあり、翼賛会県支部の庶務、組織両部長が出馬したことに「善戦」との評価があった。しかし両者の落選は千葉県の翼賛会と翼賛壮年団の力量を問われるものであった。翼賛選挙では旧政党の地盤の崩壊を狙ったのであったが、終わって見ると、彼等の地盤は鞏固に残存していたことを示していたのである。[47]

（2）推薦制の地方選挙

県当局は市町村会議員選挙に候補者推薦制を導入することを強く押し進めようとしていた。四月二十日に県では関係部課長会議を開き、代議士選挙に採用された推薦母体を結成するか、定員を町内会、部落会に割当、この下部組織に予選させるかの二つを長時間論議した。しかし民意を反映させるためには、候補者は下からピラミット式に予選して行くことが理想と云うことで一致した。一方市長側は推薦制に消極的であった。改選期を控えていた千葉、銚子、船橋の三市長は四月二十一日に千葉市役所で推薦制度を協議したが、「これまで推薦制度を実施したところの実例では、非推薦候補が多数進出して摩擦の種となっている場合がある、その土地土地の実情に応じるべきで、県下全市町村一律に推薦制度を強行することは避けるべき」と一決し、三市長は鷲野総務部長と会見して意向を伝え、県の方針を聴取した。しかし県としては「推薦制度こそ翼賛選挙の大命題であり、是非全県下で実施して欲しい」との意向を伝えた。三市長は「自治行政は人の和が先決要件であり、非推薦候補でも楽に当選し得るので、市町村会に推薦制度を用いることは平地に波瀾を起こすのが落ちではないかと心配している」と主張した。結局、三市長は内務省の意向を聴いた上、市常会を招集して意見を求めることにしたのである。(48)

四月二十四日に県庁で五市長と郡町村長会議が開かれた。銓衡会をつくろうとの空気が強く支配し、一部の反対派も折れて、全県一斉に銓衡会をつくって推薦制度を実施することになった。しかし東葛北部町村長常会は四月二十七日に実施しないことを決定した。また船橋市常会は選挙を六月一日実施と決め、一五名の銓衡委員を選んだが、五名の委員は辞退を申し出て行き悩み状態となり、漸く五月四日に決まるとの混乱があった。さらに銚子市常会は四月二十八日に開かれたが、推薦制度には可否両論あり、鷲野総務部長等県官の退場を求めて自由討議を行い、漸く採用となったのである。(49)千葉市常会は五月二日に開かれ、県から鷲野総務部長が出席した。まず常会員を中心に翼賛市会建設会を結成した。推薦方法は徳島市や長崎市を参考にして各連合町内会地区毎に町内会の総会で二名の代表を選出し、この二名の代表によって連合町内会単位に第一次銓衡委員会を構成する、第二次銓衡委員会は第一次銓衡委員会で選ばれた一名宛の代表と翼賛市会建設会から七名を加えて構成する。候補者の推薦は各連合町内会地区毎に割当数だけ連記、無記名で選出し、その中から第二次銓衡委員会が決定すると云うもので、連合町内会に対する議員割当数は第一（富士見）四名、第二（本町）五名、第三（寒川）六名、第四（院内）五名、第六（都）三名、第七（検見川）四名、第八（蘇我）三名、第九（都賀）三名であった。(50)

五月四日に県選挙粛正委員会は市町村会議員選挙の啓蒙運動について協議し、①県の実施事項（知事の挨拶文を町内会、部落会で朗読、三市一二町で講演会開催、各市各郡別に市町村長、翼賛会支部長、翼壮団長、郷軍分会長を集めて協議会開催）、②翼賛会の実施事項（翼壮並びに推進員の活動促進、全町村で映画後援会開催）、③市町村の実施事項（市町村常会で啓蒙運動、銓衡方法を決める、各種団体長、警察官等との協議、部落会、隣組の常会を開き、市町村の指導者を動員して趣旨の徹底、棄権防止で投票済証を発行）を決定した。また千葉、銚子、船橋の三市には県から啓蒙運動督励班を出動させることにした。県では市町村会の翼賛選挙貫徹運動の中心は推薦制度にあることから、選挙粛正委員会に銓衡会結成方法について甲案（町村全区域を単位に銓衡会をつくる）、乙案（市や市に準じる大きな町で、第一次銓衡委員会、第二次銓衡委員会をつくる、千葉市の例）、丙案（部落会、町内会の数区域に銓衡会をつくるが、有権者が直接候補者を選ぶ）、丁案（銓衡会は町内会、部落会の地域別に分けるが、委員を選び、委員が候補者を選ぶ）の四つの銓衡会結成案を提示し、市町村がいずれを選んでも自由であるが、人材を網羅するには、市町村全区域を単位とする総合的銓衡会の甲、乙案を理想とするとしていたのである。[51]市原郡町村長会は五月四日に八幡町で開催し、各町村共に候補者を部落単位に数を割当、部落常会で候補者を推薦することにし、町村としての推薦母体はつくらないことを決定した。[52]

三市二八九か町村で実施される市町村会議員選挙の実施日は三市が六月一日、千葉、市原、長生、山武、海上、匝瑳、安房の八郡は五月二十一日、東葛飾、夷隅両郡は七月一日、香取郡は七月八日、印旛郡は佐倉町が五月三十一日、臼井、布鎌、安食の三町村は五月二十七、八日頃、木下、八生は七月上旬、その他の町村は五月二十日と決まったのである。[53]

県翼賛壮年団では五月八日に千葉市の日赤支部で郡市団長会議を開き、翼賛選挙貫徹運動を協議し、一般方針では（一）迫力をもって訴える、（二）強力な銓衡会を成立させる、団員以外の青壮年にも呼びかける、（三）翼賛選挙貫徹運動に非協力的な顔役等にも働きかけて転向させる、また議員の適格条件として①大東亜戦争完遂の決意を有する者、②翼賛運動に積極的協力の態度を有する者、③素人政治家の純朴さを有する者、④市町村民の輿論を代表し得る者、⑤地域、職域の立場に拘らない者等を基準とすると決めたのである。[54]

当然のことながら「銓衡行為は選挙運動とならないのか」と云う各市町村からの問い合わせがあった。五月九日に鷲野総務部長は「銓衡会は特定の選挙に関し、何人を議員候補者となすかを銓衡決定するための会合であるから、その銓衡行為自体は選挙運動とは認められない」とし、「銓衡会で最適の人を市町村会に動員するために、銓衡会の名で第三者が選挙運動を計画的、継続的に行う場合は政事結社としての許可が必要である」と解説した[55]。

五月二十一日に一九一か町村で選挙実施の筈であったが、東葛飾郡土村と印旛郡旭村が延期したので、一八九か町村で行わることになった。推薦方法では大きな町では候補者の天下り式である甲案が多く、小さい町村では下から盛り上がる銓衡法の丙案が多かった。また甲丙両案を併置した所もあった。推薦候補に選出された者の中では町内会長や部落会長が目立ち、また非推薦立候補は津田沼町等の大きな町で見られたが、全体に少なく、各地とも新人の進出が目覚ましかった[56]。

五月二十一日から二十五日までに行われた町村会議員選挙の傾向は、一八九町村中推薦候補の銓衡会をつくらなかった所は匝瑳郡白浜村、長生郡太東村、市原郡門田村の三か村だけであった。推薦母体の政治結社届出を行った所は二四か町村あった。投票率は八六％で、四年前の前回八三％を上回った。推薦候補の完勝した町村は九四か町村で、推薦候補の当選率は九一％であった[57]。

矢野機陸軍中将は県翼壮団長であり、千葉市翼賛市会建設会長、同市議候補者推薦会長であったが、千葉市会選挙について「自由候補者の濫立を見たのが意外であった（略）自由主義的な考えに出発して自由候補者が濫立したのであったならば、翼賛市会の建設に暗影を投じたものと云わねばならぬ（略）今度執った推薦方法には、そぐわないものがあったようだ（略）市議選には言論戦が許されなかったにせよ、余りにそれがなかった、各候補者が縁故関係をたよりに文書戦を行ったに過ぎない、このため判定に苦しんだ選挙民が多かった」との談話を出した、自由主義を徹底排除に全力を挙げてきた推進者が〝暗闇選挙〟になってしまったことに当惑していたのである[58]。

三市会の選挙ではどのような特色が見られたのであろうか。当時の新聞の総括によれば、千葉市では推薦候補者の当選率が六六・七％しかなかった。また新人の台頭が少なく、定員の半数に達しなかった。当選者の顔触れでは時局下に最も「排撃すべき旧人」が入っていたことであった。これらの原因には啓蒙運動の不徹底さと推薦方法の問題があったことを指摘していた。翼賛市会建設会の名で発表された「適材人材」の中にヤミ取引その他の噂のある者があったことである。銚子市では推薦候補が八三％の当選率であり、旧議員一六名に対し、新人二〇名で、一応翼賛選挙を示したが、推薦候補で当選確実と云われていた大物たちが相次いで落選し、非推薦候補が第二位当選であったことなど、決して選挙民は新選挙制度を歓迎していたわけではなかった。船橋市では推薦候補当選率は八〇％に達したが、芳しい成績とは言い難いものであった。原因には推薦母体の推薦候補者に無理があった。公民権停止や罰金刑を受けた者が入っており、また推薦、非推薦同数の濫立もあった。推薦候補九名の落選があり、その中には市翼壮副団長も入っていたのであった。(59)

（注）

（1）前掲図書館蔵「千葉新報」一九四一年五月十七日付

（2）前掲図書館蔵「読売新聞千葉版」一九四一年六月十四日付

（3）前掲図書館蔵「読売新聞千葉版」一九四一年六月十七日付

（4）前掲図書館蔵「読売新聞千葉版」一九四一年七月十三日付

（5）前掲図書館蔵「東京日日新聞千葉版」一九四一年七月二日付

（6）前掲図書館蔵「朝日新聞千葉版」一九四一年七月二十九日付

（7）前掲図書館蔵「東京日日新聞千葉版」一九四一年九月二十一日付

（8）前掲図書館蔵「朝日新聞千葉版」一九四一年十月九日付

(9) 前掲図書館蔵「東京日日新聞千葉版」一九四一年七月二十四日付
(10) 前掲図書館蔵「千葉新報」一九四一年八月二日付
(11) 前掲図書館蔵「千葉新報」一九四一年八月六日付
(12) 前掲図書館蔵「千葉新報」一九四一年七月二十七日付
(13) 前掲図書館蔵「東京日日新聞千葉版」一九四一年八月十二日付
(14) 前掲図書館蔵「東京日日新聞千葉版」一九四一年八月八日付
(15) 前掲図書館蔵「東京日日新聞千葉版」一九四一年十一月八日付
(16) 前掲図書館蔵「東京日日新聞千葉版」一九四一年九月六日付
(17) 前掲図書館蔵「千葉新報」一九四一年八月八日付
(18) 前掲図書館蔵「東京日日新聞千葉版」一九四一年十一月二十二日付
(19) 前掲図書館蔵「東京日日新聞千葉版」一九四一年十二月二十日付
(20) 前掲図書館蔵栗屋憲太郎「翼賛政治体制」(歴史学研究会編『太平洋戦争史4所収』)一九七二年、二一四頁
(21) 前掲図書館蔵「東京日日新聞千葉版」一九四一年九月二十八日付
(22) 前掲図書館蔵「東京日日新聞千葉版」一九四一年十二月十四日付
(23) 前掲図書館蔵「朝日新聞千葉版」一九四二年二月十三日付
(24) 前掲図書館蔵「読売新聞千葉版」一九四二年二月二十二日付、年齢別は一九五名で計算が合わない
(25) 前掲図書館蔵森武麿「戦時下農村の構造変化」(『岩波講座日本歴史』20所収)一九七六年、三五三頁
(26) 前掲図書館蔵「千葉新報」一九四一年十一月二十一日付
(27) 前掲図書館蔵「読売新聞千葉版」一九四一年十一月二十八日付
(28) 前掲図書館蔵「昭和十六年通常千葉県会議事速記録」第五号一二四頁
(29) 前掲図書館蔵『千葉県議会史議員名鑑』一九八〇年、三四三頁
(30) 前掲図書館蔵「朝日新聞千葉版」一九四一年十一月二十九日付
(31) 前掲図書館蔵前掲栗屋憲太郎「翼賛政治体制」二〇四頁

(32) 前掲図書館蔵「読売新聞千葉版」一九四二年二月二十五日付
(33) 前掲図書館蔵「千葉新報」一九四二年三月七日付
(34) 前掲図書館蔵「朝日新聞千葉版」一九四二年三月十七日付
(35) 前掲図書館蔵前掲粟屋憲太郎「翼賛体制」二〇五頁
(36) 前掲図書館蔵「東京日日新聞千葉版」一九四二年三月二十七日付
(37) 前掲図書館蔵「朝日新聞千葉版」一九四二年四月二日付
(38) 前掲図書館蔵「朝日新聞千葉版」一九四二年四月七日付
(39) 前掲図書館蔵「朝日新聞千葉版」一九四二年四月十日付
(40) 前掲図書館蔵「朝日新聞千葉版」一九四二年四月十五日付
(41) 前掲図書館蔵「朝日新聞千葉版」一九四二年四月十五日付
(42) 前掲図書館蔵「朝日新聞千葉版」一九四二年四月十八日付
(43) 前掲図書館蔵「朝日新聞千葉版」一九四二年四月二十五日付
(44) 前掲図書館蔵「朝日新聞千葉版」一九四二年四月二十六日付
(45) 前掲図書館蔵「千葉新報」一九四二年五月一日付
(46) 前掲図書館蔵「東京日日新聞千葉版」一九四二年五月二日付
(47) 前掲図書館蔵「読売新聞千葉版」一九四二年五月六日付
(48) 前掲図書館蔵「朝日新聞千葉版」一九四二年四月二十二日付
(49) 前掲図書館蔵「朝日新聞千葉版」一九四二年四月二十九日付
(50) 前掲図書館蔵「東京日日新聞千葉版」一九四二年五月三日付
(51) 前掲図書館蔵「朝日新聞千葉版」一九四二年五月五日付
(52) 前掲図書館蔵「東京日日新聞千葉版」一九四二年五月六日付
(53) 前掲図書館蔵「朝日新聞千葉版」一九四二年五月八日付
(54) 前掲図書館蔵「朝日新聞千葉版」一九四二年五月九日付

(55) 前掲図書館蔵「朝日新聞千葉版」一九四二年五月十日付
(56) 前掲図書館蔵「朝日新聞千葉版」一九四二年五月二十一日付
(57) 前掲図書館蔵「朝日新聞千葉版」一九四二年六月二日付
(58) 前掲図書館蔵「読売新聞千葉版」一九四二年六月二日付
(59) 前掲図書館蔵「東京日日新聞千葉版」一九四二年六月四日付

四、統制経済の全面的展開

(一) 統制と統合の拡大

(1) 様々な統制

日中戦争期に統制経済が始まり、米、綿製品、肥料、木炭の統制状況は別項（立田県政期）で見て来たが、太平洋戦争期には統制経済が全面的に拡大したのである。

一九四一年（昭和十六）六月三日に東京の全購販連事務所で麦類集荷統制協議会が開かれ、千葉県からは臨時米穀対策部、県農会、県農産物検査所、県販購連等の職員が出席した。会議では農林省から六月九日に公布となる改正麦類配給統制規則の実施に関して指示があった。従来は臨時措置令に基づいて実施していた麦類配給統制規則（大麦と稞麦）及び小麦配給統制規則を国家総動員法に基づいて麦類配給統制規則の一本に統合し、統制を強化すると共に、罰則を厳しくしたものであった。すなわちこれまでは大麦、稞麦は販売数量の全部を政府が買い上げていたが、自町村内で消費するものに対しては県の細則で、県の許可を得れば配給出来た。しかし改正では全部を政府が買い上げて払い下げることになった。また県内需給調整用は政府が原麦で払い下げ、精麦工組に加工させてきたが、今度は全国精麦工組に精麦を委託し精麦として府県へ払い下げることになった。小麦は一部を買い上げ、大口需要者に対しては政府が割当を行い、小型製粉及び醤油業者に対しては府県が指示して原料小麦を配給してきたが、改正では全部を政府が買い上げ、府県と打ち合わせの上、実需団体に払い下げるものとなった。要するに販売麦類の国家管理と云うものであった。県では六月十四日に千葉市の県立図書館に農産物検査支所長その他関係者を集めて規則改正に伴う「麦類買上要綱」を決定したのである。(1)

銚子、勝浦、小湊、天津、鴨川、千倉の六か所に鮮魚の出荷統制組合が設立され、六月十二日にはこれら組合に対し農林省から出荷計画樹立の通牒があった。出荷計画は三月から翌年二月までを前後二期に分け、一か月を単位に鮮魚介の種類別に仕向地に対する出荷割合及び予定貫数を定めるものであった。千葉県の仕向地に対する割合は過去の実績を基礎にして大体京浜地区五〇%、県内三〇%、他府県二〇%と決定した。鮮魚介の種類は第一種大物(マグロ類、カジキ類)、第二種総菜物(ブリ類、カツオ類等一五種類)、第三種上物(タイ類、ホウボウ類等一〇種類)、第四種漬物(ニベ類、サメ類等四種類)、第五種章魚、柔魚類(タコ類、イカ類)、第六種蝦蟹類(エビ類、カニ類)、第七種貝類の七種に分類されたのである。(2)

鮮魚介類集荷市場と指定された銚子魚市場に対し、六月二十六日に農林省から京浜地区鮮魚類配給統制協会の業務要項が送達され、同市場から京浜地区指定消費地域内への出荷は全て統制協会が荷受配給するとの指令であった。この結果、銚子魚市場の仲買は今まで行って来た個人的取引が一切禁止となり、七月十三日に農林省の命令があり、七月十五日から出荷統制が開始になった。銚子出荷統制組合名の一本立てで出荷し、出荷先は統制協会が指定した東京市内、横浜、川崎、船橋、市川の五市の指定市場であった。千倉港の鮮魚商も鮮魚介統制組合を組織し、水揚げされた魚介及び生産物の五〇%は指定消費地に出荷し、残り五〇%を指定地外に出荷することになった。

銚子港の鮮魚出荷統制組合(主として仲買筋で構成)では九月二十八日に公正会館で総会を開き、共同出荷を行うことを決定した。一〇一口、五、五〇〇円の組合資本金を六、〇〇〇口、三〇万円に増資し、十月十五日から共同出荷に進むことにした。増資割当の四、〇〇〇口は組合員に平均に割当、二、〇〇〇口は従来の個人取引時代の実績と出征兵士の家族に割り当てることにしたのである(3)。

銚子では鮮魚介出荷をめぐって漁組側と移出商組側で対立が起こった。十月二十日に県水産会社の平岡専務が三点の妥協案（①銚子漁組に共同出荷部を設け、銚子市鮮魚介出荷組合の出荷計画に基づき共同出荷する、②漁組の出荷物の荷造、発送は移出商組に委託する、③荷造手数料（氷代、容器、損料を含む）は双方協議の上協定する）を双方に示したところ、双方が賛意を示した。漁組は移出組合に一切を委託し、利益は出荷費を控除した残りから、移出商組の組合員に三分の酒代を出し、残り七分を漁組と移出商組が三分五厘宛折半するもので、二十三日には手打ち式の予定となった。しかし漁組側から「廻船の利益も分配せよ」と要求したことから、移出商組側は拒否して紛争が再燃した。このため出荷方法が確定するまで、漁業家は従来の如く仲買人と取引、仲買人中の移出商組に属している者だけが共同出荷を行うことにした。三十一日に至り、上記の妥協条件に「移出商組の役員四名を漁組側から選任し、現場と計算事務に参与する」を加えて合意し、正式に手打ち式を挙行して解決した。そして銚子魚市場の機構は①仲買人制度を廃止し、団体配給を行う（団体とは移出卸売業者、製造加工業者、市内消費卸売業者、特殊卸売業者）、②入札による最高価格落札制度を廃止する、③市場で売買せず、生産者又はその団体で共同出荷する、④廻船は会社に委託して出荷する、⑤市場取扱手数料を市場利用料と配給手数料の二種とする、⑥地船を含む県内船と県外船の二部制とする、⑦利用料は県内船は出荷物全金額の一〇〇分の四、県外船は一〇〇分の五とする等の改革を断行したのである(4)。

銚子生魚組合は鮮魚類配給統制規則で個人出荷、個人入札が認められなくなったので、一九四二年（昭和十七）三月十一日に公正会館で総会を開き、解散を決議し、一八八五年（明治十八）以来五八年の歴史を閉じることになった。組合の土地建物、什器類は移出商組に譲渡し、移出商組に加入していない二五九名には組合所有の県水産会社の株を一人当たり二株宛配当。積立金は治安維持会一、〇〇〇円、防空監視所後援会五〇〇円、警防団五〇〇円、銃後奉公会一、〇〇〇円、青年学校水産部二〇〇円、陸海軍一万五〇〇〇円の寄付としたのである。(5)

一九四〇年十一月二十五日に鶏卵の配給統制が実施され、県内の出荷団体は県販購連と県鶏卵卸商組が指定になった。県外への移出は農林大臣から指定を受けた関東鶏卵卸商組へ出荷する以外は禁止となった。ところが愛知県に次ぐ全国第二の生産県であった千葉県から東京府への出荷はピタリと止まってしまい、十二月二十日頃から一月にかけて東京市内は非常な卵不足となり、千葉県へ縁故を頼っての買出部隊が直接潜入した。卵不足原因の根本は価格問題にあった。卸価格一貫目は四円四〇銭であったが、小売最終価格は四円八〇銭で、東京も千葉県も同じであった。指定団体に出荷すれば四円四〇銭にしかならず、県内で売れば四円八〇銭で売れるので、県内養鶏家は出荷割当があっても「卵はない」で押し通す。その結果直接買出しによるヤミ取引を招いたのである。当局の取締が厳しくなると、液卵にして持ち去ることが流行した。菓子屋等は東京から製粉を運んで来て液卵に混入し、加工品として持ち出した。また「一貫目以内の贈答用は持ち出しを認める」との規定が禍し、贈答用の名目で売買する弊害が生じていた。一九四一年五月から十月までの千葉県出荷割当は一三万箱(四貫目入り)と決定され、農林省から指示があった。しかし千葉県の出荷見込みは一万三〇〇〇箱で割当数量の一〇分の一に過ぎなかった。前年の実績では年産額は六五万箱、このうち県外移出量は一四万箱、他に行商人扱い分が一四万箱に達していた。従って全部統制すれば半年で一三万箱の出荷は容易であったが、現状では県内取引が自由であり、行商人に対し一日一貫目までの持ち出しを認めていたので、割当完遂は覚束ないものであった。県当局は集荷配給規則の制定を急務としていた。(6)集荷配給統制について商組と産組の折衝が続けられたが、商組側は六月五日に小高熹郎県議に一任した。県販購連の山崎専務等は同日小高県議と折衝したところ、「指定集卵人一千数百名を卸商の手から解放して産組に所属させ、従来通り活動させる案は産組一元化の建前から当然である」と小高県議も諒承した。商組側は県外移出では従来年間一五万箱の実績があった。それをそっくり産組に委譲するには、商組に対し利益配当が必要と主張した。六日の再協議では①中央から歩戻しがあった場合は全購販連を通じて生産者まで還元する、②県販購連及び単位産組の手数料中各一銭（年額約七、〇〇〇円）を商組の手数料に加算するとの二点で妥協が成立した。(7)この妥協を踏まえて県当局は八月十九日に鶏卵配給統制事項細則を公布した。これは産組が鶏卵の集荷配給を一手に握るもので、県内配給では生産者は市町村の産組以外には販売が禁止となり、産組に集荷された鶏卵は県販購連が県の命令で県外移出するものを残して、他は県内消費用として鶏卵卸商組へ販売する。卸商組は県下枢要地約五〇か所に鶏卵配給所を設けて軍需、病院等の優先配給を除き、残りを業務用、家庭用に配給する。例外として生産者が近所の人に家庭用として販売する場合は一日五個まで。県外移出で親戚に贈る場合は一三〇個まで。行商人は一日三〇個の持ち出しとなった。この規則は九月一日実施で、違反すると五万円以下の罰金または七年以下の懲役と云う厳しいものであった。(8)養鶏飼料の十月分一、六一六トンが農林省から千葉県に割当があった。県当局はこの飼料配給について従来の市町村別割当制を廃止し、配給基準を鶏卵の出荷量に置くことにした。飼料の配給を受ける養鶏家は必ず統制に従って鶏卵を出荷する。産組から渡される鶏卵買入伝票をそのまま飼料購入券とし、飼料と鶏卵のリンク制を布くことにしたのである。従来は産組指定集卵人の巡回が順調に行われなかったことから、自家消費に充てたり、集卵人から買入伝票を貰わぬ代わり、公価より高く売ったりした養鶏家が少なくなかったが、新制度に従わないと飼料が配給されないことになったのである。県では鶏卵の増産と鶏糞による自給肥料の増産を目指して全国で初めて種鶏検査規則と孵卵業統制規則を公布した。前者は孵卵業者の種鶏の改良を目的とし、検査を受けるのは白レグ、ロード、ロックの三種類で、毎年一回秋に検査を行い、合格した種鶏には証明書を交付し、アルミ製の脚帯を付けさせるものであった。後者は種鶏の向上を目的とし、孵卵業は知事の指定となり、種卵の購入先、数量、雛の販売先、数量等を県の指示に遵って記帳させるものであった(9)。

一九四二年度(昭和十七)からは鶏の育成統制が断行されることになった。二月に農林省から割当られた千葉県下の育成羽数は八七万羽と決定し、これを市町村の成鶏羽数を基準に市町村の養鶏組合に割り当て飼育させることになった。初生雛の配給は県養鶏組合連合会の手に統制され、県内の孵卵業者が孵化した雛は全部県養鶏組合連合会を通じて養鶏家に配給され、それと同時に飼料も配給された。ただし成鶏一〇羽、雛五〇羽以下には飼料は配給されなかったのである(10)。

甘藷は澱粉、酒精等の原料甘藷だけが統制を受けていたが、政府は一九四一年(昭和十六)九月十日に諸類配給統制規則を公布し、甘藷、馬鈴薯の集荷配給の一元的統制機関としては日本甘藷馬鈴薯株式会社を創立した。県当局もこれに伴う施行細則を制定した。甘藷は食用と工業用(澱粉及び酒精原料)を問わず販売用甘藷は一切同社が買い受け、これを配給することになった。産地買付は千葉市に同社東京支店千葉出張所が設けられ、各市町村農会の斡旋で、直接生産者から買い受ける。買入価格は県営検査で決めた。従来の検査は県外移出のものにだけ強制され、県内用は任意検査であったが、改正で全部強制検査となった。集荷された澱粉用は県澱粉工組へ、食用は青果物配給統制規則に基づく荷受団体へ出荷されて、結局生産された甘藷は統制会社以外のどこへも売れなくなった。ただし種子用と自家用は統制を受けず、また消費者が自家用として同一市町村内の生産者から購入することは自由で、数量も制限されず、同時に生産者が自家用として親戚や友人に贈与することも自由であった(11)。

食鳥移出統制規則が一九四一年九月十日から実施となった。鶏、家鴨、鵞鳥等の食鳥は獣肉の不足から需要が激増、その上、千葉県の公定価格は東京市に比べ成鶏で一貫目九四銭、二か月雛で一円五六銭、四か月雛で一円五九銭安く、そのため直接東京へ持ち出す者が続出して県内の需給関係が混乱し、一般家庭では殆ど買うことが出来ない有様となった。県民の保健栄養上一定数量を県内に確保する必要から規則制定となったのである。食肉配給統制規則の公布に伴い千葉県は十一月十日付で生産県に指定され、十五日から食鳥の配給統制が実施となった。県販購連が出荷、集荷機関に指定され、集荷は産組が一方的に行い、配給は県内は県食鳥商組、県外へは県販購連が行うことになった。県販購連、県食鳥卸商組以外は行商人でも、贈答用でも県外へ持ち出せなくなったのである。[12]

一九四〇年（昭和十五）七月十四日に政府は青果物配給統制規則を制定した。それは三〇余品目の青果物を指定し、その出荷時期を定め、出荷数量、出荷先を決めて、その生産県に統制出荷を命じるものであったが、実際は政府が帝国農会に命令を発し、帝国農会から県農会に依命通牒を発し、県農会はその計画に基づき、さらに細目の出荷計画を立て、産地郡と出荷数量を指定、一〇日毎に郡市農会に指令を発し、郡市農会は知事が指定した出荷者である園芸品出荷協会（農会、産組、青果物出荷協会で組織）に実際の出荷事務を担当させるものであった。また県内統制は県農会から郡市農会へ系統的に出荷指図が発せられ、郡市農会は郡市園芸品出荷協会へ、町村農会は産組、農事実行組合、農家組合、出荷組合等に対し共同出荷を指図し、出荷協会が実務に当たる。現物は右指図に基づいて出荷団体から送られ、荷受組合から小売商の手に移り、一般消費者に配給される仕組みであった。

既に一九四〇年に南瓜、西瓜、黄瓜、大根、白菜、甘藷、葱等に出荷命令が出たが、必ずしも計画通りにゆかず、計画外の土地にどんどん流れた事態が起こった。その原因の一つには統制規則に法的拘束力がなかったことが影響した。そこで県農務課では一九四一年（昭和十六）七月十一日に青果物の配給円滑と県外移出の適正を期するために青果物配給規則施行細則を制定し、即日実施した。これに違反した者には七年以下の懲役又は五万円以下の罰金を課すことになった。知事が公示した青果物は園芸品出荷協会員でなければ県外に移出出来なくなったのである。但し県下二、〇〇〇余名の行商人に配慮し、一人一種目一回一五貫目以下の移出を認めたのである。[13]

七月の連雨で野菜不足が起こり、七月二十一日の千葉市場入荷は胡瓜、南瓜、その他を合わせて五〇〇貫に過ぎず、このままでは県内需給が覚束ないと判断した県当局は臨時青果物移動取締規則を公布した。この規則で個人の直接県外出荷は一人一回一種類三貫目、総量一〇貫目以内となった。[14] また県当局は八月十二日には青果物の円滑な流れを促すために、先ず県内五大消費地の配給機構の整備が必要であるとして各市産業課長、商工会代表、市場専属仲買人代表、小売商代表者を県商工課に招致し、仲買人を組織して荷受団体を結成、青果、蔬菜小売商業組合結成を協議した。そして千葉、銚子、市川、船橋、館山の五市及び木更津町の一町を青果物指定消費地に指定した。県農会では九月十六日に青果物配給統制協議会を千葉郡農会で開き、県関係各課、郡市農会、関係団体代表出席の下で牛蒡、里芋、白菜、大根、山東菜の配給統制を協議した。また指定消費地となった千葉、銚子、市川、船橋、館山の五市及び木更津町に対する割当数量と配給方法を決定した。さらに県当局は九月十九日に青果物配給制限規則施行細則を公布し、二十日から実施した。目的は消費都市に計画的に青果物を配給するためであり、①農林大臣指定の三一品目と知事指定の四品目は都市別に生産地域を指定する、②指定地域では生産者でも一日三貫目以上は郡市外に持ち出せない、③自由な個人出荷は許されない、④違反には総動員法で厳罰されたのである。[15]

酒が大口消費の料理店、飲食店等へ流れて、家庭用は殆ど廻って来ないことから、中央で系統的な配給機構をつくり、生産拡充に努め、食糧増産に励む農村方面への配給を確保することとなった。そこで千葉県でも早速県内卸業者一七五名と醸造業者一二〇名並びに県外の卸業者二、三〇名を加えて県単位の酒販売統制会社を設立することにし、八月二十六日に飯沼喜久造（印旛）等の発起人が決まった。九月二十日に資本金一〇〇万円の県酒類販売株式会社（社長池田友一）を創立した。同社の配給方針は①盆、正月、田植え、刈り上げ等の季節の地方的視察、冠婚葬祭、応召、入退営帰還、祝賀式、記念式、軍部隊の需要等、また炭砿、鉱山、工場等の生産拡充方面に優先配給する、②一般用の配給石数は上記の石数を差し引いたもの、③一般用の配給は市町村別を消費単位とし、人口別か実績等による、④業務用は使用実績又は平均割とした。十月二十二日には県酒類配給協議会（会長は藤原知事）のメンバーが決まり、大体市町村割当とし、農漁村及び労働者の多い市町村に厚くし、二一歳以上の男子に頭割りする。配給方法は業務用は現物割当、優先配給は大体総量の一〇％。一般用では市町村割当が決まったら、市町村長はこれを隣組に分配し、隣組長が組員の嗜好の有無を調査の上、切符を発行する等が決まったのである。[16]

一九四二年二月から味噌が生産、販売統制となるので、十月二十九日に千葉県味噌統制株式会社（太田健吉社長）を創立した。県下の味噌生産者一五七名に統制会社が生産高の割当を行い、生産品は会社で一手に集め、中央から割当られた千葉県消費量を除いて他府県へ移出する。県内消費分は食用、加工用に区分し、食用は農家の自家用生産、需要状況を考慮し、市町村割当を行う。加工用は従来の実績により所要見込み計画を付けて業者、工組から申請があった場合は県が必要量を査定し、「加工用味噌割当証明書」を発行する。流し方は市町村割当の決定した食用味噌は生活必需品商組及び包括的食料品商組、両組合のない地域は申し合わせ組合をつくって、統制会社に対し共同仕入れの申込を行う。申込を受けた会社は生産者から買い上げた味噌の出荷措置を行うもので、食用は毎月二三万貫を配給する予定であった。[17]

（2）統合の進展

戦争で物資が不足し、労働力も不足となり、中小の業者は営業上に大きな困難に遭遇した。一方政府は統制経済を進めて戦争に必要な資材を入手するために、政府の統制が効率的に機能することを求めたので、この時期は様々な業種で統合が進展することになった。そして最初に取り上げられたのは漁船を中心とした漁業統合であった。

漁船は燃料が一九四〇年（昭和十五）五月と比較すると、一九四一年五月では四〇％の消費規正を受けており、漁業労働力の不足、漁具その他の物資不足があり、県下一三八の鰯揚繰網業者中九十九里沿岸の多数業者は機船底曳網業者の隣組出漁実施に刺戟されて、企業合同の機運が高まった。当時揚繰網は三八統が休業中であり、操業は一〇〇統であった。県水産課は各業者共に無理な操業を続けていると見て、この機を逸せず企業合同するように斡旋指導に乗り出した。まず揚繰網漁業の半減を目標に統制を断行し、引き続きその他の漁業も整理統合することにした。九月十日に整理統合原則（①一人一統の経営者は他の経営者と協同し、二人で一統の経営主体とする、②一人或いは一会社にて数統を有するものは、自己又は会社内若しくは他の経営者と協同して、その統数を半減する、③整理しない一人一統の経営は絶対に認めず、燃油の配給をしない、④手船（運搬船）は一統に付二艘を限度とする、⑤新機構に対する燃油は十月分から実施する）を県下揚繰網業代表者に示し承諾を得たので、十五日に関係各方面に通牒を発し、企業の整理統合は九月一杯に完成、十月の石油配給は新機構を対象に行うとした。[18]

銚子管内には銚子二六、外川一三、飯岡二、矢指二、旭一、冨浦二の合計五六統で、県下の過半数を占めていた。九月十九日に銚子水産会では郡市漁組の代表者を招集し、油の食わぬものを残す方針を協議し、銚子一三、外川一一、飯岡、矢指、冨浦三組合で二統の合計二七統に整理した。[19] 館山湾の揚繰網は船形港に五統、館山港に一統あったが、九月二十三日以来安房水産会の斡旋で企業合同の準備を進め、二十四日に六統が三統に合同することが纏まった。各漁船共に数十名の乗組員があるので、これら乗組員の就職転業の研究斡旋をする機関を設けることにした。また安房郡保田町の揚繰網四統も二統に、鴨川町四統を二統に、和田町四統を二統に合同することが決定した。[20] 安房郡突棒同盟会では合同は目下の急務であると九月三十日に役員会を開いて協議した結果、郡下三七隻の突棒漁船は三隻を一隻の割合に統合することを決定した。また房州沿岸各種漁業整理統合問題協議会は十月二日に館山市の安房水産会事務所で開き、統合方法を大型漁業（鮪延縄、突棒鰹釣、秋刀魚漁、機船底曳網、鯖釣、鯖棒受網、鯛延縄、潜水器、捕鯨）、小型漁業（揚繰網並びに雑漁業）に分け、各漁組を地区単位として各業態別に同業船数を大型漁業は二分の一、小型漁業は五分の一に整理統合。十月二十日までに全部合流することを決定したのである。[21]

九月二十七日に県当局は千葉市の県水産会で千葉郡市、市原、東葛飾両郡の水産会、二六漁組の役員との協議会を開き、揚繰網業とその他の漁種を、①消費燃料に対し漁獲高の多いもの、②操業の時期が継続的なもの、③戦時資材を多く必要としないもの、④漁獲物の栄養価の高いもの等の基準で三つに分類（第一種鰯揚繰網、第二種鮪延縄、突棒、鰹釣、秋刀魚、機船底曳、鯖釣、鯖棒受、鯛延縄、潜水器、捕鯨、魚類運搬、第三種は第一種、第二種以外の一般漁業）し、また燃料油配給の重点主義を強化し、さらに企業整理を断行して第一種は二統を一統に、第二種は三隻を一隻に、第三種は五隻を一隻に減少することを説明した。この協議会を皮切りに県内七か所で協議会を開催し業者に説明することにしたのである。[22]

安房郡水産会では揚繰網漁船の統合を皮切りに、中小漁船の統合に乗り出し、中型（第一種）は三統を一統、小型（第二種）は五統を一統とすることにし、帆走化の場合には帆布ロープ、帆柱等の設備費の五〇％が国庫補助となったので、動力の木炭ガス化と並行して小型船の帆走化を奨励した。千倉、平館両港の漁船は重油配給規正強化で十一月三日からの秋の漁期から二隻乃至三隻で合同出漁することになった。[23]

勝浦港の中型漁船八隻と小型漁船一七隻は十月二十九日各々企業合同を断行した。浜勝浦小発組合と浜勝浦中型漁船組合は十二月一日に合同することになった。これで勝浦港を根拠とする沿岸発動機漁船は全部合同を終わったが、乗組員一三〇余名の三分の一は転業せざるを得なかったのである。[24]

銚子地方の漁夫は揚繰網四四統の漁夫二、六四〇名（一統当たり六〇名）、機船底曳五四隻の漁夫四〇〇名、延縄一二隻の漁夫二〇〇名、雑漁一二〇名、チャンギ七〇名で、右のうち約四〇％は県内各地、三陸地方からの移入と云われた。揚繰網は半減されたが、漁夫も半減とは成らなかった。漁夫不足が起こっていたので、一統当たり六〇名を乗り込ませていたが、この数では操業に無理があった。統合によって漁夫の手持ちが豊富になり、一統当たり一四、五名増となった。底曳も三隻一組、延縄、突棒も三隻或いは四隻一組に統合されても一統当たりの漁夫は増員するので、銚子地方の漁夫は二、一三〇名が存在したのであった。[25]

一九四一年三月十三日の木材統制法公布に伴い、八月十九日中央には日本木材株式会社（資本金五、〇〇〇万円）が設立された。県下ではこの株式五、〇〇〇株（一株五〇円）を引き受けると共に、同社の生産実体となる地方製材会社を設立することになった。農林省は会社数を少なくする方針で、三会社程度を望んだが、県林産課では木材の需給関係並びに業者の纏まり具合から見て、大体木材一〇万石、丸太三万石の生産額を標準に県下を七ブロックに分け、一ブロックに一会社を設立させる方針であった。第一ブロックは東葛飾郡、市川市、船橋市及び印旛、千葉両郡の各一部、施設整理数一二（既設数六二）、第二ブロックに千葉郡、千葉市、印旛郡の残部、一四（同一四五）、第三ブロックは海上、匝瑳、香取各郡及び銚子市、一一（同八五）、第四ブロックは山武郡、七（六八）、第五ブロックは君津郡、七（同八八）、第六ブロックは長生、夷隅両郡、一〇（同一五三）、第七ブロックは安房郡と館山市、一〇（同七五）とした。会社は木材業者、製材業者、五〇町歩以上の山林地主を構成分子とし、一会社の出資金は八〇万円乃至一〇〇万円位とした。全県の業者は約二、五〇〇名、五〇町歩以上の山林地主二五〇名位。七〇五の既設工場は七五に整理された。業者中には整理される者が若干出るが、会社設立で従来の個人工場は会社が買収し、それ以外は一定の補償料を会社が払って廃止となる。会社で生産された木材は日本木材株式会社の指図により官需第一主義で供出し、それ以外はブロック内で公平に需給されることになった。[26]

九月十一日に千葉市の県立図書館で千葉県材木業組合支部長会議を開き、県林産課案が説明されたが、「統制方法は余りにも業者の実情を無視した処置である」「中小業者は全く営業の場が不可能となり、大業者のみが救われるものである」との非難囂囂であった。当時の木材需給関係は官需八〇％、民需二〇％であったので、整理統合案は中小木材販売業者にとっては営業の危機に直面するものであった。[27] 一九四二年一月に千葉県第一木材会社（第一ブロック）、下総木材会社（第三ブロック）、山武木材会社（第四ブロック）、君津木材会社（第五ブロック）、上総木材会社（第六ブロック）、安房木材会社（第七ブロック）では発起人会を終わって設立認可を申請中であったが、千葉県第二木材会社（第二ブロック）は顔触れも決まらなず、漸く五月五日に創立となったのである。[28]

県商工課と県菓子工業連合会では菓子工業者の整備統合が一九四二年（昭和十七）一月三十一日までに完了しない時は業者の転廃業による交付金は下付されないとして、統合計画を急がせた。一月四日に千葉市の日赤支部で県下一三各単位組合理事長、専務理事、転廃業対策委員等約一五〇名を招致し、整理方法、企業許可令等について大村商工課長外係官、豊田県連理事長から説明があった。県下の業者は凡そ一、七〇〇名余であったが、整理統合の結果は大体二〇〇名になるものと見られていた。[29]銚子市の菓子工業組合は八九名の組合員を擁していたが、一月十五日に企業合同が本決まりとなり、菓子屋は一七軒となった。個人営業は九名、有限会社八で、個人営業のうち代表店三軒は従来通りであったが、他の営業者は弱小菓子商二八軒が夫々買収或いは合併した。八つの有限会社は出資金二万円の会社が一つ、他はいずれも一万円であった。八九名の業者中、個人及び有限会社に合同した者五四名を除き、三五名は悉く廃業となった。[30]東葛飾郡北部一〇か町村の菓子製造業者は企業合同に意見が一致したので、早速登記を済ませ、製造場の整備を急ぎ、二月早々に営業を開始することになった。菓子製造場は会社制とし、野田菓子食品工業、東葛菓子食品工業、共和菓子食品工業の三社に分かれ、野田町に設置。従来の菓子商が販売店となったが、この会社設立で三一名の業者中四名が帰農、六名が軍需工場へ転出となった。[31]

一月中に菓子業者の統合は終わった。統合前の菓子業者は一、七二四名であったが、企業整備後の組合員は二五四名となり、実に一、四七〇名の整備統合者を出した。有限会社一七九、小組合一、個人営業七四となった。個人経営のうち四八名は他から砂糖の受給権の譲渡を受けて一、〇〇〇斤以上となったものである。暖簾を売った者が三六〇名もあった。有限会社の社員数は一社平均五、六名で、出資金は一万二三〇〇〇円程度、砂糖受給権一、〇〇〇斤以上を漸く超した程度の者が多かった。有限会社の郡市別数は千葉郡市一九、印旛郡一九、海匝両郡一一、市川市一二、銚子市八、船橋市三、東葛飾郡一二、香取郡一七、山武郡一九、君津郡一六、安房郡二七、長生郡八、夷隅一六であり、一方整備された一、四七〇名のうち純粋廃業者二名、転業者三九六名、企業合同一、〇七二名と、大部分は企業合同者であった。整理統合の結果、一単位組合の組合員は四、五名から多いものも二〇名内外の少数となったので、各単位組合を解消し、連合会を改組して単一の県菓子工業組合の結成となったのである。[32]

(二) 商組再編と企業整備

(1) 地区商組と業種別商組の対立

戦時下で不足する物資を円滑適正に配給し、商業者の担当する公益的使命を昂揚させるために商業組合の再編が行われることになった。地区商業組合(地区商組)の育成については、商工省は四月に生活必需品配給組合として育成することを確定した。県当局は一九四〇年(昭和十五)十二月に決定した生活必需品配給機構整備要綱(第一次要綱)で地区商組を全県に拡げようとした。認可申請中の県下一八〇地区商組は一九四一年(昭和十六)一月以来順次認可され、五月二十二日には八二組合の認可内定があり、認可済みは一二五組合に、さらに八月段階では一三五組合に拡大した。このような動きの中で県地区商組連合会(西川測吉会長)は一九四〇年十二月に地区商組七組合で発足していたが、一三五組合のうち五〇組合を連合会に加入させていた。そこで一九四一年八月十五日に臨時総会を開催して運営を強化することにし、新役員の選出では西川会長を再選したのである。

しかし県下の地区商組と業種別商組との対立が深刻となっていた。業種別側では「各町村別ノ地区組合ハ、経済部長サンノ名デ早ク作レト云フ督促ノ手紙ガ来テ、商工課ニ各町村長ガ行ッテ町村別ニ作ラネバナラヌト云フヤフナ御命令ニ近イモノヲ受取ッテ帰ッタ為ニ、ドウシテモ自然ニ不承不承出来タト云フコトガ事実ジャナイカ」と山村新治郎県議が主張していたように、果たして自覚した業者の希望で結成されたのか疑問であるとしていた。[33]そして六月九日の県会議員団総会へ陳情した。総会では業種別側を率いる山村新治郎、小高熹郎、飯豊幸十郎、土屋俊三県議等が「県の地区商組設立の勧奨には多分に無理があり、五月十五日の農林、商工両省の生活必需品整理再通牒にも反している」と六月十日に県の方針の是正を要望したのである。

一方業種別側の攻勢に憤激した県地区商組連合会では各郡市二組合宛の代表者五〇余名を集め、千葉市の商工会館で緊急協議会を開催し、声明書と陳情書を作成して、西川測吉連合会長等一一名が知事と県会に陳情した。声明書では「地区商組は県の強要で生まれたものでなく、また地区商組に加入しなければ物資の配給を受けることが出来ないと云う利己的観念で動かされたものでもない、（略）我等は小売商も卸商も時局に鑑み一体となって配給部門を担当し、産組には生産と集荷の分野に専念せしめ、お互いに職域に奉仕したい考えである」と反駁し、県下二二八所属組合に声明書を発送して、業種別商組に反発した[34]。当日は双方の陳情団が議員控室の廊下で鉢合わせを演じて険悪な空気を醸したのである。

銚子地域では銚子市商工会議所の雨谷理事が「包括的業種別組合だと商業者も消費者と共に便利で、地区商組だと各市町村の行政区域毎に制限され、消費者の実績により配給を受けるので、他町村の者には配給も出来ぬ不自由なものだが、包括的業種別組合は組合員の実績によって配給を受けることになるので現状のまま何等の不自由も感じない」と主張して、県下に先駆けて①米麦商組、②燃料商組、③食料品商組、④繊維商組、⑤その他の雑貨小売商組の五つを組織した[35]。また市川地区商組は県下に先駆けて二月二十六日に設立総会を行い、六月二日に商工省の認可を得ていたが、同商組内で最大勢力の食料品部会は六月二十四日の協議会で脱退を決議し、翌二十五日に二〇〇余名の組合員が連名で脱退届を提出、同部会に属する組合役員一五名も辞職届を提出した。同部会では地区商組を解散して、商工省の方針による包括的業種別組合の設立を主張した。これに繊維、履物部会が合流したので、市川地区商組は総崩れとなり、ついに八月十一日に総会を開いて解散に決したのである[36]。

七月十四日に県会議員団総会が開かれ、地区商組問題に関する商工部委員の報告を検討した結果、地区商組の結成にあたっては地元商業者の希望で結成させる、地区商組、業種別商組のいずれにも偏しない方針で臨むことを議員団の総意として決定し、県へ要望した[37]。県では大村霽商工課長が「議員団の申し入れの趣旨に準じ、市に準ずる地方は必ずしも地区一本調子とせず、地元業者の希望により包括的業種別で進むつもりである」と述べたが、地区商組、業種別商組の二本立てで整備を進める方針であった[38]。

十月三十日に県当局は生活必需品配給機構整備要綱（第二次要綱）で業種別商組代表と会見を行った。業種別商組側は山村、小高、飯豊、土屋の四県議、県側は藤原知事、織田経済部長、大村商工課長等が出席。県側は（一）整備の対象にする業種は①食料品関係（米麦は整備対象の対象外とする）、②燃料関係、③繊維関係、④家庭用雑貨関係の四つ。（二）小売業者組合の整備方法は①市部では食料品、燃料、繊維、家庭用雑貨の四つの包括的業種組合とする、②郡部では単一の生活必需品組合とする、③組合の区域は原則として市町村の区域によるが、小売業者と消費者との連携が緊密に二つ以上の市町村の区域に跨がるとき、また商業者の数が少なく、一市町村で組合設立が困難なときには二つ以上の市町村の区域に跨がって良い。組合の運営は①取扱物資と組合員の業態によって部会制を設ける、二つ以上の市町村に跨がる組合は市町村毎に支部を置く、②統制物資は共同仕入、共同販売とする。他組合との連携では警察署管内単位に連絡協議会を設け、連絡統制及び共同計算等を行う。（三）卸業者組合は業種別に県一円又は県内数ブロック別に設ける。（四）連合会は①食料品、燃料、繊維、家庭用雑貨の四つの包括商品別に結成する、②構成は関係包括業種別組合、生活必需品組合並びに関係卸売組合で構成する等々を説明し、組合の区域については必ずしも町村単位によらず、二つ以上の町村に跨がって定めることを認め、その運行については知事から「積極的に指導するので信頼して欲しい」と業種別商組側に希望を述べ、業種別商組側では要望も容れられたので妥協に応じることにした。ここに五月以来続いて来た紛糾は解決することになったので、県では早速に生活必需品配給機構整備要綱を三十一日に市町村長宛に通牒した。

商組再編問題では業種別商組側に山村、小高、飯豊、土屋の四県議があり、県側は県会で論戦となることを避け、業種別商組側も地区商組を承認したが、その区域は「警察署管内単位であること」を再三県に要望し、前もって知事から説明を受けていたこともあって、妥協成立となったのである。県は単位組合の区域をあくまで「市町村を原則とする」と云う根本方針を堅持した形であったが、第一次整備要綱に対し、商工、農林両省から一部是正の通牒があり、その通牒通りに改編されたものであった。第一次に対して第二次要綱で改められた点は①地区商組で全県を蔽うことが撤回されたこと、②組合の区域を市町村としていたのを例外を認めたこと、③単一連合会としていたが、四つの包括業種別に連合会を設けるようになったこと、④県地区連合会は経済行為から手を引くことになったこと等であった。(39)

（2）商業調査と自主的転業

県では転廃業対策と商業諸施設の資料のために一九四一年（昭和十六）八月一日を期して商業現況調査を実施し、その結果を十月一日に発表した。五市二四町につき調査戸数五〇戸当たり一名の調査員を配置し、各市町の商工会に調査させたものである。商店数は一万八〇八七人、企業合同計画中一、一三四人、企業合同希望するもの二、二四三人、希望しないもの一万三三二一人。また転業計画中四六七人、希望するもの五一六人、希望しないもの一万四九一四人であった。さらに営業維持状況では発展しつつあるもの一万四八人、維持可能なもの一万三〇一二人、維持不可能なもの三、七〇五人であった。結論は営業維持が困難にも拘わらず企業合同及び転業の希望が非常に少ないのは、①業者の時局認識が満足でない、②商業に対する未練が捨てきれないとしていた。(40)

十月十三日には県全体、すなわち五市三二一か町村の商業調査結果が発表となった。店舗数は三万四七二七軒で、全戸数に比すると九軒に一軒の割合で店舗があった。第一次生活必需品（燃料、米雑穀、生鮮食料、食料、家庭用雑貨等）は二万四三六であったが、仮に一部落一か所（県下部落数五、九四八）に整理すると、約三分の一で間に合うし、また第二次生活必需品（衣服、書籍、金物、医薬品、電気器具等）は三、四一五であり、仮に一町村三か所に整理すると、四分の一で済むと新聞は報じ、「要するに商業者が多すぎる、殊に物資が少なくなった今日このままでは到底業者の生活を維持出来ないことが、この調査によって明らかとなった（略）自らの更生策を考えると共に、労働動員、その他国策への協力に善処しなければならぬわけである」と結論づけていた。(41)

さて、自主的転廃業はどのように進展したのであろうか。県職業課調査の一九四一年（昭和十六）六、七両月の自主的転業者数は金属工業四四名、機械器具一三名、製材及び木製品八名、食料品三名、土木建築三六名、紡織一一名、その他工業八名、物品販売一五八名、接客一一名、自動車一一名の合計三〇四名で、物品販売業が多い。彼等の転業先は九〇％が軍需工業であった。市川職業指導所の調査では商店に雇われていた二〇歳台、三〇歳台の者は工場へ入って、一五円、二〇円と収入が増えていたが、店を構えていた店主の方は数十円から二〇〇円もの収入減となっていた。県職業課では一日商売をし、三日工場へ勤めると云う「半転業」の指導に主力を注いだ。(42)中小商工業者の転業は一九四〇年（昭和十五）は年間を通して五〇〇名に過ぎなかったが、一九四一年では一月から七月までで一、三二七名と急増していたのである。

九月五日には千葉市の県立図書館で商組県支部、県商報本部が共催して商業者の転廃業対策協議会を行った。県から織田経済部長、大村商工課長以下係員、両会の役員であった古荘四郎彦千葉商工会議所会頭、新井勧銀千葉支店長、西川県商工会長、土屋県議、君塚文司千葉米商組理事長等約二〇名が出席。①どの程度が商業者の適当な経営形態か、②具体的転換先、③同業者転業順位の決定、④同業者の共助方法を中心に協議した。そして早急に解決を具体化するための小委員を選び、問題の研究を新井勧銀千葉支店長、君塚文司千葉米商組理事長、雨宮銚子商工会議所理事、石川千葉商工会議所理事、諸岡成田町助役の五名に委嘱した。(43)第一回の職業転換協議会は九月三十日に開催されることになったが、県当局ではこの協議会に先立ち、九月二十六日に千葉市の県教育会館に八田振興、井上労政、尾関社会、平山庶務、大村商工、板倉職業の各課長、樋浦千葉職業指導所長、石川千葉、雨宮銚子両商工会議所理事、太田県工理事長、県産報主事等で幹事会を開き、協議会への提出すべき各議案を審議した。三十日の協議会は千葉市の日赤支部で開かれ、藤原知事以下関係の各部課長と民間の各委員数十名が出席した。商組県支部、県商報本部が中心になって自主的に立てた転廃業計画の要綱を承認したが、細部については、さらに検討するために、伊藤博愛翼賛会県支部組織部長外六名を委員に挙げ、小委員会で最終案を纏めることにした。(44) 県では転廃業問題は啓蒙運動の時期を脱して実行運動に入るために、県下四〇〇の商組が夫々市町村長、商組理事長、組合内各部会長、商報会役員、翼賛会市町村支部員、その他を糾合して企業整備委員会を組織する通牒を市町村長、商組組合長、職業指導所長、警察署長等に発した。①組合員の企業合同計画、②企業合同に伴う共同配給所の位置とその担当区域、③組合員の実績審査、④転廃業者の旧業務整理計画、⑤転廃業者に対する組合の共助方法とその程度、⑥組合員の転廃業順位決定の具体的標準、⑦転換先の斡旋指導等について協議し、新しい配給機構の誕生を図るためであった。さらに県下一〇か所の国民指導所は指導所長を委員長とし、警察署長、単位組合の整備委員長、商工奉仕員、職業指導委員等からなる企業整備委員会連絡協議会を設け、整備委員会に各組合の合同標準が区々にならぬよう調整をさせ、単位組合の合同計画の適否を検討し、指導することを求めたのである。(45) 政府は十二月十一日に企業許可令を公布し、十三日から実施となった。政府の狙いはこれまで特別の事業法のあるものの外は事業開始を自由にして来たために、折角苦心して業界を統合しても、新規の事業者が出てしまうので、これを制限する必要があった。また労働力の有力な供給源であった農村方面が労働力の不足を訴えていたので、これに代わる労務提供源として中小企業に補給を求めるためであった。大村県商工課長は「企業合同並びに転廃業対策がこれによって漸く軌道に乗ることになる」と実施の影響を強調し、十八日に県の実施方策（届出、商業、工業、許可、罰則）を決定した。営業者は六〇日以内（一九四二年二月十一日まで）に県へ届出を行うことで許可となるが、申告しない者や新規営業は原則として不許可となった。許可不必要のものは指定業種外のもの、漁業者、農業者が出荷団体を通じての商行為、又は時たま小売業者へ売る行為。新規例外としての許可は傷痍軍人、軍人遺家族、新興都市で配給上必要と認められたものであった[46]。企業届出に千葉市の場合では約三〇％が届出を書き直すように却下された。却下されて書き直しが十一日までに間に合わなければ営業の効力を失うので、業者にとっては大変なことであった。

中小商工業者再編助成金として農林省から豆腐業者に一九四一年度二、三月分四万三二〇〇円、商工省から自転車、石油、石炭の三業者に同じく五万一一〇〇円の交付通達があった。これらの業者は米穀業者、菓子業者に次ぐ転廃業者の先駆者で、米穀業者、菓子業者は政府の援助を待たずに独力で転廃業、企業合同を遂行したので、政府の助成金を受けるのは上記の四業者が最初であった。このうち石油小売業者は県下の全業者が卸業務を一手に扱う県石油販売統制会社の株式七〇％を実績によって按分して引き受け、株主として会社に吸収され、会社が小売を行い、各都市の配給業務は全業者の約一〇分の一のものが代理店、或いは支店、出張所の形で残り、九〇％の転廃業者に対しては会社から共助金を交付する。転廃業者は雑貨その他との兼業者が多いため、転出計画は未定であった。石炭業者は県石炭統制会社を中心に年取扱量六〇トン以上のものを株主として四月一日から共同販売制をとることにしたが、販売所として残すのは石油同様に業者数の約一〇分の一とし、六〇トン未満者に対しては会社から共助金を交付する。自転車業者は県自転車小売商業組合連合会が中心となって各郡市単位の小売商組の転廃業を指導した。一月末に最高の海上郡五四％、最低の市川市一八％、平均三五％の転出者割当を決定。二月二十七日までに一九組合中七〇％の組合が転業者並びに共助金支出額を決定した。三月中に全てを整備して転出者の半数は帰農、半数は重工業方面に向かうことになった。豆腐業者は二三組合のうち香取郡を始め約六〇％が転出を決定していたが、転出者数は業者の約三分の一であった。銚子署管内を区域とする銚子豆腐商業組合は市商業課が起草した基礎条項によって自発的に整理を行うことになった。業者が五〇名いたが、二二名を転業させる方針であった。残存者二八名には一人につき共助金として三五〇円、四〇〇円、五〇〇円の負担支出をさせ、転廃業者に対し二〇〇円乃至六五〇円を贈与する。残存者の決定方法は①消費者五〇〇戸に対し一軒の割合、②地域的分布を考慮する、③出征家族、軍人遺家族は考慮する、④実績を考慮する、⑤国家の労働動員計画に基づき余剰労力を産出すると云うものであった(47)。中小商工業の従業員のうち要転職者で就職決定までの離職期間中生活困難を予想される者に、初の生活援護費が支給されることになり、二月二十六日に厚生省から、まず三月分の生活援護事業費として二、一〇〇円が県職業課へ送られて来た。これは就職決定まで一日五〇銭以上二円以下を給与するもので、新職業へ再出発のため東京府下の東部国民勤労訓練所に入所中の者にも、従業員同様支給されるものであった。

県職業課は四月一日に東部国民勤労訓練所に入所する第二回入所者四五名を決定した。割当人員は第一回より一〇名多く四〇名であったが、希望者の熱意を酌んで四五名にした。職業別では菓子製造業一一名、呉服商九名、豆腐製造業四名、自転車業、雑貨商各三名、履物製造業二名、飲食店、金属類、醤油、米穀、電気器具各販売業、貝細工、煮干製造業、魚行商、農業各一名であった(48)。

（3）強制転業へ

対米英戦争の進展にともなって戦争遂行の基盤整備上から工業部門では各業種別の整備要綱に従って整理を完了しつつあった。一方商業部門では石炭、石油等の重要原材料提供者、繊維製品、米、木炭の特定食料品等の切符制を実施された主要生活必需物資取扱業者等が配給機構の必要から急速に整理、統合されていた。しかし他の生活必需品、一般商品取扱業者については、整備について具体的な進行が見られなかった。しかし合理的配給機構の確立と重要生産部門への労務供出と云う二つの緊急要請から中小商工業者の一翼を形成し、転廃業において最も重要視される小売業者の整理、統合が焦眉の急を要する問題となったのである。

政府は三月十日に中小商工業の再編成並びに職業転換促進の閣議決定を行った。情報局は「戦いに勝ち抜くためには速やかに国内必勝態勢を確立し、総力を挙げて戦争目的に集中（略）戦後においても大東亜の盟主として、その防衛に任じ、国防力を維持、増強し、大東亜における国家民族の共存を計らんがためには、今日のままの産業編成、なかんずく中小商工業の状態は遺憾ながらこれをゆるされていない（略）前項の要請に応じて新たなる産業界の躍進を企図し、これを確保するためには、まず軍需産業等の緊要部門に人材を集中し、鋭意これが生産増強に力を致さねばならぬ、（略）この際、業者の積極的協力の下に進んで中小商工業の必要なる再編成ならびに職業転換を円滑に行う」と発表した。[49] これに伴い二十八日には県中小商工業再編成協議会規程が公布され、三十一日に千葉市役所で初の委員会が開催となった。委員は会長に藤原知事、副会長は織田経済、菅野学務両部長、常任幹事は大村商工、板倉職業両課長、委員は二九名（うち民間七名）、幹事一〇名（うち民間五名）であった。[50]

政府は四月二十一日に小売業者の整備方針を発表した。その方針は「まず基礎的な整備計画を中央の所管官庁が立案し、地域的な実施計画を地方官庁に委ねる、地方長官は中小商工業再編成協議会に諮って具体的に立案する、その実施は強力な地方庁の指導の下に当該組合が主体となる」とするもので、新方針の中心は「従来の整理方針としては、中小企業を有限会社、組合等の統合体に纏めていったのであるが、今回はこの方針を変更していわゆる抜き取り整理を原則」とするものであった。[51] この点について県職業課の田口事務官は「従来の有限会社による整備方法では労務の供出が困難（略）〝抜き取り整理〟が妥当である、有限会社による整理統合の既に完了した業種には菓子、旅客自動車、注文洋服業等、進行中は石炭、石油、豆腐等、組合によるものでは米穀、木炭、小運送等が完了、自転車が進行中、このうち労務提供の明らかにされたものが二、三あるのみで（略）従来の方法では労務供出が十分でない」と語っていた。狙いがどこにあったのか非常に明瞭であった。[52]

政府は五月十三日に企業整備令を公布したが、施行にあたって商工省では「従来企業整備にあたっては中央で定めた各業種の企業整備要綱に基づき、地方長官指導の下に各業界において自主的に整理、統合を行っていたのに対し、個人的利害関係から整備に協力しないものがあっても、これを強制して国家目的の遂行に参加せしめる法的根拠がなかったために整備の遅延を免れなかったのを、本令の制定施行によりこれを強制することを可能ならしめた点にある」と整備令の狙いを、さらに明らかにしていたのである(53)。

県商工課では五月二十七日にすでに企業整備を完了した石油、石炭、自転車、豆腐の四業者団体に国庫の共助金五万五三〇〇円を交付した。今回の共助金は総額の三分の一（十二、一、二、三月の四か月分）で、残り八か月分一一万円も追って支出されるものであった。この補助金は各組合の共助金（石油会社六万六〇〇〇円、石炭会社実績トン当たり三〇〇円、自転車商組連二一万八〇〇〇円、豆腐商組連一五万七〇〇〇円）に加算の上、転廃業者の生活補助費として一人当たり一か月五〇円宛、一年間で合計六〇〇円が補助される。ただし組合からの共助金を合わせて六〇〇円以上となる者は国庫からの共助金は貰えないものであった(54)。

六月一日に東京で主務課長会議があり、中央の中小商業者整備の具体的方針の指示があった。今回の方針の重要な点は従来の企業合同方式から抜き取り転業方式に転換したことであり、従来の如く自治的に商人だけのお手盛り案でなく、役所が強く介入するもので、県の再編成協議会の決定に従わぬ者には企業整備令の発動、物資配給停止を強行するものであった。しかも整備にあたっては、過去の実績に拘わらず、消費者の利益等を優先するものであった。坂本商工課長は「どこの店を残すかについては、消費者から推薦させる様な場合、不親切な店は第一番に槍玉にあがることになる」と語った。相当な難関も予想されたことから、県商工課内に県商業再編相談所を開設した(55)。転業は新しい段階に入ったが、折しも知事更迭があり、新知事に引き継がれることになったのである。

（注）

(1) 前掲図書館蔵「読売新聞千葉版」一九四一年六月十三日付
(2) 前掲図書館蔵「読売新聞千葉版」一九四一年六月十三日付
(3) 前掲図書館蔵「東京日日新聞千葉版」一九四一年九月三十日付
(4) 前掲図書館蔵「東京日日新聞千葉版」一九四一年十一月二十二日付
(5) 前掲図書館蔵「東京日日新聞千葉版」一九四二年三月十日付
(6) 前掲図書館蔵「読売新聞千葉版」一九四一年五月四日付
(7) 前掲図書館蔵「読売新聞千葉版」一九四一年六月七日付
(8) 前掲図書館蔵「朝日新聞千葉版」一九四一年八月二十日付
(9) 前掲図書館蔵「東京日日新聞千葉版」一九四一年十一月二十五日付
(10) 前掲図書館蔵「読売新聞千葉版」一九四二年二月八日付
(11) 前掲図書館蔵「読売新聞千葉版」一九四一年八月二十九日付
(12) 前掲図書館蔵「読売新聞千葉版」一九四一年十一月十四日付
(13) 前掲図書館蔵「千葉県報」一九四一年七月十一日付、九七頁
(14) 前掲図書館蔵「朝日新聞千葉版」一九四一年七月二十二日付
(15) 前掲図書館蔵「朝日新聞千葉版」一九四一年九月十九日付
(16) 前掲図書館蔵「読売新聞千葉版」一九四一年十月二十一日付
(17) 前掲図書館蔵「読売新聞千葉版」一九四一年十二月十四日付
(18) 前掲図書館蔵「読売新聞千葉版」一九四一年九月十六日付
(19) 前掲図書館蔵「千葉新報」一九四一年九月二十八日付
(20) 前掲図書館蔵「読売新聞千葉版」一九四一年九月二十七日付
(21) 前掲図書館蔵「読売新聞千葉版」一九四一年十月三日付
(22) 前掲図書館蔵「読売新聞千葉版」一九四一年九月三十日付

(23) 前掲図書館蔵「東京日日新聞千葉版」一九四一年十月十一日付
(24) 前掲図書館蔵「読売新聞千葉版」一九四一年十月三十一日付
(25) 前掲図書館蔵「読売新聞千葉版」一九四一年十月三十日付
(26) 前掲図書館蔵「読売新聞千葉版」一九四一年九月六日付
(27) 前掲図書館蔵「千葉新報」一九四一年九月十三日付
(28) 前掲図書館蔵「朝日新聞千葉版」一九四二年一月十六日付、一九四三年（昭和十八）一月十五日に県下にあった七つの木材会社を統合し、資本金五二〇万円で、本店を千葉市に置く、千葉県木材株式会社が創立となった。
(29) 前掲図書館蔵「千葉新報」一九四二年一月八日付
(30) 前掲図書館蔵「千葉新報」一九四二年一月十八日付
(31) 前掲図書館蔵「読売新聞千葉版」一九四二年一月二十二日付
(32) 前掲図書館蔵「読売新聞千葉版」一九四二年二月三日付
(33) 前掲図書館蔵「昭和十六年通常千葉県会議事速記録」第十号三八五頁
(34) 前掲図書館蔵「読売新聞千葉版」一九四一年六月十日付
(35) 前掲図書館蔵「東京日日新聞千葉版」一九四一年六月二十一日付
(36) 前掲図書館蔵「朝日新聞千葉版」一九四一年八月十二日付
(37) 前掲図書館蔵「東京日日新聞千葉版」一九四一年七月十五日付
(38) 前掲図書館蔵「東京日日新聞千葉版」一九四一年七月十九日付
(39) 前掲図書館蔵「朝日新聞千葉版」一九四一年十一月一日付
(40) 前掲図書館蔵「読売新聞千葉版」一九四一年十月二日付
(41) 前掲図書館蔵「読売新聞千葉版」一九四一年十月十四日付
(42) 前掲図書館蔵「朝日新聞千葉版」一九四一年八月十五日付
(43) 前掲図書館蔵「千葉新報」一九四一年九月六日付
(44) 前掲図書館蔵「朝日新聞千葉版」一九四一年十月一日付

(45) 前掲図書館蔵「読売新聞千葉版」一九四一年十二月四日付
(46) 前掲図書館蔵「東京日日新聞千葉版」一九四一年十二月十九日付
(47) 前掲図書館蔵「千葉新報」一九四二年三月二十六日付
(48) 前掲図書館蔵「読売新聞千葉版」一九四二年二月二十七日付
(49) 前掲図書館蔵「大阪毎日新聞」一九四二年三月十一日付
(50) 前掲図書館蔵「読売新聞千葉版」一九四二年三月二十九日付
(51) 前掲図書館蔵「東京日日新聞全国版」一九四二年四月二十二日付
(52) 前掲図書館蔵「読売新聞千葉版」一九四二年四月月二十三日付
(53) 前掲図書館蔵「東京日日新聞全国版」一九四二年五月十三日付
(54) 前掲図書館蔵「朝日新聞千葉版」一九四二年五月二十八日
(55) 前掲図書館蔵「朝日新聞千葉版」一九四二年六月四日付

五、県民生活との矛盾激化

(一) 衣食の配給切符制導入

(1) 通帳制と総合切符制

日中戦争期の立田県政下でマッチは一九四〇年(昭和十五)八月から、砂糖も同年十一月から全県に切符制が導入され、酒類は一九四一年(昭和十六)四月一日から配給制となった。藤原県政期になって食用油の家庭用は県から市町村は数量の割当を受け、市町村長が配給所を設置して、切符を発行し、六月分から一戸当たり二合を限度に配給を開始した(1)。

東京・大阪・京都・名古屋・神戸・横浜の六大都市では一九四一年（昭和十六）四月一日から米の配給通帳制が実施となったが、千葉県では五月八日に全市町村に実施の方針を決め、十日に野田町で開催の県町村長会総会で指示した。その方針は配給量一人一日三三〇グラム（二合三勺）を基準にして、年齢別で差を付けるもので、一人一日分の配給量を五歳以下は一四〇グラム、六歳以上一〇歳まで二五〇グラム、一一歳以上六〇歳まで一般三六〇グラム、男重労働五四〇グラム、女重労働四六〇グラム、六一歳以上三三〇グラムの四段階に分け、通帳は市町村長が発行するとした。(2)

五月十六日に安房郡館山、冨浦、岩井、勝山、保田、金谷、君津郡竹岡、大貫、佐貫の各市町村長が出県し、織田経済部長に避暑客に対する米配給方針を質した。織田経済部長は前日に東京府経済部長に会見の上、「別荘、貸家、貸間関係の避暑客に対しては、東京府で配給した米を持参させること」で協議が纏まっていたので、「千葉県としては配給しない」と回答した。(3)

六月一日から通帳制が実施となったが、五月二十一日には五市関係者への説明会、二十三日には主要消費地七一か町村の町村長、配給係、米穀業者三〇〇余名を千葉市役所に招致し、織田経済部長、小山企画、八田振興、井上労政各課長、米穀対策部員等が出席して実施要綱の説明を行った。質疑の中で「配給機構の監督は部落会長、町内会長ではなく、市町村長が監督するように改めて欲しい」との要望があり、県は「その通りにする」と回答した。また「学校給食への配給はどうするのか」との質問には「これまでの実績によって業務用と同様に取り扱う」と回答したが、〝二重配給〟の観点から学校給食が将来出来ない場合が生ずることを認めるものであった。県当局は米通帳制の趣旨を徹底させるために、二十四日には市町村長、各学校長、団体長等に通牒を発したが、その中では特に節米を強調していた。(4)

六月三日に県は各業者に前年四月から本年三月までの消費実績を申告させ、それを基に業務用飯米の配給基準を決定し、各市町村長宛に通牒した。その基準は①宿屋は実績の六〇％、②飲食店、食堂、仕出屋、飯屋、寿司屋は五〇％、③露店、屋台店、団子屋等四〇％、④料理店、カフェ三〇％、⑤官公署、銀行、会社、会館の附属食堂三〇％、⑥上記の各項の限度を超えるもの（下宿営業は下宿員数に定量を乗じた数量、栄養食配給所六〇％、学校給食全量、病院または療養所全量、工場附属食堂で労務者に限り全量、市場給食五〇％）等であった。その狙いは料理店、仕出屋等の家庭以外の食事は〝二重配給〟の形であると判断し、それを是正することにあった。(5)

県では八月六日に水害による米の減収見込みと、時局の推移に対応するために、業務用飯米割当規正をさらに強化し、宿屋は実績の五〇％、飲食店、食堂、仕出屋、飯屋、寿司屋は四〇％、料理店、カフェ三〇％、官公署、銀行、会社、会館の附属食堂は飯米配給を停止し、代用食に、栄養食配給所五〇％、工場附属食堂で労務者以外は飯米配給を停止し、代用食となった。(6) 県では一九四二年一月十五日に業務用飯米をさらに一段と強化し、宿屋は実績の四〇％、飲食店、食堂、仕出屋、飯屋、寿司屋は三〇％、料理店、カフェは飲食店と認定するものは三〇％、その他は配給せず、栄養食配給所四〇％、市場給食三〇％、学校給食、病院又は療養所三〇％となった。(7)

「菓子が無く子供が可哀想だ」「肉体労働には甘味が必要だ」との声が起こったが、菓子不足の原因は砂糖、澱粉の原料が半減したことと配給機構の不備によるものであった。中央菓子配給統制協議会では八月十八日に第三回協議会を開いて各都道府県別配給基準を内定し、二十八日には全国業者代表会議を開き、生産者から鉱山等の大口消費者に渡す菓子五％分を除き、九五％を道府県の卸商組、小売商組の手を経て全国三〇万軒の小売商に配給、切符制若しくは通帳制で一人一か月の割当量によって消費者の手に渡る配給ルートを確立し、子供用、鉱山労務者用等の品種、企画の統一を決定した。またビスケット、ドロップ、キャラメル等一三種の移出入県を決めた。千葉県の九月分消費割当量は八三万五〇七八円九銭と決まった。県内生産高は菓子原料砂糖割当量から七三万二九九四円四五銭と推算されたので、不足移入額が一〇万二〇八三円六四銭であり、一人当たりの割当は一か月五三銭六厘となった。ちなみに全国平均は八五銭五厘であった。(8) 干菓子の生産は八万三九〇〇円で、不足移入額一〇万二〇八三円六四銭と合わせた一八万五九〇〇円が配給統制の対象となった。県では九月八日に一八万五九〇〇円の半分は人口割とし、残り半分は市部一五、町一三、村一〇を掛けた数字によって按配し、市町村に割り当てたのである。[9]

千葉県下でも味噌醤油の買い占めを行う者が出現したが、それは近い将来に配給統制が行われることを見越した動きであった。これらの動向に対して「千葉新報」は「本県は生産県であり、従って他府県への配給計画を立てる必要はあるが、県内の配給統制の必要はないので、将来も配給統制を行うようなことはない」と断言していた。また県商工課では味噌醤油の県下配給統制を行うことの必要無い理由を、①他府県に移出しても、県下の消費量が減ずるものでない、②配給統制をやることになっても、配給ルートを定めるだけで、砂糖や油の如く消費の規正にまで乗り出すことを考えていない、③業者は今後一か年の生産高を維持する原料を確保している等の三点を挙げていた。マスコミも県当局者もその後の事態について全く見通しを誤っていたのである。[10]

農林省では二月十日から六大府県の主要都市で味噌醤油の切符制を実施した。千葉県でも十二月中旬から市川市では一人一か月二六〇匁の配給に着手した。千葉県の味噌の配給は消費実績に応じ、一か月二三万貫を県内に流してきた。農林省の消費規正では一日一人当たり六匁であったが、五市では一か月一人当たり三〇〇匁、その他の町村は四〇〇匁で、一日一人当たりでは一三匁に相当した。県当局は「今後たとえ法的根拠を持つ配給統制を行うことになっても、味噌醤油等は一日として欠くことの出来ぬ品であり、生活様式の違う地方の実情を考慮して絶対配給を減らすようなことはしない」としていた。ところが二月から約五万貫、二二・七％の配給減となったのである。なお割当の適正化のため三月分からは、五市及びその他の町村の二段階配給基準を甲、乙、丙の三段階に区分することになった。[11]船橋市、銚子市では三月分の味噌配給は一人一六〇匁で、半減であった。醤油は三月分船橋市一人四合、銚子市三・九合であった。味噌醤油の配給統制は思わぬ事態を引き起こした。国民学校の給食用調味料が家庭との二重配給になると云う理由で一切認められなかったのである。千葉市で給食を行っていた院内、本町の両校は休止となり、登戸国民学校だけは一〇〇名足らずの児童を夫々の家庭の希望で持ち寄った調味料で辛うじて賄った。県結核予防協会指定の養護学級指定校船橋第一国民学校、木更津第一国民学校と千葉市本町国民学校の虚弱、偏食児童の給食すら全部停止となり、再三再四市当局へ申請しても許可が下りなかった。本町国民学校の養護主任は「私の所の給食は虚弱児童二〇〇人程を賄っていましたが、これに入用な醤油は月八升樽三樽、味噌六貫、塩、食用油等で、こんな少量なものが、料理屋は皆「二重配給」なのに認められ、より大切なこちら方へ廻せない等と云うのは不可思議だ」と怒っていた。配給統制の本質がどこにあったのかを示す事態であった[12]。

対米英戦となり原料資源の大部分を海外に仰ぐ繊維製品はいよいよ窮屈となり、軍需の確保並びに一般国民生活の最低限度の衣料品配給を保持し、国民生活の安定を期するために、商工省は一九四二年一月二十日に繊維製品配給消費統制規則を公布、二月一日から全国的に衣料品の総合切符制を実施した。この切符制はドイツで実施してたものと同様であった。日中戦争勃発以来千葉県でも各種の切符制が導入されて来たが、主たるものは食料品であった。この衣料切符の導入によって、衣食住の生活三大要素のうち衣、食の二つが統制経済下に置かれ、生活再編成が強く要求されることになった。切符は家庭用と業務用、都市と郡部の四通りに分かれ、家庭用は性別、年齢別を問わず、一人一年間当たり千葉、銚子、市川、船橋、館山の五市は一〇〇点、その他の町村は八〇点と決定した。この点数の範囲内でなら、他市町村でも県外でも自由に買うことが出来た。ただしネル、さらし、手拭、タオル、足袋、靴下の品目は購入数量に一定の制限があった。家庭生活と主に関係の深いものの点数は（一）織物類（正絹銘仙一反六点、さらし一〇尺一〇点）、和服類（仕立上り（袷四八点、袷羽織三四点）、洋服類（三つ揃い背広五〇点、外套五〇点、婦人服ワンピース一五点、子供服一二点、学童服一七点）、作業衣服類（印半纏、ハッピ各一二点、事務服一六点、割烹着八点、モンペ一〇点、前掛け二点）、肌着身廻品（ワイシャツ一二点、肌襦袢八点、猿股、ズロース各四点、ネクタイ一点、足袋、靴下各二点、長袖シャツ一二点、股引四点）、運動用品（運動シャツ六点、柔道着上下六点、海水着一二点）家庭用雑品（手拭、タオル各三点、毛布二枚つづき四〇点、風呂敷大二四点、布団長さ三尺五寸を超えるもの二四点）等であった。我が国初めての切符制であり、県商工課は〝衣料切符十訓〟（①切符はなくしても再交付しない、②諒解出来るまでよく読む、③新しい指示があるので気を付ける、④購入を計画的にする、⑤買う品物と点数を記入して所要品一覧表を作成する、⑥我慢出来る品物を篩い落とす、⑦常時若干予備として点数を残す、⑧買う前に間に合う品物を調べる、⑨思惑買いをしない、⑩点数の小切符は切り離すと無効になる）をつくり、県民に生活設計の立直しを呼びかけたのである。[13]

（2）共同炊事の広がり

共同炊事が全国に先駆けて始められたのは一九三六年春の農繁期に県下五か所で、期間は一週間であった。一九四〇年度の農繁期実績は三四八組合で、平均一〇日間、延べ参加人員二二万七〇〇〇人であった。一九四一年春季農繁期共同炊事は農家実行組合六五〇組合で、全組合数の一〇％を占めていて、その普及振りは全国一と云われた。この中で長生郡八積村七井土農事実行組合と山武郡蓮沼村農事実行組合の二組合は常設共同炊事を実施した。また常設炊事場を設備した所が一〇か所あった。共同炊事の効果としては労力及び経費の節減、栄養改善、共同精神の涵養が挙げられた。しかし共炊を平時にまで及ぼすべきかについては、我が国古来の家族制度と食生活の関係から議論があった。[14]県の衛生課の指導で、共炊は季節的なものに止まらず、恒久的な施設に発展し、千葉市鶴沢町第一町内会第四隣組の共同炊事場をはじめ一〇か所の共同炊事場が設立された。県ではこれを全県的に普及させ、労力と栄養の合理化に努めることにし、共同炊事場設置に必要な資材は積極的に斡旋の労をとり、栄養食についても極力指導に当たった。十一月段階で建設中を含めると共同炊事場は三八か所となっていた。[15]

一九四二年六月の時点で共炊実施町村は全町村三一八のうち二四三で七六・五％であり、共炊総数は一、六〇七か所である。長生郡は二六町村中全町村で実施し、山武郡、千葉郡、匝瑳郡も同様一〇〇%の実施であった。[16] 共炊普及は経済的効果だけでなく、古来の家族制度を崩す役割を果たし、生活の科学化を押し進めたのである。

(二) 矛盾の激化

(1) 貯蓄運動の狙い

政府は日中戦争期の一九三八年(昭和十三)四月に国民貯蓄運動を起こすため大蔵省内に国民貯蓄奨励局を新設した。四月十九日の閣議では、何故に国民貯蓄運動を起こす必要があるのかを「今後発行せらるべき巨額なる国債の消化を図り、かつ必要なる生産力拡充資金の供給を円滑ならしむるためには、この際資本の蓄積を図るの要あり、また巨額なる政府資金の国内撒布により生ずる臨時的国民所得が消費の増加に振り向けられるに於いては、物資の不足、物価の騰貴を招来し、その経済界に及ぼす悪影響至大にして、延いては軍需並びに国民生活に支障を生ずる所大なりと認めらるるを以て、この際国民をして出来得る限り貯蓄に努めしむるは最も緊要なり」との申し合わせで明らかにしていた。そこでは国債消化と生産力拡充が第一であり、撒布される政府資金で国民所得が消費の増加に向かうことは、物価騰貴とインフレを起こし、軍需拡大に支障を生じると恐れ、そのために国民に貯蓄を行わせるとあからさまに語っていたのであり、「愛国貯金」と称し、国益優先で個人生活の充実を目的とするものではなかった。当初の目標は八〇億円であったが、国債消化に五〇億円、生産力拡充資金に三〇億円と見込まれたためであった。[17] この貯蓄運動の論理は戦争が拡大すれば拡大するほど、国民に貯蓄を強制しなければならない矛盾となって現れて行くのである。

千葉県では一九三八年(昭和十三)十月十五日に各郡で一斉に貯蓄運動対策協議会を開き、「生産物を売ったら、天引き貯金を実行せよ」と主張していた。[18] そして一九三九年度の千葉県貯蓄目標は一億円と決められたが、一九四〇年度は一億三〇〇〇万円に引き上げられた。一九四一年六月十四日に国民貯蓄成績が発表となったが、目標一億三〇〇〇万円に対し、実際の貯蓄高は一億四〇六三万三〇〇〇円で目標額を一、〇〇〇万円以上突破し、県民一世帯平均五三〇円、一人平均一〇〇円を貯蓄したことを示していた。[19] 政府は一九四一年度の目標を一三五億円と定めたことから、千葉県は一億五〇〇〇万円に引き上げられた。さらに一九四二年度には二億四〇〇〇万円へと引き上げとなった。五月十三日に開かれた県関係部課長会議では国民貯蓄基準が決められたが、その基準では月収一〇〇円の独身者の場合は三〇円を天引き貯金するものとなっていたのである。[20]

大蔵省は一九四二年一月八日に第一回大東亜戦争国債を発行した。県では県下全体の隣保国債消化総額を定め、これを市町村の戸数、担税力等を考慮して夫々の目標額を按分、各市町村ではこれに基づき割当を行い、各戸に最少限度の義務として購入させたのである。また県総務、学務両部長連名で三月二十四日に「卒業記念品は債券第一に」と各学校へ通牒を発していたのである。[21]

（2） 行商の抑圧

千葉県の女行商は京の大原女、越後の毒消売りと共に働く女性の〝三幅対〟と云われた。紫紺の手甲、脚絆に大きな野菜籠を背負って東京の街々を振り売りする彼女たちは〝街のキャラバン〟東京の風物詩であった。自家栽培の新鮮な野菜を台所先まで届けた行商隊が物不足の台所から重宝がられ、引っぱりだこであった。しかし統制経済の嵐は女行商隊をも渦中に巻き込んでしまった。一九四〇年（昭和十五）七月十四日に農林省は青果物配給統制規則を制定し、南瓜、西瓜、黄瓜、大根、白菜、甘藷、葱等に出荷命令を出したが、必ずしも計画通りにゆかず、計画外の土地にどんどん流れた事態が起こった。その原因の一つには統制規則に法的な拘束力がなく、行商には「奨励もしないが、禁止もしない」と云う中途半端な規正が影響した。千葉県では県農務課が一九四一年（昭和十六）

七月十一日に青果物の配給円滑と県外移出の適正を期するために青果物配給規則施行細則を制定し、即日実施した。これに違反した者には七年以下の懲役又は五万円以下の罰金を課すことになり、知事が公示した青果物は園芸品出荷協会員でなければ県外に移出出来なくなった。しかし県下二、〇〇〇名の行商人には配慮し、一人一種目一回一五貫目以下の移出を認めていたのである。当時県北西部の鉄道電車の沿線一帯からは日々千数百人の行商群が東京市民の台所へ直接出入りしていた。県下には三つの野菜を主とする成常行商組合、船幕行商組合、千葉県行商用達組合、他に鮮魚行商組合、千葉県用達業組合（便利屋）を合わせた五つの行商人組合があった。組合員は凡そ二、四〇〇人で、そのうち二、一九一人までが女性で彼女たちは年間一人一、〇〇〇円を稼ぐと云われていた。そもそもこの行商制度が生まれたのは昭和恐慌の不況時に考案された商売方法であった。最初は鉄道の取締が喧しく、車内に持ち込む行商籠に対して小荷物並みの運賃とされたので、余り利益がなかったが、一九三一年頃に野菜籠の運賃が撤廃され、さらに専用列車のサービスがあって行商人部隊が増加する一方、東京市民の家庭でも態々八百屋まで買い出しに行かずとも新鮮な野菜を台所まで運んで来てくれることから大好評で、ここに行商隊は東京市の消費機構に大きな位置を占めることになっていたのである。戦中期に入って野菜不足が起こると、東京に通じる唯一の青物ルートとして重大な役割を果たしていた。この野菜不足には米穀商や肥料商が統制で著しく活動分野を縮小させられた関係から青果物に手を出し、盛んに産地の買い漁りを行って、公定価格の高い他府県に向け、或いは闇取引によってどしどし流し、配給統制計画に支障を来したことによるものであった。九月八日農林省の打ち合わせ会議で振売りは一人一日二〇貫目以内と決まり、しかも行商人は知事の許可を受けた行商人に限られることになり、許可期間は暫定的に一九四二年三月までとなった。ただし一日五貫目以内であれば許可なく販売出来るものであった。(22)県では九月十三日に成常行商組合、船橋連合行商組合、京成沿線青果物行商人組合、浦安行徳南行徳三町連合食品行商組合の各代表者を招き、二、三一七名分の青果物行商人許可証を交付した。(23)行商の許可期限が三月一杯で終了し、再許可をどうするかで問題となったが、一、五〇〇名の行商人を持つ印旛郡農会では「農繁期には行商を中止すべし」との意見を纏め、「全面禁止が出来ないまでも、せめて五、六、十、十一月の農繁期四か月間を禁止して全農家を増産に動員する」ことを提唱した(24)。

県は新年度の許可申請を四月二十六日までとしたが、許可条件を四月一日段階で耕作反別三反歩未満で他に適当な収入のない者とし、次の事項に該当する者は不許可とした。①一九四一年度に許可を受けなかった者、②男五〇歳以上、女三五歳以上の者で、一年間の行商日数半年以下の者、③経済違反者、④他府県青果物を買入販売者、⑤一世帯で二名以上の該当者の場合は一名に限定すると云うものであった(25)。そして県は千葉郡一九八名、東葛飾郡五八四名、印旛郡六五四名、香取郡一名、市川市一〇名、船橋市九八名、千葉市一九名の合計一、五六四名に新許可証を交付した。前年度の許可者と比すると三二％の減であった(26)。

「千葉新報」は社説で「青物行商人の問題」を掲げ、「青物行商人の転廃業は、余りにも当然なことである、むしろ、今なお営業がゆるされているのが不思議なくらいである」と整理を当然視していた。同紙は行商を「自由経済時代の遺物の一つたる青物行商人も今日まで存在が許され、かつ機能を発揮して来たものの、統制経済の強化と機構の整備により、漸時有害無益化しつつある（略）行商人によってもたらされる消費生活の利益よりも、国家の生産力に及ぼす悪影響にもまして、それが統制経済を攪乱することによって生ずる国家的被害は極めて大なるものがある」と統制経済の攪乱者としていたのである。行商はかつて大都市の人々にとっては有意義で便利な存在であったが、統制経済の進展の中で矛盾する存在として抑圧されることになったのである(27)。

（3）横行するヤミ行為

海苔一枚（縦二一センチ・横一九センチ、重さ三グラム）に含まれる栄養価はビタミンAでホウレン草の八倍、同B1、B2

は豚肩ロース一〇グラム分、同Cはミカン一・五個分、カルシュウムは牛乳七・五cc分、蛋白質は卵の五分の一、食物繊維は全体の三分の一、鉄分はレバー八グラム分と云われており、物資が欠乏した時代にはことさら高い効用を持つ食品であった。千葉県の一九四〇年産額は全国第一位で四、四〇〇万帖（一帖一〇枚）、年産額一、二五一万円であった。県産の海苔は一三〇余名の仲買人によって集荷が行われ、中央市場へ送られ、問屋の仕切りで価格が決められていたが、闇取引が生じるので、農林省は府県営検査の実施を機に全国的に集荷配給統制を計画した(28)。

千葉県では十二月一日から県営検査が実施となった。海苔の集荷配給は統制規則で一元的に行われることになったが、まず統制団体をつくるために、十二月十七日に県地方集荷統制組合創立総会が千葉市の県水産会で開かれた。県内産の海苔は全部を県地方集荷統制組合が買い取り、全国集荷団体へ送り出すことになったのであり、集荷ルートは生産者→単位漁組→荷受団体（問屋大口消費者を含む）又は日本乾海苔統制会社（各府県統制会社）→加工業者並びに小売業者→一般消費者となるものであった(29)。県下の生産者は市原、君津、東葛飾、千葉各郡並びに市川、船橋、千葉の三市に一、二〇〇余名、仲買人一三〇余名、仲買人は統制によって漁組の集荷人となるか或いは検査員となることになった。前年（一九四〇年）と大体同様の生産高が予想されていたにも拘わらず、実際の出廻りは前年の五、六〇％しかなく、店頭を飾る新海苔の量が非常に少なかったので、経済保安課では十一月二十日から内偵を開始した。出廻り激減の主な原因は東京方面から入り込む仲買人が農林省の前年十二月二十四日付で公布した乾海苔最高販売価格中に卸並びに小売価格だけが規定されて生産者売渡価格がなかったことを奇貨とし、一、〇〇〇枚の卸公定価格三七円五〇銭よりも二円乃至一〇円も高く買い漁り、東京市内に法外な相場で売り捌いていたためであった。これら仲買人は問屋筋の資金で活動している者が七〇％を占めていたと云う。一九四二年（昭和十七）一月十二日に経済保安課では木更津署に捜査本部を設けて一斉検挙に乗り出し、東京方面の問屋四六名、地元仲買商二〇名を検挙した。仲買商等は卸価格一〇帖の公定価格三円七五銭を四円二、三〇銭で東京方面の問屋に卸し、闇取引総量五五万帖、販売超過額三万三三〇〇円に及ぶものであった。その後摘発は市原郡八幡町から東葛飾郡浦安町へと拡大し、摘発以来の取調人は九〇名となり、取引総数一、二六一万五〇〇〇枚、超過総額五万五六七七円となった[30]。なお、県では一月十六日に生産者販売価格（庭先渡し）の協定価格を三六円三〇銭と告示し、産地の買い漁りを防ぐことにしたのである[31]。

県経済保安課が一九四一年（昭和十六）六月中に行った第一期（二十一、二十二日）、第二期（二十八、二十九日）の経済事犯取締は三一一件（地代家賃統制令違反二六九件二四五人、価格等統制令違反三件四人、宅地建物価格統制令違反二二件一八人、賃金統制令違反一一件一一人、不動産仲介業取締規則違反六件六人）に達した[32]。

市原郡養老村産業組合長今関某は同組合倉庫に保管中の管理米七三〇俵を精米し、一俵当たり公定価格より五円乃至八円高く千葉市稲毛町の株式会社加藤製作所千葉工場代表加藤秀三郎に凡そ五〇〇俵、東京市内数か所に二〇〇余俵を無許可で移出して販売し、検挙されたが、この種の違反では県下最初のものであった[33]。

抱き合わせや売り惜しみ、又はマル公、マル停を無視するに等しい売買の闇行為が依然として跡を絶たず「銃後を護るものとして恥と思わぬか」といくら呼びかけてもピンと響かず、一向に改める様子もなく、県経済保安課ではあの手この手と闇行為撲滅に鳩首凝議した。一九四二年一月二十一日には県商報本部、県物価協力会議、振興、商工、経済保安各課の関係者が千葉市の日赤支部で二月三日から始まる全県一斉の経済道義昂揚週間への取り組みを協議した。そして①経済違反で起訴されたものは組合取扱の配給商品を減配又は停止する、②五市に対して試買監視隊を出し、目方を誤魔化す者を処罰や注意する、③週間第一日の二月三日に各市町村毎に業者が宣誓式をする、④消費者に反省を促す、⑤各市町村毎に経済常会をつくらせる等の決定したのである[34]。

注

(1) 前掲図書館蔵「東京日日新聞千葉版」一九四一年七月三日付
(2) 前掲図書館蔵「読売新聞千葉版」一九四一年五月八日付
(3) 前掲図書館蔵「読売新聞千葉版」一九四一年五月十七日付
(4) 前掲図書館蔵「読売新聞千葉版」一九四一年五月二十五日付
(5) 前掲図書館蔵「朝日新聞千葉版」一九四一年六月六日付
(6) 前掲図書館蔵「読売新聞千葉版」一九四一年八月七日付
(7) 前掲図書館蔵「読売新聞千葉版」一九四二年一月十六日付
(8) 前掲図書館蔵「読売新聞千葉版」一九四一年八月二十九日付
(9) 前掲図書館蔵「東京日日新聞千葉版」一九四一年九月十日付
(10) 前掲図書館蔵「千葉新報」一九四一年九月三十日付
(11) 前掲図書館蔵「読売新聞千葉版」一九四二年一月二十八日付
(12) 前掲図書館蔵「朝日新聞千葉版」一九四二年二月二十二日付
(13) 前掲図書館蔵「朝日新聞千葉版」一九四二年一月二十日付
(14) 前掲図書館蔵「読売新聞千葉版」一九四一年七月十日付
(15) 前掲図書館蔵「東京日日新聞千葉版」一九四一年十月八日付
(16) 前掲図書館蔵「東京日日新聞千葉版」一九四一年六月十三日付
(17) 前掲図書館蔵「朝日新聞全国版（夕刊）」一九三八年四月二十日付
(18) 前掲図書館蔵「読売新聞千葉版」一九三八年十月十五日付
(19) 前掲図書館蔵「読売新聞千葉版」一九四一年六月十五日付
(20) 前掲図書館蔵「読売新聞千葉版」一九四二年五月十四日付
(21) 前掲図書館蔵「読売新聞千葉版」一九四二年三月二十五日付
(22) 前掲図書館蔵「朝日新聞千葉版」一九四一年九月九日付

(23) 前掲図書館蔵「千葉新報」一九四一年九月十四日付
(24) 前掲図書館蔵「読売新聞千葉版」一九四二年四月十一日付
(25) 前掲図書館蔵「東京日日新聞千葉版」一九四二年四月二十八日付
(26) 前掲図書館蔵「千葉新報」一九四二年五月五日付
(27) 前掲図書館蔵「千葉新報」一九四二年四月二日付
(28) 前掲図書館蔵「読売新聞千葉版」一九四一年十二月十八日付
(29) 前掲図書館蔵「読売新聞千葉版」一九四一年十一月二十三日付
(30) 前掲図書館蔵「読売新聞千葉版」一九四二年一月二十一日付
(31) 前掲図書館蔵「東京日日新聞千葉版」一九四二年一月十七日付
(32) 前掲図書館蔵「東京日日新聞千葉版」一九四一年七月二十二日付
(33) 前掲図書館蔵「読売新聞千葉版」一九四一年十二月三日付
(34) 前掲図書館蔵「朝日新聞千葉版」一九四二年一月二十一日付

六、おわりに

本期は日本が攻勢的であった時期のため、防空の認識が甘く、空襲警報の伝達は「完璧に近かった」と講評があったが、まだ当時は日本本土には空襲がなく、灯火管制徹底が訓練の中心であった。しかし灯火管制だけで空襲は防げるものではない。また対米英戦の開戦直後に藤原知事は「海陸到る所戦果大いに挙がり、帝国の前途洋々」との告諭を発していたが、決して情勢判断の上で正しいものではなかった。

千葉県では一九四二年二月に翼賛壮年団が発足したが、ナチスの突撃隊や親衛隊に範を求めてつくろうとしたものであったと云われているが、反既成政党的志向が強く、結成の過程は上から組織したものであって、全く非民主的なものであり、戦時下に県民を徹底して戦争に煽っていく団体の登場であった(1)。

東条内閣は議会を強力な与党で固めるために、衆議院選挙の候補者に推薦制度を導入した。日本の総選挙史上初めてのことであり、大日本帝国憲法に抵触する懼れのあるものであった。千葉県では定員一一名中に非推薦組の当選者は川島正次郎と成島勇の二名であった。翼賛会県支部や県翼壮団では、旧政党の地盤崩壊を狙ったが、旧政党の地盤は鞏固に残存していて、翼賛会県支部の庶務、組織の両部長が出馬したが及ばなかったのである。

総選挙に続いて県下の市町村会選挙が行われたが、これにも推薦制が導入された。当初千葉市、銚子市、船橋市の三市長は地方選挙になじまず、弊害の方が大きいとして導入に反対したが、鷲野総務部長等県官の圧力に押し切られてしまった。推薦候補の選出方法が複雑で、到底民意の反映するものでなく、翼賛会や翼壮団の介入したファッショ的な選挙であった。地域によっては大正期以来の推薦制として誇るところがあったが、地域ボス支配の部落推薦であって、大正デモクラシー以前への逆戻りであった。

戦局の激化と統制経済の進展の中で、零細企業の経営は急速に行き詰まった。その窮状を逆手にとって、小売業の整備が進められた。当初は同業組合の中で話し合いによって転廃業者を出していた。米屋、菓子屋、煎餅屋、豆腐屋、自転車屋等であった。しかし時局転換の中で政府は一九四二年(昭和十七)四月に小売業整備の方針を〝抜き取り〟に変更した。最大の理由は労働力の不足から、小売業者を戦時産業等の労働力に投入するためであった。

千葉新報社説は政府の方針を支持して「国家経済の要請するところ整理統合は行わねばならない。転廃業は労働動員と結びついて避けられない。しかも歴史の現段階において、再び自由経済に帰る日はないのである(略)小売商の整備は時代の必然に即応して発展すべきその方向を、飽くまでも日本主義的な帰結へと求めねばならなかった。」と主張していた。統制経済を歴史の必然として、再び自由経済に帰ることはないと小売商たちに未練を断ち切ることを求めたのであったが、経済史の一面的な解釈での主張であった。統制経済の自由経済排撃は戦時と云う時期に力の強い者が権力と結んで存分に自分の利益追求を行う経済であり、千葉新報の社説は弱者切り捨ての経済であった側面を全く捨象したものであった(2)。

味噌・醤油の統制を行ったが、〝二重配給〟と云う理由から学校給食を停止させる事態を招いた。統制経済の一つの矛盾であった。共同炊事の普及は労力、経費の節約、栄養改善、共同精神の涵養等の効果もあったが、日本古来の家族制度を突き崩す役割を果たすと云う矛盾でもあった。

貯蓄は〝愛国貯金〟と称して、上から強引に進められた。県民も戦時のことであり、税金と異なるものであったから、抵抗なく請け入れた面が強かった。しかし貯蓄の本音は軍需景気での所得を消費に向かわせるとインフレを招き、また物資の不足から国民の不満を高めることになり、軍需品調達に支障を来すので、「国民を出来得る限り貯蓄に努めしむるは、最も緊要なり」と云うところに本音があったのであり、軍事が拡大すればするほど、貯蓄の増強を叫ばねばならない最大の矛盾であった。

行商は千葉県の一つの風物であり、東京と云う大都会の生活を支えるものであった。県政でも最初は行商抑圧を避ける方針を執っていたが、戦時経済の悪化の中では、行商を統制経済の障害物として排除していった。しかし彼等を排除しても、大都市に蔬菜等が円滑に流れることはなかったのである。　統制経済が強まれば強まるほど、ヤミや持ち出し、買い出し等の経済違反は絶えることがなかったことも大きな矛盾であった。

さて戦時体制の中で立田県政と藤原県政では、どこに違いがあったのであろうか。

立田県政では満州千葉村の建設を開始したが、積極的ではなかった。経済面では商組と産組が統制経済の中で主導権を争いが展開したが、政府の産組による一元化には批判的であった。工業誘致では歴代県政の中では一番積極的であった。転廃業問題では中小零細業者に配慮しようとする姿勢が見られた。また大政翼賛体制確立にも積極的ではなかったことである。それに対し、藤原県政は一九四一年（昭和十六）七月六日の日中戦争四周年での知事談話で「銃後にあっては生活の合理化を図り、困苦を撃破し、生産力拡充の戦線を強化せねばならぬ、なお今日を期して零細なる一人一人の醵金を基礎とする軍用機献納運動は発起するが、赤誠の発揮こそ、ここに凝結をみると固く信じて疑わぬ」と戦争遂行のため、金属回収や軍用機献納の県民運動の先頭に立ち、一九四一年の十一月二十六日決戦県会初日での挨拶「戦局突破の要諦は国民精神の緊張と士気の昂揚にあり、軍官民一体となって国難突破に邁進せねばならぬ」と、また一九四二年一月一日の年頭所感「聖戦真義強調、決戦生活確立、防空態勢確立、貯蓄達成、金属回収」に見られる如く、東条内閣の戦争政治を直接に県政へ持ち込む戦争賛美知事であった[3]。

翼賛総選挙の終了、地方事務所の開設に伴い、地方官界の刷新を図るため、内務省では厚生省との交流人事を断行したが、藤原知事は一九四二年六月十五日の知事更迭で軍事保護院副総裁に転出となった。各紙は「栄転」と報じた。知事は「県民の戦時生活確保に努めたこの千葉の一年間は自分としても感銘深いものがある」と述懐しているように、県民にとっても、それまでの県政期と異なるファッショ的な戦争時代の始まりを体験する県政であった。

（注）

（1）前掲図書館蔵栗屋憲太郎「国民動員と抵抗」（『岩波講座日本歴史』21所収）、一九七七年、一七四頁

（2）前掲図書館蔵「千葉新報」一九四二年四月二十三日付

（3）知事は一九四六年に公職追放となった。

第四章　太平洋戦争期の川村県政

一、はじめに

川村県政期（知事は第三一代川村秀文）は一九四二年（昭和十七）六月から一九四五年（昭和二十）四月までの二年一〇か月間である。この時期は太平洋戦争において日本の攻勢がミッドウェー海戦を契機に転換を始め、連合軍の反攻によって日本の後退が起こり、制空権を失い、本土空襲が始まって対米英戦に踏み切った東条内閣が行き詰まって崩壊し、後継の小磯内閣が米軍の沖縄本島上陸を阻止出来ずに崩壊するまでである。本稿では日本にとって未曾有であった難局を（一）戦局の転換期（一九四二年六月から一九四三年五月まで）、（二）日本の防戦期（一九四三年五月から一九四四年七月まで）、（三）本土決戦準備期（一九四四年七月から一九四五年四月まで）の三期に区分し、川村県政がどう関わったのか、また県民生活がどのように破綻したのかを追究するものである。なお、この時期の研究では『千葉県議会史』第四巻、[1]『千葉県の歴史』通史編近現代2[2]の研究が参考になる。

（注）

（1）千葉県立中央図書館蔵『千葉県議会史』第四巻、一九八二年

（2）前掲図書館蔵『千葉県の歴史』通史編近現代2、二〇〇六年

二、戦局転換期と川村県政（一九四二年六月～四三年五月、Ⅰ期）

（一）航空第二陣養成と銅像類の供出

（1）県青少年航空隊と誉田陸軍飛行場

一九四一年（昭和十六）八月に県下で初めて千葉郡津田沼町（習志野市）に二つの航空青少年隊が結成された。一つは津田沼町を単位とする千葉県航空青少年隊津田沼隊で、もう一つは同町の伊藤航空飛行機株式会社従業員で編成する産業報国会（産報）内の青少年隊である。津田沼隊は少年隊（八歳から一四歳まで）三〇〇名、青年隊（一五歳から二〇歳まで）二〇〇名の合計五〇〇名で、隊長は同町国民学校長細野憲司、副隊長は同校首席訓導飯嶋四郎。伊藤隊は青年隊員五〇余名で隊長は同社青年学校長奈良原三次男爵であった。伊藤隊は産報内の組織として全国二番目の航空青年隊であった。航空青少年隊の目的は少年隊員に模型飛行機の製作を、青年隊員にはグライダーの訓練を施し、将来の飛行士を育成することであった(1)。印旛郡遠山村（成田市）青年学校の大竹清中尉は県主催の青年学校滑空訓練に参加して技術を習得したので、九月には同校生徒五〇余名を隊員に、航空青少年隊を編成して大日本航空青少年隊に結成届を提出した。

県青少年団では千葉市の有志から一機の滑空機の寄贈を受け、白潟海岸に滑空機訓練所を建設して、寄贈機の命名式を一九四二年（昭和十七）一月二十四日に行い、青少年団第一号機とし、航空訓練を組織的に行い、航空精神の涵養と航空第二陣の養成のために県航空青少年隊を編成し、五月五日には発会式を挙行した。県青少年航空隊は県庁内政部教学課内に県本部を置き、市郡単位、町村単位に組織を形成、また青少年隊を分割して、少年隊に飛行機模型製作訓練、青年隊にグライダーによる滑空訓練を伝授したのである(2)。

文部省は一九四一年十一月二十七日付の訓令で「中等学校では一般教練と同一時限に三年生三〇時間、四年生四〇時間、五年生三〇時間の滑空訓練を実施してもよい」としていたが、しかし四月の新学期から滑空訓練を中等学校の正課とし、三年生三〇時間、四年生四〇時間、五年生三〇時間を標準とするとした。千葉県では甲種中等学校三六校のうち、指導者と設備を有していたのは千葉中学校等一七校に過ぎず、その他の学校では設備と指導者の確保に追われることになった(3)。千葉中学校では新教育方針にしたがって従来からあったグライダー部を正課として課すことにし、新学年から全校生徒の身体、知能、性格等を調査の上、グライダー部員としての適否を決定、大体一クラス一五人宛の生徒を選抜して滑空訓練を行わせることにした。また訓練は指導員、滑空場施設等の関係から授業時間中には行わず、放課後に実施することにした。同校ではプライマリー二台、セミコンダリー一台があった。千葉商業学校では五月十六日午後一時半から同校校庭で文部省式一号型滑空機を「松波号」とする命名式が行われた。また佐原中学校では六月八日午後一時から粉口地先滑空場（四万一五七四㎡）で同校出身者が寄贈した文部省型初級グライダー「大空第二号」の命名式が行われ、同滑空場には中級一機、初級三機、フープ二輪、三四坪の格納庫があり、全学年を通じ九一名の訓練生がいた。

銚子市の航空少年隊は各単位青少年団から二〇名以上の隊員を募って編成した。隊長は青少年団長の川村芳次市長、司令は渡辺助役、副司令二名は江澤海上国民校長と学務課長を予定し、九月二十日の航空記念日には結団式と第一回の模型飛行機大会を開催した。

九月二十日は大日本飛行機協会県支部と東京日日新聞社主催の第三回全日本模型航空機競技県大会が千葉市の千葉商業学校運動場で行われ、この日には千葉県出身の六名の陸軍少年飛行兵が二機に分乗し、郷土訪問飛行するとあって、出身者を生んだ母校銚子国民学校高等科生は飛翔時刻に人文字をつくって歓迎し、同じく出身者のいる成東町では全町で国旗掲揚し、国民学校運動場で模型機大会を開き、飛翔時刻には人文字を描いた(4)。木更津町の青少年団では航空青少年隊を結成し、十月三十一日に第一国民学校で結成式を挙行した。隊員は青年隊が一六歳以上で、木更津青年学校生徒を中心に二班を編成した。少年隊は第一、第二国民学校初等科五年以上とし、一〇班三〇〇名であり、隊長は中村平吉第一国民学校長であった。

一九四三年二月に山武地方事務所教育課では青少年に大空への認識を持たせ、航空兵を送り出す素地をつくるため青少年航空隊結成を計画し、滑空場には片貝、鳴浜の町村堺、作田川尻海岸を予定した。ここに滑空場と共にグライダー格納庫と合宿所を設置。隊長は山武地方事務所長、副隊長は事務所内指導者が任に就き、各町村青年学校長を分隊長にし、プライマリーで練習を開始となった。また三月には大日本航空青少年隊県支部が県下青少年隊のグライダー滑空訓練所を印旛郡遠山村三里塚に新設を決定し、八〇坪の格納庫を新築することになった。この動きに遠山村では訓練生の合宿所建設の寄付を募り、遠山村航空青少年隊大竹清隊長は建設を機に天神峰地先の県有林三〇町歩を借り受け、合宿所を誘致して少年隊に模型飛行機製作を習得させる運動をしていたのである(5)。

県では滑空日本一を目指して白潟海岸、三里塚に滑空訓練場の建設を進めていたが、さらに千葉市郊外に県中央滑空訓練場を建設することにし、第一回打合せ会を一九四三年（昭和十八）二月三日に文部省、陸軍航空本部、飛行協会技術者等の関係者を招いて開催した。この滑空訓練場は中等、青年学校の航空青少年隊等の初級、中級及び高級機の専属訓練場となる他、広く青少年学徒を対象とするあらゆる戦時訓練に利用出来るよう機甲、馬事等の総合的計画を進め、大学、高専、東京方面の中等学校の訓練にも開放しようとするものであった。しかも同場施設に模型工作室を併設し、全国初の大型模型飛行場を兼ねることにし、中央で経営に当たらぬ場合は直接県営にする方針であった。千葉県での滑空訓練場誘致の問題は四年前に逓信省訓練所を誘致しようとして印旛郡佐倉町で、さらに香取郡神崎町で地元の反対で失敗した経緯があったので、今回の計画は多年の宿望を達成しようとするものであった。千葉市郊外の誉田村平川で実地踏査が行われた。航空本部、逓信省航空局等の技術関係者からは気流、土地の起伏状況等は申し分なく、ソアラーの様な高級滑空機の訓練場としても十分であるとの折紙がつけられ、四日には関係方面の諒解が得られたので、県では早速に測量を開始することにした。島田内政部長は「敷地の候補は二か所あるが、買収の関係からどちらにするか決定はしていない、三月までには目途をつけたい、敷地は予定より広くして三〇万坪にする」と語っていた。(6)三月十二日に陸軍航空本部の内田中佐、末塚少佐一行は現地を検分し、「全く理想的だ」と太鼓判を押したので、県では大いに力を得て地元その他と具体的交渉に入ることにした。敷地三〇万坪、工費二〇万円で十月竣工の方針であった。費用は県下各地から銀行へ寄付が予約済みとなっていた。整地は県下の中等学校生徒の勤労奉仕とし、四月整地着工とした。

一方陸軍では予てから千葉県下に演習場を物色中であり、誉田村付近に設定することにし、演習場に滑空場の設置を決定した。県当局は陸軍当局と折衝の結果、支障のない限り民間滑空界に開放し、便宜を与えるとの陸軍当局の回答に接したので、県では滑空場予定地を軍に提供した。ここに誉田陸軍飛行場が誕生したのである。なお第九十八銀行では滑空場設置のため、県当局に寄付しようとした五万円を、そのまま国防献金として陸軍に献納した。誉田滑空訓練所は十二月八日に三万名の学徒動員と地元三万名の協力で縦一、二〇〇《メートル》、横九〇〇《メートル》の滑走路の整地第一期工事を完成した。一九四四年（昭和十九）三月までに格納庫二棟、訓練生四〇〇名収容の宿舎六棟と道路その他の残余工事を終わり、高、中、初級滑空機一八台を購入して四月初旬に訓練を開始することになったのである。(7)

（2）銅像の〝出征〟

藤原県政期に始まった金属類の回収運動はその後どのように拡大していたのであろうか。銀行、会社、工場等の指定施設に対する金属特別回収は一九四二年七月十五日に完了を予定にしていたが回収が芳しくなく、県では七月九日市町村に通牒を発し、至急回収実施を指示した。官庁公共団体の特別回収中に県はさらに官公立学校、神社を含めた回収を行うことにし、七月二十四日には各市町村立学校と郷社以下の神社は市町村長が計画し、官・国両幣社は県社会課が直接に計画して回収することを市町村長宛に指示した。(8)

一九四二年度の金属類回収は十月一日から一般民間回収と寺社の特別回収に分けて全国的に実施となった。一般民間回収は店舗の看板等を重点に行うことにし、九月二十六日に千葉市の日赤支部に警察署単位の廃品回収懇談会長と日本通運会社指定商を集めて協議を行い、回収の具体案を決定した。県では「米英はしきりに軍事力を恢復して、われに反撃せんと企画している、この敵国側の軍事力増強に備え、愈々必勝不敗の態勢をかためるために（略）軍事力の増強、船舶の充実のためには絶対に鉄と銅とを確保せねばならぬ、その資源は各家庭に保有されている金属類にまつよりほかに道がないのであるから、今年こそ去年の供出洩れを全部供出すべきである」との「回収理由書」を作成し、十月の常会徹底事項として県民へ徹底を図ることにした。寺社の特別回収では九月二十九日に千葉市の県立図書館に各宗派代表を集め、県の「回収実施要綱」を説明した。回収の物件対象は前年の回収よりも強化され、宗教用具、境内工作物とその付属物、一般什器類とし、十月以降一九四三年（昭和十八）二月末までに一般回収と同時に供出するとした。(9)

千葉県では十一月十五日から県下一斉に開始となった。前回の県下一般家庭の供出量は全国の中では不振で、一戸平均一貫目に満たなかった町村が一一あった。この運動の元締めであった県地方課では「国家が総力の金属回収は今回が最後である」と呼びかけた。そして一戸当たり二貫目程度の供出を求めた。「勿論強制的ではなく、お互いの愛国心に愬えてのことであるが、これ以上出せないというトコトンまで出すのが国民の務めだ」とし、強制ではないとしながら、協力しないものは〝非国民〟で、供出は国民の務めだと迫っていた。まさに権力による恫喝であった。トタン塀供出では、「塀の板がなければ竹で間に合わせる、竹の都合がつかなければ、囲いはなくて

もよい、外からの泥棒を恐れるよりも、自己心中の賊を除くのが戦い抜く国民の心構え」とまで言い切っていた。(10)
一九四三年（昭和十八）一月八日を期し、大詔奉戴日実践としてアルミ貨以外の補助貨幣回収と各種の「間に合わせ」実行運動が決まり、翼賛会県支部は各市町村支部へ通達した。銅貨、白銅貨は軍需資材として回収し、衣類や家具の新調を止め、ガス、電気その他薪炭等も割当や配給だけで「間に合わせる」ことを呼びたのである。

一月九日に一般家庭金属回収の中間報告が発表となった。県下町村の約三分の一に当たる一一七か町村の回収が完了し、鉄の供出量は割当に対し県下平均一四八％、銅供出量は平均一五四％であったが、十一月十四日の第三次ソロモン海戦で「我方戦艦一隻を喪へり」との大本営発表が刺戟となって回収熱が浸透した云われた。二月十日の回収状況発表では二五二町村が完了し、その成績は木更津市を筆頭に目標量を鉄で五五％、銅で七〇％と大幅に突破し、県全体としては鉄二九％、銅三七％目標を突破していたのである。(11)四月二十七日に県から金属類非常回収の通牒が関係方面に発せられた。今回の回収は官庁、公共団体、工場、会社、料理店等の指定施設と中小商工業者等の非指定施設の物件を対象としたもので、従来任意とされていた銅像も回収されることになった。県下の銅像のうちでは国民学校校庭にあった二宮金次郎や楠木正成の銅像はすでに供出済みとなっていたが、今回は軍人、各種功労者の銅像が対象となった。主なものには荒木克美（千葉市荒木山公園）、本多貞次郎（市川市真間）、濱口吉兵衛（銚子市新生）、三池照鳳（成田山新勝寺）、市川團十郎（成田山新勝寺）、伊能忠敬（佐原町）、千葉弥次馬（長生中学校）、日蓮上人（小湊町）等があった。また一般家庭には実施しないことになっていたが、前年度の一般家庭回収に不振であった市町村には一般家庭からも供出させることになった。そして六月十五日までに回収を完了させる方針であった。(12)

連合艦隊司令長官の山本五十六元帥が戦死となった程に決戦は苛烈を極めていたので、県では一隻でも多く軍艦を建造するために供出洩れの金属類は一品一物も余さず出し尽くさせようと、六月一日から二十日まで三週間にわたって〝金属類供出不均等整理運動〟を実施することにした。供出量が県平均に満たない市町村では全面的に再供出を実施し、県平均以上の供出を完遂した町村では部落会、町内会毎の成績を見て、供出数量に高低がないよう成績の悪い町内会、部落会に再供出を行わせるものであった。なお今回は代替物が入手不可能を理由に未供出の状態にあったトタン塀、窓格子、樋等も代替物入手の可否に拘わらず供出となったのである。(13)

(二) 戦時行政の強化と翼賛体制刷新

(1) 川村秀文知事就任と地方事務所設置

一九四二年(昭和十七)六月十五日に東条内閣は知事更迭を行い、川村秀文厚生省生活局長が千葉県第三一代知事に就任した。川村知事は秋田県出身で四五歳。一九二二年(大正十一)東大法学部政治学科卒、同年高文に合格、卒業と同時に内務省に入り、東京、愛知、神奈川の各府県事務官を歴任、一九二八年(昭和三)内務省社会局保険部事務官、一九三八年(昭和十三)一月厚生省創設に伴い同省官房会計課長から一九四〇年(昭和十五)に保険院総務局長、一九四一年四月厚生省社会局長を経て同年八月同省初代生活局長に転じたのである。(14)

六月二十四日に内務省は地方行政機構に新生面を拓くとの謳い文句で府県地方事務所の設置を決定し、全国四二七か所の地方事務所の名称、設置場所、管轄区域を発表した。七月一日に内務大臣から人事発令、開庁した。

そもそも一九二〇年代の政党政治は地方制度改革で、一九二三年(大正十二)郡制廃止、一九二六年(大正十五)郡役所廃止を行った。それなのに何故に地方事務所として再び中間機関が登場したのであろうか。森邊成一氏の研究によれば、政党内閣の政党政治に終止符が打たれるや、斉藤実挙国一致内閣のもとで、早くも内務省等から「中間機関設置」が提起されたと云う。しかし全国町村会等が反対を表明して、一旦は先送りとなった。けれども日中戦争が行き詰まり、対米関係が悪化する中で、第二次近衛文麿内閣が行政機構改革の一環として「府県中間機関設置」を提示し、一九四二年（昭和十七）に東条内閣が閣議決定して導入となったものであった。中間機関の取り扱う仕事はほとんど戦争遂行のための戦時動員にかかるものであり、そこに設置の狙いがあったのである。[15]千葉県での設置場所は一一か所（安房・館山市、夷隅・大多喜町、君津・木更津町、長生・茂原町、山武・東金町、市原・八幡町、千葉・千葉市、東葛飾・松戸町、印旛・佐倉町、香取・佐原町、海匝・旭町）であった。

中間機関の設置に伴い、県庁の機構改革が行われることになった。八月二十一日に地方庁の行政簡素化案が閣議決定され、総務、学務両部を統合して内政部となり、知事官房に官房長が置かれて大官房制が出現した。千葉県の総務、学務、経済の三部の現状は総務部が五課（高等官並びに同待遇者の定員五名、判任官並びに同待遇者の定員八二名）で、学務部は四課（高等官並びに同待遇者一六名、判任官並びに同待遇者七三名）、経済部は八課（高等官並びに同待遇者の定員七三名、判任官並びに同待遇者の定員二四八名）であった。川村知事は「知事官房に官房長を置くのは、地方長官が人事と予算を直接扱うことになったので、それを補佐し、総務部長がその代わり学務部を引き受けることになったのであろう、課の廃合については早速着手する」との談話を出した。[16]

各課統廃合に関する東条内閣の方針が九月十四日に県へ届き、同日県は企画委員会を開き、島田叡総務部長を委員長に、平山滋春（庶務）、尾関一夫（社会）、中原英典（警務）、武末辰雄（特高）、三輪良雄（農務）、川野邉薫（振興）の各課長を正委員、坂本義照商工課長を特別委員で参加させ、庁内各課の統廃合問題を協議した。[17]

十一月一日に県庁機構改革の内容が発表となった。部課廃合では知事官房四課（秘書・庶務・会計・調査）、内政部四課（地方・教学・兵事厚生・衛生）、経済部八課（農務・畜産・林務・水産・蚕糸・耕地・商工・土木）、警察部八課（特高・警務・警防・保安・経済保安・勤労・刑事・保険）、警察部長書記室、警察練習所となり、四書記官は丹羽喬四郎知事官房長、島田叡内政部長、織田智経済部長、青木重臣警察部長であった。六月一日の段階では県庁員の定員は二、四九三名であって、その内訳は勅任官一名、奏任官四三名、奏任官待遇一三九名、判任官三七三名、判任官待遇六三六名、県吏員（書記、水産技手、検査所員）九四四名、雇傭員四二一名であった。しかし奏任官三名、奏任官待遇五名、判任官一五、六名、県吏員約五〇名の欠員があった。待遇職員から本官には事務官、技師、主事等一三七名が奏任官に、属、主事補、技手等六一四名が判任官となって、戦時地方行政を進める新体制が成立したのである。(18)

県では県政の総合的運営を図るために知事直属の機関であった企画委員会を刷新した。企画委員会は藤原県政期の一九四一年（昭和十六）七月に設置され、行政簡素化に一定の存在を示したが、その後休眠状態であったので、毎月の第一、第三月曜日の二回、午後一時半から定例会を開き、県の〝企画院〟的役割を果たさせようとするものであった。なお委員長は丹羽官房長とし、委員は平山庶務、尾関兵事厚生、川野邉地方、三輪農務、中原警務、佐野為丸秘書、坂本商工、説田義直教学、田中健次特高の各課長、幹事は平山庶務課長となった。(19)

県は企画委員会に寄せられた県民の声を反映させ、時局の進展に即応した生産力増強を前進させるために、県生産力増強委員会を設立した。同委員会は配給部会と工場部会の二つの部門に別れ、委員長に丹羽官房長、委員に関係課長を当て、二月八日に第一回の委員会を開いた。丹羽官房長は「一つのものを個々に打ち合わせをやったりしては、なかなか思うように運ばぬが、全部のものを持ち寄って検討すれば、総合的な企画が成り立ち、その間の調整も円滑に行くと思う」と目的が総合企画にあることを語っていた。(20)しかし五月に名称が県戦力増強委員会になり、再発足となった。丹羽官房長に代わった久井忠雄官房長が中心となって配給、工場の二つの専門部会を、工場、食糧、労務、木材、造船、燃料、知事の特命によるものの七つの専門部門に拡充し、戦力増強の推進機関にしたのである。そして第一回の部会は五月十八日に木材部会、二十一日には造船部会が開催となった。(21)

（2）県会正副議長選出の混乱

政党が解散となって以来、県会の動向はどのようであったのであろうか。一九四二年（昭和十七）七月十日に県会議員団総会を開いた。二月の臨時県会以来で久しぶりのことであった。総会は今後毎月開催することにし、一九四三年度県予算編成に対し、県会側の要望事項を研究するため、農務、水産、商工、教育、土木、耕地、警察、時局、財政の九つの部門に別れた県政調査会の設置を決定した。夫々調査を終わり、九月十日に県庁内議員控室に議員団総会を開き、各部門の主査から報告を聞き、九月十四日までに取り纏め、坂本斎一副議長、鈴木亮議員団長から知事へ要望書を提出した。

十月二十二日に通常県会を控えて県会議員団の臨時総会が議員控室で開かれた。当面の問題であった生活必需物資の配給、中小商工業者の企業整理、農地問題について各議員の報告があった。殊に魚介、蔬菜類の出廻り、配給の円滑化には種々の意見が出された。配給機構整備の確立と行商人、買出部隊の制限は「至急実施する必要あり」とし、また食糧増産の土台である農地問題の解決も「遷延を許さず」として、物資配給統制と農地対策の二つの調査委員会を設置した。物資配給統制調査委員会（横田清蔵委員長）は配給不円滑の実情を調査し、出荷、配給の是正対策を立てることを任務とし、また農地対策調査委員会（増田栄一委員長）は離農防止、農地の交換分合、小作料適正化を研究するもので、十一月十日の議員団総会に報告し、県当局に善処方を要望する段取りであった。(22)

県会議員団は通常県会開会に先立ち十一月二十四日に議員団総会を開き、鈴木、石川善之助正副議員団長と幹事辞任に伴う改選を行い、団長に諏訪寛治県会議長、副団長に坂本副議長、幹事に青木泰助、横田清蔵、藤田昌邦、松本栄一、伊藤博愛、石川、増田、渡辺藤一郎の八名の議員を選任した。(23)

東条首相は「今秋実施の県会議員選挙に候補者の推薦制度を実施せぬ」との声明を出したが、これは各方面に大なるセンセーションを与え、一九四三年（昭和十八）二月十九日の議員控室では各県議の〝ストーブ談話〟が行われ、伊藤県議は「どっちでもよい、政府の採用した制度により善処するのみだ」、鈴木県議は「推薦制度はどうかと思う、推薦と非推薦候補の間には目に見えない相剋摩擦が残される、政府もこの点に思いを致した結果と考える」、青木県議は「推薦制度により一方に官の意向を力強く働かせることはどうかと思う」、「推薦制度も悪くはないが、選挙定員に限ることはどうかと思う」、増田県議は「盛り上がる推薦制度は一体誰が盛り上がるか、それにより、その性格が異なって来る」と各人各様に論じていた。しかし誰も推薦制度が民主主義と根本的に異質なことであると云う認識を示した者はいなかったのである。(24)

一九四三年二月十九日の臨時県会初日に諏訪議長、坂本副議長辞任に伴う正副議長選挙は混乱して二十日に持ち越しとなった。旧民政派の長洲クラブは政友脱退五人組の二十日会を抱き込み、議長に戸坂清次（旧民政）、副議長に松本栄一（二十日会）を推して、「政友、民政交互輪番制で正副議長を立てる」と云う慣例を一擲し、みたかクラブが推す横田清蔵（旧政友）、岩井力三郎（旧民政）と張り合って、決戦投票も辞せずとの態度であった。このため旧政友派のみたかクラブも納まらず、両派が中立議員の抱き込みで対立した。二十日会内部でも議長に岩井力三郎、副議長に松本栄一を推す者が出たりして、結局決戦投票以外にないと思われたが、旧民政派の出口貞作議員が「決戦投票を行うなら、議場に出ない」との意見が契機となり、午後三時に議員団委員会で協議の結果、両派の妥協が成立し、長洲クラブも輪番制の紳士協約を尊重して慣例通りに横田、岩井を正副議長に推すことに落着したのである。政党を解散しても、旧政党を中心に動き、最大の関心は役員人事にあった。「正副議長を一年毎に改選して、一期に四回も更新するところに無理がある」との意見があった。当然の主張であり、ここに混乱の原因があったが、県会は以後も全く反省なく役員争いが繰り返されていくのである。(25)

（3）翼賛会県支部改組と県翼壮団の刷新

東条内閣は一九四二年（昭和十七）五月十五日に翼賛会改組の閣議決定を行った。その改組の第一点は機能刷新を図るために、各種の国民運動組織を翼賛会の傘下に統合することであった。六月二十二日に産業報国会、農業報国連盟、商業報国会、海運報国団、大日本青少年年団、大日本婦人会の六団体が翼賛会の下に統合され、これらの団体は政府の指導監督、予算の交付、人事の決定が翼賛会を通じて行われることになった。以前から官製団体化していたこれらの組織は〝国民運動〟の名のもとに戦意昂揚のための啓蒙運動や戦時行政事務を一般国民に負わせる中間機関となったのである。(26)千葉県には海運報国団はなかったが、産報、商報、農報、青少年団、日婦の五団体が翼賛会に吸収となった。しかし各団体の組織や事務局はそのまま存置し、各団体との連絡のために翼賛会支部長直属の地方統制委員会を設置し、委員会は支部長を委員長に、幹事長には翼賛会事務局長、委員に各吸収した団体の代表、翼賛会支部職員等を充てたのである。翼賛会県支部では改組に即応出来るようにするため、野村恵一郎組織部長の下で陣容立て直しの具体案を検討した。まず郡市以下各級支部役員及び常会と県支部が兎角連絡を欠き、独自の立場に置かれていたことの弊害を改め、その連絡を緊密にすることであった。また翼賛会では支部の機構改組を決定し、従来の庶務、組織の二部制を廃止して、新たに支部長の下に事務局を設置。その下に庶務、実践、錬成の三部制をしくことになった。川村知事は七月八日以来、事務局長の有力候補として久保田勝弥県立成東中学校長と会談し、数回に亘って事務局長就任方を慫慂し、八月二十七日に受諾となったのである。改組の第二点は町内会、部落会、隣組を翼賛会の指導下に置くことであった。内務省では翼賛会の地方支部長に各府県知事が就任する権限を得たことから、内務省が翼賛会地方支部の指導権を握ることになり、翼賛会の機構と町内会、部落会とをつなぎ合わせて国民支配の体制を強化した。そして八月一日の閣議決定で町内会、部落会、隣組を翼賛会の指導下に置き、町内会、部落会には翼賛会の世話役を、隣組には翼賛会の世話人を置くことを実現した。

翼賛会中央本部の総務会は八月十五日に市町村の下部組織が翼賛会の下部組織として表裏一体の銃後強化活動を

行っていくことを決定した。これまで「翼賛会の組織は市町村支部まで」とし、「手足」を持たない状況であったが、これで活動の足場を持つことになった。千葉県の世話役、世話人の委嘱は世話役は六月一日段階で六、〇三七人の町内会長、部落会長がそのまま就任。また世話人も三万五〇六一人の隣組長、隣保班長へ委嘱となった。県は九月八日に町内会、部落会への一九四二年度（昭和十七）の助成金二万九〇〇〇円を各市町村に送金したのである。[27]

東条内閣は十月三十一日に全国の町内会と市街地に隣接した村に消費経済部を設置することにし、その実施要領を決定した。設置の目的は配給係の権能を拡大強化し、配給の公平とヤミ取引の防止にあった。取扱う生活必需物資は生鮮魚介類、青果物、薪の三つで、従来の消費組合と異なり、配給事業を行うのではなく、消費者と配給業者の提携機関であって、両者の協議会を開き、生活必需品の配給等を協議する仕組みとなるものであった。千葉県では当面六市八二か町に設置することになったのである。[28]

十二月二十四日に県は千葉市の日赤支部講堂に地方事務所の総務、経済両課長、町内会・部落会の指導者、役場配給主任、六市では町内会長、事務主任等を招致し、町内会の消費経済部設置に伴い、町内会の係制を廃止し、部制を採用する（総務部、消費経済部、産業部、社会部、警防部、婦人部）ことを協議した。消費経済部には部長一名と若干の部員を置くことになり、それは会員中から町会長が選任し、同部には専任職員を置くことが出来た。事業は①配給機関との連携、②切符制、通帳制、登録制等による割当制度の運営、③生活必需物資の消費数量調査、④消費及び配給に関する啓発並びに訓練、⑤その他消費の合理化である。必要に応じて配給協議会を設けることができ、協議会は町内会長が主宰するものとした。[29]

一九四三年（昭和十八）三月に町内会長の改選を控えた銚子市では、湯沢三千男内相が議会で町内会長選出の具体案を発表したものをもとに改正案を内定した。それは次期町内会長は各町内会長から候補者を市長に報告し、市長がこれを推薦し、市において不適当と認めた場合は、その町内会に再考内申させるものであった。これまでは各町内会長の候補選出方法は自由で、隣組長会議での選考や、町内常会で会員の総意を取り纏めるなり、隣組長の互選等で選出してきたが、改正案は市長の権限を強めるもので、町内会、部落会を行政の末端機関として上意下達の徹底を図るものであった。県下では最初のことであり、他の五市は成行に注目していた[30]。翼賛会県支部は県との表裏一体の実を挙げるために、県、翼賛会、翼壮団の三者が毎月第一、第三水曜日の二回、首脳部の連絡会議を開くことにし、その第一回連絡会議を一九四二年（昭和十七）九月二日に知事室で開催した[31]。

十月十二日には全国一斉に大政翼賛会結成二周年の記念式が行われ、これを機として翼賛運動は実践的段階に入ったが、その翼賛運動推進を久保田事務局長は「一般国民層の中に組織体を持たなかった翼賛会としては、この機構を通ずることによってはじめて翼賛運動の徹底を期することが出来る（略）国防生活の徹底とは簡単に言えば生活の切り下げだ（略）貯蓄は余った金を貯蓄に廻すと云うのでは、到底目的は達せられぬ、どうしても生活の切り下げによって貯蓄を生み出さなければならぬ」と生活の切り下げを求めたのである[32]。

県下の国民運動を強力に展開するために一九四三年（昭和十八）一月十三日に常務委員会は国民運動要項を決定した。一月二十三日には翼賛会支部会議室で年度最初の郡市支部長会議を開催し、常務委員会で決定した国民運動要項の一部を修正し、生産増強、必勝貯蓄、決戦生活確立の三目標を決定し、この目標にそって衣料切符献納運動、毛皮と食糧確保のための兎一、〇〇〇万羽飼育運動、節米による供出運動を展開することにしたのである[33]。

翼賛会県支部の常務委員更新は四月二日に人選を終わり、定員二〇名中県庁関係者、事務局長、各部長は変えず、外部からの委嘱一一名は、二、三名を除いて新人を迎えて決戦下の翼賛運動を推進するとした。五月八日に翼賛会中央本部は推進員制度を翼賛壮年団員と役割が重複するとして廃止を決定した。県下一、〇〇〇名の推進員の大半が翼賛壮年団の中核となって活動していたので、翼賛会と翼壮の一体化を強化するものであった[34]。

県翼賛壮年団（以下県翼壮団）では翼賛会県支部の機構改組に併行してどのように機構を刷新していたのであろ

うか。県翼壮団は一九四二年（昭和十七）六月二十三日に強力な活動を展開するために機構拡充を決定した。それは翼壮本部を設置し、本部には本部長、補佐室、参事、参与、調査委員を置き、部務分掌のために総務部、組織部、訓練部の三部制を採用した。県翼壮団は名誉団長（知事）、団長、副団長、総務顧問、参与等の首脳部の下に新たに本部と云う「胴体、手足」を得て活動する体制となったのである。(35)

県翼壮団は五月の衆議院選挙、引き続いた市町村会議員選挙で選挙啓蒙運動、選挙粛正運動による一定の「成果」を挙げたが、このため一部からは「翼壮は選挙のために生まれたもので、選挙終了と共に使命を終わった」と見るものがあり、また「県団本部の指示する目標だけ活動すればよい」とするものが少なくなかった。そこで矢野団長の名でもって「翼賛運動の真面目は地域的、職域的翼賛体制の促進強化、戦時生活体制の建設に邁進することであり、団の活動力を国民生活の地盤に培養するにある」と県翼壮団の活動目標を闡明《せんめい》にした文書を県下郡市町村団長宛に発送したのである。(36)

七月十八日に県翼壮団は総務会を開催し、茂木啓三郎副団長、斉藤信三郎総務の辞任による一部役員の補充と本部職制実施に伴う参与、参事を決定した。副団長は補充せず、野村恵一郎一人とし、斉藤総務の後任には島津良男君津郡副団長（金谷村長）を任命した。顧問は一一名とし、新たに織田智、菅野一郎、青木重臣の県庁三部長を加えた。本部長に太田健吉、参与一六名、参事九名を任命した。(37)八月十一日に県教育会館で初の参与・参事会議を開催し、翼壮の驀進すべき進路と運動方法を協議し、「翼壮は選挙の申し子」と見られた観念を払拭しようとした。八月十五日には矢野団長以下県団役職員が出席して郡市団長会議を県団本部で開催し、翼壮運動が軌道に乗り、計画時代から実践時代に移ったと云う認識の下に活動目標を協議したのである。

県翼壮団では県下市町村会議員選挙で翼賛壮年団勢力が議席数をどのように占めたのかを九月十五日に発表した。市部では議席数の一一・一％（船橋市一三・八、銚子市一一・一、千葉市八・三）郡部では二〇・一％（山武三四・一、香取二七・九、印旛二七、千葉二五・五、夷隅一九・八、市原一九・六、君津一九・一、東葛飾一七・八、長生一六・一、海上一四・三、匝瑳一一・九、安房六・八）で、市部に比して郡部が高く、特に山武、香取、印旛、千葉の四郡は議席定数の四分の一以上を占めていた。しかし全国平均が二八％であったから、千葉県は全国平均を上回ったのは山武郡だけで、総体としては勢力の弱いところであった(38)。

県翼壮団は九月二十日に県団事務所で総務会を開催し、市町村に運営指定団を設定した。商工都市団では市川市翼壮、商工団では木更津町翼壮、成田町翼壮、山林団は夷隅郡瑞沢村翼壮、漁村団は安房郡千倉町翼壮、半農半漁団は市原郡八幡町翼壮、農村団は海上郡瀧郷村翼壮、山武郡増穂村翼壮、香取郡香取町翼壮、匝瑳郡匝瑳村翼壮で、商工都市及び商工団は配給体制、農村団は責任協力体制、山林団は木炭増産推進で夫々「模範的」な運営を行っていたものであり、他の団へ推進的影響を及ぼさせるためであった(39)。

十一月六日の総務会で県団本部の職制改正を行い、補佐室、調査委員を廃止し、理事、幹事を置き、専門委員会と地区活動に責任指導を行う指導部を新設した。専門委員会は商業委員会（委員二二名）と農業委員会（委員二三名）置き、指導部の地区割は第一班（千葉市、市川市、船橋市、東葛飾郡、印旛郡で責任者は県団総務村瀬雄次郎）、第二班（銚子市、香取郡、海上郡、匝瑳郡で同馬場良之助）、第三班（山武郡、長生郡、夷隅郡で同伊藤博愛）、第四班（館山市、木更津市、君津郡、安房郡で同島津良男）であった(40)。

時局の緊迫と共に、県翼壮団は県産業報国会と密接に協力することにし、産報が生産増強運動の内面的な推進力となって職場を〝死守〟することに対し、翼壮は職場外にあって座談会、講演会の開催、物資配給の円滑化、共同託児所設置、勤労報国隊結成、職場激励慰問隊等で生産増強運動を支えることにしたのである。

県翼壮団は一九四三年（昭和十八）二月十三日で結成二年目を迎えたが、太田健吉本部長は二つの課題を語った。一つは人的構成の刷新で、三月に県団役員の更新、四月三十日の郡市正副団長の更迭、五月三十一日の町村正副団長の更迭を経て、実践的、活動的人材を確保すること。二つには運動の実践で、特に食糧増産、配給消費の翼賛体制の確立、国民貯蓄の増強であるとした[41]。

県翼壮団の矢野機団長、太田健吉副団長は三月六日に重任となり、総務は一一名のうち六名が新顔となった。五月一日に県団本部の職制を改正し、幹部会議が設置となり、本部長、理事、幹事で構成し、団運動の企画、審議、専門的事項の処理を行うものであり、また総務部、指導部の他に新たに企画部を新設した。郡市団長は再任一二名、新任六名となった。かくして県翼壮団の指導体制が整い、結成第二年目の活動に向けて歩み出したのである[42]。

(三) 供米、供木運動と小売業の本格的整備

(1) 供米、供木運動の展開

供米はどのような状態であったのであろうか。早場米の早期出荷九、十両月分は出荷率一五五％であり、割当数量では全国一の成績であった。県農会ではこの努力に感激し、特に優良な成績を挙げた一二町村農会と三四農事実行組合を表彰した[43]。千葉県の十二月末での供出割当への出荷実績は一一〇％で、東京の一四七％、栃木の一一七％に次いで東日本で第三位であり、一九四二年度の割当総量に対しては六一・一％の供出済みで、全国第五位の成績であった。しかし県臨時米穀対策部では「農家は出来る限り自家飯米を節約して、一粒でも余計に供出するように」と農家に懸命の督励を行っていた[44]。県と翼賛会県支部では一九四三年一月以降米供出成績が落ちて来たので、米穀供出報国運動を行うことにし、三月五日には千葉市役所で片柳農林省食糧管理局第一部長、織田県経済部長、農業団体、翼賛会県支部、翼壮団、大日本婦人会代表等が出席して協議会を開いた。そして農家には自家用飯米の二分搗き励行、代用食・玄米食による節米励行、ヤミ取引や横流し防止で供出米を確保させ、一般家庭には割当量以下の節米を勧奨するビラ配布を申し合わせた[45]。翼賛会県支部では三月八日の大詔奉戴日を期して供米運動を行う

ことにし、一六万戸農家に「昨年は非常に米が豊作であった。だが出来がよくても供出がよくゆかねば、米が十分とはいわれない（略）米の供出を完全に果たすことは戦争に勝つことである。（略）米の代わりに木の実や草の根を食って戦っている戦地将兵のことをよく頭に入れ、消費者は一粒でも多くお米を節約、農民は一日も早く供出を完遂して戦争のお役に立てねばならぬ」と呼びかけを行った[46]。

一九四二年度供出は三月三十一日に締め切ったが、供出目標を完遂した町村は一三四で、全国では「五指を屈する」上位であった。郡別の完遂町村数は千葉郡一四（町村数一四）、匝瑳郡一三（同一四）、長生郡一九（同二六）、安房郡二三（同四〇）、君津郡二〇（同三七）、夷隅郡一〇（同二二）、香取郡一四（同四一）、市原郡七（同二一）、印旛郡五（同三〇）、山武郡二（同三二）、東葛飾郡二（同三二）、海上郡一（同一二）であり、市原、印旛、山武、東葛、海上の五郡で落ち込みが大きく、五市では市川市だけであった[47]。

四月十五日に割当数量に対して供出は一〇〇％に達し、織田経済部長は「農民が赤誠の結晶であり感謝に堪えない」との辞を述べたが、郡別では、印旛、東葛飾、山武が極めて悪く、割当目標に達しない町村が五〇か町村あった[48]。全国全体の供出米目標は四、一〇〇万石であり、四月末の成績は九四％、即ち三、九〇〇万石で目標には達しなかった。農林省では一部にあった「供米運動は四月末で終わった」との誤解を払拭して、引き続き供米運動を続行する方針であり、片柳局長は「都市とは違い農村には米麦以外に食糧もあるのだから、その方で補給すること」と語り、供米第一主義を強調した。しかし目標を達成した所も引き続き運動することは、目標が形骸化するものであり、それはやがて運動が停滞していく要因となるものであった。

供木運動はどのように始まったのであろうか。一九四二年（昭和十七）八月十九日に君津郡秋元村（富津市）の鬼泪山県営模範林事務所で県林産物検査所支所長会議が開かれ、一九四二年度の増産目標は前年度生産量より一〇％増強し、県内消費は一九四〇年（昭和十五）を基準としてその消費量の二三％を制限することを決定し、従来の個人木材商による立木買付を、企業統合で創立された県下七つの木材会社が行うことになった。[49]

一九四三年（昭和十八）一月二十日に政府は「木造船建造緊急方策要綱」を閣議決定し、国有林からの船材供出を行うことになった。宮田綱男千葉営林署長は県下の状況を「君津郡亀山村から樅の丸太三六〇石、久留里町（君津市）と市原郡里見村（市原市）から松材二、九五二石、大多喜町付近から杉材一六〇石、檜一〇四石が供出することになり、この他に夷隅郡老川村（大多喜町）、君津郡亀山村（君津市）等には供出出来る船材が三万石以上ある。海岸の防風林を解除するならば、さらに三万石以上の供出が出来る」と楽観的に語っていた。[50]県土木課では軍需造船材となる特殊材を物色し、並木の中には優秀なものが多く、第一次分は勝浦・北條線に沿う安房郡東條村（鴨川市）下芝地先の松並木七一本と久留里・富津線の久留里町愛宕地先の松並木一四一本を供出に決定した。二月十七日に県と翼賛会県支部は県民に供木を呼びかけるための打合せ会を開き、原木所有者への供木勧奨をはじめ神社、寺院にも択抜、間伐を行わせることにし、安房郡和田町地先の県有砂防林を造船用材に動員することにした。民間では成田山新勝寺が護摩木山や境内奥山から切り出し、二、〇〇〇石の献木を行ったのである。[51]

県の木材生産目標は非常増強数量八万五〇〇〇石、政府割当供出量五八万一八六一石の合計六六万六八六一石、この外に生産立木買付目標が九万四三四五石あり、これらを三月一杯に確保しなければならなかった。県では三月三十一日までを木材生産増強期間として完遂に邁進することにした。三月十一日に県、営林署、翼賛会県支部、県翼壮団、千葉管理部、県森連、県木材会社、県貨物自動車協会、木造船組合、県仏教社会事業協会、神祇会県支部の代表が千葉市の県信連に集まり、運動期間を四月末までとし、輸送上比較的搬出の容易な屋敷林、公園、社寺境内林、並木、平地林を中心とし、強力に運動を展開するため県供木協議会（会長川村知事）を組織し、県林務課内には供木取扱所を新設した。供木取扱順序は懇談会で供木の勧奨を行い、供木の申込があった場合は供木協会が供木取扱所に現地検査をさせ、供木を決定し、供木代金を軍部に献納した献木者には特に軍部大臣よりの感謝状と供木協会より苗木の贈呈を行い、供木者には翼賛会県支部から感謝状を送ることにした。供木の種類は欅、樫、タブ、しほじ、松、杉、檜、ヒバ、エゾマツ、樅、栂で、太さは目通し一尺五寸以上（但し樫、檜、しほじは一尺以上）。運搬方法で人手を要する場合は翼壮、青少年団、各種勤労報国団体の援助を受けることが出来た。翼壮県団本部には供木運動部を設置し、船材供出を推進した。供木取扱所が四月十四日までの僅か半月で集めた供木数は杉七二二、松一二五、欅九〇、樫九四、椹《さわら》九七、樅一〇、椎二、その他三の合計一、二四八本であった。(52)四月末日で供木申込数は五、三九五本となったが、運動は六月末まで延長された。郡市別では、香取郡の一、五〇〇本を筆頭に長生、山武両郡が比較的多かったが、千葉、海上、匝瑳の三郡は一本の申込もなく、市部では市川市の一二五本を除いて全くなかった。五月五日の段階では一万二六八九本になった。(53)しかし千葉県の木材生産は他府県に比して成績が悪かった。五月十九日に戦力増強委員会木材専門部会を県参事会室で開き、七月末までに一九四二年度分未供出材と、一九四三年度供出割当を完遂するために「緊急対策要綱」を決定した。そして林務課の木材係九名を二四名に増員し、県下を一班（市原、海上、匝瑳）、二班（安房、山武、千葉）、三班（夷隅、長生、東葛飾）四班（君津、印旛、香取）の四つに分け、四名宛の指導班員を置いて督励することにしたのである。(54)

（2）経済的統合の進展

国策による経済分野での統合は千葉県ではどのように進んでいったのであろうか。電灯電力配給の一元化では関東配電会社が木更津電灯、京成電軌電灯部、栗山水電を一九四二年（昭和十七）八月三十一日を期して合併した。県下で残ったのは小湊鐵道電灯部、両総電気、山武電灯、上総水電、千葉水電の五社となったが、小湊、両総の二社は十一月二十五日までに関東配電への統合命令を受け、他の三社も十二月末までに関東配電へ統合させられ、県下の電力会社は全て関東配電に吸収されたのである。(55)

七月十日に勧業銀行千葉支店会議室に大蔵省から和田銀行検査官補、県から織田経済部長以下係官、業者側から千葉、大昭、国民共済、千葉共栄の四つの無尽会社代表が出席し、一県一社の合併案を協議した。払込資本金は千葉一〇万五〇〇〇円、大昭二万五〇〇〇円、国民共済二万五〇〇〇円、千葉共栄三万五〇〇〇円であった。千葉、大昭、千葉共栄の三社は千葉無尽の伊藤専務を新会社設立委員長にして合併準備を進め、一九四三年（昭和十八）三月二十九日に設立総会を開いて千葉合同無尽株式会社を設立した。資本金七〇万円、新社長には前台湾銀行筆頭理事の山本善治、本社は千葉市院内町の千葉無尽株式会社の建物に置き、県下に出張所二〇か所、代理店一一か所、社員五〇四名で四月一日に営業を開始した。無尽会社は千葉合同無尽と国民共済無尽の二社となった。(56)

一九四二年十月八日に織田経済部長の斡旋で、千葉市の県信連に県販購連、県信連の両連合会常務役員が参集、双方には統合に異議がないことが分かり、十月二十日に県信連、県販購連は夫々役員会を招集して統合案を討議した。一方産組運動の指導面を担当して来た産組中央会県支会も統合に合流する方針であった。三陣営統合後の名称は県信用販売購買利用組合連合会とし、会長には両連合会の会長であった川名伝が就任することになった。

県下のバス路線は当時三五営業会社が存在したが、中央の全国バス路線整理方針に従い、約一〇％程度の集約整理となった。一九四二年八月二十一日に鉄道省から知事宛に提出された鉄道省案は京成、成鉄、千葉市街の三社への統合案であった。この統合案は資本金五万円以上の会社のみで全額払込の新会社を設立し、資本金五万円以下のものは新会社が買収すると云うものであった。県下の一五業者は鉄道省案を歓迎せず、九月十一日に安房郡小湊町の吉田屋に会合し、第一区海上・匝瑳・香取・印旛（成鉄中心）、第二区千葉市以北（東葛飾を含む）（京成バス中心）、第三区千葉市部・市原（袖ヶ浦郊外成東、千葉市街等）、第四区山武・長生・夷隅（大天バス）、第五区君津・安房（君津自動車、内外房自動車等）の五地区に分けての統合を希望した。(57)九月二十一日の内務省主催全国保安課長会議で一九四三年（昭和十八）三月末までに統合することが決まった。君津合同外一一の有力会社は代表者一名宛を対策委員とし、十月三日に千葉市で協議を行い、五地区での統合実現を求めた。県では鉄道省案に固執せず、県係官と業者代表とで調査委員会を設けて円満な統合を図ることにした[58]。十月二十八日に県警察部は県下乗合自動車営業者三五名を千葉市の九十八銀行会議室に集め、県の統合案を提示した。それは県下を四地区に分けて統合するもので、第一地区（下総地方）統合主体は京成電気軌道、被統合体は松戸高木バス、千葉市街成東バス、九十九里鉄道、第二地区（下総地方の二）統合主体は成田鉄道、被統合体は北総バス、香匝バス、石毛バス、川島バス、第三地区（上総地方）統合主体は袖ヶ浦自動車、被統合体は千葉郊外、大天バス、東海合同、笠森バス、佐藤バス、片貝バス、藤平バス、遠山バス、越後バス、小湊鐵道、第四地区（房州地方）統合主体は君津合同自動車、安房合同、外房内湾バス、被統合体は南総自動車、白井バス、二見バス、小幡バス、前田バス、丸共バスであった[59]。県保安課では乗合自動車企業の統合が軌道に乗ったので、次は貨物自動車企業を統合して輸送力強化を図ることにした。県下の貨物自動車企業は一九四〇年（昭和十五）十月同課の指導で第一次統合が行われ、東葛飾郡下の一二会社を除き、各郡で六社乃至八社に統合、当時は八三社であった。これを一〇社に統合することにした。十二月十六日に千葉市の県立図書館講堂に県下の全トラック業者を招致して打合せ会を開き、全業者の諒解を求めた。統合要綱では県下を八ブロックに分け、第一地区（印旛郡、佐倉署管内、千葉郡千葉市、船橋市及び東葛飾郡のうち船橋署管内）、第二地区（市川市、東葛飾郡のうち市川、松戸、野田署管内）、第三地区（香取郡、印旛郡のうち木下、成田署管内）、第四地区（銚子市、海上郡、匝瑳郡）、第五地区（長生郡、夷隅郡）、第六地区（館山市、安房郡）、第七地区（君津郡、木更津市、市原郡）、第八地区（山武郡）で、第一地区、第二地区には三会社、他の地区は一地区一会社とする。新会社は原則として株式会社とし、一九四三年一月までに全部統合を完了することになったのである[60]。

県下にあった二五の缶詰会社は農林省食品局の「企業整備要綱」に基づき、過去三年間の製造実績、空缶配給数量、原料入手状況、その他工場設備等で統合することになり、銚子合同缶詰株式会社は日本輸出缶詰株式会社（浦安町)、旭海産興業株式会社、千葉食料社(千葉市)、明治製菓勝山工場(勝山町)、姫野缶詰工場(御宿町)の五工場を有資格工場として買収し、千葉県合同缶詰株式会社の看板を掲げて、銚子市に本社を置いて新発足した。この結果、日本輸出缶詰はアサリ、ハマグリ、旭海産は鮪、鰹、鯖、千葉食料社は壜、壺物、明治製菓は農産果物類、姫野缶詰は鰯類、佃煮等の各専門工場に分かれ、地域別の重点増産に当たることになった。残余の二〇工場は既に他の製造部門に転身していたのである。(61)

(3) 小売業の整備

藤原県政期に始まった転廃業はどのように小売業を本格的に整備したのか。一九四二年(昭和十七)九月九日に千葉市醸造試験所会議室で県中小商工業再編成協議会の初の総合部会が開催された。十月から全国一斉に展開される企業整理の率、転廃業共助金の程度、整理の具体的方法等の中小商工業再編成に関する根本対策を協議するためで、部会委員長には織田経済部長がなり、委員には板倉職業課長、三輪庶務課長、武末特高課長、夏目経済課長、福田商工主事、岸本税務署長、石川千葉市商工会議所理事、雨宮銚子市商工会議所理事、青木商組県支部主事、山崎商報推進隊長、三平生活必需品組合県連合会理事長等がなった。(62)県では郡市別に再編協議会を新設し、さらに県下一三の国民職業指導所別に設置していた企業整理委員会連絡協議会を市並びに地方事務所別に設けて、郡市別再編協議会の官庁代表の委員を顧問とし、官側と業者双方の連絡をとり、円満な運営を図ろうとした。十一月十七日の第二回県中小商工業再編成協議会総会は千葉市の日赤支部で開催し、翌日に県は「企業整備方針の大綱」を発表した。それは(一)店舗の存置数とその担当世帯数については、県下を四つの地区別に分類し、第一類地区(千葉市・銚子市・市川市・船橋市・館山市・松戸市)では、一店舗平均二五〇世帯、主として業種別に整備する。第二類地区(木更津市・佐原町・東金町・茂原町・鴨川町・勝浦町・野田町・八日市場町・成田町・小見川町)では一店舗二〇〇世帯、主として包括業種別（衣服類、燃料、家庭用雑貨、食料品雑貨（但し米、麦、生鮮食料品は除く）、第三類地区（津田沼町外五二か町）では一店舗一五〇世帯、主として取扱商品の種類により、第一次生活必需品販売商と第二次生活必需品・文化嗜好品販売商の二本立てで整備する。第四類地区（千葉郡更科村外二五一か村）では一店舗一〇〇世帯、主として各商品を包括的に扱う萬屋商の形態で整備する。（二）再編成までの段取りについては、各企業整備委員会が県の方針に基づき当該商業組合にどの店を整備すべきかを決定させ、その実行を勧奨する。その際に連絡協議会と連絡し、更に郡市協議会の指導を受ける。郡市協議会は適正と認められる計画を県に送付する。県再編協議会又は部会で最後的決定の上、実行する。（三）共助施設については、県中小商工業再編成共助会を設置し、県庁商工課内に置き、役員は知事を会長にし、事業は三か年間に国庫及び県費補助金二六〇万円、寄付金四〇万円の合計三〇〇万円を支出する。支出の内訳は転廃業者生活援護費二五六万三六〇〇円、同家族育英助成費一六万二〇〇〇円、同技術指導助成費六万三〇〇〇円、会維持費一万二五〇〇円、予備費一九万八九〇〇円であった。転廃業者生活援護費は商工業組合等が生活困難な組合員に生活費を助成する場合、その資金の一部として組合に交付するもので、一か年を限度とし、転廃業者一人当たり基本生活手当年一〇〇円、家族扶養手当として一人月五円宛、一戸当たり年三〇〇円を標準とする。同家族育英助成費は学校をやめざるを得ない状態の子弟に一人当たり月一五円以内を交付する。同技術指導助成費は県立機械工養成所その他で技術を学ばせ、且つその期間中賄い費と家族手当を助成する。その期間は三か月以内で、賄い費助成金は一人月一五円以内、家族手当は同二〇円以内とする等であった(63)。

十一月二十八日に県は特別推進地区設定、共助金算出方法、転廃業者選出方法等の「小売業整備要綱」を発表した。千葉県は関東地方における産業再編成推進地区に指定されており、さらに整備を円滑に推進するため、県内に特別推進地区を指定した。第一類地区は銚子市、第二類地区東金町、第三類地区長者町、富津町、第四類地区は各地方事務所管内毎に一か所としたが、その選定は郡再編成協議会に一任した。転廃業者選出方法は商組県支部、商報県本部の案を一部改訂して採用したもので、それは（一）残存者の選定条件は①誠実、勤勉で信用のある人、②商品知識を有し、経営才能のある人、③統制を利用して個人的利益を計り、消費者に迷惑をかけるが如きことのない人、④新経済道義の精神に徹し、統制に協力する熱意を有する人、⑤悪質なる経済事犯のない人であり、（二）転廃業者の選定条件は①年齢若くして身体強健な人、②扶養家族少なく、転業が比較的容易な人、③資質、技能、経験等から見て職業転換することが、その将来のためになると客観的に認められる人、④他の職業に従事し、副業的に小売業を営む人、⑤配偶者又は子弟が定業を有し、又は営業外収入多くして小遣い稼ぎに営む人、⑥生産業者、卸売業者にして併せて一部的に小売業を営む人等であった。(64)

十一月の通常県会では小安嘉六県議は「失意ノ余リ自殺ヲシタ人、長イ歴史アル業務カラ去ル者、ソノ土地カラ別レ、妻子眷族ガ路頭ニ迷フヤウナ者モ数多クアル（略）指導者ニ親切ガナカッタトシタナラバ、ドレ程悲哀ヲ感ズルデアリマセウカ（略）極度ノ親切ヲ以テ安心ノ出来ルヤウナ指導ト御心配ヲ願ヒタイ」とし、転廃業関係の陳情での当局の面会謝絶の貼り札撤去を要求した。また加瀬道之助県議は「日本ハジマッテ以来ノ商売人ニ対スル一ツノ大変革デアル（略）何故日本ガ産業ノ再編成ヲシナケレバナラヌカト云フ理由ガ、民間業者ノ間ニハ誠ニ不徹底デアル」と当局の説明が徹底することを求めた。(65) 織田経済部長は「我が国固有の特質をもつ家族制度にも関連し、国民思想にも影響をもつ問題であるが、戦時体制を確立しての長期戦に勝ち抜くためには、どうしてもこの難関を克服してゆかねばならぬ」と再編成は問題のある改革であることを認めていたのであり、また坂本商工課長は「出来るだけ親切に、その間に無理がなく、お互いに納得づくで処理するようにしたい」と理想を述べたが、それだけ無理があって、納得し難いものがあることを前提としたものであった。(66)

一九四三年（昭和十八）二月十二日の県中小商工業再編成協議会総合部会で残存者側が転廃業者に給付する営業

補償と生活援護を兼ねた共助金の算定方法が最終的に決定を見た。十三日に「県小売業再編成共助施設実施要綱」が発表となり、共助金は千葉県では「生活調整共助金」と名付け、その算出方法は他府県と異なって、利益を中心にして算出する独自的なものであった。千葉県の転廃業者は県、同業者の共助金を合わせて大体一年間の利益の三年半分乃至四年分を貰える勘定であった。例えば過去三年間の平均で一年間の売上高一万円の呉服商の場合は生活調整の共助金として同業者から二、三三〇円、県の共助金が三〇〇〇円、更生金庫の基準評価額が一、三四〇円で、合計三、九七〇円が貰えるものであった。(67)

再編の進行状況は郡部で全部完了は安房、市原、印旛、海上、匝瑳、千葉の各郡、一か村残りは夷隅郡、二か村残りは長生郡、五か村乃至一〇か村残りは君津、山武、東葛飾、香取の各郡、市部は館山市が完了、松戸市は燃料を除き完了、千葉市、銚子市は四月二十日頃までに完了、市川市、船橋市は未定と云うものであった。(68)四月十六日に千葉市の商工会館で県中小商工業再編成協議会地区部会が開催され、各地方事務所単位の再編成協議会が提出した整備具体案は原案通り決定し、これで七市の外少数の町村を除き県下の転廃業者と残存業者が確定したのである。しかし閉店して事実上整備を完了することは手持ち商品の荷捌き等の関係から早急には運ばず、五月七日までに県へ報告があったのは、長生郡庁南町一か所であった。県下に先駆けて整備を完了した庁南町は四月二十八日に残存者が醵出すべき共助金の払込を完了し、五月三日には同町役場に町有志、企業整備委員、転廃業者が参集、激励会を開き、共助金を転廃業者に贈り、同日に閉会した。転廃業者たちは雑貨商を率先廃業した今関正蔵同町商報推進隊員が中心になって同町に誘致を成功させ、五月一日から操業を開始した軍需工場に産業戦士として転身したのである。(69)

千葉県の企業整備は五月十二日の第二回県中小商工業再編成協議会地区部会で六市を除く木更津市外八〇町、二二九か村の整備案が可決となり、ここに県下の商業再編成は実施に移されることになった。また六市の企業整備も五月中に決定の予定となった。商報県本部では本部長川村知事の名を以て県下の完全転廃業者全部に対して「大東亜戦下国家の要請に応え家業たる小売業より他に転進せらるるは、滅私奉公の真姿顕現にして、洵に感謝に堪えず、茲に感謝の意を表す」との感謝状を送ることにした。なお各郡市町村再編成協議会の委員会開催数は二、八五一で、一郡平均二三七回（最多は安房郡四八〇、最少は海上郡九七）、また残存業者の一人当たり郡別平均負担額は五二一円（最高は長生郡六八四円、最低は海上郡二〇九円）、転廃業者給付は三八二円（最高が印旛、夷隅両郡の五一〇円、最低は海上郡の二六〇円）であった。(70)

（注）
（1）前掲図書館蔵「東京日日新聞千葉版」一九四一年八月十日付
（2）前掲図書館蔵「東京日日新聞千葉版」一九四二年五月六日付
（3）前掲図書館蔵「読売新聞千葉版」一九四二年一月八日付
（4）前掲図書館蔵「東京日日新聞千葉版」一九四二年九月二十日付
（5）前掲図書館蔵「千葉新報」一九四三年一九四三年四月三日付
（6）前掲図書館蔵「読売新聞千葉版」一九四三年二月五日付
（7）前掲図書館蔵「東京新聞千葉版」一九四二年十二月十一日付
（8）前掲図書館蔵「東京日日新聞千葉版」一九四二年七月二十五日付
（9）前掲図書館蔵「千葉新報」一九四二年九月二十九日付
（10）前掲図書館蔵「読売新聞千葉版」一九四二年十一月十三日付
（11）前掲図書館蔵「毎日新聞千葉版」一九四三年三月四日付
（12）前掲図書館蔵「読売新聞千葉版」一九四三年四月二十八日付
（13）前掲図書館蔵「千葉新報」一九四二年六月十二日付

(14) 前掲図書館蔵「千葉新報」一九四二年六月十七日付
(15) 森邊成一「地方事務所の設置と再編―郡制廃止後の郡域行政問題―」広島法学二三巻の四号、二〇〇〇年、四七頁
(16) 前掲図書館蔵「読売新聞千葉版」一九四二年八月二十二日付
(17) 前掲図書館蔵「千葉新報」一九四二年九月十五日付
(18) 前掲図書館蔵「東京日日新聞千葉版」一九四二年十一月三日付
(19) 前掲図書館蔵「朝日新聞千葉版」一九四三年一月二十日付
(20) 前掲図書館蔵毎日「朝日新聞千葉版」一九四三年二月七日付
(21) 前掲図書館蔵「毎日新聞千葉版」一九四三年五月十九日付
(22) 前掲図書館蔵「読売新聞千葉版」一九四二年十月二十三日付
(23) 前掲図書館蔵「千葉新報」一九四二年十一月二十五日付
(24) 前掲図書館蔵「千葉新報」一九四三年二月二十日付
(25) 前掲図書館蔵「朝日新聞千葉版」一九四三年二月二十一日付
(26) 前掲図書館蔵前掲粟屋論文「翼賛政治体制」二一六頁
(27) 前掲図書館蔵「千葉新報」一九四二年九月九日付
(28) 前掲図書館蔵「東京日日新聞千葉版」一九四二年十一月十八日付
(29) 前掲図書館蔵「東京日日新聞千葉版」一九四二年十二月二十五日付
(30) 前掲図書館蔵「毎日新聞千葉版」一九四三年二月十八日付
(31) 前掲図書館蔵「東京日日新聞千葉版」一九四二年九月三日付
(32) 前掲図書館蔵「東京日日新聞千葉版」一九四二年十月十日付
(33) 前掲図書館蔵「読売新聞千葉版」一九四三年三月六日付
(34) 前掲図書館蔵「千葉新報」一九四三年五月七日付
(35) 前掲図書館蔵「千葉新報」一九四三年五月九日付
(36) 前掲図書館蔵「朝日新聞千葉版」一九四二年六月二十一日付

(37) 前掲図書館蔵「東京日日新聞千葉版」一九四二年七月十九日付
(38) 前掲図書館蔵「朝日新聞千葉版」一九四二年九月十六日付
(39) 前掲図書館蔵「朝日新聞千葉版」一九四二年九月二十二日付
(40) 前掲図書館蔵「東京日日新聞千葉版」一九四二年十一月七日付（のち自治専門委員会二一名、情報委員会（各郡市一名）が追加される）
(41) 前掲図書館蔵「毎日新聞千葉版」一九四三年一月十四日付
(42) 前掲図書館蔵「朝日新聞千葉版」一九四三年五月二日付
(43) 前掲図書館蔵「東京日日新聞千葉版」一九四二年十一月二十二日付
(44) 前掲図書館蔵「朝日新聞千葉版」一九四三年一月十五日付
(45) 前掲図書館蔵「読売新聞千葉版」一九四三年三月六日付
(46) 前掲図書館蔵「毎日新聞千葉版」一九四三年三月九日付
(47) 前掲図書館蔵「朝日新聞千葉版」一九四三年三月二十三日付
(48) 前掲図書館蔵「千葉新報」一九四三年四月十八日付
(49) 前掲図書館蔵「読売新聞千葉版」一九四二年八月十六日付、一九四三年一月十九日に七つの木材会社は統合して千葉県木材株式会社となった。本店を千葉市に置き、資本金は五二〇万円であった。
(50) 前掲図書館蔵「読売新聞千葉版」一九四三年一月二十二日付
(51) 前掲図書館蔵「読売新聞千葉版」一九四三年二月十八日付
(52) 前掲図書館蔵「朝日新聞千葉版」一九四三年四月十七日付
(53) 前掲図書館蔵「千葉新報」一九四三年五月八日付
(54) 前掲図書館蔵「朝日新聞千葉版」一九四三年五月十九日付
(55) 前掲図書館蔵「千葉新報」一九四二年九月十七日付
(56) 前掲図書館蔵「千葉新報」一九四三年三月三十一日付、なお、三月三十一日には千葉合同、小見川農商、第九十八の三銀行が合併し、千葉銀行を創立した。

(57) 前掲図書館蔵「千葉新報」一九四二年九月九日付
(58) 前掲図書館蔵「読売新聞千葉版」一九四二年十月二日付
(59) 前掲図書館蔵「千葉新報」一九四二年十月二十九日付
(60) 前掲図書館蔵「千葉新報」一九四二年十二月十六日付
(61) 前掲図書館蔵「朝日新聞千葉版」一九四三年四月十三日付
(62) 前掲図書館蔵「千葉新報」一九四二年九月九日付
(63) 前掲図書館蔵「読売新聞千葉版」一九四二年十一月十九日付
(64) 前掲図書館蔵「東京日日新聞千葉版」一九四二年十一月二十九日付
(65) 前掲図書館蔵「昭和十七年通常千葉県会議事速記録」二号八七頁
(66) 前掲図書館蔵「千葉新報」一九四二年十二月四日付
(67) 前掲図書館蔵「朝日新聞千葉版」一九四三年二月十四日付
(68) 前掲図書館蔵「毎日新聞千葉版」一九四三年四月十三日付
(69) 前掲図書館蔵「読売新聞千葉版」一九四三年五月八日付
(70) 前掲図書館蔵「毎日新聞千葉版」一九四三年五月十四日付

三、日本の防戦期と川村県政（一九四三年五月〜四四年七月、Ⅱ期）

（一）広がる軍用機献納運動と都市疎開受入

（1）〝航空機不足を嘆かせない〟

藤原県政期に起こった軍用機献納運動はその後にどのように広がったのであろうか。一九四三年（昭和十八）六月二十六日に千葉市の県教育会館で盛大な海軍機（艦上戦闘機）二機の命名式が行われた。報国第一〇八八号〝千葉農協号〟と命名。もう一機は多額納税者で成田町米屋羊羹店主の諸岡長蔵が献納したもので、報国第一〇八一号〝諸岡号〟と命名した。千葉農協号は藤原県政期の一九四二年（昭和十七）三月に農会、産組、養蚕組合、畜産組合、耕地協会等の農業関係五団体で構成する県農業協力会が県下一六万戸の農家に呼びかけ、一六万二二八八円を集め、陸海軍へ各一機を献納したものであった。(1)県では一九四一年（昭和十六）十一月から一〇か月間に県民一人当たり一銭宛の醵出を求め、一六万八〇〇〇円を集めて陸海軍に献納したが、海軍では一九四三年九月十七日に千葉中学校校庭で〝千葉県民号〟の命名式を行った。また陸軍の命名式は九月二十日に東京の羽田飛行場で行ったのである。

飛行機の不足から一機でも多く送りたいと山武地方事務所では艦上戦闘機の献納運動を計画し、十月八日に町村長会を中心に在郷軍人会、翼賛会、翼賛壮年団、教育会に呼びかけて、十一月末までに一〇万円を集めることを決定した。国民学校、中等学校、女学校の生徒からも寄付を募り、学校では労力奉仕、稲作り、畑作り、家畜飼養、炭焼、草履作り、箒作り、桑の皮むき等で得た金を醵出し、横芝町の翼賛壮年団では街頭募金を行った。十一月二十五日には目標の一〇万円を突破し、一〇万三〇〇〇円となり、十二月一日に長妻地方事務所長等が海軍省に献納し、一九四三年二月十一日に東金町の東金国民学校で命名式を行い、〝千葉県山武号〟と命名した。なお山武郡では一九四四年（昭和十九）二月二十七日に発起人会を開き、陸軍機の献納募金も行うことにし、①婦人会、翼壮の活動に俟つ、②篤志者の寄付を勧誘する、③町村割当の場合は人口一人に付二五銭、④学校の場合は国民学校児童一人一〇銭、青年学校生二〇銭、中等学校生二五銭等の募金方法を決定したのである。(2)

東葛飾郡田中村（柏市）では対米英戦二周年の十二月八日に村民大会で「大東亜戦争完遂まで」長期に亘る軍用機献納運動続行を決議し、実行方法を毎月八日の大詔奉戴日を期して開催する村民大会で村民税を基準に一戸平均五〇銭宛の毎月醵金を行い、一か年で約五、〇〇〇円を献金することにした。松丸巌村長は「東葛飾郡町村長の常会に提案し、県町村長会だけでなく、全国町村長会に呼びかけ、全国市町村の毎月行事にしたい」と語った。十二月二十日に松戸市北部国民学校で開かれた東葛飾郡町村長常会では田中村に倣ってそれぞれ献納運動を起こすことを申し合わせた。一九四四年（昭和十九）一月十五日に同郡土村（柏市）役場で開かれた町村長常会では〝愛国東葛号〟を陸海軍へ各一機献納することを決定し、四月末までに二〇万円を目標に醵金することにしたのである。(3)香取神宮が十二月に陸海軍へ各三万円宛の飛行機献金を発表したが、香取地方事務所でも〝香取号〟を陸海軍へ一機宛の献納運動を計画した。香取神宮の献金を基本に郡下四一か町村民が一丸となって一月末までに一〇万円献金をすることにした。三月二日までに二町村を除いて献金は地方事務所に集まった。香取神宮六万円、佐原町二万円を筆頭に総計一七万七二六一円に達し、予定額を突破したので献納式を挙行して献納にしたのである。(4)

十一月二十五日のマキン、タラワ両島守備隊の玉砕を知った館山市翼賛壮年団では悲壮な決意を以て飛行機献納運動に起ち上がった。まず団を中心に団員各自一人一円以上の醵金募集を開始し、一九四四年一月二十日には三〇〇円の献金を得たので、二十三日に献納手続きを行った。この翼壮の動きに刺激され、折柄北部国民学校で開催された米英撃滅市民総動員大会での南部譲吉陸軍中将の講演に感動した市内六軒町第六町内会では「航空機不足を嘆かせてはならぬ」と一月十八日に班長会議を開き、〝愛国館山号〟献納の決議を行い、町内会隣組の献金運動に着手し、一月二十日には各隣保班から一万六三一〇円の献金が集まった。大島町内会長はそれを持参して市当局に献納運動を起こして貰いたいと要望した。これを受けた館山市では一月二十二日に緊急町内会長会議を開き、館山号献納期成同盟会を組織して一月末までに全市に運動を展開することを決定した。一月三十一日には献金は六万円に達し、当初の目標一機どころか二機の献納の気運となり、二月十日の段階では六六町内会中約半数が献金を完遂し、二四万円を突破したので、二月十九日に町内会長会議を開催し、陸海軍へ三機（海軍二、陸軍一）を献納す

ることを決定した。命名式は五月二十七日に市内の県社八幡神社で挙行したのである。(5)

安房郡でも一月二十八日に翼賛会の参与と常務委員の合同会議で安房地方事務所に対して二機の献納運動を起こすことが要望され、地方事務所では盛り上がる熱情に応えるために二月三日に参与、常務委員と町村長会の合同会議を開いて運動の具体的な展開を話し合った。安房郡では一四か町村を残して当初の目標額一四万円を突破し、一七万四六六六円となり、残余の一四か町村分を合すると二三万円を超過したので、地方事務所では献納機を二機から三機に増加することにしたのである。(6)

銚子市では山崎正之助等市内有志の提唱があって一月十二日に市役所で報国機献納運動協議会が開かれた。市長、市会議長、学校長、町内会長、会社代表を発起人として一月中に〝銚子市民号〟一機を献納することにした。その資金一〇万円のうち七万五〇〇〇円は各町内会に市民税を基準に割当、二万五〇〇〇円は市内の銀行、会社、工場等の寄付と学校生徒の街頭募金によるとした。十三日の市会全員協議会では川村市長から前日の報告を受けると、一機と云わず二機とし、特殊寄付二万五〇〇〇円の増額が提案され、一五万円の基金募集となり、市議が率先醵金するとして大里庄治郎の一万円を筆頭に九市議が各一、〇〇〇円の寄付の申し出があり、その日だけで一万九〇〇〇円の寄付となった。一月末までに一六万四二三九円となり、目標を突破したので、町内会の未納分や今後の寄付を合計すると二〇万円突破の見通しとなったため、三機を献納することにした。二月四日の段階で一九万五三二九円となり、全市一三五町内会中現金納付済みは一一〇町内会であった。二月五日には合計二四万二五一五円余となり、なお相当の申し出がある模様から陸海軍へ各二機献納の意見を満場一致で支持し、期日を延期して二五万円以上を集めることにした。九日の朝には二六万円を突破し、合計二七万四〇〇〇円に達したので、二月二十九日に川村市長、水崎市会議長、田原市翼壮団長は海軍省へ一六万円、陸軍省へ一一万円と陸海軍に四機分を献納した。献納式は五月二十一日に挙行し、五〇円以上の献納者には川村市長が感謝状を授与したので

ある。(7)

木更津市では市翼壮団と日婦木更津支部が〝木更津市民号〟の献納運動を提唱し、元日を返上して三日間街頭紙芝居で募金活動を行った。この運動に呼応して平野福太郎市議が一万円を醵出し、一月八日には臨時市常会を開き、各会代表七〇余名が参集して飛行機献納協議会を結成し、一四名の実行委員を選び、一月二十日までの運動完結を呼びかけ、予定額一二万円に達したので、一月二十二日に石川市長は海軍省に一〇万円を献納したのである。(8)日本神祇会では陸海軍に二〇機を献納する運動に取り組み、千葉県神職会に七万七〇〇〇円を割り当てて来た。一月十二日に各支部会長会議を開き、割当額を部会割当にし、一月末までに募集を完了することを申し合わせた。印旛郡部会では神職個人寄付以外は、郷社三〇円、村社一五円以上の規定で募集に着手した。一月二十六日には予定額を突破した。(9)呉服店、洋品店をはじめ県下繊維関係従事者と繊維製品配給会社では〝千葉繊維号〟の献納運動を一月以来続けて来たが、目標一〇万円に達したので、五月一日に片岡伊三郎社長等は海軍省へ献納した。また長生郡軍用機献納運動は募集開始以来一か月で目標額一〇万円を突破したので、海軍省へ献納手続きをとった。

二月一日に米軍が西太平洋のマーシャル諸島に上陸したが、県では大東亜共栄圏建設のためには米英撃破することであり、それには「航空機の増産こそ急務中の急務」とし、貯蓄増強一億円蹶起特別期間の一翼として三月一日から一か月間を航空機増強貯蓄期間と定め、各郡市に航空機貯蓄の目標額を割り当てた。貯蓄の推進方法では地方事務所と市当局が各市町村に目標額を割当、各市町村長はそれを部落会、町内会、隣組等に割り当てる。この貯蓄推進には各常会を開催し、趣旨を洩れなく徹底し、強力な実行を申し合わす。この貯蓄で一〇円以上（白色）、一〇〇円以上（赤色）、一、〇〇〇円以上（青色）の貯蓄者には参加章を交付する。交付者はそれを隣組長を通じて市町村長へ提出する。市町村長は部落会長、町内会長、隣組長、貯蓄指導員等に各戸に三月二十日頃に一斉に参加章の有無を調査し、参加章の無い者、又は貯蓄額の低い者に対しては更に指導督励を加える。所得や余剰金は徹底して貯蓄させ、一方の金融機関の貯金を引き下げ、一方へ廻すようなことがないようにする等と云う徹底したものであった。上からの半強制であり、貯蓄額によって色別の参加章を与え、無い者や貯蓄額が低い者は督励する等、敗色に追いつめらた段階のことではあったが、住民の盛り上がる自発的な意志を尊重すると云うような余裕などは全くなく、まさに血迷ったような方法であった。[10] 館山市では県の方針にそって三月一日から一か月間を航空機増強貯蓄期間とし、重爆撃機一、軽爆撃機二、戦闘機五、偵察機一の合計九機一四〇万円を貯蓄して期間中に献納することを決定した。第一期の運動では三〇万円の募金に一か月を要したのであったが、第二期では一か月で一四〇万円の募金額であった。この結果は不明であるが、常軌を逸したと云えるような取り組みであった。[11]

（2）防空訓練の変化と防諜運動

戦局が悪化し、空襲必至の情勢となったが、防空訓練はどのように変化したのか。内務省防空局は「待避所を整備せよ」と各府県へ次官通牒を発した。県当局はこれに基づき待避所整備の実施で警察署長協議会を開き、指導方針を指示した。増原恵吉警察部長は「千葉県として待避所の整備を積極的に指導、督励せねばならぬ地域は差当たり千葉、市川、船橋、松戸、木更津、館山、銚子、佐倉、千代田、津田沼、旭の一一重要市町村である。（略）重要市町村に対する指導方針は家庭防空壕の整備に重点を置き、地形の許す限り各戸に無掩蓋待避所を必ず設置させる（略）深さは坐っていられる程度としたい。（略）遅くも来月（七月）中旬までに完備せしめる考えである」と方針の一部を語っていた。当時千葉中学校、千葉高等女学校では既に無掩蓋待避所を設けていた。千葉高女の壕は深さ八〇センチから一メートル、幅七、八〇センチで、一壕に一〇人位収容出来るものであった。空襲時にはこの中で「座布団を被っていれば、機銃掃射もある程度防げるし、高射砲弾も平気である」としていたが、焼夷弾による猛火の恐ろしさ等はこの段階では想定していなかったのである。[12]

市川市では七月八日から三日間の防空訓練を行った。初日は機材の点検、二日目は各町内会毎の個別訓練、最終日は午後三時から八時まで夜間敵機空襲の想定で、防火救護総合訓練を各所で行った。千葉市では七月十五日から二十日まで各分団毎に昼夜を通じて行った。待避所の作り方を指導し、労務報国会が無蓋防空壕の掘り方、建築協会が応急避難所建築の訓練を披露した。臼井壮一市警防団長は講評の中で「大型焼夷弾に対する認識が足りない（略）従来の訓練では爆弾投下と云わない場合は待避しなくてもよかったが、今回からは敵機来襲を監視員が告げた場合は待避することになっているにも拘わらず、これが徹底していない」と述べていた。市民にはまだ空襲への認識が薄かったことを示していた。(13)館山市では七月十五日から二十日まで地区別に防火、消火、待避、救護の総合訓練を行った。船橋市では七月二十日から六日間の防空総合訓練を行った。それは改正防空必携によるもので、消防、防火、救護、待避、監視の基本訓練で、最初の四日間は午前座談会、午後は実地、二十四日は救護出動班の実地訓練であった。銚子市では七月二十日早朝に「太平洋上から多数の敵機が反復的空襲を企て、重要軍事生産施設を多数の焼夷弾と爆弾を投下した」との想定で訓練を行った。三〇分内外で完全に焼夷弾を消火し、爆弾の投下にはどろんこの道も厭わず伏せたり、負傷者の救出動作も機敏で実戦的であったと云う。訓練は地区別に二十四日まで行った。成田町の訓練は七月二十六、七の両日に行われ、第一日目は焼夷弾、模擬爆弾を各所に投下、第二日目は午前三時を期して空襲警報を発し、成田鉄道本社、関東配電支社、千葉銀行、中学、女学校、国民学校等重要建物の屋内に爆弾投下、引き続き不動尊並びに新勝寺内二十数か所へ投下の想定で行ったのである。毎日新聞は「空襲は必至だ、設けよ家庭の防空壕」の記事を掲げた。土地や庭のある家庭は防空壕を作れたが「壕を掘るだけの空き地のない家庭では隣組精神を発揮し、共同の防空壕を掘る」ことを勧めていた。しかしこれは都市の密集地では画餅に過ぎない主張であった。また防空壕の備えの中心が爆風除けに置かれており、焼夷弾の猛火対策を軽視していたことも弱点であった。(14)

県下では九月一日から第二次防空訓練の期間となり、一日の館山市を皮切りに主要市町村で二日間宛総合訓練を実施した。県は十月九日に学校防空の防空活動に移行する時機は各学校共、空襲警報発令時を原則とするとし、警戒警報下では平常通り授業を継続し、中等学校では三学年以上の生徒は教職員と共に校内外の防衛に当たり、消火に重点を置き、校外班は警察の指揮下に活動する。二学年以下のものは帰宅又は待避させる。国民学校、幼稚園の防衛は教職員が主体となり、やむを得ない場合は外部の応援を求め、児童は待避、帰宅等適宜の処置をとる。青年学校、夜間中学では勤労青年を各自職場の防衛要員として勤務させる。県立校には一校一、〇〇〇円の補助を交付する。非常通過証は各学校長発行の身分証明書で代行する等の年齢、学校別に応じた防空方針を発表した(15)。

空襲必至の情勢は急速に迫りつつあることから、県当局は一九四三年最後の第三次防空訓練を県下各重要指定市町村、重要工場及び警察署所在地に対し十二月中に各二日間宛の実施を指示した。この訓練は第一次、二次の防訓で分かった不十分な点を補い、施設と訓練の強化を主眼に行い、さらに県に緊急防衛支部を開設して防空訓練運用の研究も行うもので、第一日は各種機関の基本訓練であり、第二日は総合訓練であった。千葉市では十二月十六、十七の両日に実施したが、大型焼夷弾を想定したものであった。隣組防空訓練の指導は実戦的でないと云う声に応え、県では従来の隣組防空訓練を再検討し、「隣組防空訓練要綱」を制定した。今回の要綱は警防団の分団区域毎に防空小区を設け、警察官を中心に警防団幹部及び町内会長を網羅して訓練指導班を編成するものであった。千葉市では一七の町内会が横堀式の防空壕建設を完成させた。この防空壕は一か所に三〇人を収容し、全壕で一、五〇〇人が待避出来るものと云われていた。起伏の多い地形で、竹が多くその根の下を掘ったので、土砂の崩潰がないとしていた。果たして実戦的に効果があったのかどうかは不明である(16)。

県警察部では一九四三年（昭和十八）七月二十八日から八月三日まで防諜週間を設定して、ポスターの張出、講演会、座談会の開催、防諜短文と川柳の募集を行った。田中特高課長は「配給その他私生活の不満が経済的防諜に関係する」としていた。そもそも防諜活動は戦争には不可欠のものであり、そのため日中戦争勃発以来、しばしば防諜週間が設定され、県民に注意が喚起されて来た。一九四二年（昭和十七）五月にはゾルゲ事件の摘発もあって、決して他人事ではなかった。しかし何故、この時期に設定されたのであろうか。アッツ島玉砕以降、戦局は日本が防戦に追い込まれ、国民生活は一段と厳しさを増していた時である。千葉新報社説は〝防諜六訓〟の一つに「不平不満は利敵行為である」ことを挙げていた。また「現在の段階において吾々が一番警戒しなければならぬのは敵の思想謀略である。（略）自由主義思想の影響下に哺くまれた個人主義、営利主義の払拭し切れざる残滓の基底にこそ、敵の魔手の温床の厳存していることを知らねばならぬ」と自由主義の排撃を主張し、「長期持久戦においては、銃後の生活がいろいろな方面から窮屈になってくる。そこに敵の狙う容易な進入路がある」としていたが、語るに落ちるとはこう云うことを云うのであろう。戦争による様々の不満を防諜を強調することで押さえ込むところに本音があったのである。増原警察部長も防諜週間実施の談話の中で「敵の主眼とするところは、県民に厭戦気分を起こさせ、不穏の思想を流布（略）徒に不平不満を云い、デマや流言を信ずるところには、巧みに擬装された敵性の暗躍があることを忘れてはならない」としていた。[17]県警察部では一段と防諜体制を強化するため、県下枢要の地域一一か所を選び、防諜協会千葉県委員会の下部組織である地区防諜協会を設置した。一九四四年（昭和十九）一月三十一日の千葉警察署管区地区防諜協会の発会式挙行を最後に結成を終了した。地区協会の置かれた警察管区は館山、湊、木更津、八幡、千葉、市川、船橋、松戸、野田、銚子、茂原であった。[18]

（3）大都市疎開の受入

空襲必至の情勢を迎えて政府が行った都市疎開対策とはどのようなものであったのであろうか。政府は一九四三年（昭和十八）九月二十一日に国内防衛態勢の徹底的強化のために重要都市の疎開を決意する閣議決定を行った。

十一月二十日の関東地方行政協議会では東京都の人口疎開問題が取り上げられ、大橋長官から受入側となる千葉県の川村知事に対し種々の依頼があった。千葉県では人口疎開事務は久井官房長が当たることになり、二十二日には知事室で部長会議を開き、十二月一日には県疎開関係対策本部規程を制定し、久井官房長が本部長となり、一〇名の課長を委員とし、鈴木土木課長を幹事とする体制を設置して受入関係の準備を進めたのである。しかしどの程度を受入るのか等、具体的なことは決定しなかった。けれども戦局がますます重大化し、急速に重要都市の疎開を実現するために、十二月二十一日に政府は「都市疎開実施要綱」を閣議決定した。一九四四年一月十五日に東京都庁で関係都府県主務課長会議が開かれ、帝都の疎開問題が具体化することになったが、この会議に先立って十四日に千葉県では疎開対策本部で協議会を開き、対策本部は本部企画機構と第一線機構を整備した。本部企画機構は人口、家屋、施設の三部とし、第一線機構は第一次として県下主要な二〇市町（七市、柏、茂原、八日市場、佐原、八街、野田、五井、君津、大原、大多喜、横芝、成田、津田沼、幕張、旭）に支部を設置することにし、十五日の会議には鈴木土木課長が出席して千葉県の受入方針を開陳した。[19] ところが都会人の戦局観はまだハッキリと目覚めぬ情況であったことから、政府は疎開実施の非常措置を行うために、三月三日の閣議で「一般疎開促進要綱」を決定した。県では十一日に「人口疎開対策要綱」を決定し、十三日に地方事務所長常会で指示して、市町村へ通牒した。要綱では疎開受入区域を県下一円とし、帰農者、縁故関係者、一般都市民の全部を対象とした。受入は五万人としたが、当時既に一万人が縁故者を頼って疎開して来ていた。また地方事務所、市町村には疎開係を設置し、住宅が県内でも払底していたので、一般家庭、神社、寺院、公会、別荘その他遊休施設の外、空間、空室の調査を完了させ、地方事務所、市町村には人員疎開申込台帳と疎開受入台帳を整備させる。地方事務所は県から疎開希望者の通告を受けた時及び直接申し出を受けた時は適当な市町村に受入方を斡旋する。市町村は斡旋依頼を受けた時及び直接申込があった時は町内会長、部落会長等を通じ直接受入者と面接協議させる。受入が決定した時は市町村は地方事務所へ報告する。疎開者に対しては隣保相扶の精神で物資配給、転就職、転入学、軍人援護、兵事、戸籍、租税、選挙権等、市町村民同様の扱いをすると云う内容であった。県では三月二十日付で疎開対策事務室を開設し、事務室は対策本部長の指揮を受け、疎開対策方針を具体的に執行するもので、室長は長野地方課長が任命された。事務室の機構は企画と指導の二部制であった[20]。

三月二十二日の衆議院地方議員任期延長法委員会では疎開論議が白熱した。答弁に立った安藤紀三郎内相は「疎開の根本方針は当初から都市の防衛強化を目的として来た。この都市の防衛力を強化するためにこそ、直接防衛に当たることの出来ぬ人々には疎開して貰わなければならぬ。（略）疎開の目的はあくまでも、この戦争に勝ち抜くためのものである。（略）われわれはあくまでも踏み止まって帝都を防衛するのだ。その代わりこの我々が袖をひかれ、足を引かれるような思いのする人々、すなわち老幼、病弱者など、防衛力を妨げる人々には事前に疎開して貰っておかねばならない」と答弁していた。老幼、病弱者等の直接戦争に役立たない者を「足手まとい」としていたが、人口疎開の目的は個人の人命保護ではなく、国家優先であったことを象徴する発言であった[21]。

内務省の調査では四月十五日段階で千葉県の転入は既に五万名に達しており、全国第一位であった。千葉県の受入状況は一万一三四二世帯、人員三万七八六三名であった。疎開者の転入先は市部では市川市二、八九九名、千葉市二、〇一〇名、船橋市一、八三〇名、木更津市四八五名、銚子市四一七名、館山市一二四名であった。郡部では二万九五一七名で、郡別では香取三、九一三名、長生三、六〇八名、印旛三、四四九名、山武二、四二一名、夷隅三、二〇四名、君津二、五六三名、市原二、〇二四名、安房一、九四二名、東葛飾一、八七四名、千葉一、四四一名、匝瑳一、一二九名、海上八三八名の順であった[22]。県疎開対策事務室の調査では五月末までの県下に転居した帝都の疎開者は六万八五〇〇余名で、未報告の四九か町村を入れると七万名は突破すると見られた。各郡市別では市川市を筆頭に船橋市、千葉市の順で、郡部では海水浴や避暑で都会人に馴染みの深い外房、夷隅郡が最も多いものであった[23]。

戦局の新段階と共に疎開者は七万五〇〇〇名を突破した。東京都では強制疎開者用の住宅を住宅営団の手で船橋市に一九四戸、埼玉県浦和市に一八二戸、世田谷区深沢に二二六戸の計六〇〇戸の収容住宅の建設を急いでいたが、船橋市に建築中の疎開転居用住宅四〇戸分が出来上がり、七月八日に東京都城東区大島の四〇家族が初の集団疎開した。収容住宅は六畳、三畳の四戸建て長屋であった。第二期工事として建築中の一、五〇〇戸分は八月末完成予定となっていた。従来九〇％までが縁故疎開者で占められていた県下の疎開受入は本格的に無縁故者の集団受入段階に入ったのである。(24)

(二) 地方行政末端強化と「決戦生活」確立運動

(1) 地方事務所長の権限拡大

県政の中間機関である地方事務所は開設当初は県庁の〝出店〟であると云う以上の認識を住民は持たなかったと云われる。その原因の一つには生活必需物資の配給が全面的に地方事務所に任せられていないことにあった。当時扱っていた品物は石鹸、軍手、釘、針金等に過ぎなかった。その他は県庁で直接町村に割り当てていた。事務所内部からも、地元団体からも地方事務所の権限拡大が望まれていたのである。また町村の指導及び実地監査は地方事務所で行っていたが、町村は県と地方事務所から二重に監督指導を受けていたので、事務所への一本立てが望まれていた。さらに土木、林産物検査、食糧検査各出張所、水産物検査所を地方事務所に包含する要望もあった。参与委員は地方事務所に協力し、行政の円滑適正な遂行について相談にあずかることを役目とし、管内の各種団体長、学識経験者等が一か所一〇乃至一五名任命され、隔月に委員一同が会合するとしていたが、あまり活溌でなく、活用が課題となっていたのである。(25)

中央で断行した地域的総合行政にならって地方末端行政機関が連絡提携して緊要の時局事務を的確に処理し、総合力を発揮するため、県下一一地方事務所毎に「地方連絡委員会」を設置することになった。この委員会は地方事務所長が斡旋役となり、警察署長、職業指導所長、土木出張所長、食糧検査支所長、林産物検査支所長、蚕業取締支所長、税務署長、駅長、市長、中等学校長、国民学校長等の第一線官公署の長を網羅して、毎月一回定例会議を開くことになった。

十月十九日に政府は「地方行政機構強化要綱」を発表し、中央各庁の事務を地方へ大幅に委譲するとした。千葉県では、中央の職権がどの程度県へ委譲され、それに伴う人員の振替がどうなるか、官房長の存廃、全県庁機構の整備がどう行われるのか等に関心が強かった。川村芳次銚子市長は「中央部門と道府県庁のみのことであり、実際の第一線機関たるところまでに及ぼしていないのは物足りない」と冷めた反応であった。また永井準一郎千葉市長は「知事の権限が強化されれば、まず許認可の簡素化が図られる。現在まで市の主なる土木事業は内務省の認可、許可を仰いでいたが、今度は県の直接認可で行われることになり便利である。（略）中央の職権が知事に委譲されると共に、各市町村の事情によっては、知事の職権が市長なり、町村長に委ねられていいのではないだろうか。（略）市の市長、町村の町村長の職権も、この際大いに強化され、市民を十分に世話してやれるようにして貰いたい。（略）行政の地方移譲の目的は中央と県のみの交渉ではなく、寧ろ我々の生活面にこそあるのではないだろうか」と期待と要望を示したものであった[26]。県では政府の行政簡素化に即応して地方事務所長の権限を強化することにし、その専決処理事項を改正、十一月十二日付で県報に告示して、十二月一日実施となった。従来は許可、認可等の専決事項は三五項に過ぎなかった。通牒を以て委譲した分を合わせても七、八〇項であったが、一躍一八八項となった。許可、認可事項、物資の配給等に重点を置いた委譲であったので、一々県庁まで出かけることは少なくなり、町村、国民学校、青年学校、一般町村民の利便には大きいものであった。たしかに地方事務所設置と一部権限委譲には住民の利便性もあったが、地方事務所が上述したように、軍用機献納運動等で主導的役割をしており、中央政府の設置目的である「住民を戦時動員する」と云う国策遂行の執行機関であり、それが強化した面を見失ってはならない点であった[27]。

県では十二月八日に配給品だけで生活することを目標に掲げ、その実現のために生活必需品の配給円滑化を推進する機関として県生活必需品対策部を設置した。部長は沖森源一経済部長、参与は竹谷源太郎内政部長、増原恵吉警察部長、久井忠雄官房長、常任理事は坂本義照商工課長、理事は長野實地方兼農務、田口二郎水産、大西幾蔵林務、真鍋力一畜産、村田四郎衛生、夏目義明経済保安、井上章次郎勤労、堀井久三郎保安の八課長であった[28]。

一九四四年（昭和十九）一月四日に政府は決戦輸送完遂のために「陸上小運送の増強に関する件」を閣議決定した。県警察部では銃後の戦力増強の基礎である輸送力強化を行うため、一月十九日に多年の歴史があった保安課を廃止し、新たに輸送課を設置した。貨物自動車をはじめ陸上小運送と陸上小運搬業を総合的に運営させ、決戦輸送陣の確立と最高の能率を発揮させる体制樹立に乗り出した。新設の輸送課の陣容は課長一名、警部一名、警部補四名、巡査部長八名、巡査二名、技手一名、雇三名、嘱託二名、傭人一名の二三名で、初代課長には堀井保安課長が任命された。輸送課は庶務、統制、整備、燃料、指導の五係制であった。新設された県生活必需品対策部や輸送課は決戦態勢に即応するための県庁機構改革の一部であった[29]。

（2）県勤労報国隊の結成

翼賛会県支部は何に直面していたのか。翼賛会県支部では一九四三年（昭和十八）五月三十一日に川村支部長名で「アッツ島の勇士に続け！」と戦力増強に関する檄を各級支部に飛ばし、六月一日には供木、貯蓄、増産等の実践計画について各地の実情に即したものを選んで徹底するように指示した[30]。折しも翼賛会県支部では三月以来役員が更新中であり、六月には翼賛会町村支部の常務委員、顧問、参与が更新となった。全県で新常務委員は二、一二九名であり、顧問を採用している郡は千葉、印旛、香取、山武、長生、夷隅の六郡七五名。参与を採用している郡は印旛、香取、山武、長生、夷隅の五郡七九名であった。七月二十四日には県支部の顧問二八名、参与三三名、県協力会議員四五名が更新となった[31]。この間に九か月間在任した久保田事務局長が辞任（教育者であり、翼賛会の気風に合わず、就任三か月で辞意を知事に伝えていた）して、県立東葛中学校長に転出したので、後任には川村知事が数回に亘って説得して、矢野機県翼賛壮年団長が就任し、兼務となった。当時「千葉県の翼賛会は兎角積極性を欠き、翼壮に比べて相当に見劣りがあり、支部の刷新が強く叫ばれていた」と云われており、川村知事等は矢野中将の手腕で思い切った刷新を図ろうとし、また翼賛会と翼壮団との一体化を実現して翼賛運動が活溌化することに期待したのである。矢野団長の就任に伴って野村庶務、諸岡実践、太田錬成の三部長は辞表を提出した。諸岡実践部長はそのままとし、野村庶務、太田錬成の両部長の辞任を認めた。野村部長の辞任は「後進に道を譲る」とするもので、前年四月の総選挙に出馬した野村候補の選挙事務長であった斉藤信三郎（前印旛地方事務所長、四八歳）に譲るものであった。太田部長の辞任は翼壮団本部長に専念のためで、後任の斉藤は君津郡翼壮団長の当時から矢野団長と昵懇であったと云われ、矢野団長の事務局長就任の条件であった。太田部長の後任者島津良男は三九歳で、東京獣医学校卒、自ら畜産事業を経営、君津郡金谷村の村長で、同郡翼壮年団長並びに県翼壮団総務を兼任していた者であった。漸くここに翼賛会県支部の一連の人事更新は終了したのである[32]。

翼賛会中央本部は五月二十八日に「勤労報国隊整備要領」を決定した。翼賛会県支部では中央本部の決定に基づき、県支部長を統監とする千葉県勤労報国隊指導本部を設置し、全県民の勤労奉公の精神を昂揚させると共に、戦力増強の飛躍的進展を期することになった。これは各地域、職域、団体等に普く勤労報国隊を組織させ、常時組織として統一した総合企画のもとに直接に生産動員させるものであった。翼賛会県支部では六月二十九日に支部会議室で関係諸団体代表等を加えて協議会を開催し、（一）隊の組織は県翼賛壮年団、県産業報国会、商報報国会県本部、農業報国連盟県支部、県青少年団、大日本日婦人会県支部、労務報国会県支部、官公衙及び常時一〇〇人以上の従業員を保有する会社、商店、工場、事業場、同業者組合、その他の団体で組織する、各団体に属さぬものは町内会、部落会単位で組織する、学校報国隊もこの一環として密接な連絡をとる。（二）隊の編成は隊員の資格を男子一四歳以上五〇歳未満、女子一四歳以上二五歳未満の未婚者とし、単位隊を地域、職域その他団体毎に行い、数に応じて小隊、中隊、大隊とする、人員は一〇名位で一班とし、三班で小隊、三小隊で中隊、二中隊で大隊とする、小隊の構成員は大体均一な素質や共通の条件等を考えて編成する、空襲、火災その他の緊急事態に処するため大工、左官、鳶職等の技能者を以て特攻隊を編成する。（三）県本部は各種勤労報国隊を総合的、一元的に指導するため翼賛会県支部に置く、県本部は知事を統監に、事務局長を指導本部長とする。（四）計画動員は知事の設定する勤労報国隊需給計画に応じて出動する等を決定した。[33]

七月十九日に勤労報国隊の役職員を決定し、同隊には統監部と指導本部を設置。統監部は統監に川村知事、副統監に竹谷内政部長、増原警察部長、総務は関係課長等と関係諸団体の長等二〇名。指導本部は矢野翼賛会県支部事務局長、副本部長は翼賛会県支部庶務部長（欠員中）、幕僚長に諸岡翼賛会県支部実践部長、幕僚七名、指導員二四名であった。勤労奉仕の需給はこれまで職業指導所が中心になっていたが、兎角バラバラに運営され、一貫性を欠く状況であったことから、勤労奉仕動員を中央の勤労報国協力会の改正を機に総合的に一元化することにしたのである。今後、勤労動員は指導本部が半年毎（三月と九月）に動員計画をつくり運営することになった。但し学徒の勤労動員は教学関係に特別配慮が必要なので、従来通り県教学課が学校と指導本部との連絡を保ってあたることにした。[34]この軍隊式の勤労報国隊は早速に八月四日に東葛飾郡野田町で関係団体を役場に集めて結成準備協議会を開催した。商報県本部では、まず本部組織を確立し、九月十五日までに市町村単位の勤報隊を結成することにした。翼賛会長生支部では各職域別に勤労報国隊結成の指導に当たり、新治、日吉、鶴枝、豊栄、水上、一宮、八積、太東の各町村では編成を終了した。県翼壮団では戦力増強に率先垂範的に寄与するため、県下七市の団員中から勤労報国隊員を選抜して工場に出動させることにした。隊長は県団総務村瀬雄次郎、隊員は各市団の副団長、本部長、総務等の要職にある者二五名で、一九四四年（昭和十九）一月三十日に県庁内県会議場で壮行式を行い、式後に工場に二か月間の出動となったのである。(35)

一九四三年七月五日に矢野団長は事務局長就任後最初の談話の中で「翼賛会の仕事は一般に親切味が足らない、中央から云って来たことをそのまま下部組織に伝達する、これが翼賛運動の現状のようだ、これでは翼賛運動の事務であって、国民運動ではない、政治、経済、社会の実情が益々複雑になってゆくとき、中央から云ってきたことをそのまま伝えて全てがピッタリする筈がない、国民運動に従うものは国民の心を察し、国民が肯ける立場にあってよびかけなければならない」と語った。(36)まさに至当の言葉ではあったが、そもそも翼賛運動は人事を始め、全てが中央集権方式であり、上意下達では国民の自発性を引き出すことは出来ない問題であった。

第四回中央協力会議では「勝ち抜く誓い」を部落会、町内会、隣保班等の常会及び各級協力会議その他の会合で唱和することを決定したが、翼賛会県支部では、その「唱和の仕方」を統一することにした。それはまず発声者が「勝ち抜く誓い」と云い、会衆は同じく「勝ち抜く誓い」と繰り返す。次に発声者が第一節の第一句を「みたみわれ」と唱え、そこで打ち切り、会衆は同じく「みたみわれ」と続け、さらに第二句に移って「大君にすべてを捧げまつらん」と一気に唱え、会衆もその通りに続けるものであった。解説では「戦争生活はあくまで明るくなければなりません」としていた。特定の宗教団体や思想団体であるならば兎も角、全く一般国民が様々な会議で唱和を強制されて、本当に明るい気持ちになれたのであろうか。「どんなに苦しくとも、肚は決死、顔には微笑」を呼びかけたが、一億国民を一種の宗教的雰囲気の中に導こうとするものであり、ファッショそのもの行為であった。(37)

一九四四年（昭和十九）一月一日の年頭所感で矢野翼賛会県支部事務局長兼県翼壮団長は「日本人が日本を護る道

は日本人の人々が本来の日本人たる自覚に立つことであって、唯これだけが日本を護る道なのである」と主張したが、戦局は防戦に追い込まれ、国内の国民生活は窮乏の道を深めていたが、それに対応するのは最早精神主義の強調だけであった。(38)

翼賛会県支部では翼賛会傘下の県翼壮団、日婦県支部、県産報、県労報、農報連県支部、県青少年団、商報県本部の九団体が行う実践運動がとかくバラバラなので連絡調整、企画運営の統制によって一元的な企画指導を推進するために、翼賛会地方企画委員会を組織し、事務局内に設置を決め、委員会規程と委員の顔触れを発表した。委員長は矢野事務局長で、委員は斉藤庶務部長、小川団次実践部長、島津錬成部長と傘下団体から七名の合計一〇名で、六月九日には千葉市の日赤支部会議室で第一回の委員会を開いた。また同支部では国民総決起運動、戦時国民貯蓄増強運動、ヒマ栽培報国運動、国民勤労報国隊の動員等の当面する活動の運営を打ち合わせるために、六月十五日の千葉郡支部を皮切りに県下一二か所で地区別連絡会議を開催することにしたのである。(39)

（3）県翼壮団の活動

県翼壮団はどのような活動に取り組んでいたのか。翼壮町村団長が一九四三年（昭和十八）六月一日に県団本部から発表された。顔触れは千葉郡を除き四二％が入れ替わり、平均年齢は相当若返り、実践力が期待されていた。団長の任命で副団長、総務も決まり、県翼壮団の役員陣も揃うことになった。(40)

全国団長会議から帰県した矢野団長は「従来は町村団が区々に活動する傾向が強かった。我々は早くから中央に対し郡団の強化を要望していたが、漸く中央に容れられた。（略）団員としての活動に不熱心なものは団員名簿から削除し自然退団させる（略）団の運営方針は行政に一歩先んじて進むと云う考えで臨まなければならない」と団員の精鋭化を強調した。(41)

八月七日に行商禁止に関して県翼壮団主催の協議会が千葉市の県教育会館で開かれた。翼壮中央本部の大塚関東班長を始め東葛、千葉、印旛の町村団長等四〇余名が出席し、第一小委員会（集出荷の円滑化、町村農会の強化）、第二小委員会（生産地並びに消費地における自粛運動）、第三小委員会（廃止行商人転進対策）の三委員会を設けて協議を行ったのである。青果物行商問題を一役買って解決に漕ぎつけた県翼壮団は今度は生鮮魚介類の配給問題を取り上げ、八月十九日には千葉市の教育会館で各郡市団の正副団長等六〇余名が出席して協議会を開催した。午前中は各地の実情報告を行い、午後は配給規則並びに価格、出荷輸送、配給消費の三部会に別れて検討を行ったのである。(42)

県翼壮団では二万五〇〇〇人の団員を動員して決戦生活確立の運動を展開したが、その運動の一つとして郡市団に翼壮戦時生活相談所を開設した。所長には当該団の本部長、相談役には当該団の適格者があたった。相談所の開設団は七市団本部と一二郡団本部及び生浜町、姉崎町、平三村、野田町、小金町、成田町、木下町、白里町、睦岡村、一宮町、庁南町、笹川町、久賀村、瀧郷村、白浜村、久留里町、君津町、御宿町、瑞沢村の町村であった。(43)

県翼壮団では各郡市町村団の協力の下に米を始め甘藷、青果物、鮮魚等の産地買出抑制運動を全県下に展開した。翼賛会県支部が提唱していた食糧確保運動の一環として行ったもので、十月二十二日からの実施に当たっては県団は県当局、翼賛会県支部、農会等の関係団体と協力し、郡市町村団の任務遂行に当たる。郡団は県団の連絡の下に地方事務所等と力を合わせ適切な指導を行う。市町村団は地元警察を始め農、商、漁業機関や学校等と協力し、配給の統制から農漁村民の精神作興、供出、節米運動に至るまで取り上げ、自ら陣頭指揮に起ち、運動遂行に努めるとした。また生産地方面の町内会、部落会、隣組、農事実行組合等には供米完遂、野菜買出禁止を徹底させる。特に産地買出人に対しては駅及び市町村入口に適当な場所を定め「野菜買出の禁止」「漁業者は供出確保のため不売」「買出は食糧配給戦線を紊す利敵行為」等の掲示を行って一掃に努める。悪質の疑いある者に対しては警察当局と連絡、取締に協力するとしたのである。今回の運動は従来の運動と異なり、翼壮の独善主義を一擲し、市町村と遊離せず、無用の摩擦を避け、市町村長の同意を得て行うところに特色があった(44)。

さて第一線にある市町村の翼壮団はどのような活動を行っていたのか見てみよう。市川市翼壮団は県翼壮団から模範的運営を行っているとして運営指定団にされていた。六月八日に市川、中山両駅に出動し、滞貨一掃に協力した。運送会社従業員に混じって貨物の整理や宅扱いの小荷物の配達に汗を流し、運送会社や市民から感謝された。鉄道側の希望もあって七月五日まで毎日一〇名宛交替で奉仕した。市川市の行列買いは特に鮮魚が甚だしかった。市翼壮はこれの解決に乗り出し、七月四日六〇名を動員して行列現場に派遣、業者と消費者双方から事情を聴いた。市翼壮では先進都市の調査、町内会消費経済部運営の冊子を配布、県漁連販売所、市川魚市場、荷受組合との懇談会を開催の上、対策を樹立し、実施に移す方針を決定した。七月十七日に川崎市で開催された翼壮団関東地区第一回県市団交流懇談会に出席し、村瀬市川市団長が鮮魚介類の適正販売を期する、食糧自給権確立のため大柏、行徳、南行徳、浦安の四町村隣組との提携、市内有閑婦女子を産業方面に一日入所させて勤労精神の感得、戦時生活相談所の開設等の状況報告を行ったのである(45)。

銚子市翼壮では列車座席三人掛けを励行、夏の銚子名物汐祭その他混雑時に交通整理奉仕に出動、各列車毎に駅前広場を二重三重に取り巻く乗客を見事に乗せる手際を見せた。甘藷や蔬菜類の県外持出しは禁止となったが、魚介類は一定の数量まで認められていたので、毎日曜日は朝から松岸、銚子両駅は買出部隊で雑踏を極めたが、銚子市翼壮では防止策を検討して、十二月一日には鮮魚行商人の全面禁止案を銚子署長に提案し、一九四四年二月には農商大臣に「悪質行商撃滅」の意見書を上申したのである(46)。

戦局が悪化する中で、戦争推進勢力の間では矛盾が激化していた。翼壮は翼賛運動の中核体として活動していたが、一九四三年十二月に首相官邸での地方協議会の席上、協議会長が「翼壮をこのままにしておけば、陰謀団体になる」と発言し、東条首相は「断乎弾圧」を言明したと云う。翼賛会は当初は翼壮に期待をかけ、指導も成功していたが、翼壮の政治的発展を政府に反映させることに次第に苦境に陥っていた。一方、翼壮の一部では翼賛会が行政の補助機関化に堕したと見ており、新しい政治勢力の結集を叫ぶものもあった。それが上述の発言を引き出したものと思われる。このような事態で翼壮団中央本部では本部長以下幹部が総退陣となった。この紛争は地方団にも波及し、関東地区府県団長会議開催では約半数が出席を拒否して本部不信任の意志を表明したと云う。(47)

この紛争を機に中央本部は十二月十一日に機構改革を行い、地方団長一〇名を総務として中央に兼務させたが、矢野千葉県団長は新総務一〇名の中に選任され、県団長と兼任となったのである。矢野団長は一九四四年一月十六日の翼壮記念日に、翼壮満二年を振り返り、「翼壮運動が軌道に乗り出したのは昨年の十月からである」したがって「今年こそ本格的運動展開の年である」とした。「戦争が熾烈を極め、国内態勢強化の要は益々強く、あらゆる余力を戦争の一点へ結集するため、国民生活が加速度的に窮迫してゆくことは明らかである、〝随分無理なことを云う〟と一般国民に思われることは到る所に現れる」と戦局悪化で国民生活が窮迫し、不満の吹き出ることを承知の上で「戦争に無理はつきものであり、それを突き抜けるか否かが勝敗を決するのである」と開き直り、「国民を納得させて無理を無理と感じさせずに、総力を挙げて戦争に従わせる、翼壮の使命はこれを第一としなければならない」と翼壮の使命を二万五〇〇〇の団員に訴える檄を飛ばした。翼壮が種々の国民運動を行うけれども、その狙いは「戦争に国民を従わせること」に集約されるものであったことを明確に打ち出したのである。矢野団長は陸大卒、教育統監部、参謀本部員を経て一九二五年（大正十四）中佐の時に侍従武官となり、満州事変では朝鮮軍参謀部隊長、二・二六事件では憲兵司令部総務部長を辞して予備役に編入となったが、日中戦争に出征して中将に進級した人である。生粋軍人の面目躍如たるものであったが、その人物が県翼壮団結成以来の団長であったところに、この団体の性格が象徴されているものであった。(48)

二月十四日に銚子市商工会議所に矢野団長を迎えて県下七市の翼壮団長会議が開催された。矢野団長から常会欠席状況、団員減少についての諮問があった。毎月一回開会の出席率は過半数であるが、建設的意見はほとんどない、翼賛理念に燃えるものは年齢を問わず加入させたいとしていたが、苦しい答申であった(49)。

時局の緊迫と共に益々活溌な団運動の展開が必要となっていたが、各団のまちまちな活動は効果が上がらぬだけでなく、弊害が伴うことになるので、各団の密接な連携を保ち、その活動を統一するために県翼壮団は県下を第一地区(千葉、東葛両郡、千葉、市川、船橋、松戸四市)、第二地区(印旛、香取、海上、匝瑳四郡、銚子市)、第三地区(山武、長生、市原三郡)、第四地区(夷隅、安房、君津三郡、館山、木更津二市)の四地区に分け、担当総務を決定し、隔月地区会議を開いて連絡運営に当たることにした(50)。

県翼壮団では七月七日を期して二万五〇〇〇名の団員を動員、国旗掲揚、神州護持熱祷祈願を実施することにし、三日に郡市町村団に指令した。七日には午前四時に各市町村団は全団員を最寄りの氏神に参集させ、神前に血盟させ、神社祈願は引き続き一週間行う。県翼壮団は六日に香取神宮社務所で役員会及び郡市団長会議を開き、七日午前四時には香取神宮で祈願を行った。戦局悪化に際し、まさに神頼みの行動となった(51)。

(4)町内会、部落会の法的地位

決戦生活を支える末端の町内会、部落会の動向はどのように強化されたのであろうか。一九四三年(昭和十八)三月二十日の地方制度改革(改正府県制、改正市制、改正町村制)公布(六月一日施行)で地方自治体に残っていた自治権は全面的に剥奪され、従来法律的には全く根拠を持たなかった町内会、部落会に関して①市町村長は町内会、部落会等の財産及び経費の管理並びに区域の変更に関し、必要な措置を講ずることが出来る、②市町村長の許可を得た場合に、町内会、部落会等の自己名義の財産を所有出来る、③市町村長は町内会長、部落会長等に対して市町村長の事務の一部を援助させることが出来るの三点が規定され、現実に進んでいた町内会、部落会の行政補助機関化を追認したのである。[52] 県はこの改正を受けて七月二十日に重要施策を行政の最末端まで浸透させ、直ちに実行させる体制確立のために、県に町内会部落会運営委員会と同運営推進隊を設置した。八月十日には長野地方課長を委員長に、委員には関係課長、翼賛会県支部、県翼壮団、日婦県支部の役職員の外、町内会、部落会に関する学識経験者、実践家等が決まった。運営推進隊は県主催の部落会町内会中堅指導者錬成講習会修了者を隊員とし、県に隊本部、郡市に郡市支隊、町村に町村支隊を置き、隊本部隊長は内政部長、郡支隊長は地方事務所長、市支隊長は市長、町村支隊長は町村長とした。仕事は県並びに隊本部の指示事項の実践、町内会、部落会の運営協議、常会の相互視察、講演会、講習会の開催等であった。[53]

県では十月十四日に部落会、町内会に対し、二〇〇戸乃至三〇〇戸を包含するものとし、二〇〇戸に達しない場合は連合させる。また市街地では消費経済部の運用及び警防活動強化のため、専任職員設置を工夫する等の再整備の方針を市町村に通牒したが、それは決戦下に国家の地域的基盤機能を発揮させるためであった。[54]

翼賛会県支部は新たに町内会、部落会指導委員規定を設け、各地区別に指導委員を置いて町内会、部落会の発展を期することになり、指導委員を発表した。第一地区（東葛飾郡、市川市、船橋市、松戸市）村瀬雄次郎、第二地区（印旛郡）斉藤照勤、第三地区（千葉郡、市原郡、千葉市）藤田昌邦、第四地区（香取郡）諏訪寛治、第五地区（海上郡、匝瑳郡、銚子市）鈴木康文、第六地区（山武郡）篠塚正樹、第七地区（長生郡）大谷鼎、第八地区（君津郡、木更津市）松本義嶽、第九地区（夷隅郡）渡辺信、第十地区（安房郡、館山市）松崎海一であった。[55]

（三）増産と動員、中小工業の企業整備

（1）供米成績の不振

食糧確保の中心は供米確保にあり、かつて千葉県の供米成績は全国の上位にあったが、一九四三年度の供米はどのような状況となっていたのであろうか。十一月十日に締め切った早場米供出は天候不良と前後二回の風水害のため香取、山武両郡が振るわず、政府割当完遂とはならなかったが、安房郡一九〇%を筆頭に一〇郡は一〇〇%以上の成績を挙げた。県では新たな割当を決定し、十二月末までに一粒残らず完了させることにした。[56]十二月二十四日の県米穀対策部の調査では松戸市、東葛飾郡浦安町、南行徳町（市川市）、海上郡飯岡町（旭市）、千葉郡豊富村（船橋市）は完了し、郡別では海上郡の八一%を筆頭に、東葛飾郡六三%、香取郡の四九%が続いたが、県全体としては割当量の四〇%で、山武、匝瑳、夷隅三郡が不振であった。一九四四年一月十日の発表では県全体は割当量の六五%で、前年同期に比して七%低いものであった。成績不良の原因は人手不足が大きく影響した。二月十日の調査では県全体割当量の八四・六%であり、都道府県の順位では第三六位であった。郡別では千葉、匝瑳、海上、東葛飾の四郡は一〇〇%であったが、平均以下は安房、長生両郡七九%、印旛郡七八%、山武郡六六%であった。三月一日の段階で漸く県全体割当量の九七%に達したのである。[57]

政府は供米の奨励金制度を設定した。これまで補給金、報奨金の交付があったが、これで三つの措置を同時に行うことになった。仮に割当量一〇〇石の農家が一二〇石を供出した（一二〇%の供出）とすると、九〇%（九〇石）までは一石当たり四七円の米価に十五円五〇銭の補給金を加えた六二円五〇円で買上げ、九〇%から一〇〇%まで、即ち一〇石分に対しては奨励金一石当たり四〇円が交付となる。さらに一〇〇%から一二〇%までの二〇石分に対しては報奨金一石当たり一〇〇円が加算となる。結局従来より二、四〇〇円増の手取りとなるものであった。[58]

政府は米作農家への不足飯米配給を五月前に不足する兼業農家へ町村の申告によって特別需給調整用として配給を行っていたが、農村事情を考慮して六月から専業農家へも配給を行うことになり、米作農家自体が行き詰まっていたことを示していたのである。[59]

（2）盛り返す供木運動

不振を続けていた供木運動はどのように盛り返したのだろうか。「アッツ島玉砕の英霊に応え、直ちに適切な措置を講ずべし」との中央本部からの通牒に接した県翼壮団では翼賛会県支部実践部と提携し、「敵米英撃滅に不可欠の船舶資材増強を図るため供木運動を徹底的に実施する」方針を決定した。太田健吉県翼壮団本部長が運動部長に、諸岡市郎左衛門翼賛会県支部実践部長が副部長となり、成績の悪い地方には直接出張して督励に当たることにした。既に翼賛会県支部では山本元帥の戦死に対する県民の痛憤を供木運動に点火して展開しており、戦死に応えて一週間で六、〇〇〇本を増やし、五月三十日の段階で二万二〇〇〇本に達していた。六月一杯に千葉県の供木目標五万本を確保することにした(60)。軍需造船供木運動は六月三十日に締め切ったが、供木申込数は三万八一六本で、この他に三里塚の県有林二、四〇〇本があり、さらに未送付の町村分を見込むと、三万四〇〇〇本に達すると発表があった。この運動では翼壮の活躍が目覚ましく、山武郡土気町が一、七〇五本でトップであり、小金町が一、〇二八本で第二位であった(61)。

供木中間成績で全国最下位であった千葉県も不振挽回に拍車をかけた結果、七月七日段階で四万一一五〇本に達し、手続き中のもの三、〇〇〇本を加えれば四万五〇〇〇本の見込みとなった。六月八日で二万四四二本であったものが、僅か一か月で二倍に躍進した。六月末で供木申込を打ち切り、その成績を発表したが、申込総数四万六四三三本で、全国第五位の成績であった。樹種別は杉一万一八三三本、松一万四三九三本、欅一万〇七五九本、樫七、六〇八本、樅三九三本、檜四一七本、さわら一二五本、ヒバ四六本、椎五一六本、その他三四五本であった(62)。

供木だけでなく、県の木材生産も不振であった。五月十八日に開かれた戦力増強委員会木材専門部会では「千葉県の木材供出の不振は県民の赤誠不足によるものでなく、指導の立場にある県当局の方針に欠陥がある」とし、七月末までに一九四二年度割当未済分全部の供出と一九四三年度の割当突破の見通しをつける運動を決定した。その第一弾として県林務課内の木材係を一五名増員して二四名とし、四乃至五名を一班に指導員を四班（第一班海上、匝瑳、香取、第二班安房、山武、千葉、第三班夷隅、長生、東葛飾、第四班君津、印旛）に編成し、県下に出張させ、市町村長、部落団体長、森林所有者と懇談の上、六月十日までに伐木すべき立木の割り振りを行い、七月十日までに一九四二年度割当未済分と一九四三年度の割当を合わせた六〇％分を県木材会社に引き渡させる方針とした。この間に県警察部と連絡してヤミ取引、横流しに対しては検挙第一主義で臨み、五月十七日に公布した木材統制法施行細則で厳重に取り締まる。またどうしても供出を承知しないものには、知事、警察部長、官房長が訪ねて説得に努めることにしたのである(63)。

七月末には一九四二年度末供出分と一九四三年度分を加算して割当数量の三九％へと急増した。五月から開始された伐採林の決定、立木の買付等を中心とした第一期増産運動は相当な効果を挙げたので、県では七月二十日から九月三十日までを増産運動第二期として素材の確保、製材力の全面強化に努めることにし、従来奥地森林で伐木搬出に多額の経費を要したため、買付に及ばなかった不採算林についても、伐採を行って生産の完遂を期すことにし、その木材生産には立木所有者に助成金を交付して供出に協力させることにした(64)。

県木材会社は二月に県下七社が統合して誕生したが、寄り合い所帯のため成績が上がらず、県の慫慂により、十一月五日の臨時株主総会で経営陣が総退陣となった。しかし一部で強行に再任を主張して日没に至るも決まらず、結局各郡から一名の委員を挙げて銓衡を行い、社長、副社長は成績不振の責任を負って退陣したが、一三名取締役、三名監査役のうち、新任は五名に止まったのである(65)。

十二月二十一日に川村知事が「山林所有者に一段の奮起を願い、隘路打開に精進せられんことを切望する。この木材増産については県としてもあらゆる手を尽くし、近く山林所有者に呼びかけることにした」との談話を出し、県当局が全県に〝山を伐れ〟の運動を提唱したところ[66]、県森林組合連合会がこの運動に呼応し、四万人の組合員を動員して一九四四年（昭和十九）一月から三月までを第一期とした〝一人一石運動〟を起こすことになった。その運動要項は①供出素材は全部軍需材に充てる、②組合員は一人一か月一石を供木造材し、完全な素材として一定場所に搬出する、③素材規格は長さ六尺六寸又は一三尺二寸、末口径四寸以上、④伐木材のない組合員は労力を提供、⑤一定の場所まで搬出した素材は組合で製材し、毎月二十日までに県木材会社に引き渡す等であった[67]。

四月十日に一九四三年度供出状況が発表となったが、予想と大きく違って、割当に対し九九・一％の好成績であった。前年秋まで不振続きであったが、年末から盛り返し、一、三両月だけで年間割当の四分の一を供出した。これは県下の森林所有者が苛烈な戦局に奮起して〝山を伐れ〟の運動に協力したこと、また素材生産と並んで輸送上の隘路を打開したことの影響が大きかったのである[68]。

（3）学徒の工場動員と援農動員

戦局が日に日に日本にとって厳しさを増していたが、生産拡充や食糧増産は喫緊の課題であった。その隘路打開策は労働力不足の克服であった。それをどのように即応しようとしたのであろうか。政府は一九四三年（昭和十八）六月二十五日の閣議で「学徒戦時動員体制確立要綱」を決定した。その中で「学徒をして挺身国家緊要の業務に従事せしめ、その心身の錬成を全からしむる」として食糧増産、国防施設建設、緊要物資生産、輸送力増強等に大学生から中等学校生徒を動員する学徒勤労動員体制を打ち出した[69]。県下一〇万の男女学徒は七月二十一日に夏休み開始となったが、返上して八月三十一日まで勤労動員させられることになった。銚子商業では上級学校進学生徒を除く一般生徒は七月二十一日から八月十七日まで校庭整理、校内防空壕の建設、ヤマサ、ヒゲタ、タカラ醤油会社の増産並びに木造船組合への工場勤労作業、一部は七月二十八日から八月十七日まで飛行場の草刈奉仕、八月五日は銚子駅の滞貨一掃奉仕であった。銚子中学は八月一日から十九日まで報国団として有志及び指定生徒の特別教育と訓練。銚子高女は七月二十九、三十日に防空基本訓練及び飛行場草刈奉仕。銚子水産では七月二十二日から七日間水泳、三十日から二日間銚子商宿舎で合宿錬成、農作業と云う夏休み返上の取り組みであった。また安房郡市の男子中等学校では安房中学は七月二十五日から三十一日まで長谷川造船所三〇名、県木造船館山工場一〇名、県木造船七浦工場五名。安房農では八月一日から七日まで長谷川造船所三〇名、長狭中学では八月一日から三十一日まで鴨川ニッケルに一回四〇名宛で四回。安房水産では八月十日から二十日まで南部造船千倉工場、乙浜工場、西浜工場で一〇名宛三回の勤労奉仕に出動していたのである。(70)

政府は一九四四年（昭和十九）一月十八日に戦力増強のため、緊急国民勤労動員方策の一環として「緊急学徒勤労動員方策要綱」を閣議決定し、「学徒の勤労動員期間は一年につき、おおむね四か月を標準とするが、（略）これを継続的に実施する建て前をとった」と四か月継続動員を発表した。ところが三月七日に「決戦非常措置に基づく学徒動員実施要綱」を閣議決定して、「中等学校程度以上につき、今後一年の間、常時これを勤労その他非常任務に出動させる」と通年動員に変更し、また中等学校一、二年生及び国民学校高等科児童も動員の対象へと拡大した。まさに根こそぎ動員の様相を示すことになったのである。(71)

通年動員は五月上旬から出動開始となったので、県では四月六日に千葉市の県教育会館に関係各学校長を集め、人員割当と今後の教学方針を協議し、出動生徒数男子一、二五〇名、女子一、〇二〇名とし、配置工場は日本建鉄（千葉工一〇〇、市川商一〇〇、昭和女子商一八〇、船橋高女一〇〇、国府台高女一八〇、国府台実践高女一二〇、佐原淑徳高女五〇、長狭実践高女五〇）、日立航空機（千葉商五五〇）、日立製作所（野田農五〇、銚子商一五〇、松戸高女一〇〇）、野村製鋼（市川商七〇）、加藤製作所（千葉工一二五、千葉女商三〇）、田中航空（千葉工一二五、千葉女商六〇)、茅ヶ崎製作(東金実五〇、東金女職五〇)、東京機器(東葛農三〇、野田高女五〇)、東京精鍛(市川商五〇)、日本パイプ(市川商五〇)と配置を決定した。なお学校動員に出動しない千葉中学、関東中学は四、五、六月に某工場へ、佐倉中学、船橋中学は五、六、七月に某工場へ短期出動することになったのである[72]。

九月十七日に県農会で勤労、農務、教学各課、県農会、翼賛会県支部、商報県本部等の関係協議会を開き、「秋季農繁期労力調整対策要綱」と「土地改良労力調整要綱」を決定した。春季の田植えを中心とした学徒の勤労動員は長生、市原両郡及び千葉、船橋、館山の三市を除いて一万人であったが、秋季の動員には新たに土地改良の労力が加わったので、延べ人員は二一〇万人となった。期間は九月十日から十一月二十日までで、農繁期分は国民学校児童と中等学校生徒が主体で、実人員は一五万人、一人平均十日間で、延べ一五〇万人であり、土地改良分は延べ六〇万人と云う大規模なものであった[73]。麦の作付完遂、食用切干甘藷の製造、土地改良事業等と学徒の農業勤労動員が強化される一方であったが、これに伴って各学校間の動員不平均を均し、的確に労働力を充足する必要から、県では十月二十六日に「県青少年学徒勤労動員実施要綱」を決定した。まず県青少年学徒勤労動員本部を設置し、一元的に指導統制することにした。動員本部は内政部長を本部長、教学課長を副本部長とし、関係官公吏団体長、学識経験者を参与、教学課員を幹事、書記とし、各地方事務所に動員連絡部を設ける。動員連絡部は地方事務所長を委員長、管内中学校長を委員とした。従来は各学校が直接受入側と交渉、また県へ報告していたのを改め、地方事務所単位に連絡調整を図ることにした。各出動団体は中等学校生徒は学校報国隊、青年学校生徒、国民学校児童及びその他の青少年は青少年団を単位に、女子中等学校卒業生は同窓会員を以て夫々勤労報国隊を結成する。動員の種類は計画動員、緊急動員、随時動員の三種類とした。計画動員は毎年四月から九月、十月から三月の二回に分けて動員計画を定める。この中には国民勤労報国協力令によるものも含めた。動員実施に当たっては動員本部は計画に基づき出動令書を学校長又は郡青少年団長に交付する。国民勤労報国協力令による場合は申請書を職業指導所に回送し、動員令書は県勤労課が取り扱う。報国隊の謝金手当等は男子中学生五〇銭（中食、宿舎の接待あり）、中食携行通勤は八〇銭。女子青年団員は四〇銭、又は七〇銭。国民学校児童はこの六割を標準とした。この「要綱」で学徒勤労奉仕は国民勤労報国協力令か、又は動員本部の発する知事の出動令書によることになり、従来一部の父兄から「学校長と受入側が直接取引して、必要以上に生徒を勤労奉仕に狩り出しているのではないか」と云う非難の声に対処するものとなった(74)。

一九四三年度（昭和十八）の約五か月乃至六か月間の千葉県における学徒勤労動員状況は、青年学校では①軍需産業男子八一三名、日数二七八日、女子一、四四〇名、一七九日。②運輸通信男子七五名、七日、女子二六〇名、二六日。③農業その他男子一万一二九一名、女子一万一七一七名、五八六日。中等学校では①軍需産業男子四万四三九〇名、二、三三八日、女子四、〇七〇名、六二六日。②運輸通信男子一、四〇三名、二六一日、女子なし。③農業その他男子二〇万六一五六名、二、一五〇日、女子九、〇七三名、一九六日であった。さらに国民勤労報国協力令（一九四一年十一月二十二日に発令）による男女中等学校生徒の出動は産業別では、軍需産業二万七七二六名、生産拡充及び同付帯産業一万五八八五名、運輸通信八、三一二名、国防土木建設二万〇二二四名、農林水産業二万二五二一名、公務その他一万九四八七名、合計一一万四一五五名であった。一九四二年から四三年にかけての〝食糧飼料増産運動〟に参加した実数は①自家作業男子中学生二万〇五五一名、高女生一万六四七四名、青校生三〇万〇一二六名、②全日集団作業男子中学生五万三五一四名、高女生三万二一三三名、青校生三万〇六一三名、③一部授業時間作業男子中学生九万三五三八時間、高女生三万二五四五時間、青校生七万〇〇五九時間であった(75)。

一九四四年四月七日に春季農繁期労力対策協議会が県農業会で開かれ、学校報国隊、移動労働班、女子青年団員等延べ三〇〇万名の大動員計画や共同炊事、託児所の開設等の諸方策を決定した。受入の対象は一般勤労報国隊、学校報国隊、都市女子青年勤労隊の三団体とし、一斉作業を実施している市町村或いは部落農業団体単位とした。但し個人受入は戦没、応召農家に限った。また都市女子青年勤労隊員は共同炊事と託児所の作業とした。一般隊の実人員（六月一日から三十日まで）九万七八八九名、延べ四八万九四四五名。学徒隊（六月一日から三十日まで）は農学校三〇日間、中学校二〇日間、国民学校二五日間、延べ人員は農学校二四万二四九〇名、中学校二二万三一五〇名、女学校二四万六六九〇名、国民学校一七八万一三七五名で、合計二四九万三七五〇名。都市女子青年隊（六月一日から三十日まで）は一か所一〇日間として県内から三五〇名、県外から四五〇名計八〇〇名で、延べ八、〇〇〇名の受入とした。[76]

（4）農村中堅青年の農兵隊結成

五月十五日に決まった援農の学徒隊は通年動員で大口援農部隊となったが、東葛飾郡（五月二十日から）八校二万五三八〇名、海上郡（五月二十日から）六校三万〇三二八名、印旛郡（五月二十日から）九校六万九八〇名、君津郡（六月一日から）七校五万四三八〇名、長生郡（六月一日から）七校二万三〇五〇名、安房郡（六月十日から）一〇校六万六四七五名の合計四七校二六万八五九三名であり、移動労働班は長生郡（六月二十日から）五八班、延べ一、七四〇名、夷隅郡（六月二十一日から）五〇班、延べ一、七五〇名、海上郡（六月一日から）三〇班、延べ一、〇五〇名、安房郡（六月十五日から）九四班、延べ五、三四〇名、東葛飾郡（六月一日から）一二班、延べ九一〇名の合計二四四班、延べ一万〇七九〇名であった。[77]

県では農村の労働力不足を急援し、食糧自給態勢を強化するために、農家の中堅青少年で食糧増産農兵隊を結成することにし、二月八日に地方事務所経済課長会議を開催して着手した。それは一四歳から一九歳の農村中堅青少年で農兵隊を構成し、印旛郡遠山村三里塚の県立農村道場を基地とし、交代で労働力不足や麦作管理その他の増産作業に支障を来した町村に急援して挺身させるもので、[78]四月十日に県立農村道場で食糧増産甲種推進隊の結成式となった。六〇〇名の推進隊は三個中隊編成で、一か年間増産の技術を錬磨して村の中堅となり、食糧増産に挺身する。そして食糧増産甲種推進隊の姉妹隊とも云うべき乙種増産隊が四月二十日までに県下各市町村毎に編成されることになった。同隊は編成が完了すると、三万名、一〇〇個大隊となるもので、組織は一個小隊は五〇名、一個中隊一五〇名、一個大隊三〇〇名である。隊員には国民学校卒業後二か年以内の農家子弟を網羅する。任期は一か年で、毎年四月に編成替えを行い、年度初めに各市町村農業会で適宜五日間程度の宿泊訓練を実施し、さらに一か年間の作業計画を立て、三か月間は共同作業として各自市町村内の食糧増産に挺身するものであった。(79)

一九四三年（昭和十八）二月に農耕畜力移動班が結成され、増産活動に参加していたが、一九四四年六月、新たに小運搬牛馬等も含めて〝畜力挺身隊〟に発展させ、畜力を農耕ばかりか、重要物資の運搬その他にも総合的に動員することにした。この挺身隊は三〇頭以上の牛馬を有する町村毎に、一班五頭乃至一〇頭内外で編成、一個小隊とし、県下一、五〇〇隊以上を編成する。今まで畜力移動班あるいは軍用保護馬勤労奉仕としてまちまちに活動していたものを一括して、新たに軍用保護馬を中核として、農業用牛馬、小運搬用牛馬等を一丸とした挺身隊組織にし、必要、性能に応じて耕起、砕土、中耕除草等の農作業や木材、木炭その他重要物資の搬出作業等に計画動員するものであった。(80)

(5) 工業部門の企業整備と接客業の禁止

一九四三年六月二十三日に県中小工業再編協議会が食料品、燃料、家庭雑貨の三部会を開き、木更津市を除く六市の三部会関係の企業整備案を審議した。坂本商工課長は「今日の食料品、燃料、家庭雑貨を最後に本県で予定しいた小売業整備はこれで完了したわけで、ことに本県は特殊事情として二類地区以下は業種別でなく整備を行ったので、今回の再編成により、未整備は全くなくなったわけである」と語ったが、県下の小売業整備はこの部会を最後に一応完了した。その木更津市も共助金交付の段取りとなり、七月八日に同市の第一国民学校で「転廃業者激励壮行式」を挙行した。共助金は九万円であったが、残存業者負担金が一〇万五〇〇〇円であり、その差額一万五〇〇〇円は記念品並びに重要産業進出奨励金に充当することにしたのである[81]。

七月二十二、三両日に厚生省は全国勤労行政主務課長会議を開き、企業整備に伴う工場労務者の転業対策、徴用援護会設置に関する具体的方策を指示した。この会議に出席し、二十四日に帰県した井上勤労課長は「転廃業する工場の労務者並びに職員は全員が重要産業部面に配置されることになるが、自由就職者が一人もあってはならぬことは云うまでもない。もし時局認識を欠くものがあったならば、就職命令を発して強制的に重要部面への転職を行わせる」と語っており、転廃業の労働者には職業選択の自由は許されないことを明らかにしていたのである[82]。

「千葉新報」は社説「急を要する企業整備」を掲げたが、そこでは「金属回収の重点は寧ろ工場、事業場等の機械設備と仕掛品にある。（略）これらの回収はまず企業整備の実行を俟って始めて可能となるのだが、この点から今度の企業整備の時期的な関係が大いに重視されてくる。（略）企業整備による金属類の供給は来年度分にではなく、本年度の金属生産計画に繰入なければならない」と主張していた。小売業中心の第一次企業整備では対象の中心は軍需工業への労働者の転用であったが、工業部門の企業整備である第二次企業整備では、対象となる工場の機械設備と仕掛品を金属回収するところにあることを指摘していたのである[83]。

県では小売業の企業整備が一段落したので、中央の方針により第二次企業整備である製造業、加工業を対象とする企業整備に乗り出すことになり、戦力増強企業整備委員会を設置するため、九月三日に同委員会規程を公布し、十三日に委員の任命を行った。委員会の顔触れは川村知事を会長に、各部長、官房長その他団体長を網羅して委員とし、県関係課長係官を幹事に任命、坂本商工課長を常任幹事とした。委員会の下に専門部会を設け、専門部会が実際の仕事に携わるので、業者その他の専門的な者が専門部会を一〇乃至一五名で構成した。九月段階では設置済みの専門部会は油脂部会と総合部会の二つで、綿スフ織物部会、絹人絹部会が準備中であった(84)。

軍事に関係する第二種の工業部門（飛行機、造船等直接戦力に関係する機械部門で軍需省が取り上げて整備に当たる）を除いて、第一種（大工業が中心で中央の指示に基づき地方庁が整備を行う）、第三種（中央より地方庁に一任するもので、地方庁が独自の立場から適宜整備する）の工業企業整備に関して十一月七日に中央から織物製造業を始め十数種の整備指令があった。このうち千葉県に関係業者がなく、またあっても極めて少数に止まっていたものについては、部会を設けず業者との話し合いで決定する方針にした。しかし織物関係、印刷業のように関係者が多いものには夫々部会を設けることにした。部会設置の業種は①織物製造業、②織物加工業、③繊維製品染色加工業、④印刷業、⑤莫大小《メリヤス》製造業、⑥漁網製造業、⑦小麦粉製造業、⑧合成樹脂製造業、⑨合成樹脂加工業。部会設置をしない業種は煉粉乳製造業、精製漆製造販売業、稀硫酸製造業、脂肪酸石鹸製造業であった(85)。

一月十一日に県商工課が整備中間報告を行った。整備完了は第一種工業では植物油製造業、綿スフ織物業、染料製造業、ガラス製品製造業、織物加工業、繊維製品染色加工業。完了見込みは煉粉乳製造業、莫大小製造業、繊維製品製造業、反毛工業、清涼飲料製造業、清酒製造業。業態調査中が漁網製造業、印刷業、製粉業、食料品壜缶詰製造業、菓子製造業、薬種販売製造業。第三種工業の水産物加工業、佃煮製造業、漬物製造業等は零細工業が多いので、県独自の整備案を作成し、三月末までに完了予定とした(86)。印刷業は三月八日の企業整備委員会に付されることになったが、県下一七八の業者中三六％が残存し、六四％が転廃業の予定であった。また菓子製造業は五月二日の企業整備委員会で県下二七〇名の製造業者を七〇名に整理し、そのうち五〇名が一般用菓子、二〇名が軍納菓子の製造に当たることになった。こうして工業部門の整備も完了したのである(87)。

料理店、飲食店、カフェ、貸座敷、遊技場等の接客業整備を年末までに終了することになり、一九四三年（昭和十八）九月十五日に各警察署に指示し、「戦力増強企業整備基本要綱」に基づいて行われた。一般商工業者と異なり、直接警察の取締を受ける業種のため、その整備は県保安課が管掌して行った。[88]これらの接客業は一九四四年三月五日に営業が停止となったが、県下では七一四の待合料理店、五七三の芸妓屋、一七七のカフェが廃業した。二、〇〇〇余名の芸妓、女給等は県警察部で「廃業した芸妓、女給、女中等には挺身隊等を結成し、生産方面に振り向けたい」とし、戦力増強の生産部門へ転身させられたのである。[89]

苛烈な戦局に応えるものとして男子就業禁止の労務移動動員策が登場した。猶予期間として第一次が一九四四年一月十五日まで、第二次が三月十五日までであった。第一次禁止職種は給仕、小使、売り子、現金出納係であり、これらはもともと一四歳以上、四〇歳以下の男子で就業していたものは少なかった。携帯品預かり人、下足人等は身体障害者が多く、男子の電話交換手、昇降機運転係等は県下に存在せず、給仕、銀行・会社の現金出納等が禁止該当の大部分であった。県下の各国民指導所では三月十五日までに転出すべき第二次禁止職種の事務補助者、集金人、外交員、出札係、料理人、理髪人の転出を指導した。千葉職業指導所管内で最も多く、従って一番問題となったのは、官庁、会社等に昼間給仕として勤務の夜間通学者であった。しかし特別除外を認めず、何れも指導所が戦力増強職場への転進を斡旋又は指導し、新しい職場から以前通りに通学させ、給仕と学校の問題を解消させたのである。高速度電車の車掌は禁止職種から除外されていたが、千葉鉄道管理部では女子への代替を検討中であった。就業制限以前から様々な職種に女性が目覚ましく進出していた。それは女性の自覚と成長の反映であったが、戦力確保のために就業を禁止してまで女性を代替させたことは、飽くまで窮余の一策に男性の代替を求めたものであり、決して女性の地位向上を図る目的のためのものではなかったのである。[90]

（注）

（1）前掲図書館蔵「朝日新聞千葉版」一九四三年六月二十七日付

(2) 前掲図書館蔵「千葉新報」一九四四年二月二十九日付
(3) 前掲図書館蔵「千葉新報」一九四四年一月十九日付
(4) 前掲図書館蔵「毎日新聞千葉版」一九四四年三月四日付
(5) 前掲図書館蔵「朝日新聞千葉版」一九四四年二月二十日付
(6) 前掲図書館蔵「千葉新報」一九四四年三月十一日付
(7) 前掲図書館蔵「千葉新報」一九四四年三月五日付
(8) 前掲図書館蔵「毎日新聞千葉版」一九四四年一月二十五日付
(9) 前掲図書館蔵「千葉新報」一九四四年一月二十六日付
(10) 前掲図書館蔵「千葉新報」一九四四年二月二十七日付
(11) 前掲図書館蔵」「読売報知新聞千葉版」一九四四年二月二十七日付
(12) 前掲図書館蔵「読売新聞千葉版」一九四三年六月三十日付
(13) 前掲図書館蔵「読売新聞千葉版」一九四三年七月十七日付
(14) 前掲図書館蔵「毎日新聞千葉版」一九四三年八月四日付
(15) 前掲図書館蔵「朝日新聞千葉版」一九四三年十月十日付
(16) 前掲図書館蔵「朝日新聞千葉版」一九四三年六月三日付
(17) 前掲図書館蔵「千葉新報」一九四三年七月二十八日付
(18) 前掲図書館蔵「千葉新報」一九四四年二月一日付
(19) 前掲図書館蔵「毎日新聞千葉版」一九四四年一月十五日付
(20) 前掲図書館蔵「読売報知新聞千葉版」一九四四年三月二十一日付
(21) 前掲図書館蔵「朝日新聞全国版」一九四四年三月二十三日付
(22) 前掲図書館蔵「千葉新報」一九四四年五月十一日付
(23) 前掲図書館蔵「朝日新聞千葉版」一九四三年六月十六日付
(24) 前掲図書館蔵「千葉新報」一九四三年七月十一日付

(25) 前掲図書館蔵「読売新聞千葉版」一九四三年七月一日付
(26) 前掲図書館蔵「毎日新聞千葉版」一九四三年十月二十一日付
(27) 前掲図書館蔵「読売報知新聞千葉版」一九四三年十一月十二日付
(28) 前掲図書館蔵「読売報知新聞千葉版」一九四三年十二月九日付
(29) 前掲図書館蔵「千葉新報」一九四四年一月二十日付
(30) 前掲図書館蔵「毎日新聞千葉版」一九四三年六月二日付
(31) 前掲図書館蔵「読売新聞千葉版」一九四三年七月二十五日付
(32) 前掲図書館蔵「毎日新聞千葉版」一九四三年六月三十日付
(34) 前掲図書館蔵「朝日新聞千葉版」一九四三年八月二十二日付
(35) 前掲図書館蔵「千葉新報」一九四四年一月三十日付
(36) 前掲図書館蔵「読売新聞千葉版」一九四三年七月七日付
(37) 前掲図書館蔵「千葉新報」一九四三年八月十八日付
(38) 前掲図書館蔵「千葉新報」一九四四年一月一日付
(39) 前掲図書館蔵「千葉新報」一九四三年六月九日付
(40) 前掲図書館蔵「毎日新聞千葉版」一九四三年六月二日付
(41) 前掲図書館蔵「読売新聞千葉版」一九四三年六月八日付
(42) 前掲図書館蔵「読売報知新聞千葉版」一九四三年八月二十日付
(43) 前掲図書館蔵「千葉新報」一九四三年九月十七日付
(44) 前掲図書館蔵「毎日新聞千葉版」一九四三年十月二十八日付
(45) 前掲図書館蔵「朝日新聞千葉版」一九四三年七月十八日付
(46) 前掲図書館蔵「朝日新聞千葉版」一九四四年二月十六日付
(47) 前掲図書館蔵『翼賛国民運動史』一九五四年、九二〇頁
(48) 前掲図書館蔵「読売新聞千葉版」一九四四年一月十六日付

(49) 前掲図書館蔵「毎日新聞千葉版」一九四四年二月十七日付
(50) 前掲図書館蔵「朝日新聞千葉版」一九四四年四月二十六日付
(51) 前掲図書館蔵「読売新聞千葉版」一九四四年四月二十六日付
(52) 前掲図書館蔵粟屋憲太郎「翼賛政治体制」(『太平洋戦争史4』所収)、青木書店、一九七二年、二一八頁
(53) 前掲図書館蔵「毎日新聞千葉版」一九四三年八月八月十一日付
(54) 前掲図書館蔵「読売報知新聞千葉版」一九四三年十月十五日付
(55) 前掲図書館蔵「毎日新聞千葉版」一九四四年一月五日付
(56) 前掲図書館蔵「朝日新聞千葉版」一九四三年十一月十七日付
(57) 前掲図書館蔵「千葉新報」一九四四年三月四日付
(58) 前掲図書館蔵「千葉新報」一九四四年五月五日付
(59) 前掲図書館蔵「朝日新聞千葉版」一九四四年五月九日付
(60) 前掲図書館蔵「朝日新聞千葉版」一九四三年六月一日付
(61) 前掲図書館蔵「読売新聞千葉版」一九四三年七月一日付
(62) 前掲図書館蔵「千葉新報」一九四三年七月二十五日付
(63) 前掲図書館蔵「毎日新聞千葉版」一九四三年五月十九日付
(64) 前掲図書館蔵「朝日新聞千葉版」一九四三年八月六日付
(65) 前掲図書館蔵「朝日新聞千葉版」一九四三年十一月七日付
(66) 前掲図書館蔵「読売報知新聞千葉版」一九四三年十二月二十二日付
(67) 前掲図書館蔵「読売報知新聞千葉版」一九四四年一月九日付
(68) 前掲図書館蔵「読売報知新聞千葉版」一九四四年四月十一日付
(69) 前掲図書館蔵「毎日新聞全国版」一九四三年六月二十六日付
(70) 前掲図書館蔵「毎日新聞千葉版」一九四三年七月二十一日付
(71) 前掲図書館蔵「朝日新聞全国版一九四四年三月八日付

(72)　前掲図書館蔵「毎日新聞千葉版」一九四四年四月八日付
(73)　前掲図書館蔵「読売報知新聞千葉版」一九四三年九月十八日付
(74)　前掲図書館蔵「読売報知新聞千葉版」一九四三年十月二十七日付
(75)　前掲図書館蔵「毎日新聞千葉版」一九四四年三月九日付
(76)　前掲図書館蔵「毎日新聞千葉版」一九四四年四月九日付
(77)　前掲図書館蔵「毎日新聞千葉版」一九四四年五月十六日付
(78)　前掲図書館蔵「朝日新聞千葉版」一九四四年二月四日付
(79)　前掲図書館蔵「千葉新報」一九四四年四月十四日付
(80)　前掲図書館蔵「毎日新聞千葉版」一九四四年六月二十日付
(81)　前掲図書館蔵「千葉新報」一九四三年七月八日付
(82)　前掲図書館蔵「読売新聞千葉版」一九四三年七月二十五日付
(83)　前掲図書館蔵「千葉新報」一九四三年六月十二日付
(84)　前掲図書館蔵「毎日新聞千葉版」一九四三年九月十五日付
(85)　前掲図書館蔵「読売報知新聞千葉版」一九四三年十一月七日付
(86)　前掲図書館蔵「読売報知新聞千葉版」一九四四年一月十二日付
(87)　前掲図書館蔵「千葉新報」一九四四年五月四日付
(88)　前掲図書館蔵「毎日新聞千葉版」一九四三年九月十六日付
(89)　前掲図書館蔵「朝日新聞千葉版」一九四四年三月五日付
(90)　前掲図書館蔵「読売報知新聞千葉版」一九四四年一月十一日付

四、本土決戦準備期と川村県政（一九四四年七月～四五年四月、Ⅲ期）

（一）県内防空状況と学童集団疎開受入

（1）防空状況と防空都市の設定

県内の防空状況はどのようであったのか。本土空襲の公算が大きくなったことから、千葉市警防団第三地区（長洲町一、二丁目、末広町、葛城町、港町、寒川町一、二、三丁目、稲荷町）では一九四四年七月十八日午前四時からそれぞれ町内会単位で月例防空訓練を行った。訓練の空襲警報が発令されると、伝令は町内を飛び交い、隣組各家庭では老人、子供等を真っ先に待避。救護、消火等の訓練も行い、同六時に訓練は終了した。地区内の待避壕は掩蓋壕が大分完成したが、「敵機など千葉へは来ない」と云って、空き地があっても壕も掘らず、作っても申し訳程度のものもあり、空襲への認識は高いものではなかった。訓練を視察した連合町内会長等は「一日一刻を争って掩蓋壕の完備」を勧めたが、まず「掩蓋壕が実際に役立つ」ことを住民に理解させることが先決であった(1)。

八月十日に県下七市では一斉に防空訓練を行った。午前八時を期し空襲警報発令、同一八分に敵機来襲の想定で待避、次いで十二時再び発令、同待避の訓練実施。このため県警防課及び緊急防衛本部から指導員が七市へ出張した。木更津市では八時、十時、十二時の三回にわたりサイレンと同時に訓練空襲警報を発令、市民はじめ一般通行人まで最寄りの掩蓋壕に待避した。市役所、地方事務所、税務署、郵便局、銀行、停車場の如く多人数が同時に待避する所では全員待避完了に一五秒かかったが、平均では七秒であったと云う。館山市では警報が発令になった場合、待機のため、婦人や子供が路上に密集していて、交通の障害となると注意を受けた。市では敵機来襲の場合の注意事項を①各家庭では家族全員必ず身元票を上衣又は下衣に付する、②各班毎に班長はリヤカー二台、担架一個以上を必ず確保出来るよう平素から準備にする、③各家庭用待避壕には必ず壕の位置を示す標識を置く、④各班長は班内各待避所の位置を平素から調査して置く、⑤各班は適時訓練を実施し、有事の際にまごつかない、⑥待避は暗夜無灯火でも出来るように訓練する等を纏め、町内会を通じて全市に徹底させた。(2)

千葉市では九月二十六、二十七両日に想定を秘密にし、終始抜き打ち的に敵機来襲の状況を現出して行った。また訓練は三期に分け、一期では隣組を主として初期消火、二期では警防分団の消防消火活動、三期では大空襲想定の下に大掛かりな総合訓練であった。隣組の初期消火では延焼防止を第一に考え、最初の一分間に防火に着手する、また待避では二〇秒以内に行うとの注意があった。(3)館山市では六六の町内会に一三〇か所の待避壕、一一か所の救護所等を設置することにし、市では六、〇〇〇円の補助を行うことにした。その後市警防課と館山署の指導で、横穴式防空壕が逐次増強され、一九四五年（昭和二十）三月には全部で三一か所、約八、〇〇〇名を収容し得る施設が出来上がった。また市役所でも工費一万円で二か所に専用の横穴式防空壕を構築することになった。十月十八、十九両日に行われた防空訓練では、十八日夕方六時から軍部の協力を得て、市内全防空機関を動員、一期、二期、三期と分けて実施した。訓練では北九州、那覇、台湾の大空襲等の体験を考慮し、実戦そのものの猛訓練であった。特に空襲後の整備では歩行者の検問、交通制限、敵謀略者の逮捕訓練を取り入れていた。空襲警報発令時にも訓練の観念を脱し切れず、防火群員が一定場所に集結し、各自の家庭の監視が疎かになる傾向があり、市民に注意を発していた。銚子市では一九四五年（昭和二十）一月八日に市参事会を開会、一月中に建造する掩蓋式公共待避壕設備費六万二八三〇円（内国庫補助四万一八八六円）の追加予算を決定した。これで市内に一〇〇余か所の公共待避壕が完成することになった。市川市では横穴式待避壕建設を市会で協議し、六〇万円で実現を期すことになった。このうち四〇万円は国交補助によるものであった。同壕は長さ六〇〇メートル《メートル》の横穴で、これを三か所造り、二〇余人入りを一五〇か所、五〇立方メートル《メートル》の貯水池一一〇か所の計画であった。

県は空襲に備えた非常対策を発表した。第一は主要都市の防護強化で、千葉、木更津、館山の三地区を防空都市に指定した。市内重要施設周辺の防空広場設置、消防道路の設置、鉄道沿線空き地の拡張、横穴防空壕の増設を徹底させる。これに伴う一部の建物、人員を強制疎開させる。指定は第二次として他の四市も近々に行うとした。防空都市に指定された千葉市は三月十七日に防火線設定協議会を開催し、被害を最小限に食い止めるため、市内目抜き道路の拡張及び住宅密集地の間引きを断行することにし、主な道路拡張は省線千葉駅より都川に至る間、省線千葉駅より亀井町間、本千葉踏切より白旗神社に至る道路、富士見町の房総線分岐点より港町に至る鉄道両側、これらはいずれも幅二五メートルまでに拡張する。住宅間引きの主なものは千葉駅裏、蓮池、本町、県立高女付近、本千葉駅付近を見込んだ。[4]

木更津市では間引き家屋の立ち退きは四月十日までに実施する。直ちに建物の取り片付けに着手し、五月中には東西二本、南北四本の広い通りを造る。一番広くなるのは駅前から海岸通りまで貫くもので、幅三〇メートル、横に選択寺、第一国民学校正門まで通ずるものは幅二〇メートル、その他はいずれも一五メートルで、第一国民学校裏から銚子屋金物店北側を通って海岸通りまで通ずる道路の拡張、本町と南片町の中間勘太郎酒場から八紘自動車の西側に出て北片町の中将湯前まで貫通するものが、主なる建物疎開地区であった。館山市では一部地区の強制疎開を行い、これと同一歩調で全市にわたって疎開を断行、完全な防空都市として対処することを決定した。強制疎開を受けた一部地域の疎開者並びに人口疎開のための疎開を円滑急速に出来るよう各関係方面の協力を求めて、三月二十九日に協議会を開催した。また今次の疎開に便乗し、強制疎開者以外の全戸疎開で、逃げ腰的疎開者に対しては、飽くまで阻止することを申し合わせたのである。[5]

(2) 学童集団疎開の受入

七月十七日に「学童集団疎開実施要領」が決まり、文部、内務両省、東京都からそれぞれ具体策が発表となった。

学童疎開の根本方針は家族疎開、縁故疎開（親戚や知人へ学童単身疎開）、集団疎開の順で強力な勧奨をするとした。実施区域は京浜、名古屋、阪神、北九州とし、集団疎開の対象は三年から六年までの児童に限定した。集団疎開の骨子はなるべく家庭から近い土地へ母校の教職員が一緒に付き添って行く。教育は原則として母校の分教場として、地元国民学校の協力を受け、多分に錬成色を盛る。食糧その他生活必需物資は政府が確保し、配給する。経費は大体一人当たり一月三六円で、うち一〇円を保護者負担とし、残りは都市が負担（八割は国庫補助）。疎開先は千葉、埼玉、茨城、群馬、栃木の関東五県及び都下三多摩、山梨、静岡、宮城、福島、山形、新潟、長野の各県で、一県平均一万人乃至二万五、六〇〇〇人を送り出す。学童の宿舎には旅館、集会所、寺院、教会、錬成所、別荘等を充てるとするものであった(6)。

東京学童の集団疎開割当では千葉県は県下八郡に本所区児童一万名と他区の児童を総数で一万三五〇〇名受入ることになり、県では各郡割当を本所区児童は君津郡二、三〇〇名、安房郡一、〇〇〇名、夷隅郡九〇〇名、長生郡六五〇名、山武郡一、一〇〇名、匝瑳郡、海上郡二五〇名、千葉郡五〇〇名、市原郡一、八〇〇名、香取郡一、五〇〇名とし、他区児童は東葛飾郡一、三〇〇名、印旛郡一、八〇〇名、香取郡四〇〇名としたのである(7)。

第一陣は八月十五日に来県の予定であったが、列車の都合で十七日に本所区明徳国民学校三、四年女子が佐原町に到着した。そして九月五日に東京本所区緑町国民学校四五名が東葛飾郡富勢村入りしたことで一先ず完了した。当初は一万三五〇〇名の申込であったが、家庭の事情や体格検診等で減り、県下一七七か所へ疎開したのは六、七六六名であった(8)。

『墨田区史』（前史）によれば、八月十七日小梅国民学校（君津郡松丘村、亀山村）、十八日明徳国民学校（香取郡昭栄町）、二十日横川国民学校（君津郡久留里町外三村）、二十五日錦糸国民学校（千葉郡生浜町外三村）、茅場国民学校（山武郡豊岡村外）、二十六日柳島国民学校（市原郡菊間村外二村）、業平国民学校（市原郡下六村一二寺院)、二葉国民学校(長生郡茂原町外八町村)、二十七日外手国民学校(夷隅郡大多喜町外六町村)、緑国民学校(匝瑳郡匝瑳村外一一か所)、本横国民学校(安房郡吉尾村他)、二十八日言問国民学校(君津郡馬来田村外三村)、二十九日江東国民学校(香取郡香取町外五町村)、八月中和国民学校(君津郡小糸村外三村)、菊川国民学校(千葉県内)とあるが、児童数は不明である。(9)

安房郡国府村(南房総市)の宝珠院と延命寺の二か所に疎開していた本所国民学校六年生男女六〇名は中等学校入学準備のため、疎開半年で引き揚げることになり、三月一日九重駅発の列車で東京に帰っていった。前年八月十七日東金高等女学校寄宿舎に集団疎開した本所区菊川国民学校初等科六年女子六七名と同月二十七日に東金町の本漸寺に来た同校初等科六年男子七六名も中等学校進学準備で三月一日に東金駅発列車で帰京した。各地では疎開の六年生が東京に帰り、三月九日、十日の東京大空襲の犠牲となった話を聞くが、この児童たちの消息はどうなったのであろうか。(10)

(3) 貴金属の強制回収

九月に科学兵器製作の重要部品として白金、ダイヤの回収が始まった。九月三十日の県商工課調査では、県下二九警察署中二〇署の報告で料理店、旅館その他接客業者や従業員、貴金属商、質屋、古物商、医師、歯科医師等の所有する白金は約九一〇匁に達しており、さらに残りの九署管内を加えれば、一貫二、三〇〇匁の回収が見込まれていた。また一般家庭では市町村を通じて申告が行われていた。長生郡だけで七〇個約一〇〇匁が所有されていたことが分かった。県では十月五、六両日に千葉、船橋、市川、佐原の四か所で第一回の特別買上を行い、白金・ダイヤの買上は総額二万五三〇〇円余であった。ただ調査所有量三四に対して一〇%程度の供出であった。引き続き県下二〇か所で巡回班が買上を行うことにした。白金は即時鑑定の即金払いであったが、ダイヤは鑑定のため一週間程預かり、鑑定の後に代金を支払うものであった。[11]

決戦下、県は政府の指示で金属製品の家庭回収運動も行って来たが、今回の回収は強制によらず、県民の決戦への熱意に期待するとしていた。回収物件はアルミニウム（アルマイトを含む）、鉄、銅、鉛、錫、アンチモン等で、回収物件の対価は一貫目でアルミ一五円、鉄二円、錫及び錫合金五〇円、銅及び銅合金、鉛、アンチモン等は二〇円。回収方法は隣組毎に持寄り回収とし、各市町村内所定の集積所まで一般の勤労奉仕で運搬するものであった。なお回収に際して代替品の交付を行わないとしていた。白金供出は十一月二日まで県下二二か所で買上を行ったが、目標割当突破の早さでは全国四位と云う成績であった。巡回買上は十一月十日まで七か所で行われたが、十一月十五日以後の白金所持者は総動員法で処罰されることになったのである。[12]

フィリピンで航空決戦が展開していた折柄、航空機用発動機の軸受けとして必需品である銀の供出が強く求められていた。千葉県は白金は割当の三倍、古綿一二〇％、アルミその他の金属類も一〇〇％以上であったが、銀は年末までに割当の二〇％しか集まらず、全国でも下位であった。認識の不徹底、回収方法の不備、出し渋り等が不振の原因と云われ、県では一月十日に巡回買上方式を止め、隣組単位に各家庭の保有量を調べ、町内会、部落会に割当量を明示し、回収に責任を持たせた。現物は市役所、町村では地方事務所に集め、一月十五日から月末まで強力な〝根こそぎ〟動員を展開した。[13]銀供出動員は一月末の終了時に割当量を突破した。供出品では銀貨類が一番多かった。二月八日の印旛郡の実績では割当に対し九八％で、三〇町村のうち一四町村が割当突破した。[14]

一月二十九日の衆議院陸海軍予算分科会で国防献金使途の説明があった。陸軍関係では支那事変当初から国防献金七三万四〇〇〇余件、恤兵金一六二万六〇〇〇余件、学術技術奨励金八万余件で、金額にすれば献金七億七一九七万余円、恤兵金一億四三七二万余円、学術技術奨励金一、五四八万余円、合計九億三一一八万余円であった。一九四四年十二月末までの主な使途は飛行機五、九八二、戦車装甲車二七九、各種火砲二、〇七五、各種機関銃二、一五一、聴音機二五五、探照機一五〇、発動機七五八等、また国防献品としては貴金属、日本刀、拳銃、毛布、軍馬、軍犬等であった。海軍関係では支那事変以来の国防献金六億八六六〇万余円、恤兵金一億〇三七六万余円、学術技術奨励金一、九〇六万余円、この他に恤兵品四、七六四万余点あった。使途は国防献金では飛行機その他各種兵器の製作に、恤兵金は将兵の慰安福祉の増進、死没者の弔慰、傷病者の慰恤等に、学術技術奨励金は艦船、兵器の各種研究、学術の奨励等に、恤兵品は夫々献納目的に充当したとの報告であった(15)。

一九四五年(昭和二十)四月一日付で千葉憲兵分隊は千葉地区憲兵隊と改称され、県下各憲兵分隊(市川、柏、木更津、佐倉、館山、千葉、習志野)の本部に昇格した。初代の山野久雄隊長(中佐)は「千葉は初めてでよく分からんが、千葉市だけを見て、一口に云えば防空壕の用意も完全でないのに、市民は呑気過ぎると云うことだ」と語っていた。千葉市民の本土決戦への認識程度の低さを指摘したものであった(16)。

(二) 決戦的行政機構改革と翼賛運動の衰退

(1) 県庁機構改革と町内会の整備

一九四四年(昭和十九)七月四日に東条内閣は重大時局に即応するため、地方行政機構の重点的再編成を閣議決定した。(一) 戦時経済諸策を敏速に実施するため、全国のうち三十数道府県の経済部に第一部と第二部を設置する。第一部は農産、水産物の生産、集荷、配給その他、専ら食糧行政に関する事項を掌る。第二部は商工、林産、原野及び林産物その他経済一般並びに土木に関する事項を掌る。(二) 官房長制度を廃止し、人事、道府県会、予算、会計等の事務は内政部に移し、内政部長が統轄すると云うものであった(17)。

県では九月十一日に経済第一部農務課内の食糧係を課に昇格して食糧課を新設した。任務は主要食糧及び食糧農産物の集荷配給、酒類調味料その他飲食品の需給調整、澱粉、茶、その他特産品の需給統制、食料工業、食品市場の監督、食糧検査等であった。この機構改革で農務課は生産指導、食糧課は集荷配給と截然されたのである。[18]

食糧増産「総突撃」を目指して十月二十八日に主要食糧増産供出促進協議会が県庁で開かれ、県戦時食糧増産推進本部の設置を決定した。それは知事が本部長になり、農報推進隊と食糧増産隊を統理する。副本部長には経済第一部長、顧問、参与には学識経験者を嘱託し、本部の下に審議企画機関として県戦時食糧協議会、実行機関として県食糧供出推進隊と郡市同推進隊を設ける。県戦時食糧協議会には総務、技術指導、労務動員、資材、農地対策、畜力動員、集荷、戦時食糧対策の八部を置き、実施策を企画審議し、推進隊がこれを実行する。協議会は郡市に、推進隊は市町村に設けるとしていた。[19]

県は地域行政及び国策浸透の徹底を期するため、県下七市の町内会を整備拡大することにした。市川市では年末に市内一五五か所の町内会を五三に整備したが、単位町内会は著しく拡大することになった。町内会の運営、伝達、配給等が日を追って激増する時局に対応させようとするものであった。千葉市は人口が一一万人余を擁し、二八〇余か所の町内会が分設されており、町内会長を招集するだけでも全員参集は至難で、さらに隣組への伝達事項等も著しく遅延不徹底を来たし、統制も困難であった。千葉市では一〇〇内外に整備を研究中であったが、単位町内会の任務は三倍に拡大するものであり、運営には専任職員を置くことにした。千葉市内一町内会に対して月額二五円の専任職員補助金が内務省から支給されることになった。県では七市以外は従来通りの機構で済ませることにしたのである。[20]

（2）翼賛運動の行き詰まり

一九四四年七月七日にサイパン島守備隊将兵全員戦死の報を知った県翼壮団では、「団員奮起の秋は今をおいてない」と太田本部長は決戦臨時団員総常会開催を各級団に指令した。各級団では総常会を開き、サイパンの死闘に

応えるため、当面の重要問題であった食糧増産の土台である堆肥増産運動の邁進へ決意を高めた。(21)

七月七日に翼賛会県支部事務局長を兼務していた矢野県翼壮団長は翼賛会県支部事務局長を辞任し、後任には斉藤信三郎翼賛会県支部庶務部長が任命された。矢野局長は陸軍兵学校教官嘱託であり、決戦非常時で多忙を極め、これまでも月に一、二度しか県支部には顔を見せず、実態は斉藤庶務部長が事務局長の事務を執っていた。(22)

七月十八日に東条内閣が総辞職し、二十二日に小磯国昭内閣が発足したが、小磯首相は八月十六日に翼賛会総裁として「翼賛政治会は政治面、翼賛会は精神面から臣道実践体制を実現する」と明確に区分する訓示を行った。翼賛会の精神運動化を表すものであった。(23)

既に九州地方では四度にわたって空襲があり、いつ敵機が現れるか分からないといった緊迫した戦局であったので、九月の常会徹底事項は「鉄石の肚構と魚介類増産」とし、特に魚介類は県民の強壮な精神力を養う栄養源であり、千葉県では海辺でも水辺でも魚介類を捕ることが出来るものとして重視した。そして県翼壮団では、八月二十五日から二十九日にかけて地区別の緊急郡市団長会議を開き、団長、副団長、本部長、総務、報道主任全員と各町村団長が参集して食糧増産運動等を協議し、行動を開始した。(24) 九月八日には翼賛会県支部が主催し、各地の神社や国民学校に一斉に暁天集結して〝敵前非常総常会〟を開催した。千葉市では各町内会、各種団体員約二、〇〇〇名が夫々の団体旗を翻して同市千葉神社に集結。定刻六時と共に総常会は吉原翼壮理事の開会の辞に始まり、宮城遥拝、国歌斉唱、詔書奉読、祈念、勝ち抜く誓いの朗読と行事が進められ、永井市長が「サイパン、テニヤン、大宮島の悲痛な同胞の勇戦をこの朝この時ありありと肺腑に想起するとき、我々の胸中には名状すべからざる怒りが漲る。この怒りを最後に大爆発さすべき秋は正に今だ」と呼びかけた。藤田進中将の講演があって後、市民は防空強化、軍需並びに食糧増産、経済道義の昂揚、戦争生活の徹底等の緊急事項を決議し、〝海ゆかば〟を斉唱、万歳三唱して午前七時に閉会となった。(25)

十月に矢野機《はかる》は翼壮県団長も辞任した。矢野団長の後任を銓衡中であったが、十二月二十七日に藤田進中将に決定となった。藤田新団長は石川県出身、六一歳。陸士卒、陸大に学んで、第十九師団参謀長、歩兵学校長、第三師団長を歴任、一九四一年（昭和十六）一月予備役となり、一九四二年七月興亜総本部実践局長に就任し、一九四四年八月辞任した人であった。団長就任の談話で「県民に遊離し、反感を買っていたところがあるように聞いている（略）翼壮それ自体が謙虚な態度で、自己を磨くことが第一である」と語ったが、それは翼壮の運動が権力を背景にしていて、県民からは遊離していたことを団長が認めたものであった。

一九四五年一月二十日に県翼賛団は緊急幹部会を千葉市庁舎で開催し、「今後の決意如何」との中央本部からの電報に対し、（一）団発足当初の理念を堅持し、危局突破の維新運動を断行し得る翼壮中央本部の確立を期す、（二）いわゆる旧政党的形式的国民運動の一元化を絶対排撃し、翼壮団を中核となす国民運動の実現を期すとの決議文を即時に本部へ発送していた[26]。しかし翼賛運動は県翼壮団の決議と全く反対の方向、すなわち大政翼賛会、翼壮の解散方向へと動き始めていた。二月九日に田中武雄内閣書記官長は「国民運動に関する現在の団体については、いまや根本的に再検討すべき時期が来ている」と言明し、小磯内閣は三月二十三日に翼賛運動の再編として国民義勇隊結成を決定したが、具体化しないうちに総辞職となり、次内閣に引き継がれることになったのである[27]。

（三）低迷する供米と〝不急作物〟栽培禁止

（1）全国最下位の供米成績

供米の遅れに対し、県経済保安課では県下に全警察官を動員して督励に努め、知事は一月二十五日から三十一日まで館山市、茂原町、大多喜町、木更津市、五井町へ、また沖森経済第一部長は一月二十三日から三十一日まで柏町、松戸市、市川市、船橋市、佐原町、旭町、銚子市、千葉市、東金町、佐倉町を督励行脚した[28]。一月二十五日の段階で完了市町村は五〇に過ぎず、前年より遙かに遅れた状況であった。県では二月十一日の「建国祭」までに完了させる方針で、予算三万円を計上して完了した町村には一〇〇円を贈ることにした。[29] 二月十一日を過ぎても完了した市町村は県下三一四か市町村中一九三か市町村、六一％の状況であった。経済保安課では「割当数量を完納した町村に対しても、決戦食糧確保のため、郷土食、代用食による節米運動を一層徹底し、過剰供出即ち愛国米供出」を督励行脚し、農民の忠誠心に訴えることにした。[30] 二月二十三日の県議全員協議会で、出席した川村知事は「この数年間全国上位の成績にあった本県としては遺憾である」と供米成績全国最下位を認め、「敵は硫黄島に上陸して来た、その上、本土空襲に曝されている、緊迫せる情勢下、食糧確保は緊急問題である、供米が完了しないと、県の配給計画が立たず、国家の自給自足計画にも支障を来す」と奮起を促したのである。[31]

県全体では八八％であったが、旱害被害の大きかった山武、長生両郡は七〇％であった。特に長生郡高根、豊田両村のような模範村と云われた所が不成績であった。三月下旬になっても集荷未了は五〇か町村もあった。非常に問題であったたことは、集荷完了町村の大半が売渡後の食糧自給困難を恐れて現物を握って完納しないことであった。県当局は成績不振の原因は農家の戦闘意識の低さと町村の指導者、特に町村長の熱意と努力不足にあるとして、「未完了分があれば、それだけ配給を停止する」と脅迫的であったが、完納すれば「愛国供出」として過剰供出を要求する始末であり、最早脅しで通用する問題でなく、供米制度の破綻を示していたものであった。[32]

（２）学徒動員の問題点

一九四四年八月、県下中等学校生徒に対し第一次県外出動の動員令が下った。学校別出動計画では安房中学四年七五名（東京螺子《ネジ》）、東金高女四年七〇名（東京螺子）、成東中学四年五〇名（横浜ゴム）、東金高女四年四〇名（石川島航空工業）、長狭中学三年一〇〇名、（石川島航空工業）、同中学四年（日本タイヤ）、千葉高女四年二〇〇

名（日本飛行機）、大原高女三年五〇名（帝国通信）、市原中学四年五〇名（日本音響）、銚子高女四年一五〇名（東京航空計器）、大多喜中学四年五〇名（日本冶金）、匝瑳中学四年五〇名（会社交渉中）であり、八月下旬から一斉に出動となったのである。(33)

県は八月に農林水産部門への学徒動員要項を決定した。農学校を根幹として（農学校のない地域は中学の高学年生徒で代替）、男女中等学校低学年生徒を加え、地域毎に担当校を定めた。県全体では男子実業学校七、五〇〇余名、女子実業学校一、三〇〇余名、中学校七、一〇〇余名、女学校八、九〇〇余名、男女総計二万四九〇〇余名を秋の農繁期対策として確保することにした。従来の動員は共同作業、一斉作業の場合に限っていたが、今後は個人農家でも農業会の斡旋で受け入れ出来ることにしたのである。(34)

戦局の緊迫化に対応して重要工場に中等学校低学年及び国民学校高等科児童を動員対象にすることになった。国民学校高等科児童は中学校低学年生より一足先に増産戦列に配置されることになり、県では①割当配置は四半期毎に県で計画するので、学校、工場間で任意で取決を行わない、②作業は特に保健の点に留意する、③出動は通年とする、④配置先は通勤可能を原則とする、⑤作業時間は一日八時間、残業、深夜業は課さない、⑤休日は月四回を原則とする等の動員要項を決定したのである。(35)国民学校高等科児童の第一次動員は九月下旬から行われることになり、教学、衛生、労政の三課では、特に学童の体力、衛生、医療管理に重点を置き、過重な勤労作業が少年たちの将来に影響しないよう考慮し、千葉医大学生による巡回医療班の結成等を計画し、学校と交渉することにした。各国民学校の送り出し基準は各校の月別体位測定表により担任訓導が作業適性の可否を検討し、出動前に校医が精密検診する。その結果を学校長が決定する。入所直後に工場医がさらに検査を行い、職場割当を行い、県衛生課と協力し全出動学童のツベルクリン反応検査を行い、各動員署では一定期間の職業補導を行う。各児童の個性と適性を十分生かし、行学一致の指導を工場内で行うこととした。(36)十月に国民学校高等科児童の第一次動員は千葉市及び千葉郡一二校、館山市及び安房郡七校、夷隅郡五校、長生郡五校、東葛飾郡五校、印旛郡三校の計三七校三、五〇〇名が内定したのである。

十月一日から中等学校低学年に対して動員令が下り、第一回の各国民動員署別では重要工業分として千葉一、七〇〇名、市川八二〇名、船橋七五〇名、松戸九二〇名、木更津八〇〇名、茂原四五〇名、大原二五〇名、東金一八〇名、合計五、七二〇名。一般工業分では千葉五〇〇名、市川四〇〇名、銚子五〇〇名、木更津四〇〇名、成田二〇〇名、東金二〇〇名、茂原二〇〇名、船橋五〇〇名、大原二〇〇名、松戸三〇〇名、八日市場一〇〇名、合計三、五〇〇名であった(37)。

県耕地課、教学課及び農業会では十二月中旬から着手する県下三、七〇〇余か所の土地改良事業に学徒動員を計画した。この第三次土地改良事業は前回の六倍の学徒動員を行う方針で、農学校生徒を主体に三月まで延べ三〇万名を繰り出すことにした。平均一人五〇日間実働、一日の勤労時間は七時間、報償は男子中学一日一円一〇銭、女子九〇銭、国民学校高等科男子八〇銭、女子七〇銭であった(38)。

これらの学徒動員ではいくつかの問題点が明らかとなった。一つは退学現象が発生したことである。銚子市の場合では、同市で農家子弟で国民学校高等科並びに市立高女の児童、生徒が頻々と退学したことであった。退学申請の父兄は「学校から通年動員、挺身隊或いは勤労作業で工業方面に長期派遣されるのも大切なことだが、一方食糧増産も重要な国策で、同じ作業するのなら、農家も人手不足に悩む折りだから、自家農業を手伝わせたい」、「農家の子供は農繁期だけでも醤油会社等に使わず、自家農業を手伝わせてもらえば、どれだけ助かるかわからない。殊に女学校等通年動員で勉強はほとんどしないようだから、同じ作業をするなら、農業をやらせたい」との声があった。また①受入施設の整備如何は成長盛りの学童に大きな影響を与える、②報奨額を一般工員並みにしたため、学童の指導管理に対する工場側の心構えが単なる労働力の増加と云う企業至上的に偏して、学童出陣の意義を失っている、③父兄側の動員に対する認識不徹底のため、回避策が執られる等の問題点が生まれていたのである。[39]

中等学校生徒の生産と進学の問題もあった。従来実業学校は十二月、中学、女学校は三月卒業であったが、三月卒業に統一となった。これにより工場に勤労動員中の中等学校生徒は上級学校進学者を除いて、全て一年間で工場を止める。優秀な成績を収めている学徒を卒業と同時に工場から失うことは生産に甚大な影響を及ぼすので、継続勤労の措置がとられる、その場合その学徒の身分は卒業した学校の附設課程に在学中として学徒の身分で継続することになる。これらに対する報奨基準額は専門学校学徒の取扱により特別報奨が支給される。しかし継続動員の実施に伴って出動工場の配置転換の問題があった。これに対して県当局の方針は「工場の生産を低下せしめない限度において実情を検討の上、配置転換する用意がある」としたが、教学課、国民動員課等で検討した結果、知事を委員長とする県勤労機動配置対策本部を立ち上げ、配置は迅速に実施されることになったのである。[40]

（3）〝不急〟作物の栽培禁止

作家田宮虎彦に「花」という作品（一九六四年作）がある。安房郡和田町（南房総市）真浦《さなうら》で戦争中に花卉《かき》栽培を行った主人公の農家主婦ハマと長男勇一、二男作次の物語である。[41]房総の花卉栽培は明治初年に始まると云われ、当時は山百合や蘇鉄葉、水仙等の半野生的な種類が生花の材料として、一部仲買人の手で東京の問屋に送られていた程度に過ぎなかった。大正期になって東京に生花市場が先を争って設立され、品質本意の公開取引となり、これに伴って房州の花は飛躍的な発展を遂げた。常春の地理的条件から栽培者が急速に増加し、房総線が開通となって輸送条件が合致し、しかも一部有閑階級の嗜《たしな》みから脱して花卉類が一般庶民の生活の中に織り込まれるようになって需要が急激に拡大した。販路も東京市内を始め、北は北海道から西は関西まで拓き、露地栽培地として全国に名を知られた〝黄金時代〟を現出した。一九三三年（昭和八）安房地方の花卉栽培面積は二二二町歩、栽培農家一、八五〇戸と云われていた。しかし一九四一年（昭和十六）二月一日の臨時農地等管理令公布で、花卉栽培に暗雲が広がったのである。房州花卉聯合会では十月十一日に館山市で開かれた総会で、「国策に即応して自主的に花卉栽培面積三〇〇町歩の二割減反する、寒菊の跡地は必ず麦類の作付けを行う」の二点を決議した。(42)安房郡農会は百合根減反二三町歩、一般花卉一七町歩の減反を決定したが、その町村別減反の主なものは百合根が保田町一四町五反歩、千歳村三町歩、豊房村二町四反歩、一般花卉が保田町二町三反歩、西岬村二町二反七畝歩、七浦村一町七反九畝歩、和田町一町七反四畝歩、江見町一町六反九畝歩であった。(43)岩井町（南房総市）の菊は東京市場でも「岩井の大輪咲き」で通るブランド品で一九四一年約七、〇〇〇俵、価格五万円と云われていた。岩井花卉組合は「生産を二割減反し、小麦や甘藷に転換した他、菊の後作には麦を作らせているが、戦時下の国民生活にも花を楽しむ位の潤いが必要と見えて、菊の需要は大したもの」と語っていた。(44)岩井町、勝山町（鋸南町）方面で生産された花野菜は南方の大東亜共栄圏へ輸出する計画を一部業者が進めていたが、花野菜の公定価格は一〇〇匁一円二〇銭で、公価設定前の二〇銭見当に比し、約六倍に値上がりして国内でどんどん売れた。そのため缶詰製品に加工すると四ダース一箱二九円五〇銭となって、外国向け価格一七円に比して、一二円五〇銭も採算割れを来たしたので、南方向け輸出は断念となった。(45)安房郡農会は九月四日に館山市六軒町の水産会事務所で郡下各町村農会技術員を集め、一九四三年度の食糧増産計画を討議したが、麦増産のため、花卉栽培畑の減反と桑園整理断行を決定した。江見町（鴨川市）の生産部門第一位は花卉類で、食糧増産の影響で減反の一途を辿って来たが、反対に品不足から価格が上がり、一九四一年度分の組合決算では七万六〇〇〇余円となり、平年の三〇％増と云う好成績で、農家は大喜びであった。(46)

農林省は一九四一年十月十六日に農地作付統制規則を、また四二年六月十日には農業生産奨励規則を公布した。県はこれに基づき西瓜、花卉等の戦時下不用不急作物地を甘藷畑一、三二〇町歩、馬鈴薯畑一九五町歩、陸稲作付四六六町歩、蔬菜畑一八九町歩に転換させることにし、その転作者には種子代として反当たり甘藷二円、馬鈴薯五円、陸稲五二銭、蔬菜一円を交付することにしたのである。(47)

一九四三年八月二十二日に安房郡下の農会技術員会議では花卉栽培二〇〇町歩の四分の一である五〇町歩を減反して麦作に転換することを協議した。(48)しかし農林省では一九四四年度に全国で二〇〇万町歩の麦作増反を計画していたのであって、花卉栽培関係者の判断は非常に甘いものであったことが知らされることになった。県では十一月五日に現地関係者代表、農会、地方事務所係員を県庁に招致し、①一九四四年度からの花卉栽培は県の耕作許可制とする、②一般耕地での花卉栽培は不許可とする、③本年度既に作付けした花卉類二反歩の出荷は認めるが、跡地は麦作等とするとの県当局の強硬な意向を伝え、当業者の善処を要望した。これにより二〇〇町歩の房州花畑が消滅する方向が明確になったのである。(49)館山市那古の県農業試験場安房分場では業者に率先して花卉試験を中止し、花畑を全面的に潰すことを決定し、十一月八日の大詔奉戴日に勤労作業の安房中学生の手で咲き誇った花園を掘り起こし、後作に麦を蒔き付けることになった。同分場は果樹類の改良試験を主として創設されたものであっただけに、花卉締めだしは思い切った「英断」と云われた。果樹は果樹園をそのまま残し、園内の間作、老朽樹の間伐跡の利用とし、蜜柑畑の間作として雑穀類を蒔き、その試験に着手、柿畑の間伐跡には麦類を、梨、葡萄棚の下には日陰作物の蒟蒻等の栽培試験に乗り出し、成績を見極めた上で、一般果樹栽培業者に呼びかけることにした。(50)江見町花卉組合はかつて三〇町歩であったものを一七町歩に減反してきたが、十一月八日の役員会で一九四四年度から花卉類栽培一切を全廃し、蔬菜と麦類に転換することに決定した。安房郡農業会支部技術員会議は一九四四年一月二十二日に館山市神明町法性寺で開催し、花卉栽培、落花生、西瓜等の不急作物の培養方禁止につき、農民各自の協力を求めるための趣旨徹底を図った。(51)

関東地方行政協議会では主要食糧増産を強力に推進するため、西瓜、メロン、花卉等の不急作物の作付統制を管内都県一律に足並みを揃えることとし、その要綱を発表したが、千葉県では既に前年十一月に農地作付統制細則の一部を改正して全面的禁止又は最小限度に抑制していたので、神奈川県と共に関東行政協議会の措置の先駆けとなったものであった。県では各県申し合わせの禁止作物のうちに、メロン、トウモロコシ、ハト麦等は県下にほとんど影響がなかったので禁止していなかったが、追加指定した。そして果樹、桑園を含む個々の作物について具体的実施案を一月二十五日に発表した。花卉については安房郡地方を中心として未だに完全に抑制されていなかったので、全作付面積二〇〇町歩を強力に禁止させることにしたのである。[52] 農業会安房支部では八月十六日に花卉園芸の本場である健田、千歳両村で蔬菜生産促進協議会を開催、両村花卉園芸組合員を集めて、花卉園から蔬菜園に転換することを申し合わせた。同支部では十七日に南三原、北三原、豊田、丸の四か村、十八日に東條、西條、十九日に神戸、長尾、二十日に江見、和田、二十一日に勝山、岩井、佐久間、保田でそれぞれ協議会を開き、花卉園の全面的転換を協議することにした。この最後的な転換運動によって反別二〇〇町歩の広大なる花畑がついに消滅したのである。田宮寅彦の小説に登場する主人公等はこの全廃過程に従わなかったために、〝非国民〟扱いを受けたのであった。[53]

花卉以外で栽培を抑制されたり、転作を強制された農産物を見ておこう。安房郡九重村（館山市）は〝九重蓮〟の産地として房州一の栽培面積を有する八町歩であったが、一九四〇年三町四反七畝歩に減反していた。一九四二年から各戸必ず栽培面積を五畝歩以下とすることを申し合わせた。また同村では五町歩の百合根栽培を行っていたが、全廃して麦類に転作することになった。[54]

君津郡木更津付近は蓮の名産地で、清川村一六町二反歩、巌根村三町歩、木更津町一一町五反歩で、総販売数は四万一二五〇貫であり、このうち県外移出は横浜一万五〇〇〇貫、横須賀一万五〇〇〇貫であったが、一九四二年は作柄が悪く例年の三割減であったと云う。しかし一九四四年七月には完全に水田に転換した。[55]

東葛飾郡大柏村（市川市）の名産〝二十世紀梨〟は一九四二年二月十三日に農会事務所で各農家実行組合その他関係者で梨園の大整理を話し合い、麦類増産に応じることになった。また市川市の農家実行組合では名産の苺を一九四三年を以て中止することにした。六月九日までの苺出荷は二、八〇〇貫であった。また梨その他の果樹園も大半は主要作物の栽培に転換したのである。(56)

農林省は青果物価格の一部改正を一九四三年八月二十日に発表し、二十六日から施行となったが、千葉県関係のものでは、房州の枇杷及び梨、九十九里方面の南瓜であった。嗜好品としての青果物を値下げすることによって生産を抑制し、主要食糧並びに必要蔬菜へ転作を促進させるための措置であった。因みに県下の南瓜作付反別は七七二町歩、梨は五一八町歩、枇杷二四九町歩であった。(57)

県では不用不急の作物を徹底的に制限し、農地は挙げて決戦食糧農作物の増産に当てるために、農地作付統制細則の改正を行い、十一月十四日に県報で告示して実施となった。自家用として落花生は三〇坪以内、西瓜、胡瓜及び越瓜《しろうり》は三者を通じて一五坪以内、蓮根、慈姑《くわい》、苺、みつばは各五坪以内に限り、知事の許可を得て作付が許されるだけとなった。数十年の歴史を持つ房州の花卉、印旛郡八街町を中心として数千町歩を占めていた落花生、県特産の早場苺、蓮根、西瓜、甜瓜《まくわうり》等は市場から全く姿を消すことになった。(58)不急作物転換のための政府助成金は果樹整理は奨励金反当たり九〇円、隔畦、抜株に四五円、桑園整理は反当たり改良費（掘取）三〇円、植付一一円、未耕地新植三〇円、茶園は反当たり台刈二〇円で、前年度に比して大幅に増加となっていたのである。(59)

〔注〕
（1）前掲図書館蔵「毎日新聞千葉版」一九四四年七月十九日付
（2）前掲図書館蔵「毎日新聞千葉版」一九四四年八月二十日付

(3) 前掲図書館蔵「毎日新聞千葉版」一九四四年九月二十八日付
(4) 前掲図書館蔵「毎日新聞千葉版」一九四五年三月十八日付
(5) 前掲図書館蔵「毎日新聞千葉版」一九四五年三月三十日付
(6) 前掲図書館蔵「朝日新聞全国版」一九四四年七月十八日付
(7) 前掲図書館蔵「朝日新聞全国版」一九四四年七月二十八日付
(8) 前掲図書館蔵「朝日新聞全国版」一九四四年九月六日付
(9) 前掲図書館蔵『墨田区史』（前史）一九七八年、一、〇五六頁
(10) 前掲図書館蔵「朝日新聞千葉版」一九四五年三月三日付
(11) 前掲図書館蔵「毎日新聞千葉版」一九四四年十月十五日付
(12) 前掲図書館蔵「毎日新聞千葉版」一九四五年一月三日付
(13) 前掲図書館蔵「朝日新聞千葉版」一九四五年一月十一日付
(14) 前掲図書館蔵「朝日新聞千葉版」一九四五年二月九日付、一九四六年一月十四日に「一〇〇万ドル銀塊事件」の摘発があった。旧陸軍の習志野、流山両糧秣廠で一時保管されていたもので、重さ六二トンあった。敗戦直後の九月二十日に糧秣廠の経理見習士官から浅野三郎県経済第二部長が保管を頼まれ、浅野は斉藤亮知事と相談の上、片岡伊三郎繊維統制会社長と古荘四郎彦千葉銀行頭取両宅に隠匿し、摘発されたものである。この銀塊が県民の供出したものと、どう関係していたのかは不明である。
(15) 前掲図書館蔵「朝日新聞千葉版」一九四五年一月三十日付
(16) 前掲図書館蔵「朝日新聞千葉版」一九四五年四月十一日付
(17) 前掲図書館蔵「千葉新報」一九四四年七月八日付
(18) 前掲図書館蔵「毎日新聞千葉版」一九四四年九月十三日付
(19) 前掲図書館蔵「毎日新聞千葉版」一九四四年十月二十六日付
(20) 前掲図書館蔵「朝日新聞千葉版」一九四五年一月十九日付
(21) 前掲図書館蔵「千葉新報」一九四四年七月二十日付
(22) 前掲図書館蔵「千葉新報」一九四四年七月九日付

(23) 前掲図書館蔵『翼賛国民運動史』一九五四年、二五七頁
(24) 前掲図書館蔵「毎日新聞千葉版」一九四四年八月二十四日付
(25) 前掲図書館蔵「毎日新聞千葉版」一九四四年九月九日付
(26) 前掲図書館蔵「朝日新聞千葉版」一九四五年一月二十一日付
(27) 前掲図書館蔵『翼賛国民運動史』一九五四年、二六三頁
(28) 前掲図書館蔵「毎日新聞千葉版」一九四五年一月十九日付
(29) 前掲図書館蔵「朝日新聞千葉版」一九四五年一月二十五日付
(30) 前掲図書館蔵「読売報知新聞千葉版」一九四五年二月十三日付
(31) 前掲図書館蔵「読売報知新聞千葉版」一九四五年二月十四日付
(32) 前掲図書館蔵「朝日新聞千葉版」一九四五年四月十三日付
(33) 前掲図書館蔵「読売報知新聞千葉版」一九四四年八月十五日付
(34) 前掲図書館蔵「毎日新聞千葉版」一九四四年八月二十二日付
(35) 前掲図書館蔵「東京新聞千葉版」一九四四年八月二十三日付
(36) 前掲図書館蔵「読売報知新聞千葉版」一九四四年九月十日付
(37) 前掲図書館蔵「東京新聞千葉版」一九四四年九月十七日付
(38) 前掲図書館蔵「読売報知新聞千葉版」一九四四年十二月五日付
(39) 前掲図書館蔵「毎日新聞千葉版」一九四四年十一月二十三日付
(40) 前掲図書館蔵「毎日新聞千葉版」一九四五年一月十二日付
(41) 前掲図書館蔵田宮虎彦『花』（新潮現代文学22所収）新潮社、一九八一年
(42) 前掲図書館蔵「東京日日新聞千葉版」一九四一年十月十一日付
(43) 前掲図書館蔵「千葉新報」一九四一年十一月五日付
(44) 前掲図書館蔵「東京日日新聞千葉版」一九四一年十一月二十六日付
(45) 前掲図書館蔵「東京日日新聞千葉版」一九四二年二月二十八日付

(46) 前掲図書館蔵「千葉新報」一九四二年九月二十九日付
(47) 前掲図書館蔵「千葉新報」一九四三年三月十九日付
(48) 前掲図書館蔵「千葉新報」一九四三年八月十九日付
(49) 前掲図書館蔵「朝日新聞千葉版」一九四四年十一月七日付
(50) 前掲図書館蔵「毎日新聞千葉版一九四四年十一月十日付
(51) 前掲図書館蔵「千葉新報」一九四四年一月二十六日付
(52) 前掲図書館蔵「毎日新聞千葉版一九四四年一月二十六日付
(53) 前掲図書館蔵「千葉新報」一九四四年八月十八日付
(54) 前掲図書館蔵「朝日新聞千葉版」一九四三年十一月十日付
(55) 前掲図書館蔵「東京新聞千葉版」一九四四年七月十一日付
(56) 前掲図書館蔵「読売報知新聞千葉版」一九四三年六月十日付
(57) 前掲図書館蔵「朝日新聞千葉版」一九四三年八月二十一日付
(58) 前掲図書館蔵「千葉県報」一九四四年十一月十四日付、二九頁
(59) 前掲図書館蔵「朝日新聞千葉版」一九四四年一月九日付

六、おわりに

川村県政は二年一〇か月に及ぶものであり、官選知事三五人中では七番目に長い県政であった。昭和期に入っては最長であった。本稿で三期に区分してきたのは、一つにはこの県政期はアジア・太平洋戦争中であって、日本の内外で激しく変動が起こった時期であった。また県政自体もそれに伴って大きな変化が見られたので、一つの県政

期として纏めて叙述するのでなく、三つに時期区分することにした。

したがって各期ともに、戦争との関連、県政、県内経済の動向の三つにわたって取り上げることにしたのである。

第Ⅰ期（一九四二年六月〜四三年五月）は日本の戦局が緒戦の勝利から後退への転換期に相当し、軍事的には航空第二陣の養成が県内でも強く叫ばれた。また戦争を支えるために金属類の回収運動が拡大され、遂に各地に様々の記念に建立してきた銅像が供出の対象となった。そして補助貨幣の銅貨の供出に至るが、庶民生活を圧迫しなければ遂行出来ない程に日本は戦争に必要な資源の乏しい国家であることが露呈したのである。

川村知事が就任して間もなく、中央の方針で中間機関としての地方事務所が開設となった。戦争遂行に動員しやすい体制を強化するためであった。またこれに伴い県庁機構の改革が行われ、それまでの総務、学務両部が統合されて内政部となり、知事官房に官房長が置かれて大官房制となった。さらに企画委員会を改組し、県の「企画院」的役割を持たせた。戦争遂行には生産力増強が必須であり、その推進機関として戦力増強委員会を立ち上げたのである。各種の国民運動を翼賛会の傘下に統合したり、町内会、部落会、隣組を翼賛会の指導下に置くと云う翼賛会の改組も大きな影響を与えた。行政と翼賛会は表裏一体の関係が強調されてきたが、それを強化するために県当局、翼賛会、翼賛壮年団の三者が毎月二回、連絡会を定例化した。本来、選挙で選ばれたものでない翼賛会や翼壮と云う特定の団体が行政に介入するものであり、民主政治では、およそ考えることの出来ない異常事態が出現した。

千葉県は全国でも有数の米所であり、供米成績は全国でも上位であった。しかしそこにはやがて成績が停滞してゆく問題点が内包していた。中小企業の転廃業は藤原県政期に始まっていたが、それは業者たちが半ば自主的に行ってきたものであった。しかしこの期の転廃業は県当局が主導し、小売業（商業）の徹底した整備を強行したことである。

第Ⅱ期（一九四三年五月〜四四年七月）は戦局は日本の防戦期であり、それを巻き返すためにも軍用機増産が叫ばれ、軍用機献納運動が全県的に拡大した。また防空訓練にも空襲を意識した訓練に変化が現れてきた。そして大都市からの疎開受入が始まったのである。行政では地方事務所の機能が強化され、県民を戦争に益々動員する体制としての役割を鮮明にした。翼賛会県事務局長と翼壮県団長の兼任体制が実現し、翼賛運動の中核体の翼壮による政治介入が激しくなった。また地方制度改革が行われ、町内会、部落会に法的地位が与えられたが、それは住民自治を発展させるものではなく、決戦下に国家が町内会、部落会を通じて住民を支配するためのものであった。

生産拡充や食糧増産の隘路は労働力の不足であった。これを打開するために学徒勤労動員体制が出現した。当初は中等学校生等の四か月継続動員であったが、それでは不足を補えず、通年継続動員となり、中等学校一、二年生及び国民学校高等科児童も対象に拡大され、根こそぎ動員の開始となった。また商業の転廃業（第一次企業整備）は労働力の軍需工業への転用にあったが、中小工業の整備（第二次企業整備）が行われ、それは工場の機械設備と仕掛品を金属回収するところにあった。家族や少数の人々で経営し、ささやかで平穏な企業活動していた人々は、戦争動員と云う「大義」のために、仕事を奪われ、職場を追われていったのである。

第Ⅲ期（一九四四年七月～四五年四月）は戦局がはっきりと日本に不利となり、本土決戦が間近に迫った時期である。防空訓練ではさすがに空襲への対策として横穴式待避壕の建設が叫ばれだした。また防空都市を設定し、それらでは広場設置、道路拡張、建物疎開が始められた。また大都市の国民学校三年生から六年生までの学童疎開が開始となり、千葉県は東京都本所区等の集団生徒を県下の八郡で受け入れることになった。また兵器製作の重要部品として白金、ダイヤの回収が始まり、銀の回収もあった。これら貴金属は町内会、部落会に割当量を明示し、回収に責任を持たせて回収したが、まさに根こそぎ回収であった。

敗色がどんどんと濃くなる中、決戦的行政機構の改革と称して県経済部を第一、第二に分置し、官房長制を廃止し、内政部を設置した。また県下七市の町内会は国策浸透を図るために、整備拡大された。千葉市では二八〇余の町内会を一〇〇余に整備したが、単位町内会の任務は三倍に拡大し、そのため専任職員を配置した。内務省は専任一人に月額二五円の補助金を支給した。たしかに戦時下、二八〇余の町内会長等を招集することは大変であり、国策を徹底することも難しかったと思われる。しかし住民にとっては町内会は配給統制下では自分たちの生活にとって最も大切なものであった。単位町内会の規模が拡大することはそれだけ住民の声が益々届きにくくなるものであった。東条内閣が総辞職し、小磯内閣が登場すると、「翼賛政治会は政治面、翼賛会は精神面から臣道実践体制を実現する」と区分が行われ、翼賛会は政治への介入から排除されることになった。千葉県では矢野県翼壮団長は翼賛会県支部事務局長を辞任し、やがて県翼壮団長も辞任したが、これは千葉県の翼賛運動衰退の始まりを象徴するものであった。後任の藤田団長が「県民に遊離し、反感を買っていたところがある」と語っていた様に、翼賛運動は県民から遊離していたことが実相であった。

米軍は一九四五年二月十九日に硫黄島に上陸した。本土決戦が迫る中、供米の成績は千葉県は全国最下位に転落し、完遂に県当局は知事をはじめ県幹部が農村を督励行脚した。しかし肥料不足、労働力不足、そして旱害に襲われた農村では自家の飯米確保も覚束ない程に急迫していた。県当局は全警官を導入して督励にあたり、「未完了分があれば、それだけ配給を停止する」と脅しをかけたが、農民等は売渡後の食糧自給困難を恐れて応じなかった。このような食糧自給態勢が危機的状況に陥る中、政府は主要食糧生産主義で、〝不用不急〟作物の禁止措置を行った。南房の花卉栽培は禁止され、麦や甘藷栽培を強制されたのである。田宮虎彦の作品「花」は花卉栽培者たちの苦悩をよく現しているものであった。

さて、川村県政は同じ太平洋戦争期であった藤原県政とは、どこが違っていたのであろうか。まず上述のように、日本を取り巻く戦局が大きく違ってきており、その影響が大きかった。また翼賛運動は翼賛壮年団が運動の中核となって進めたことであり、何よりも行政と表裏一体の関係を強調して臣道実践を「大義名分」に、反政党、反自由経済を推進していたが、この戦争推進勢力に県政が積極的に呼応したことであった。川村知事は生活局長等を歴任し、国民生活の実態をよく承知していた人物である。それだけに様々に県民を戦争遂行のために督励して県内を行脚した戦争推進知事であった。東条内閣で任命され、小磯内閣でも引き続いて知事にあったが、余りにも両内閣の戦争遂行政策を推進したことが、裏目に出たものであろう、まだ五〇歳に達していなかったが、鈴木貫太郎内閣で引退に追い込まれてしまったのである。なお、川村知事も藤原前知事と同じく一九四六年（昭和二十一）に公職追放となったのである。

第五章　戦争末期の斉藤県政

一、はじめに

斉藤県政期（知事は第三二代斉藤亮《あきら》知事）は一九四五年（昭和二十）四月から同年十月までの六か月間である。前半期の四か月は戦争末期であり、後半の八月十五日から十月二十七日までの二か月間は日本人が経験したことのない外国占領政治の開始期までである。本稿では敗戦を迎えて行く戦争末期の様相と占領開始期の混乱状況を中心に斉藤県政期を取り上げることにする。なお、この時期の研究では『千葉県史』（大正昭和編）[1]、『千葉県議会史』第四巻[2]、同第五巻[3]、『千葉県の歴史』通史編近現代2[4]、同通史編近現代3[5]、『証言 千葉県戦後史　地方占領と開発・成長　一九四五〜一九四九―勝者と敗者―』[6]が参考になる。

（注）

（1）千葉県立中央図書館蔵『千葉県史』（大正昭和編）、一九六七年

（2）前掲図書館蔵『千葉県議会史』第四巻、一九八二年

（3）前掲図書館蔵『千葉県議会史』第五巻、一九八八年

（4）前掲図書館蔵『千葉県の歴史』通史編近現代2、二〇〇六年

（5）前掲図書館蔵『千葉県の歴史』通史編近現代3、二〇〇九年
（6）前掲図書館蔵湯浅博『証言 千葉県戦後史 地方占領と開発・成長 一九四五〜一九四九―勝者と敗者―』崙書房、一九八三年

二、戦況悪化と県下の空襲

（一）千葉地区司令部と防空態勢

四月二十五日に千葉市に千葉地区司令部が誕生した。地区司令部は隊組織による一種の軍隊で、聯隊区司令部は事務機関であって、地区司令部と聯隊区司令部を一体的に運営することで、迫りつつある本土決戦の防衛、警備に関わる一切の業務を担当し、国民義勇隊結成の指導促進と一般行政官庁の防衛警備への指示、訓練を目的とするものであり、地区司令部には地区特警隊があった。国民義勇隊が戦闘隊に転移した時は、兵役法で悉く軍籍に入り、地区司令官の指揮下に属するから、地区特警隊と義勇隊は兄弟関係であった(1)。

本土決戦準備から食糧、燃料、労務、一般物資、一般資材並びに土地建物等に至るまで、全て軍の作戦に直結させ、適切な指導統制を行うために、千葉市に軍需委員会を創設した。県下各機関の割拠的運営を一擲し、作戦第一主義に一元化するものであった。第一回委員会が七月三十日に千葉中学校で開催され、委員長に某部隊玉置少将、委員には県下各部隊及び兵器後方参謀、県庁各部長、県農業会及び水産会長、運搬燃料統制組合長、地方木材及び繊維統制会社社長、食糧営団、各学校並びに各官衙代表者約三〇名が選任された(2)。

県では千葉、木更津、館山に次いで市川、船橋、津田沼の二市一町を第二次防空都市に指定して建物の疎開計画を立て、五月四日に係員を派遣し実施の張り紙をし、疎開建物の総数を市川は八日、船橋、津田沼は九日に関係者

に説明することになった。ラジオを聴かれぬ人々への防空警報、情報伝達について県では吹き流し、旗等の警報標識の下に三角の小旗を付ける。赤旗は大型機編隊、青旗が小型機編隊、赤が出た時は戦爆連合の編隊で、少数機には旗を出さないと云う対策を採り、五月初めから農漁村で試験的に実施したところ、好成績であったので、県下一斉にこの方法が採用となった。

千葉市では空襲激化に備え、市内防空態勢の強化を図るために、六月十四日に市内町会長、警防団長を集め、市内建物疎開地跡、空き地を利用して、公共待避壕四〇〇か所、貯水池等の設置を決定、六月一杯に完成させることにした。(3) 館山市では六月十三日に町内会長会議を開き、防空態勢強化の実施策として①老幼病弱者は徹底的に疎開を促す、②密集市街地帯の建物疎開を急速に行う、③非常用物資を安全地帯に疎開保有させる、④防火貯水池二〇か所の竣工と市計画の共同掩蓋待避壕一〇〇か所中数十か所の急速整備を決定した。

七月二十日の銚子空襲を受けて大森警察部長は「七月十五日までに疎開するように達してあるが、まだ完全に疎開が終わったと云えない。家屋疎開により敵の盲爆と焼夷弾の被害を軽減させ、老幼病者、妊産婦疎開によって、手足まといを除去し、防空活動を容易ならしめるのが先決問題である」と中小都市の疎開が不徹底であることを認めたのである。佐原町は町議全員協議会で建物疎開が取り上げられ、七月二十四日に県から実施の通報があり、居住者は八月十五日までに立ち退くことになった。

建物疎開後の残留要員の住宅確保が窮屈になることが予想されたので、県地方課は千葉市について①強制疎開者以外の者で、直ちに市外に疎開出来ない者は町内会や隣組で適当に割当収容する、②寺院、町内会事務所等を利用して疎開者を集団的に収容する、③町内会や隣組の努力で収容出来ない場合は、県が乗り出し、残留要員の住居は絶対に確保する、④工員と農業要員の住宅は市の近郊に集団的に建設する、建築に必要な資材は県兵事課の確保した古材を活用する、⑤残留要員で市の近郊に住宅を建設希望する場合は優先的に県買上の疎開家屋の古材を払い下げる等の住宅統制方針を決めた。また千葉市以外で家族疎開実施中の市川、船橋、松戸、木更津、館山の五市に対しても準ずるとした(4)。

「敵は館山に焼夷弾を投下せり」八月五日夜ラジオ情報に接した木更津署は緊張に包まれた。緊迫した情勢の中で警防団は素早く総配置につき、隣組では各戸に伝令して防火態勢に万全を期した。館山市への投弾は木更津市民を刺戟し、実施中の疎開に拍車をかけることになり、予定通り八月一杯の建物除却の見通しがついた。また艦載機等の小型機による空襲激化に対しては、①小型機の焼夷実包は威力がないので、火災は未然に防止出来る、②敵の銃撃に対し、県民はまだ注意が充分でない、③駅は狙われ安いので注意する、④山中に集団避難は危険である、⑤小型機は山村僻地も狙っており、山小屋での洗濯した白いもの等は取り入れる等の注意を喚起した(5)。

(二) 県下の空襲状況

『太平洋戦争による我国の被害総合報告書』によれば、千葉県の空襲被害は死亡一、六九二名、重傷九五七名、軽傷九四六、行方不明四二名で小計三、六三六名、艦砲射撃その他被害は死亡二八名、重傷二名、軽傷四名、行方不明二名であった(6)。なかでもB29戦略爆撃機による空襲は千葉市と銚子市であり、両市は甚大な被害を受けた。そこでまず千葉市から見てみよう。千葉市では一九四五年（昭和二十）六月十日と七月七日の二回の空襲であった。六月十日午前七時の空襲はB29とP51戦闘機によるもので、県立千葉高女に二五〇kgの爆弾二発が投下され、女学生二名が死亡した。目撃した三橋とみ子は「ドシン、ドシンと爆弾が近くで炸裂している響きがする。体を丸めて耐えていた。（略）爆弾空襲が終わって一瞬沈黙の世界になった。しかし、シューツ、シューツとP51戦闘機の機銃掃射音が聞こえてくる。まだ出られない。やがて、書道の先生が「おおい、学校がないぞう」と云う大きな叫び声が聞こえた。防空壕から這い出してみると、学校はめちゃくちゃに壊され、瓦礫の山となっていた。あちこちから白い煙が出ていた。壕の入口で「痛い、痛い」と云う声が聞こえる。退避が間に合わなかった生徒である。彼女はお尻から太ももにかけて肉がえぐられており、白い骨が見えた。私達は「傷は浅い。しっかりしなさい」と励まして、応急措置を施した。校庭の防空壕の前にも数人が倒れている。Sさんは、Mさんを抱き起こしてみたら、顔がめちゃくちゃになっていた。爆風で死んだのだった。Sさんは、P51の機銃で肩に貫通銃創を受けていた。校庭は戦場のようであった」と語っている。[7] また攻撃された千葉機関区では「爆撃直後、構内の一隅に動員学徒らしい首のない死体を発見した、混乱が次第に静まってきたころ、同僚の児童が現れるに及んで、着衣などによって千種小学校の動員学徒であることがわかった」と被害の様子を伝えているが、千葉機関区での犠牲者一二名中には、学徒動員の小学生二名が含まれていた。[8] さらに蘇我一丁目には二五〇kgの爆弾が数百発投下されたと云われ、死者二〇〇余名だが、正確な数は不明と云う。爆撃直後に現地を訪れた稲葉正は「蘇我町の方が大変だと風聞をきいて、知人の安否をたずねていったのは昼頃でした。（略）消防小屋の前の路上に累々と十幾体の死体にむしろがかけてありました。白髪を血に染めた老婆あり、何かバランスのおかしい死体だと思ったら、下半身のない体であり、腸がひきずられ、濃血は道に流れ出ている始末です。（略）田のあぜを伝って裏から町へ入ってみると、見覚えのある街はかげもなく、ただ一面月世界のような爆弾の穴ばかり、家のとび散ったあとは、くずれた壁のきれが山積みしているだけです。子供をなくした母親が幽霊のようになってうろついています。」と語っていた。[9]

　七月六日の夜半より七日未明にかけてのB29約一五〇機による空襲は三時間に及ぶ猛爆撃で、最初校外にあった軍事施設等を狙い、あとで千葉市街の中心部に爆弾や焼夷弾の雨を集中的に降らせたために、逃げ惑う市民は逃げ場を塞がれてしまった形となり、四方八方からあがった火の手と空からの焼夷弾攻撃に遭って、市民は右往左往するばかりの大混乱に陥った。火焰は折柄の強風に煽られて二〇〇～三〇〇メートルにも及び、火は地をはい、市内は灼熱地獄の有様であった。爆撃と共に逃げ惑う市民めがけてグラマン戦闘機の機銃掃射も執拗に繰り返されたと云う。

逃げ惑う中で家族を失った大塚百代は「始め寺の墓地に作ってあった防空壕に避難したが、空襲が激しくなり、焼夷弾が入り口に落下したら壕の中は火炎に包まれるおそれがあるから危険だと父が判断した。町内会では空襲時は院内国民学校裏の水田に逃げると決めていた。リュックを担ぎ、単独で表から逃げようとしたが、火の手が回っていた。千葉神社の境界の垣根を越えて出ようとしたが、行く手の至近距離に焼夷弾が落ちた。隣の千葉神社の朱塗りの「赤門」にも火の手があがっている。また墓地へ戻ったら、父が呆然としている。聞くと、今しがた母と長姉の組と次女と四女の組が脱出しようとした時に焼夷弾の直撃を受け焼死したと云った（略）B29が千葉上空で燃え残っている場所に追加爆撃をしたので、寺の本堂も焼失した。焼夷弾が落ちると火柱が走った。全ての大日寺の建築物は焼失した」と語っている。[10] 米軍資料では投下した爆弾総トン数は一、〇五三トンであった。この空襲の被害は死者八九〇名、重軽傷者一、五〇〇名、被災戸数八、九〇四戸、被災者四万一二一二名と云われている。[11]

警防課と警務課は千葉市の空襲から「戦訓集」を纏めた。①猛火の場合は布団類を水に浸し、頭から被ることを忘れてはならない、②頭巾を携行しなくて火傷を負った者がある、③煙に包まれた場合は防毒面使用か、マスクによって鼻を保護する、④避難の際、焼夷弾を投下されたら、付近の壕に入る、⑤長時間壕内に待避したため、逃げ遅れて戦災死した者があり、壕に待避する者は一時的であって、直ちに他へ待避しなければ逃げ遅れとなる等に纏め、「都市を護るのは、疎開と敢闘精神である」とし、足手まといの者を安全な所に置けば自然と敢闘精神が昂揚されるとしていた。待避壕は焼夷弾の猛攻には役立たないことが明らかとなり、敢闘精神と云う精神主義を強調する以外になかったのである。[12] 千葉市の建物七〇％が焼失し、市民の四三％が被災者となったため、千葉市内の焼け跡に小屋掛け生活が広がっていたので、市では戦災者生活指導要領、即ち防疫及び保健対策を次のように示した。（一）焼け跡居住者に対する指導では、①保健上、壕舎よりなるべく小屋掛け住居を推奨する、②小屋掛けはトタン屋根とし、周囲は板またはトタンを使用する、③屋根及び壁には莚等で被覆し、南瓜、朝顔、向日葵等を植え、温度を調節し、同時に食糧菜園、植物等の収穫を図る、④壕舎及び小屋掛け共に地上より一尺以上の間隔を置き、床板を張り、採光、通風、温冷の調節を図る（莚は一世帯当たり四枚程度を市より配給する）、（二）便所については、①伝染病予防及び清潔保存のため、野天の排水、排便は絶対禁止する、②共同便所は市で現地を調査の上、一〇戸乃至二〇戸に一か所設置すると共に、義勇隊が清掃班を編成して管理する、③個人便所は旧便壺を利用し、便壺のない場合は素掘りとし、トタン屋根若しくは板囲いまたは莚囲いとし、床下を開放しない、④糞尿の処理は各個人において焼け跡菜園の肥料とする、⑤便所は掘井戸より五間以上の間隔を保って設ける、⑥義勇隊が衛生指導班を組織し、消毒等の指導に当たる、⑦一か所の共同便所に数個の便所を設け、そのうちの一か所は発熱、下痢患者用とする、（三）保健指導では、①衛生指導班を巡回させ、衣類、寝具の消毒、蠅、蚤、虱等の駆除に努める、飲食、飲料水の注意、井水の消毒、伝染病予防注射等の励行、②義勇隊中に戦災地清掃班を編成、出動させて共同洗濯場、共同浴場、移動理髪店、共同炊事所（一〇戸乃至二〇戸に一か所）等の建設、清潔保持に任じさせる等であった。(13)

銚子市では一九四五年（昭和二十）一月一日から八月十五日までに警戒警報三七六回、空襲警報八九回発令されていた。(14)そして銚子市最初の空襲は二月十六日に米艦載機によるものであった。B29戦略爆撃機による大規模な空襲は三月九・十日、七月十九・二十日、八月二日の三回であった。三月十日午前零時前後起こった空襲はB29五、六機による初めての焼夷弾爆撃であり、爆撃時間は三〇分から一時間であったが、市中心部が被弾し、市役所は全焼した。また西部農業地帯の集落も被弾した。焼失戸数一、〇〇〇戸、死者四七名、負傷者一六三名であった。七月二十日の午前零時二九分に侵入してきたB29は九一機で、焼夷弾一四万発、爆弾総トン数は六二九トンであった。爆撃は千葉市の場合と同じように、市街地の外周から渦巻き形で、だんだん中心部に爆撃したと云う。また焼夷弾投下だけでなく、逃げ惑う市民を低空で機銃掃射し、多数の市民が犠牲となった。焼失戸数三、九五〇戸、死者二七八名、負傷者八〇八名であった。[15] 八月二日午前二時頃に三回目の空襲がB29一機によってあった。焼失戸数約三五〇戸、死者四名、負傷者三七名であった。なお、銚子大空襲の体験記録は『市民の記録 銚子空襲』に詳しい。[16]

銚子市の七月十九日から二十日にかけての空襲被害の報に、斉藤知事は二十日午前二時半警報解除後、直ちに宿舎を出発、井上労政課長を救援隊長に、県に備えてあった非常食を貨物自動車に積み込み、救援自動車隊を編成して諒闇の中を午前五時には銚子市に赴き、被害状況の視察、善後措置の指揮、市民の激励を行った。一方罹災者に対する食糧確保も即刻着手され、まず緊急非常食糧として大量の乾パンが県保安課によって現地に運ばれると同時に、食糧課の手配によって漬物類が小見川町から、南瓜その他の野菜類は農業会海上支部から、味噌、醤油は現地の工場から給与するように手配された。また炊出し、握り飯、米等は現地及び周辺町村から運び込まれた。さらに市内の味噌、醤油工場に備蓄されていた工業用の原料大豆その他も、そのまま食料化するように迅速な手配がとられた。銚子市の医療機関は第一回の戦災で得た経験を生かして、特に目覚ましい活動を続け、県衛生課及び八日市場、旭町、成東、東金等から応援の医療班と共に、銚子病院、銚子倉庫に二か所に負傷者を収容して手当を行った。県では二十日に非常炊出し米一、〇〇〇俵、毛布一、〇〇〇枚、蚊帳四〇張、手拭一万本、晒木綿三、〇〇〇反及び蝋燭、マッチ、南瓜等を贈った。[17] 銚子空襲からの教訓では飲料水の確保が大きな課題となった。銚子市の上水道は電力で揚水していた。一度送電停止となると、水道は使用出来ず、市内一般の井戸に頼る外なかった。しかし空襲の際には多くの井戸が使用不能又は飲用不能となった。市当局は非常事態発生の際は、国民義勇隊の一部で、既定の井戸を防護、給水の任に当たらせることにした。根本和三郎市警防団長（国民義勇隊副隊長）は「戦災の際、衣類等を焼くまいと井戸の中に投げ入れ、折角の良水の井戸を飲用出来なくしてしまった家が多数あった。各地区毎に優秀な井戸を選び、これに対して市なり、町内会なりが維持費を補助し、いかなる事態からも護り抜くことだ」と語っていた。[18]

千葉県に最初の艦砲射撃が行われたのは、七月十九日午後一一時五〇分から一〇分間にわたって安房郡白浜町及び長尾村（南房総市）沿岸に敵艦二、三隻が出現、一五糎の艦砲で一分間三発の割合で打ち込んだものであった。大部分は山腹その他に落下し、死傷者は殆どなく、小破の家屋は隣組で修理に着手し、砲弾で大穴があいた水田は予備苗で直ちに田植えが行われた。(19) しかし房総半島は空襲だけでなく、艦砲射撃と云う新たな脅威に直面することとなったのである。

（注）
（1）前掲図書館蔵「朝日新聞千葉版」一九四五年五月二十日付
（2）前掲図書館蔵「朝日新聞千葉版」一九四五年七月三十一日付
（3）前掲図書館蔵「朝日新聞千葉版」一九四五年六月十六日付
（4）前掲図書館蔵「毎日新聞千葉版」一九四五年八月一日付
（5）前掲図書館蔵「毎日新聞千葉版」一九四五年八月八日付
（6）前掲図書館蔵『東京空襲・戦災誌』第三巻、一九七三年、四一三頁
（7）『千葉市大空襲とアジア・太平洋戦争の記録一〇〇人証言』二〇〇九年、三〇頁
（8）前掲図書館蔵『千葉鉄道管理局史』、一九六三年、四八七頁
（9）前掲図書館蔵千葉県戦争体験記録運動すすめる会『戦争体験の記録』2、一九七三年、八頁
（10）『千葉市大空襲とアジア・太平洋戦争の記録一〇〇人証言』、二〇〇九年、八九頁
（11）前掲図書館蔵『千葉市史』近世・近代篇、一九七四年、四八三頁
（12）前掲図書館蔵「毎日新聞千葉版」一九四五年七月二十日付
（13）前掲図書館蔵「毎日新聞千葉版」一九四五年七月二十一日付
（14）前掲図書館蔵『続銚子市史（昭和前期）』1、一九八三年、五八二頁

（15）前掲図書館蔵『続銚子市史（昭和前期）』1、六二七頁
（16）前掲図書館蔵『市民の記録 銚子空襲』、一九七四年
（17）前掲図書館蔵「毎日新聞千葉版」一九四五年七月二十二日付
（18）前掲図書館蔵「毎日新聞千葉版」一九四五年七月二十六日付
（19）前掲図書館蔵「朝日新聞千葉版」一九四五年七月二十三日付

三、決戦即応の機構改革と国民義勇隊

（一）斉藤亮知事就任と地方事務所改革

一九四五年（昭和二十）四月七日に発足した鈴木貫太郎内閣の安倍源基内相は四月二十一日に大規模な地方長官と書記官の更迭を行い、斉藤亮山形県知事が転任して来て、第三二代千葉県知事に就任した。また竹谷内政部長は新潟県内政部長に転任、沖森第一経済部長は長野県内政部長に転任となった。斉藤知事は福島県出身、一九二二年高文合格、一九二三年（大正十二）東大卒、徳島県属を振り出しに内務省警保局勤務、北海道並びに大阪府警察部長を歴任、前知事と同年の四八歳であった。新内政部長には内務書記官の久山秀雄、新経済第一部長には栃木県経済第一部長の岡本三良助が発令となったのである[1]。

県では四月三十日に地方事務所の第二次権限強化に伴う権限移管事務打合せ会を各地方事務所の総務、経済両課長を招集して開催した。一九四三年（昭和十八）十二月に定められた「地方事務所長専決処理事項」をさらに拡大し、決戦即応の事務処理のためであった。町村監督事項をはじめ農業会、漁業会に関する事項等六四項目が移管さ

れるもので、九月一日施行であった。県は行政第一線の地方事務所を簡素で強力にするために、六月十三日に県庁内から技師以下五五名の転出を行った。戦局の悪化に伴い、地方事務所の陣容を一新させ、人材と権限を与え、現地指導を強化して危急の事態に備えたのである。所長の通勤を認めず、全部任地居住とし、その他の者も現住所主義で転任させた。事務所の機構を三課に纏め、経済課長には全部技師事務官を充て、一方木材供出、松根油、薪炭関係等の現地採掘を促すために、経済課内の林産係を新たに林産課とした。警察部の移動でも第一線の警察力を強化するため、県警察部各課から転出させ、木更津、館山、佐原の三署へ警部を、警部補配置のない五署へ警部補を配置して房総決戦場の治安確保に備えさせたのである。(2)

(二) 国民義勇隊の結成

千葉県での国民義勇隊結成は五月二十日までの予定で県下地方事務所長、警察署長を招集、準備を進めた。知事が本部長となり、地方の適任者が郡単位の連合義勇隊長となり、市町村長が隊長となる。この市町村義勇隊員は男子は国民学校初等科修了者以上六五歳まで、女子は同様四五歳までを地域的に網羅することが原則であった。但し戦闘に移る場合は男子一七歳以上五五歳まで、女子は一七歳以上までである。県では五月二十七日までに市町村隊結成を終わる予定で、五月十七日に七市長を県に招集、また二十二日までに各地区に町村長を集め、①市町村長は速やかに市町村の常会を開き、会同者中若干名を選んで世話人を委嘱、協議の上、副会長及び幕僚候補を定める、②町内会長、部落会長は市町村常会終了後、速やかに部落会、町内会を開き、住民一名を小隊長候補に推薦する、③市町村長は副会長、幕僚会議を開き、挺身隊員を人選する等の組織に関する指示を行った。国民義勇隊幹部の人選は「翼賛は組織で倒れ、翼壮は人で倒れた」と云う轍を踏まぬように斉藤知事、久山内政部長等を中心に県首脳の間で極秘裡に行われた。(3)

千葉市の国民義勇隊幹部の人選は永井市長、臼井、麻尾市会正副議長、石塚議員団長等一五名の銓衡委員が準備を進め、県下の先頭を切って五月二十五日に副隊長二名（臼井壯一、宮川達造）、幕僚六名を委嘱した。五月二十七日には市川市義勇隊が八幡神社で結成式を挙行、銚子市義勇隊も同日銚子国民学校で結成式を挙行した[4]。五月三十日には地裁、区裁、検事局を一丸とし、隊長に日下所長、副隊長には佐野検事正で、女子二七名が混じった七七名を組織する千葉司法国民義勇隊が結成された。六月二日には県庁職域義勇隊の結成式が新館会議室で挙行された。斉藤知事の隊長の下に副隊長、幕僚、四中隊長があり、副隊長は久山内政部長、大森警察部長、岡本経済第一、浅野経済第二各部長が幕僚に任命され、各部は四個中隊を編成、各中隊長は四部長がなり、各課長は小隊長となって、当該課員を指揮した。また県庁記者会は第一中隊九小隊となり、千葉新報社長が小隊長に委嘱され、義勇隊は隊員一、九九九名の組織であった。

国民義勇隊結成に伴い、発展的解消となった翼賛会傘下の諸団体の解散式は日婦が六月四日、商報、労報、青少年団、翼壮、農報、翼賛会はそれぞれ六月十日に各団体毎に行われることになった[5]。六月五日には義勇隊県本部の陣容が発表となり、副本部長には大久保一億予備陸軍少将、顧問一五名には君塚長蔵（司令官）、目賀田周之助（司令部高級部員）、秋山勝三（横須賀軍人事部長）、山野久雄（憲兵隊長）、青木泰助（県会議長）、松本栄一（県会副議長）、横田清蔵（県町村長会長）、永井準一郎（千葉市長）、斉藤樹（日政支部長）、安西直一（水産業会長）、古荘四郎彦（商工経済部会頭）、日下一郎（裁判所長）、佐野茂樹（検事正）、斉藤満寿雄（貴族院議員）、吉植庄亮（衆議院議員）であり、参与一三名には成島勇（衆議院議員）、児島健爾（千葉銀行副頭取）、花岡和夫（県医師会長）、茂木啓三郎（野田醤油取締役）、臼井壯一（県議）、久山秀雄（県内政部長）、松丸巌（県町村長会副会長）、大森實（県警察部長）、小高熹郎（県議）、斉藤信三郎（元翼賛会県支部事務局長）、塩田せつ（県農会立家政女学校教員）、遠山貴郎、和田操であった[6]。

義勇隊の参与、郡連合隊長の第一回合同会議（開催期日は不明）を県庁で開き、県本部から結成目的は職任完遂にあることを明示し、指導について①実践行動、②国体護持の精神堅持、③職任完遂への挺身の三重点について指示を行った。また同日に本部規定を発表し、顧問、参与の任期は一年、事務局長の下に総務、生産、防衛の三部を置き、別に本部長の直属として新聞記者で構成する報道班を設ける。さらに各郡連合隊に二名宛の職員を置く。事務局長には斉藤信三郎を、総務部長に臼井壯一、生産部長に多々良哲次（県農業会）、防衛部長に白井清之助（印旛聯隊長）を決定した(7)。

鉄道、通信、船舶関係の国民義勇隊に対して戦闘隊移行の命令があり、戦況に応じては一般国民義勇隊並びに職域国民義勇隊に対しても地方別に同様の命令があると予想されていたところ、千葉県下各義勇隊に対し「八月十日までに戦闘隊編成の準備を完了すべし」との命令があった。千葉地区司令部では八月三日午前九時三〇分より同司令部に県下各学校軍事教官、地区特警隊長を招致し、芦塚司令官から編成命令の伝達、忍足大佐、吉住少佐、遠山大尉等から指導説明があった。いよいよ郷土防衛の第一線戦列に加わることになった。

八月八日に地区司令部は県下各地区特警隊長を司令部に招致し、編成に関する最後的細目の指示を行い、地方及び職域の各隊長を激励して完全編成を行わせることにした。優良義勇戦闘隊の発表及び査閲の実施等で、極力これを推賞すると共に、不振隊に対しては地区特警隊長を通じて積極的に指導した。不振町村中には町村民の多くが職域義勇隊に加盟から地域隊編成困難を口実とするものが少なくなかった(8)。日本は八月十四日にポツダム宣言を受諾して無条件降伏したのであったが、敗戦の直前でも戦闘隊は完了していなかったのであり、本土決戦を避けたことは何よりの「良策」であったと云えるものである。

（注）

（1）前掲図書館蔵「朝日新聞千葉版」一九四五年四月二十二日付
（2）前掲図書館蔵「朝日新聞千葉版」一九四五年六月十四日付
（3）前掲図書館蔵「朝日新聞千葉版」一九四五年五月十九日付
（4）前掲図書館蔵「朝日新聞千葉版」一九四五年五月二十六日付
（5）前掲図書館蔵「朝日新聞千葉版」一九四五年六月二日付
（6）前掲図書館蔵「朝日新聞千葉版」一九四五年六月六日付
（7）前掲図書館蔵「朝日新聞千葉版」一九四五年六月二十二日付
（8）前掲図書館蔵「毎日新聞千葉版」一九四五年八月十日付

四、劣悪な衣食住の生活

（一）粗悪衣料品の配給

一九四二年（昭和十七）二月一日に始まった衣料切符制の一年間における消費状況が県繊維製品統制会社から発表となった。総数は九、三四〇万七六七七点、この金額は三、七三七万七五五円であった。一人当たりの行使は五七点、二二円六四銭。切符一点の使用額は四〇銭、一人の使用高の第一位は呉服織物で全体の五〇％で、一人二八点、平均一一円七八銭であった。第二位は肌着、メリヤス類で全体の二〇％、第三位は洋服その他、第四位タオル、手拭地、毛糸、縫糸、第五位和服既製品、第六位労働作業衣、第七位運動着であった。切符の使用数は六五％であり、三五％が各家庭の手持ちとして残っているものであった。(1)

一九四三年（昭和十八）の新衣料切符は二月一日に発行され、前年と同様に隣組長の手を経て各家庭に配布された。総点数は前回と同様で、都会は一人一〇〇点、地方は八〇点であったが、今回から木更津市民は一〇〇点組に入った。新切符が手許に来ても、古い切符は一九四四年一月まで有効であり、新旧両切符を合わせて使用することが出来た。ネルの制限切符が一八歳以上の女子と七〇歳以上の男子及び嬰児、妊婦に限られ、また綿縫糸が一人当たり一〇匁と新しく制限となった。(2)

農作業の木綿不足を解消し、食糧増産戦士に敢闘させるため、農家の栽培棉花を蒐集し、木綿として還元配給することになった。従来農家の棉花栽培は布団綿にするのが大部分で、織物にするものは殆どなかった。しかし股引、足袋等は農家にとって必須であったが、十分でなかったので、全販購連の工場に依頼して紡織することになったのである。一九四三年の作付面積は大体四〇〇町歩と見られており、畑一反歩から約一〇貫目の棉花が取れるとして四万貫の収穫が見込まれた。木綿一反を織るには棉花三〇〇乃至四〇〇匁が必要とされていたから、一二、三万反が得られる計算であった。仮に木綿四反を欲する者は棉花一貫五〇〇匁が供出となった。(3)

一九四四年度の衣料切符は四月一日発行と政府から発表があり、県では二月一日から三月三十一日までの暫定措置として特別衣料切符を需要者に交付することにした。一九四三年度の切符使い切ってしまった者は四月一日まで辛抱することになった。暫定措置の切符交付者は罹災者（五枚以内）、妊婦（一枚以内）、盗難被害者（一枚以内）、出産児用（一枚以内）、学生の就職者（六四点以内）、海外居住の内地旅行者（三〇点以内）、任官将校出征軍人（必要点数）であった。

千葉市日婦理事の並川ますは戦時衣料生活について「出来るだけ丈夫なものを配給して頂きたい（略）肌着一枚、足袋一足でも結構ですから、それが何度も何度も修理して長く使えるような丈夫な品物が欲しい（略）配給も隣組配給のようにして誰でも一様に入手出来るようにして頂きたい（略）切符の上で明示されたものは、一々行列しなくとも十分入手出来るような工夫をして頂きたい」と語っていたが、切実な主婦の声であった。[4]

一九四四年度の衣料切符は遅れて五月二日に配給開始となった。新衣料切符は都会と農村の区別を廃止した。また三〇歳以上四〇点、二九歳以下五〇点で、手拭又はタオル一本一枚、足袋又は靴下一足二枚等の制限小切符がついており、縫糸は一五匁の配給となった。そして出生後二か月以内者五〇点、妊娠中の女子八〇点等の特殊用衣料切符配給も改正となった。[5]

生活に絶対必要な手拭、足袋、靴下等の生活必需品が容易に入手出来るようにするため、政府は指定衣料品を定め、隣組配給制を実施することを二月一日に閣議決定した。これを受けて県は六月十日に千葉市役所で県商工課、経済保安課外関係各課と県下各地区生活必需物資統制組合、五市繊維統制組合代表、各市役所、地方事務所産業課長等で協議会を開き、（一）一三品目の指定生活必需衣料品を決め、（二）配給所は同一配給区内に一か所とし、指定衣料品目の総合配給所とする、（三）配給所の配置は七市では人口一万人程度に一か所、市に準ずる町（佐原、東金、成田、勝浦、野田、佐倉、小見川、旭、八日市場）では人口五、〇〇〇人に一か所、その他の町村では人口三、〇〇〇から四、〇〇〇人で一か所、右の人口に達しない町村でも一か所設置してもよい、（四）配給所担当地区内の配給は隣組配給とし、行列買いを絶滅する等の実施要綱を決定したのである。[6]

一九四四年十二月には鴨川町生活必需品組合の専務理事が繊維品、雑貨五、〇四八点（価格一、一九七円）を、同町洋品商は足袋九三〇足、シャツ、サルマタ等七、四八九点（価格一、〇〇〇余円）を隠匿し、総動員法違反で検事局に送られたが、この時、安房郡田原村、小湊町でも足袋その他が摘発を受けており、業者による一連の隠匿行為であった。[7]品質が良く、生活に必須な商品は隠匿され、長蛇の行列買いをせず、安心して隣組配給を受けても品物は粗悪品が多いと云うのが、一般庶民の配給の実態であった。

（二）主食の代替配給と生鮮食料品不足

食糧戦に勝ち抜くためとして、主食用に米の代替品には何が登場したのであろうか。県米穀対策部は米穀の配給量をまず農家自家用米で五％減、次に旅館、料理店等の業務用米を一〇％減として消費規正してきたが、今度は家庭用米の順番となったもので、農家と同様平均して五％減とした。すなわち一四キロに対し〇・七キロとするものである。ただし漁夫、大工、石工、工夫、人力車夫、馬方等の男子重労務者は、全く減量を受けず、女子重労務者と一般の一〇歳以下の減量は一般人より軽くした。けれども老人、一般人、子供、重労務者等の種類別の配給変更は直ぐには出来ないので、市町村が改めて人口調査を行って、その準備を整えるまでは米通帳に基づいて一率に五％引きとして一九四二年二月一日から実施した。一九四二年八月からは米を減じて麦が配給となった。混入率は業務用も一般用と同じく重量で米七五％に対し、麦二五％であった。容量では麦が三〇％混ざることになった(8)。

主食用に米の代わりに馬鈴薯配給が七市と幕張、津田沼、千倉、鴨川、勝浦、茂原、大原、東金、片貝、八日市場、旭、佐原、佐倉、八街、成田、浦安、野田の一七町で一九四三年七月十日から開始となった。配給量は家庭用が九月末まで（三か月間）に一人当たり三貫目の配給で、米を一人当たり一か月に四合で、三か月では一升二合を差し引くものであった。馬鈴薯配給価格は一貫目当たり合格品三三銭、不合格品二四銭八厘。なお、馬鈴薯の配給を受けない者でも米の差引は行われたのである。一九四四年（昭和十九）の七月から九月の三か月間の馬鈴薯配給は一人当たり五貫目に拡大となった。馬鈴薯一貫目に対し米七〇〇グラム（四合八勺）を差引としたので、米二升四合となり、一か月のうち約一〇日分が馬鈴薯配給となるものであった。配給地域も七市と県下の八一町全部と三一の村が対象となった。一貫目当たり市部合格品四二銭、不合格品三五銭、郡部合格品四一銭、不合格品三四銭であった。ところが一九四五年（昭和二十）七月から馬鈴薯配給は県下全市町村が対象となったのである。一九四三年八月から米の代替に小麦粉の配給が決定となった。馬鈴薯の代替配給を受けている七市一七町だけでなく、自家用米を持つ農家以外の全家庭を対象とするもので、数量は米の一〇%、一四キロを一〇日で食べていた家庭は、米一二・六キロ、小麦粉一・四キロの配給となった。小麦粉を受け取らなくても、相当米が差し引かれた。八月分は全県的に米一〇キロに対し小麦粉〇・七四キロとなり、七市一七町の配給米一〇キロに付馬鈴薯分〇・九キロ、小麦粉分〇・七四キロ合計一・六四キロの米が差し引かれた。またこれらの地域は小麦粉の配給される分は乾麺の配給が中止となり、馬鈴薯配給のない地域にだけ乾麺の配給となった。[9] 九月からは馬鈴薯に代わって甘藷配給が登場することになった。配給期間は九、十両月で、馬鈴薯と同じく食糧営団から隣組を通じて配給された。実施地域と米との引換率は馬鈴薯と異なった。甘藷は食糧営団の直営地域である七市と五三町で、甘藷は馬鈴薯より栄養価が高いので、甘藷一キロに米二五〇グラム（馬鈴薯は一八〇グラム）であった。[10] 十一月一日から希望者に対して小麦粉の配給を廃止し、パンの配給が実施となった。配給地域は当分の間、七市と野田、佐原の二町の限定であった。引換率はパン一斤（約一二〇匁）に対し米三〇〇グラムが差し引かれるものであった。[11]

食生活では栄養やビタミン補給に野菜は欠くことの出来ぬものであったが、野菜の配給状況はどのようであったのだろうか。千葉市では野菜配給不足対策として隣組配給制を実施したが、量目不足が甚だしいとの消費者の声に県度量衡検定所が一九四三年七月二十六、七両日に取締に乗り出した。業者側は生産地から集荷場へ、集荷場から市場へ、さらに消費者へと経過するため目減りは当然としていたが、実情は五%乃至一〇%と云う常識を遥かに超えて二〇%から三〇%の不足で、全て消費者の負担となっていた。隣組配給制は①行列買いがない、②出足の早い良い物を買える、③買出部隊に荒らされない、④情実売りが減少した点であった。しかし①消費者が新鮮な物を食べられなくなった（たとえば市内蘇我町の生産物を千葉駅まで列車で運び、さらに本千葉駅付近の倉庫へ、それから矢作町へと盥廻しの配給のため、隣組へ渡った時は食べられなくなっていた事例があった）、②業者同士が自家用特配として新しい品物の一部を刎ねる、③売れない物がなくなったことから、どんなに悪くなった品物でも消費者に押しつける、④業者は町内会へ届けるだけで帰ってしまい、町内会長、隣組長等は事実上八百屋の代わりとなり、自分たちの仕事が出来ない、⑤町内会や隣組には計量器の備えがないので、どの位の目減りがあるか分からず、そのまま押しつけられる、⑥余っているにも拘わらず他の品物を買えないために、やむなく引き取る、⑦世帯割のため、家族の少ない家庭は有り余り、一方大家族は少なくて大弱りである、⑧業者が実績によって配給しているので、町内会によって品物に多少が生じる等の弱点があった(12)。

銚子市では市農会を通じて市内及び近村の農家に市場出荷を慫慂していたが、依然として農家直接の街売りが多いことから、八月二十日に市、市農会、青果市場、農家実行組合等が共同で市内六か所に午前四時から八時まで臨時野菜物集荷場を特設し、農家が街売りに出たところをくい止めて集荷し、青果市場を通じて市内各青物商の店頭で売ることにしたのである(13)。甘藷は九月十日の諸類青果物配給規則施行細則改正で、県外移出は二貫目、県内は一〇貫目まで自由に取引が許され、生産者が贈答用として送る場合は県内に限って一〇貫目が認められていた。また青果物は九月一日の改正で農家との取引が二貫目まで許容されていた。しかし県では十月二十二日に諸類青果物配給規則施行細則の一部を改正して全て禁止し、即日実施したのである。県内都市の野菜配給は五日に一回が、酷い所では一週間に一回、しかもほんの申し訳程度で、大部分の家庭では、主婦が買出に出かけて辛うじて補っているのが実情であった。

千葉医大教授夫人の鈴木勝子は「大人一日の最低生活に絶対必要な栄養量は米四〇〇グラム（三合内外）、豆製品五〇〜一〇〇グラム、魚肉（貝類を含む）一〇〇グラム内外、野菜四〇〇グラムであるから、親子五人の家庭ならば、食べ盛りの子供を見て、一日の野菜配給量はどんなに我慢しても五〇〇匁（一〇〇匁では小さい胡瓜二本程度）なくてはならない、しかし今月の野菜配給量は私の家族は五人であるが、第一回配給が四日頃で、ナス五〇匁、胡瓜八〇匁、トーナス一個（六〇〇匁）で、第二回が二十日のネギ二〇〇匁だけであった。お米と引替になる甘藷がカロリーにして幾らか野菜に廻すことが出来ますが、それにしても今までの配給量はやっと三日分に過ぎません。九月は八回の配給がありましたが、一日の量にして私のところでは二〇〇匁見当で、これでは必要量の半分にも足りません。この出廻らない野菜も農家に行けば買えるのは、農家の労力不足、公価に不備の点があるのだと思います（略）公価の点では現在一〇〇匁七銭のものが、買出に行くと一倍半から二倍のヤミ値になりますが、それでも配給の野菜は古かったり、腐りがあったりすれば、食べるところは半分位で、結局足を運んでも新しい野菜を食べる買出の方が安くなります」と語っていたが、一般の消費者の声を示したものであったと云えよう。

県農務課では「本年は特に作柄が悪い、そこへ買出部隊が殺到して、よく生育しない蔬菜を片っ端から買い漁るので、品不足はますますつのるばかりだ」と配給機構の不備を認めていた。また千葉市経済課蔬菜係では「毎日一万貫入荷すれば全部にゆきわたるが、約二、〇〇〇貫の入荷なので、五日に一回の割になっている、（略）農繁期、自動車等の輸送関係から出不足の状態にある（略）味噌汁の実などアサリ、海草又は甘藷の一部でやるように工夫して補って貰いたい」としていた[14]。

千葉市では十一月十八日に野菜難について関係当局と協議し、①量の問題、②末端配給業者の自覚、③配給機構の運営の三点が先決問題であることを確認した。県当局は量の問題では強力に出荷を斡旋することになり、十一月から二月までに八三万六〇〇〇貫、このうち三五万貫を千葉市に斡旋することが決まった。これによれば一日一人当たり平均六〇匁が行き渡るとしていた。野菜隣組配給制を実施していたのは千葉市だけであったが、十二月二十日から市川市が実施となり、県では配給機構の整備として指定消費地域である県下七市全部に一月から実施させることにし、十二月二十四日には「都市野菜配給要項」を決定した[15]。千葉市では冬枯れ時期の野菜、魚類の出廻りが良くないので、それに代わる栄養副食物としてアサリを配給することにした。配給範囲は旧市域一円で一九四四年二月二十八日から三月下旬まで各旬一回宛として千葉、稲毛、検見川、蘇我の四漁業組合から出荷させるもので、一世帯当たり毎回五〇〇匁、価格三〇銭、配給方法は各町内会単位の魚屋を通じて行うとした[16]。

市川市で野菜の出廻りが悪いのは、生産者が僅か二時間で川一つ隔てた東京都へ牛車で出荷すると、牛車一台で市川と東京都で約三二円の開きがあり、生産者は市より東京へと運びが多くなっていたところにあった。このため市荷受側がいくら騒いでもどうすることも出来ず、市当局は対策に苦慮していた[17]。野菜の出廻りが良くないことから、千葉市では経済課長と係員が生産地に乗り出し、出荷組合を督励、懇談を密にして隘路を探求する一方、八月十六日には三七農事実行組合長を招致して協議し、市周辺一一か所に集荷所を新設することになった。輸送は市農業会が行い、家庭用配給業者は配給地区毎に班を編成し、班長を設け、地区班長はそれぞれ町内会別に分荷することにした[18]。松戸市でも野菜不足で市民の台所が脅かされていた。食品市場への入荷は一日平均二〇貫位で、九月五日は全く入らず、六日も一〇貫位で、三〇数軒の八百屋への配給も極度に制限されていた。市出荷組合幹事は「東京都向けが増加したので、作柄に大した変化はないが、勢い出荷の減少となっている。殊に買出部隊が持ち出す量も一日一、〇〇〇貫以上は確実である。（略）出荷方法に一段の考慮と地元での少量の自由売りを認めたらどうか」と語り、統制強化だけでなく、自由売りに解決策を求めていた[19]。

大都市の野菜不足は丸公改訂でやや緩和されたが、中小都市の悩みは以前にも増して深刻となっていた。銚子市では市当局、警察署、農業会の三者一体となって〝野菜よ出て来い〟と対策に取り組んでいた。しかし市営青果市場に出る野菜は、出る日で一日たった一〇〇貫内外に過ぎなかった。これでは市民一人当たり一日一匁半程度で、市場が期待する五〇匁とは遠い配給量であった。このため青果市場は赤字続きで、従業員の生活問題にもなっていた。市場は名称は市営であったが、実際は青果業者に貸しているだけであり、名実共に市が経営し、従業員も市に吸収しで集荷に当たらせることになれば、市場と農家の対立が解消されると市場改組が叫ばれ、また農家側は供出した野菜が市民に配給せず、八百屋に勝手に配分されていると指摘していたことも出荷阻害の要因であった[20]。

県下七市の十一月から十二月にかけての野菜出荷状況は千葉市は一人一日当たり十一月一六匁、十二月は七五、六匁、船橋市は五六匁が十二月一四八匁、市川市は七、八匁が十二月九五、九匁、木更津市は二〜七匁が十二月一六匁、館山市は一五匁が十二月五四、五匁、銚子市は一〜三匁が十二月一八匁と十二月には大量に出回ったことを示していた。木更津、銚子両市の酷さは別として配給基準量一人一日当たり七五匁に対して、千葉市はほぼ同量、館山市は一寸少ないが、船橋、市川両市ははるかに上回っていた。[21]館山市でも野菜不足に困っていた。春先の端境期に入ってから二月十日頃に配給があっただけで後続なく、青果市場は休業状態が続いていた。市産業課と市農業会では農家の大根、白菜の跡作、町内会の空閑地に野菜栽培を奨励することにし、種子を配給することにした。また市配給課では当面の切り抜け策として市内農業地帯の生産者の協力を得て、取り残りの野菜の根こそぎ供出を試みることにした。[22]

銚子市では野菜不足対策から、家庭菜園での自給を呼びかけていたが、一九四五年七月十一日から十月まで全県に家庭配給の一割節減となり、銚子市も直ちに実施したが、他の市街地にも増して食糧事情は窮屈であったので、大里市長は「努めて野菜類の自家生産に励む」ことを各町内会長を通じて全市民に呼びかけたのである。[23]

野菜と共に鮮魚補給は極めて重要であったが、どのような状況であったのであろうか。鮮魚にも七市で切符制を実施することにし、県では「主要消費地鮮魚介類要綱」を制定した。従来業者がつかみ取りで決めていた市場の分荷を家庭配給に重点を置いて用途別に家庭用、大口用、業務用と厳正に一定の分荷率を決め、これを取り扱う業者も用途別に家庭用、大口用、業務用と区別して兼業を認めないことにした。分荷率は千葉市では家庭用六六%、大口用一七%、業務用九%、地域外八%の割合であり、他の市も大体これに準じて決められる。市民一日一人当たりの配給基準は二〇匁、産業戦士は三〇匁とした。各家庭には購入券が交付されることになった。[24]

千葉市では市内を四一区域に分け、業者ブロックを設け、配給区域から代表者を一名選出して業者との連絡に当たり、業者は毎月町内会、隣組別に人員を調査して分荷の的確を期することにした。入荷総量四〇〇貫以上の時は全域に分荷、四〇〇貫以下の時は区域毎に輪番とし、七月十五日から実施となった。[25]「最近魚と云うものの姿を殆ど見かけない、消費都市の特に千葉市では七月の初めに僅かばかりの鰯が配給されただけで、その後一か月以上になっても鰯の頭さえお目にかからない」との一般消費者からの声があった。けれども全然無い分けではなく、少ないながらも有る所にはあったのである。七月中の総水揚高は七六万七八七六貫で、前年同月に比し五一万〇三三八貫を増産していた。それでは何処へ出荷していたのか。主な出荷先は軍納三七万一三〇二貫、京浜地区へ一四万〇二八九貫、県内一八万三九五六貫、県外の埼玉、山梨、静岡に四万四二一四貫であった。魚配給の隘路打開には（一）魚の集荷と配給を一本立てにする、（二）価格が東京と県内の開きが大きすぎることの対策、（三）トラック輸送網をつくることが叫ばれていたのである。[26]

（三）住宅難と貸家組合の役割

政府は二大住宅政策の一つとして、一九四〇年（昭和十五）七月に貸家組合法を制定した。しかし千葉県の主要都市での貸家、貸間業者は積極的には結成の動きを示さなかった。一九四二年（昭和十七）三月に県下初の貸家組合が市川市で組合員二五二名、所有貸家約一、三〇〇軒で結成されたのである。組合は家主等を強制加入させることは出来ないが、組合の地域内にある家主に対し、組合の統制に従わせることができ、また新たに住宅を建築する場合は、優先的に資材が配給されるものであった。県社会課では早急に千葉、船橋、松戸、木更津、館山、銚子等の主要都市に対して組合結成方を慫慂した。七月七日には松戸貸家組合（組合員三八九名、貸家約二、〇〇〇軒）、十日には館山貸家組合（組合員二七九名、貸家七六〇軒）が結成された。[27]千葉市では一九四二年八月十八日に組合員一、〇〇〇名を最低目標とする千葉市貸家組合の発起人会が開かれ、九月三日には船橋市貸家組合（組合員三七三名、貸家一、四〇〇軒余）が創立総会を開いた。十一月一日には銚子市貸家組合も創立総会を開いていた。

住宅政策のもう一つは一九四一年三月七日公布の住宅公団法で五月一日に住宅営団が設立となったことである。同営団は一九四二年二月に千葉市検見川町で四九二棟の建設に着手し、十月には五〇棟が完成した。その後木更津市埋立地に四七棟（特定貸家のみ）、君津郡巌根村（木更津市）一一九棟（特定貸家のみ）が完成した。一九四三年八月までに船橋市夏見台、市川市若宮町、同国府台、松戸市東台に一、九九九棟の完成を予定し、他に船橋市本町四七二棟、千葉市蘇我町三〇〇棟、同松波町二五〇棟、東葛飾郡我孫子町一〇〇棟を予定していた。営団の土地付分譲住宅は建坪一四～二〇坪で、間取りは三間から四間、風呂場と炊事場の設備があり、五〇～七〇坪の庭付きであった。家賃（月賦代）は最低三〇円、最高三九円、平均三五円で、一九か年間支払うと家屋と土地が借り手の所有となるものであった。また一般貸家は建坪九～一二坪を一戸とし、二戸続きで、間取りは二間から三間、炊事場はあったが、風呂場がなかった。家賃は最高二九円、最低一八円であった。特定貸家は各会社と契約したもので、一般には貸し出されなかった。厚生施設として千葉市検見川町には共同浴場、日用品配給所、隣組集会所、児童遊園地、託児所を設置し、船橋市夏見台には共同浴場、日用品配給所、託児所、市川市若宮町と巌根村には浴場を設置し、いずれも二棟に一か所の井戸があった。千葉市検見川町に五〇棟が完成した時は約四倍の申込があったが、産業戦士に優先権が与えられた。住宅の管理者には傷痍軍人が採用されたのである。(28)

一九四三年二月に松戸貸家組合には石橋製糸所、日立精機、野田醤油、松戸製作、流山帝国酒造の会社工場も加入し、同組合から建築資材の配給を受け、産業戦士の住宅を建設した。また銚子市では住宅難緩和策に市営住宅を建設し、住宅営団も一〇〇戸の建設計画であったが、急には間に合わぬので、銚子市貸家組合が一時的緩和策に二間乃至三間の小住宅を集団建築したのである。(29)

千葉県では一九四三年二月までに六市と松戸、佐倉両町に貸家組合が誕生し、三月には茂原、成田両町にも結成され、三月十五日には県貸家組合聯合会を結成した。そして千葉、船橋、市川の三組合は東京、横浜両市の貸家組合聯合会と連絡を取り、両市と県内の貸家交換に乗り出すことにし、貸家斡旋所を設置した。また東京方面からの貸家需要者が殺到し、千葉、船橋、市川の三市では地元工場労務者の住宅難が甚だしいので、貸家組合の定款を変更し、貸家の斡旋及び貸借を一切組合が管理することを検討した(30)。

工場地帯を抱える市川地方は労務者の集中で、これら産業戦士向けの住宅が殊更に切迫を告げる事態となった。市川市貸家組合では市内主要工場一四工場に加入を勧め、工場主と連絡をとって労務者住宅の建設を開始することにした。また三月からは家主と借家人との個人契約による貸借を一切認めず、組合が一元的に斡旋し、戦力増強のために産業労務者へ重点的貸家経営を行うことにした。また転廃業者店舗、貸別荘、大邸宅の開放運動を起こしたのである。船橋市内の国民学校に勤務する教職員は住宅難に悩んでいた。特に下宿していた若い独身訓導は三月末で下宿を引き払って貰いたいと追い立てを受け、郷里に帰して欲しいと校長に申し出る者が五、六名あった。教員不足の時であり、校長たちは恐慌を来して三月二十日に市学務当局と善後策を協議した。独身の教職員が二十数名あることから、教職員のアパート建設を希望していた。館山市でも非常な住宅難となっており、貸家組合では夏季目当ての別荘、貸間等を軍関係に提供することを申し合わせたが、それではとても住宅難が解消しないので、館山市当局は四月五日に各町内会長、貸家組合長等を集めて対策を協議し、空家、空室が出た時は隣組長から町内会長を通して市役所に申告し、市役所では警察、憲兵隊、航空隊と連絡を取り、兵士たちに優先権を与える空家登録制を実施することにした。千葉市貸家組合では五月三日の総会で貸家斡旋所の設置と組合員は個人的貸借契約をせず、組合を通すことを決定した(31)。

日増しに増大する住宅難に対して県は八月に「戦時下住宅対策要綱」を決定した。七市の他に我孫子、小金、柏、行徳、津田沼、二宮、幕張、佐倉、千代田、茂原、東郷、旭、平和、椿海の一四か町村を住宅需要市町村に選定し、

（一）貸家、貸間の供出（①別荘、控家、寺社の附属建物、遊休事務所、集会所、②転廃業者店舗、休業又は営業不振の料理店、旅館、③家族人員に余剰ある住宅、貸間（家族一人当たり三坪又は三畳）、（二）既存住宅を重要な国家資源として愛護、特に市街地の貸家居住者にこの観念を徹底させる住宅愛護運動の展開、（三）住宅供給では軍関係及び庶民住宅は貸家組合に対し、資材その他の援助を与え、大量建設に当たらせる、貸家組合のない地域には急速に設立を勧奨する、（四）貸家所有者の組合加入を促進する、（五）貸家斡旋所を開設させる、（六）市町村住宅対策委員会の設置等で住宅難打破に乗り出したのである。(32) 県の調査では空家、特に別荘を中心とする空家は長生郡一二、山武郡九、匝瑳郡五、海上郡五二、香取郡四、君津郡一二〇、安房郡八九、夷隅郡八八で、その他を入れて三七九あることが分かった。

県では労務者で住宅が無く困っている者を優先し、続いて疎開者に提供する方針であった。また県は住宅難の緩和と家賃の適正化を図るために、一九四四年二月十八日付の県報で、船橋貸家組合、銚子貸家組合、館山貸家組合、木更津貸家組合、松戸貸家組合、佐倉会社組合の六地区内に貸家を有する者は、貸家組合法第五条の規定で、四月一日から組合の統制に服さなければならないことを告示し、個人的貸借契約を禁止した。さらに四月二十五日付の県報で千葉、市川両市にも適用することにしたのである。(33)

銚子市では一、五〇〇戸の住宅不足が起こっていたが、疎開を受け容れることで、さらに住宅難が深刻化するので、その打開のために一九四四年三月に会長を川村市長、副会長に飯島宇一郎貸家組合理事長とする疎開住宅対策委員会を設置した。そして差し当たり市内の物資倉庫等の改造で五〇〇戸、疎開家屋移転一〇〇戸、その他新築二〇戸、合計六二〇戸を目標にし、簡単な造作を加えて住宅になる非住家を市役所で調査して警察に報告する。警察ではその所有者に資材配給を斡旋するとして改築を勧める。また軍需産業戦士の集団住宅には寺院、別荘の活用等で積極的な住宅緩和策を進めることにした。(34) 銚子市住宅斡旋所では、都市疎開者の受け容れを進捗させるため、六月二十六日に川村市長外、市関東配電、木材会社、小運搬業組合、合同運送東部貨物自動車等の関係者が会議を開き、（一）ヤマサ、ヒゲタ両醤油会社所有貨物自動車二台を東京都へ出張させ、都の疎開建物取毀資材を亀戸、天神、曳舟三駅に運搬、貨車積込を行う。これには人夫一〇名を派遣する。銚子駅到着後の資材運搬車は陸上小運搬統制組合県支部の指令で組合員が出動運搬する。家大工は市で嘱託若しくは専属大工を雇い上げる。（二）改造家屋の電灯、水道は優先的に取り付ける。（三）東京都向島方面事務所は銚子市へ建築木材五〇〇石、畳六〇〇枚、建具四〇〇枚を交付する等の具体案を決定し、疎開者の住宅問題を至急に解決することにした(35)。

七市と佐倉町に貸家組合法第五条が適用されて、空家は組合を経由しなければ、個々の貸借は認められなくなったが、しかし一般にはあまり徹底せず、違反となって一、〇〇〇円以下の罰金に処せられた者があり、また空家となった場合は、五日以内に所轄警察署に届出することが指定されているにも拘わらず、依然として届出を行わず、県経済保安課は徹底を期していた(36)。防空指定都市が拡大したことで、建物疎開から家を失った人々の住宅問題も新たに生じていたのである。

（注）

（1）前掲図書館蔵「東京新聞千葉版」一九四三年四月十一日付
（2）前掲図書館蔵「毎日新聞千葉版」一九四三年三月二日付
（3）前掲図書館蔵「読売報知新聞千葉版」一九四三年八月十八日付
（4）前掲図書館蔵「毎日新聞千葉版」一九四四年二月八日付
（5）前掲図書館蔵「千葉新報」一九四四年五月三日付
（6）前掲図書館蔵「毎日新聞千葉版」一九四四年六月十一日付
（7）前掲図書館蔵「朝日新聞千葉版」一九四四年十二月九日付

(8) 前掲図書館蔵「読売報知新聞千葉版」一九四二年八月五日付
(9) 前掲図書館蔵「読売報知新聞千葉版」一九四三年八月六日付
(10) 前掲図書館蔵「読売報知新聞千葉版」一九四三年九月七日付
(11) 前掲図書館蔵「毎日新聞千葉版」一九四三年十月十日付
(12) 前掲図書館蔵「読売報知新聞千葉版」一九四三年七月二十八日付
(13) 前掲図書館蔵「毎日新聞千葉版」一九四三年八月十九日付
(14) 前掲図書館蔵「朝日新聞千葉版」一九四三年十月二十二日付
(15) 前掲図書館蔵「千葉新報」一九四三年十二月二十八日付
(16) 前掲図書館蔵「東京新聞千葉版」一九四四年二月二十二日付
(17) 前掲図書館蔵「読売報知新聞千葉版」一九四四年八月四日付
(18) 前掲図書館蔵「東京新聞千葉版」一九四四年八月十七日付
(19) 前掲図書館蔵「東京新聞千葉版」一九四四年九月八日付
(20) 前掲図書館蔵「東京新聞千葉版」一九四四年十月四日付
(21) 前掲図書館蔵「毎日新聞千葉版」一九四五年二月二十三日付
(22) 前掲図書館蔵「毎日新聞千葉版」一九四五年三月一日付
(23) 前掲図書館蔵「毎日新聞千葉版」一九四五年七月十七日付
(24) 前掲図書館蔵「朝日新聞千葉版」一九四四年四月十八日付
(25) 前掲図書館蔵「読売報知新聞千葉版」一九四四年六月二十八日付
(26) 前掲図書館蔵「毎日新聞千葉版」一九四四年八月二十三日付
(27) 前掲図書館蔵「読売報知新聞千葉版」一九四二年七月十一日付
(28) 前掲図書館蔵「読売報知新聞千葉版」一九四三年一月二十日付
(29) 前掲図書館蔵「毎日新聞千葉版」一九四三年二月七日付
(30) 前掲図書館蔵「読売報知新聞千葉版」一九四三年二月十八日付

(31) 前掲図書館蔵「毎日新聞千葉版」一九四三年四月六日付
(32) 前掲図書館蔵「毎日新聞千葉版」一九四三年十月十二日付
(33) 前掲図書館蔵「千葉県報」一九四四年二月十八日付、五九頁
(34) 前掲図書館蔵「読売報知新聞千葉版」一九四四年三月二十二日付
(35) 前掲図書館蔵「毎日新聞千葉版」一九四四年六月二十八日付
(36) 前掲図書館蔵「朝日新聞千葉版」一九四四年九月十三日付

五、決戦政策の破綻

（一）防諜上から海水浴場閉鎖

千葉県は地理的には四方を水に囲まれており、そのうち内房、外房は明治期以来の海水浴を中心とした避暑地として都会人に愛好されて来た所であった。しかし一九四二年（昭和十七）七月四日に防諜上として内湾の君津郡富津から安房郡西岬村州の崎地先までの海水浴、登山その他一切が厳禁となり、避暑地そのものの一部がなくなった。夏の二か月間で避暑客は約二〇〇万人あり、一人二円を落とすとして、四〇〇万円がなくなる計算で、一か年の生活費を稼いだ貸別荘、貸家、貸間及び各種接客業者は大打撃であった。保田町鋸山《のこぎりやま》（鋸南町）、岩井町冨山《とみさん》（南房総市）、館山市那古及び崖の観音裏山、平群村伊予ケ岳《いよがたけ》（南房総市）、館野村蓮光寺山（館山市）の六か所は登山禁止、海岸一帯は外来者立入禁止となった。地元民の海水浴は警察署から二寸に一寸五分の焼印の交付を受けることになった(1)。ただ学生、児童の心身鍛練を目的としたものは、防諜責任者を付して許可していたが、七月三十日に県特高警察方面会議が館山署で開かれ、これも不許可の方針が決定した。そして館山署は錬成中の団体に対しても八

月十五日以後は錬成を自発的に中止して引き揚げるように、当該二〇団体に通牒した。[2] また一般人の療養者は再診を受けなければならなくなった。このような規制強化の中でも八月二日の日曜日には千葉市を中心に稲毛、船橋と内湾近郊だけは東京から繰り出した海水浴客がざっと二〇万人あった。東京鉄道管理局では一九四二年は七月中旬から一か月半にわたって夏季不定期列車を毎日運転してきたが、「足」の決戦態勢として上下八本の列車を中止し、避暑客の閉め出しに応じたのである。木更津署では五月二十九日に管内警防団長、漁業組合長等を参集、防諜強化と共に一切の遊び追放を協議し、従来の君津郡富津町以南海岸での水泳、釣り、散歩その他の禁止事項を君津郡下全沿岸に拡大した。夏の風物詩と謳われた内湾名物の簾立遊び、浅蜊取り、潮干狩り、釣り等が一切禁止となった。また木更津市貸家組合は夏季避暑客閉め出しを決議し、軍と産業戦士を優先的に待遇することにした。藤浪長之助組合長は「今年は一人の避暑客も絶対に相手をしません」と語ったのである。内湾一帯の外来者立入禁止によって、外房千倉、七浦、千歳、和田（以上南房総市）の各海水浴場には避暑客の申込が殺到した。所轄の千倉署では料理、旅館、飲食の業者を招き、防諜の徹底と買出部隊の一掃について懇談し、千倉要地青年団では七月十五日から連日、駅の乗降客監視に協力することになった。[3]

「暑いからとて、避暑が許される決戦下ではない」と県下の各避暑地では避暑客排撃運動が起こった。内房方面の大貫、佐貫、湊の三町（富津市）では外来者に対して米その他生活物資の配給を一切行わない。事情を知らずに出かけて来た者に対しては、各町村の要地青年団員が各駅に待機し、説明して帰宅させていた。保田、勝山、岩井、館山では、外来者は全て立入禁止で、取締には館山憲兵分隊、館山署房総要地青年協会員が各駅で見張りを行い、自分所有の別荘に避暑することも出来なくなった。旅館、臨海寮、別荘等は地元町村の産業戦士及び海の勇士の憩いの家として貸与したものが多かった。館山市鶴ヶ谷の安保清種海軍大将の別荘及び保田町山海楼旅館が売却され、東京都第三商業の臨海寮、日華学舎夏季聚楽寮は共に千葉県木工船補導所の寄宿舎及び作業場に貸与され、京北実業学校臨海寮は安房北條機関区の合宿所に充てられた。東洋商業学校臨海寮は館山市独立青年学校の校舎の予定となった。外房方面では大原町が区長等を集めて、既に貸家、貸間を契約したものは解約するように要望し、滞在する者には一切の物資を配給しないだけでなく、家主や滞在客に家賃に相当する債券を割り当てることを申し合わせた。御宿、勝浦、天津、小湊各町も滞在者へは物資配給を行わなかった。銚子方面では銚子市の滞在者に物資の配給を行わず、物資を持参して滞在する者には多額の債券を割り当てる方針とした。犬吠岬の暁鶏館をはじめ各旅館も米を持参しない二日間以上の滞在者お断りで、海鹿島《あしかじま》に滞在する避暑客相手の貸家二八軒のうち半数は住宅難緩和のため重要部面を勤労者に開放していたのである。(4)

内房海水浴場の自粛状況は保田町別荘六〇戸、貸間五〇〇間、全部貸借なしで三〇万円の収入減。勝山町別荘一六戸、貸間五〇間、全部貸借なしで一五万円の収入減。岩井町別荘三〇戸、貸間五〇〇間、全部貸借なしで二〇〇万円内外の収入減。富浦町別荘五五戸、貸間一、〇〇〇間、全部貸借なしだが、別荘は地元の住宅難緩和に貢献、また枇杷の豊作で息づく。館山市別荘二〇〇戸（貸別荘共）、貸間一、二〇〇間の利用者皆無、別荘の一部を軍人のために開放と云う状況であった。(5)

千葉県は疎開転入者が七万名で関東近県第一位であったが、外房一宮町から和田町に至る一帯の避暑地では四、〇〇〇名程度を受け入れているに過ぎなかった。県疎開対策事務室では避暑客には家も部屋も貸さず、物資も配給しないことを厳格に指導し、疎開受入を円滑にする通牒を発した。それでも物資を持ち込んで避暑する者は東京鉄道管理局、千葉同管理部と緊密に連絡し、「足」の統制によって入県を防ぐことにし、それでも来る者はそのまま疎開させるように地元各役場に指示した。また県警防課では日帰りの夏季鍛練する都民に対しては、地元市町村警防団と連絡、完全な待避訓練を実施することにしたのである。(6)

海上郡飯岡、矢指両海水浴場は七月に時局緊迫の折柄からとして廃止となり、各種団体の健民修練道場に切り換えられることになった。八月七日に海軍横須賀鎮守府は軍事上の必要から君津郡金田村より安房郡和田町に至る沿岸及び海上は海水浴、貸ボート、貸漁船は一切禁止とした。これにより房総半島の南端の内房、外房の海水浴は全面禁止となったのである。(7)

(二) 貯蓄の極限的拡大

千葉県の貯蓄目標と貯蓄実績の関係は、一九三八年度(昭和十三)五、〇〇〇万円に対し、八、〇〇〇万円、一九三九年度一億円に対し、一億三〇〇〇万円、一九四〇年度一億二〇〇〇万円に対し、一億七〇〇〇万円、一九四一年度一億六五〇〇万円に対し、一億八五〇〇万円、一九四二年度の目標は二億四〇〇〇万円に対し、三億三〇〇〇万円と驚異的な実績であり、全国第三位の成績であった。(8)

一九四三年度(昭和十八)の中央の割当目標は二億九〇〇〇万円であったが、県は努力目標として三億五〇〇〇万円を掲げた。しかしさすがに拡大に拡大を重ねてきたことで、停滞が現れ始めた。四月から六月までの第一四半期は芳しくなく、七月になっても依然向上せず、総額で二、一七七万円余であり、前年同期の二、七七七万円余に比べて六〇〇万円余の減少と云う不成績で、この調子でゆけば、二億九〇〇〇万円の目標達成が危ぶまれた。長野地方課長は「昨年度は目標額を六、〇〇〇万円突破の大戦果をあげ、去る七月賀屋興宣蔵相を千葉市に迎えて県民の感激と蹶起を一層昂揚したにもかかわらず、この成績は寒心に堪えないものがある。戦局は今将に悽愴苛烈を極め、前途は妄りに逆睹を許さぬものがある。この秋にあたり貯蓄戦においても、万一落伍するものがあれば、九仞《きゅうじん》の功を一簣《き》に欠く(多年の努力も僅かなことで失敗する)ことになる。県民各位が更に日常生活を検討し、生産、消費の両面に一段の創意と工夫を凝らし、貯蓄目標完遂に邁進」を切望する談話を出した。(9) 十一月末の増加額は目標の六四%でしかなく、竹谷内政部長は「タラワ、マキン両島に玉砕した勇士の痛憤を肝に銘じ

（略）第一線将兵のため、個人の私生活など、この際潔く返上して米英撃滅の弾丸となり、飛行機となる戦費を甘んじて引き受けようではないか」と県民に呼びかけたのである。[10]

県と翼賛会県支部は二月一日から二か月間を決戦総蹶起貯蓄特別計画期間と定め、この期間内の二月に六、〇〇〇万円、三月に六、〇〇〇万円の合計一億二〇〇〇万円の貯蓄増加を計画した。この計画達成のために「直ちに割引額の天引き貯金をしよう、余ったら貯金しようの観念を捨てよ」と訴え、竹谷内政部長は「まず貯金、その残額で生活すると云う、見栄も外聞もなりふり捨て、戦時生活に徹底されたい」と談話した。[11]また県は県下一斉に三二万七五〇〇円の貯蓄券を発行し、郡市別に割当を行った。貯蓄券は映画館、興行場、各商店、各種料亭、飲食店の協力を求めて一般利用者に購入させるものである。たとえば映画館の入場料一円五〇銭以上の場合、入場者に一円五〇銭券一枚を買わせるものであった。

二月二十三日に一九四四年度（昭和十九）の割当目標が五億円、県の努力目標は五億五〇〇〇万円と決定された。一九四三年度の割当目標二億九〇〇〇万円と比すると、七二％増であった。全国平均が三三％増であったから、千葉県の目標が過大なものであったことが分かろう。県民一人当たり年額二九四円余で、一か月二五円の貯蓄と云うものであった。新聞では「今こそ生活の一切を思い切って切り下げ、最低生活に甘んじてこの貯蓄目標の完遂を期さねばならん」と叫び、川村知事は「農村方面などでは相当多額の現金を貯蓄せずにその侭で持っているものがかなりあると云うが、このような決戦貯蓄の非協力者は戦争の妨害者である」と云っていた。農家は供出で追い立てられ、農家自体が飯米配給を受ける状況であった。ヤミの横行で現金を手にした者はいたと思う。しかし戦争は敗色濃厚であって、全く展望が開かれる可能性がないことを為政者たちは知っていたにもかかわらず、ただひたすら鞭を振るっていたのである。[12]

三月十日は陸軍記念日であると共に、勤倹貯蓄記念日であり、県はこの日を期して勤倹貯蓄記念日貯蓄を実施した。地域組合は一戸平均三円五〇銭を標準とし、所得、家庭の事情で増減する。職域組合では収入の一日分、生徒児童各種団体は任意の額を定め、国債貯金、または組合貯金とするとして三月六日に関係方面に通牒した。[13]

六月十三日に大蔵省は一九四三年度の全国貯蓄増加実績を発表した。東京都、大阪府が目標達成出来なかったが、他の道府県はいずれも達成した。千葉県は割当目標に対して一四二・二%、県独自の努力目標には一二四%の達成で、全国第一八位であった。[14]

県は「サイパン島勇士仇討ち貯蓄」を七月三十日を期して県下一斉に実施することにした。地域では一戸平均五円以上、職域では収入の一日分、その他は三円以上、学生、生徒は一円以上とした。[15]

九月二十八日に国民貯蓄目標額改訂会議が埼玉県庁で開かれ、千葉県は最初の割当額五億円に一億二〇〇〇万円を増加して六億二〇〇〇万円とすることが決定された。一九四四年度は目標六億二〇〇〇万円に対し、八億二八四三万円、即ち一三三・七%の超過達成であった。県では「台湾沖航空戦感謝」貯蓄運動を展開することにし、地域は一戸五円以上、職域は収入の一〇%とする実施要綱を十月二十三日に各地方事務所、警察署、市町村に通達した。一九四五年（昭和二十）三月三日に群馬県教育会館で関東信越地方内政部長国民貯蓄事務打合せ会議が開かれ、一九四五年度の各府県の貯蓄割当額を決定したが、千葉県の割当は一二億五〇〇〇万円であった。[16] 九月末で九億四五〇〇万円となっていた。五、〇〇〇万円の貯蓄で始まった貯蓄運動は僅か七年間で一九倍と云う極限的な金額が県民に押し付けられていたのである。

(三) 止まらない経済違反

「野菜が一週間に一回の配給」とか、「一か月以上になっても鰯の頭さえお目にかからない」と云うような消費者の声を紹介して来た。「大部分の家庭では、主婦が買い出しに出かけて辛うじて補っている」と鈴木勝子が語っていたように、食料品の配給状況は深刻であった。買出部隊が登場するのは、配給を待っていては生存に関わる問題であり、ある面ではやむを得ない行為であったが、一方統制経済を維持しようとすれば、看過出来ないことであった。現実の配給実態と統制経済理論の矛盾の隙間を狙って、持ち出し、買い出し、或いはヤミ等の経済行為は経済統制導入以来横行していたのであったが、戦争が悪化し、物質生活が急迫すればする程に激しくなっていたのである。千葉県では一九四三年（昭和十八）十月二十二日に関東地方で最初の野菜持出禁止令を実施した。禁止後一〇日間で東京に正規ルートで出荷された野菜は四二万六七六五貫であったが、禁止直前の一〇日間の出荷は二一万七三八六貫であった。禁止後は一・九倍に激増しており、禁止効果を示したものであったが、実態は買出部隊が千葉県の総出荷数量の約半分を持ち出していたことを意味したものである。県警察部の調査でも禁止前には、一日平均一万一〇〇〇人の買出部隊が一人二貫目として二万二〇〇〇貫を運び出し、禁止後の出荷量は一日約四万二〇〇〇貫に当たったから、禁止していなかったら、そっくり市場へ出荷されていたことを裏書きしていた。

買出部隊は禁止後も連日三〇〇名余の状況であり、県経済保安課は一九四四年三月二、三両日に一斉に各駅で買出部隊の取締結果を六日に発表した。取締となった者は五、七八七名で、種類は蔬菜類七、七三四貫、諸類一、一四七貫、落花生八八五貫、米九石三斗、海苔一万九〇〇枚、鶏卵二、〇六六個、食肉二七貫であった。(17)

七月一、二日の両日は取締の予告があったにも拘わらず、海上、匝瑳、山武の三郡と銚子市を除いて、摘発された件数は一万件であった。十一月四、五両日に千葉、東葛飾、印旛三郡で実施した取締では、七、二八四名が検挙となった。十二月二十七日の一斉取締では検挙総数二、四八三件、二、五一五名であった。十一月の取締と比すると、悪質違反は拘留、科料、送局合わせて二十数軒であったものが、一六三件となり、取締当局を驚かせた。(18)

一九四三年三月十九日に千葉署は鮮魚ヤミ取引事件で、千葉市内の有力鮮魚商であった石橋親子を留置した。事件は一月頃から一般市民に配給すべき鮮魚を市内の一流料理店や旅館等の特定人へ公定価格の二、三倍で六、〇〇〇貫を売り捌き、約一万五〇〇〇円の不当利益を上げていたものであった。鮮魚商の石橋清司の父親定吉は千葉市会議員、小売商組合長、息子は千葉市鮮魚小売商報国会長であり、翼壮市団長洲班長と、両名は公職を持つ指導者であった。[19] 長生郡豊岡村（茂原市）の川戸良夫村長は同村農業会長を兼任していたが、八月中旬に供出と称して村民より集荷した馬鈴薯六四俵（七〇〇貫）をトラックに満載し、勝手に某会社に寄贈のため東京都に進入しようとして船橋署に捕まり、露見したものであった。同村の翼壮団が辞職勧告を行い、村長と農業会長を辞職していた。[20] 食糧営団木更津支所の近藤徳三郎書記は業務用配給米について業者から七、八〇円の謝礼金を受け取って横流ししたことで検挙となった。木更津署では市内数か所の配給所員の取調を行った。[21] 九月二十五日に子安三蔵県議（君津郡農業会長、環村長）が薪炭出荷に関係して超過利得の収受疑惑で木更津検事局に強制収容された事件があった。また県警察部では県下二九署を督励して生活必需物資の横流しや業務上横領、背任等の経済的行為で、安房郡白浜町長、印旛郡安食町長、山武郡豊成村長、同郡大平村長、君津郡環村長等の町村長と館山市造船会社長等の会社、団体幹部十数名を検挙していた。[22]

県経済保安課の発表では、一九四三年における県下の経済違反検挙件数は二万七七七三件、一万八三〇三名であり、送局された件数は二、三〇八件、一万八〇三名で、公判に付されたもの六名、懲役の判決を受けたものは僅か一名であった。それに対して一九四四年一月から六月までの上半期の件数は一万九五六八件、二万〇三五三名で、うち送局一、一四一件、一、八三七名であり、公判に付されたものは八七件、懲役判決は一七名であった。[23] 経済違反行為は一九四二年よりも四三年は増加し、そして四四年はさらに激増しており、また悪質化していた。そしてこれらの違反行為には直接に配給関係者が関わっていたのであり、何よりも驚愕すべきことは、町村長、市議、県議と云う「指導階級」が含まれていたことであった。

（四）環境破壊の松根油生産

日本ではアジア・太平洋戦争開始以前はテレビン油、クレオソート、タール油、パインオール及び松根ピッチ等の松根油は東南アジアより輸入されていたが、需要は比較的少量であった。しかし戦争で輸入が完全に杜絶した。需要量が増加したので国内資源で増産を確保しなければならなくなった。原木である松根の入手難が松根油増産の隘路となっていたので、県経済部では一九四四年六月に県下市町村に対し、松根方採掘の通牒を発し、市町村では県松根油製造業統制組合や市町村に散在した組合員（松根乾留業者）に斡旋を行って、増産が開始となった。しかしガソリン不足に悩んでいた日本はドイツで航空用ガソリンとして飛行機に使用している話を聞き、一九四四年十月に農商省は「松根油緊急増産対策措置要綱」を決定し、ガソリンの代用品として各府県市町村に松根採掘量を割り当てたのである。千葉県の供出分は原料の松根一か年一、一二〇貫であり、一九四四年度はまず五六〇貫を供出しなければならなかった。従来県下には八〇人の専業者が存在したが、到底間に合わぬので新たに乾留窯一三〇か所を増設する計画であった。県下一二郡では緊急増産協議会を開き、一九四五年一月に県では県下一六万農家一戸当たり松根採掘割当を七〇万貫とした[24]。

一月二十日段階で県下の松根採掘最高は八街町の二三万貫である。夷隅郡では割当目標の七八％を既に突破し、県平均を二八％上回っていた。掘り出しの快調さに応えて乾留精製陣でも当初県内一七七基の建設予定であった乾留新設窯も一躍四〇〇基に増加し、既に三二〇窯は各地で築窯にかかっていた。従来からの業者の乾留窯一五五基も前年十二月に約三分の一が操業して三五〇石を生産しており、二月中には全部が操業して五〇〇石産出は確実視されていた[25]。

匝瑳郡は松根割当七万〇九八〇貫を一五〇％突破の成績を挙げた。一五九万二〇〇〇貫と県下で最も割当が多かった安房郡では既定窯六〇基を二〇〇基増設して二六〇基で増産することにした。二月二十六日に和田町国民学校で各町村の関係主任会議を開催し、町村割当、増産方を協議したが、築窯に当たっては軍部側が関心を寄せ、第一次計画として和田、平群両町村の築窯が二十五日に軍の手で完成、続いて二十六日から第二次工事で瀧田、東條両村に出動、第三次は佐久間、豊房、丸の三か村に出動と次々築造し、軍は三九か町村全部で築窯したのである。そして松根採油作業は主として地元国民学校生徒が動員されて行った。子供松根部隊のうち殊勲部隊は南三原国民学校部隊で兵隊から引き継いだ二基の窯で、毎日女子は冷却用の水汲み、男子は松根掘り窯前作業、採油処理を分担し、生産目標の一四〇％を達成した。(26) 県全体の目標達成状況は不明である。松根は一〇年以上の古根は採油二〇〜三〇％、新根は一〇％と収率が良くなかった。敗戦まで全国で約二二万四〇〇〇貫（八四万トン）の松根が採取され、約一〇万〇六六六貫（四万トン）の松根油が生産されたと推定されている。当時「二〇〇本の松の木で飛行機が一時間飛ぶ」と云われたが、一本で一八秒しか飛ばないことを示したもので、効率が悪く、実際には理論通りのオクタン価は得られず、現実には殆ど実用化されなかった。松根掘りで山は荒れ、戦後に山崩れ等の災害を多発させる原因の一つとなったのである。(27)

(注)

（1）前掲図書館蔵「朝日新聞千葉版」一九四二年七月十一日付
（2）前掲図書館蔵「東京日日新聞千葉版」一九四二年八月六日付
（3）前掲図書館蔵「読売報知新聞千葉版」一九四三年七月八日付
（4）前掲図書館蔵「読売報知新聞千葉版」一九四三年七月二十一日付
（5）前掲図書館蔵「朝日新聞千葉版」一九四三年九月四日付
（6）前掲図書館蔵「東京新聞千葉版」一九四四年五月十二日付
（7）前掲図書館蔵「朝日新聞千葉版」一九四四年八月八日付

（8）前掲図書館蔵「毎日新聞千葉版」一九四三年五月十三日付
（9）前掲図書館蔵「毎日新聞千葉版」一九四三年八月二十六日付
（10）前掲図書館蔵「朝日新聞千葉版」一九四三年十二月二十二日付
（11）前掲図書館蔵「東京新聞千葉版」一九四四年一月二十九日付
（12）前掲図書館蔵「読売報知新聞千葉版」一九四四年二月二十四日付
（13）前掲図書館蔵「読売報知新聞千葉版」一九四四年三月七日付
（14）前掲図書館蔵「千葉新報」一九四四年六月十四日付
（15）前掲図書館蔵「毎日新聞千葉版」一九四四年七月二十一日付
（16）前掲図書館蔵「毎日新聞千葉版」一九四五年三月四日付
（17）前掲図書館蔵「読売報知新聞千葉版」一九四四年三月七日付
（18）前掲図書館蔵「読売報知新聞千葉版」一九四五年一月二十三日付
（19）前掲図書館蔵「毎日新聞千葉版」一九四三年三月二十一日付
（20）前掲図書館蔵「朝日新聞千葉版」一九四四年九月五日付
（21）前掲図書館蔵「朝日新聞千葉版」一九四四年十月二十四日付
（22）前掲図書館蔵「毎日新聞千葉版」一九四四年十一月十二日付
（23）前掲図書館蔵「千葉新報」一九四四年七月二十二日付
（24）前掲図書館蔵「朝日新聞千葉版」一九四五年一月二十五日付
（25）前掲図書館蔵「毎日新聞千葉版」一九四五年二月二十四日付
（26）前掲図書館蔵「朝日新聞千葉版」一九四五年六月五日付
（27）佐々木隆爾編『昭和史の事典』、東京堂出版、一九九五年、一六三頁

六、敗戦直後の混乱

（一）米軍の館山上陸

斉藤知事は内務省からの暗号電報で八月八日に日本の敗戦を知っていた。県庁職員は八月十五日正午に全員が県会議事堂に集合し、玉音放送を聞いた。その後斉藤知事は「戦争は終わった。連合軍上陸前に、全ての公文書を焼却処分にして欲しい」と訓示した。県庁裏の焼却場では三日間にわたって焼却が行われたと云う。(1)

県政はまず米軍占領への対応が第一の課題であった。知事は八月二十六日以後に連合軍の進駐があるが、「一切わが政府と折衝の結果、平和的に行われるので、暴行、掠奪等は絶対にないから、平常通り安心して生活されたい」と連合軍進駐への県民の心構えを市町村役場を通じて通達した。(2) 内務省警保局は八月十八日に全国の警察へ米軍向けの慰安施設設置を指示していたが、八月三十日に平山安房地方事務所長を委員長とする進駐軍慰安施設実行委員会は具体案作成のため安房高等女学校で委員会を開催した。それは「一般子女を守るスケープ・ゴート」として慰安婦募集の対策会議であり、館山市は航空隊周辺の民家一七五戸を強制的に立ち退かせたのである。

日本側が用意した進駐軍用慰安施設は館山一二六、船橋一〇八、成田一〇四、千葉九四、八日市場八三、木更津七四の順で合計一、二二七か所であった。また慰安婦は十月十日段階で館山八五人、千葉六七人、木更津四七人、茂原三八人、船橋二九人の順で、合計三一六人であった。県警察部の十月二十七日段階での調査では米兵の犯罪は強姦二件、同未遂七件、猥褻五件、物品強取三一件、武器掠奪一六件、家宅侵入一六件、傷害一件等の合計八七件であったと云う。(3)

米第八軍の一部は九月一日に館山に上陸することになったが、その先遣部隊が八月三十一日に上陸した。台風の影響で主力部隊は九月三日の上陸であった。外務省はハノイ総領事であった林安を委員長とする終戦連絡委員会を館山に設置した。九月一日には厚木に進駐した連合軍空輸部隊一個中隊が木更津に進駐した。木更津に進駐した米陸軍部隊の一部二〇名は乗用車三台に分乗し、九月三日に来庁し、知事を訪問した。また館山に進駐した司令官カニンガム准将一行四名が九月十日に外務省の林終戦連絡委員長を同伴して北条駅から列車で知事を訪問した。知事は九月十四日にカ准将への答礼として館山の米軍司令部を訪問した(4)。十月二十四日にスティブンソン中佐の第八二軍政部が館山から県庁に移って千葉軍政部を設置したのである。

(二) 県政の対応

県では米進駐軍への対応と同時に、県民の重要な主要食糧問題に取り組まなければならなかった。甘藷生産は前年の三〇％増しの一億三〇〇〇貫の収穫が確実とされていた。戦争終結で航空機燃料に振り向けられる分が不要となったが、澱粉用、種藷用を除いた約七、〇〇〇万貫が食用に供出されるが、一般家庭に主食として総合配給される分は生甘藷、干甘藷合わせて約二、〇〇〇貫で、前年の配給量の約四倍を米の代わりに食べるものであった。県では一九四六年の端境期は一九四五年以上に困難になることを見越して貯蔵の効く米、麦を出来るだけ食い延ばすために、一九四五年中は甘藷を主役に主食配給を行う方針とした。ところが中央で千葉県の甘藷供出割当数量を九、〇〇〇万貫と決定した。県では予想した数量と大きく隔たりがあるので、引受を拒絶したのである。

県は食糧確保のため秋麦作付計画面積を畑五万七八七〇町一反歩、水田裏作三、六五三町三反歩、合計六万一五二三町四反歩としたが、これは前年度に比して三、五五〇町歩の大増反であり、この増反分は県下の桑畑全部の株下げを行い、麦畑に振り向けるものであった。

次に緊急とした課題は住宅確保の問題であった。そこで県では軍需課を廃止して建設課を新設して、戦災者住宅の建設、都市計画、地代、家賃、住宅の利用統制及び建築資材の需給等に関する事務を取り扱う外に、軍需工場の転換指導に当たることにした。同課の当面の事業は千葉、銚子両市の戦災者に一日も早く住宅を建築して、暖かく冬を迎えさせることであった。県では千葉、銚子両市の戦災市民の越冬応急対策として住宅営団や戦災援護会県支部等に組立式簡易仮住宅を建設させ、希望者に払い下げたり、貸し付けたりする外、個人、団体、会社、官衙等の自力による仮事務所または仮住宅の建築を極力奨励することにした。組立式簡易仮住宅の規模は厚生省式のものにさらに工夫を加えた甲号と乙号の二種類とした。甲号は建坪七坪半、乙号は六坪半で、一九四五年中の建築予定数量は甲、乙合わせて六、六〇〇戸、このうち政府の要求により県外に供出する分は三、〇〇〇戸で、残り三、六〇〇戸を千葉市に二、三〇〇戸、銚子市に一、一〇〇戸、その他に二〇〇戸の割合で供給されるとした。また個人が自力で仮住宅を建築する場合は一般に一〇坪までを認め、家族が大体五人以上の場合は一二坪まで認めることにした。さらに生活必需物資の配給所その他公共的性質を有する営業所を兼ねるものは一五坪まで。官公衙会社等の事務所は例外として一五坪以上が認められた。当時のバラックに補強を加えて越冬し得るものは、越冬を勧めた。県はそのために必要な木材等の資材を優先的に配給する計画であった。組立式簡易仮住宅の価格は四〇〇～五〇〇円程度としていた(5)。

銚子市では県から七、三〇〇石の木材割当の交付を受けたが書類上のことで、現物の着荷は何時のことか分からぬ状態で、終戦後一か月を経ても市民に配給した分は僅か五〇〇石に過ぎなかった。市では手持資材、製材能力、建築能力共に相当に有した八日市場町の大東製作所と特殊契約を締結した。市で六・二五坪、七・五坪、九坪、一二坪の四種類の規格住宅を選定、この建築を大東製作所に請負わせ、同製作所は県から交付される木材の着荷するまで、自身の手持品を融通して建築に着手、竣工した住宅を順次に市が希望者に斡旋する仕組みであった。

県は第三の課題として復員者や失業者のための帰農対策を決定した。対策本部は県、郡、市町村の三段階に設け、県本部は県農業会、軍人職業補導会県支部等をもって組織、郡本部は地方事務所所属農業会郡支部で構成、市町村本部は市町村農業会内に設置する。帰農方式は縁故帰農を中核とし、軍用地新規開墾地に対しては集団帰農を推進する。農地の斡旋には縁故帰農は市町村本部、集団帰農は県本部の指示に基づき郡市町本部で行う。帰農受け入れの準備では土地斡旋態勢を整える外、住宅の建設、農機具の配給、種苗の斡旋、肥料、農業家畜の準備をなすことに重点を置き、土地の斡旋では軍用地、県有地、荒蕪地の全面的活用を図る。民有地については農地委員会を通じて地主の積極的協力を促すため、地主の協力会を設ける。集団帰農者には訓練施設を設け、適当な指導者を選び、特別な訓練を行うものであった。こうして県内各地で帰農開墾が開始されることになるのである。(6)

(三) 敗戦直後の県民言動

千葉県警察部では八月三十一日から十月四日に亘って県下の警察署に対し、県民の言動調査を行った。各警察署が所轄地域の人々から聴き取り調査したものであり、一定の限界のあるものであるが、敗戦直後の住民の様相をとらえているので、その一部を取り上げることにする。(7) ①復員状況では「先日まで大東亜の盟主せんとした民族とは見られない有様ではなかろうか。特に期待に外れたのは、我々が信頼したる軍隊の卑劣なる態度である。光輝ある日本軍隊の解散は整然たる指揮により一糸乱れざる手段に依ると想像したが、重要書類焼却を理由に物品出納録を焼却したる上、所謂火事場泥を目論む幹部連に依り、物資は自由に運搬し、且つ後日分配を約して民家に隠匿された」(九月六日千代田町議・福島武：佐倉署)、「応召になって一か月位しか軍に尽くさない人々まで沢山の物を持って来る。海外の孤島に行っている兵隊さんのことを思えば、こんな馬鹿げた事は出来るものではない。私達にしても軍の毛布や衣類をつくるために各家庭の布類を出来る限り供出してあるのに、斯くこうした馬鹿げた事をされると、実に腹が立つ」(九月十一日浪花村前国防婦人会長・金井えい：大原署)、「一部軍のため、勝算の見込みのない戦争を大東亜共栄圏の確立なりと称し、国民を犠牲にしても、敢えて侵略を行い、遂に今日の結果を招来した（略）日本は正義を誇張して居るが、今日になって見ると、その反対であった事が如実に物語って居る」（十月二日東金町乾物商・齊藤清：東金署）、②疎開者の声では「私達母子は戦争のために疎開して農村の皆様にご厄介になって居りましたが、戦争終結以来皆様が冷淡になりました。昨夜の常会では「農村の寄生虫だとか、「蛔虫」だとか罵られ、毎度邪魔物扱いにされるので、出ない様にしようと思いましたが、出なければ配給物を停止すると云うので、やむなく出席する。出席すれば馬鹿にされたり、罵られたり、当てつけられたりするので、つくづく悲しくなります。（略）私達母子は本年の田植えには進んで労力奉仕をなし、共同炊事婦として部落民全部を二人で賄った事もありますが、現在は無情に泣いて居ります」（安房郡主基村疎開者・岡田こう：鴨川署）とあった。③食糧事情では「先日は殻麦を配給して貰ったが、牛馬でない限りあのままでは食べられない。九月分の一五日分の配給量は私の家族で米一キロ半、大麦六キロ、甘藷三貫目、これで五人が半月を生きていけるでしょうか。」（九月二十日一宮町消費者・石渡和市：一宮署）、欠席児童が多く、また授業中途で帰校する者が多いので、山武郡片貝町国民学校では調査したところ、高学年五年以上七二七人のうち、主要食糧（米麦、大豆）を三食（朝昼晩）二三二人、主要食糧二食（朝昼）二九六人、一食（昼）一五五人、三食共に代用食（パン、すいとん、だんご、甘藷、南瓜、うどん）四五人であった。学校では低学年児童には午前中授業で、午後は休業とし、五年以上は従来昼休み四五分であったが、一時間半に延長して自宅に帰らし、中食をとらせることにした。なお体育は空腹になるため、当分の間行わないことにしたのである。（九月二十七日山武郡片貝町国民学校長・奈良敬一：東金署）、④戦災者の声では「自分は本年三月九日の帝都空襲で妻子二名を失い、目下二名の子を抱え、東金町の親戚に厄介になって居る次第であるが、一五年を要して築き上げた約八万円の財産は悉く焼却し、着の身着の侭である。而して戦争中は自己が犠牲になっても勝てば良いと思って居た所、敗戦となってしまったので、我々罹災者は何の為に犠牲になったのか解らなくなってしまった。従って不自由が到来する毎に戦争指導者が脳裡に浮かび、恨まずには居られない」（十月二日東金町・林静：東金署）と不満を述べていたが、罹災者の気持ちを代表するものであった。⑤政府は九月十九日蔬菜魚介公価を廃止し、自由販売制実施を発表したが、その反響では「農作物は土地が有れば必ず出来ると云うものでは決して無い、葉菜類には好適なる土地でも、根菜類には絶対不適な所があり、水田でも蓮根に好適なる水田に稲を植え付けても、収穫は普通水田の二〇％乃至三〇％に過ぎないのである。斯かる事情にも拘わらず従来の指導は机上論に終始し、ために机上においては当然有るべき筈の数量が実際においては無かったと云う様な結果を招いて居たのである」と統制経済の失敗を指摘していた。（九月二十日夷隅郡総元村長・岡田粂蔵：大多喜署）また「一寸見ると自由に買える点からして都合が良い様ですが、今までも統制されて居ても無統制の様な状態であって、そして金のある者や、物のある者、また闇のある者たちは沢山入手でき、反対の者は入手出来ない様な実状でした。自由になって青物屋へ行って買って来られると思ったら大きな間違いです」（九月二十二日安房郡千倉町消費者・安田ふみ：千倉署）と蔬菜魚介公価廃止を歓迎しながらも、決して楽観出来ない厳しい現実を認識していたのである。⑥学徒動員について「本土決戦の控える当時、我々は千葉機関庫へ勤労作業に従事して居たが、教師連は機関庫職員室で職員と雑談を交えて居り、陣頭指揮などと云う事は口先であり、衣料、地下足袋、菓子等の特配品は生徒には申し訳的に配給して、適当の処分をして居た。生徒が汗を流して増産に挺身した学校農園の生産品は教師達が勝手にリュックサックで毎日持ち出す姿を見ては、何共云う様のない気持ちになる。これから教育を受け、新しき国家に活動しようと考えて居ても、一番頼りにして居た先生が自己主義より私欲一点張りになって居る現状では前途全然不安である。」（十月一日佐倉中学四年吉岡保外四名：佐倉署）の声があり、旧制度を批判し、新教育方針を待ち望むものであった。

（注）
（1）前掲図書館蔵湯浅博『証言千葉県戦後史』三頁
（2）前掲図書館蔵「毎日新聞千葉版」一九四五年八月二十六日付
（3）前掲図書館蔵『証言千葉県戦後史』二三頁
（4）前掲図書館蔵「毎日新聞千葉版」一九四五年九月十四日付
（5）前掲図書館蔵「毎日新聞千葉版」一九四五年九月二十二日付
（6）前掲図書館蔵「毎日新聞千葉版」一九四五年九月十九日付
（7）前掲早稲田大学図書館蔵「米軍返還文書・経済関係書類編冊」

七、おわりに

戦争末期における千葉県の状況は軍郷県であったことから、悲惨な空襲被害が大きかった。死亡した犠牲者数だけを見ても、全国第一八位であり、関東では東京都、神奈川県、茨城県に続いて多かった。勇ましく本土決戦が叫ばれ、国民義勇隊は戦闘隊に編成されたが、最後まで態勢は完成しなかった。無謀な決戦を避けたことは県民にとってはせめてもの救いであった。県民生活は食糧の配給不足、すぐ破れる粗悪な衣料品配給、その上、疎開者の流入と建物疎開による住宅難と衣食住の全てにおいて未曾有の悲惨な生活を強いられた。野田町の会社員福島一郎は「日本ノ普通二、二〇〇カロリーニ対シ、現在一、二〇〇カロリーヲ摂取シテ居ルニ過ギナイ、コノ様ナ栄養ノ程度デハ保健上由々シキ問題ヲ生ジル」と発言していたように、一日の平時の成人摂取量の半分程度となっていたのである。(1) 七、八月は真夏であり、平和時には海水浴客が都会から押し寄せたが、戦時は外房、内房の海岸は海水浴は一切禁止となった。県当局は県民に貯蓄を強いたが、貯蓄運動を開始した一九三八年度の県民目標は五、〇〇〇万円であった。それが七年後には一二億五、〇〇〇万円に引き上げられていた。戦争終了時にはインフレが急増し、貨幣価値は七分の一以下であったから、貯金の意を体しないものであった。統制経済が拡大するほどに、ヤミをはじめとする経済違反行為も拡大した。経済道義運動が行われたが、全く効果がなかった。愚策の象徴は松根油生産であった。松の大木ほど採油の効率が良いとされ、勤労動員で増産が行われたが、肝心のガソリンの代用には適さず、実用化に成功しなかった。環境破壊をもたらしただけであった。

米軍が一九四五年（昭和二十）八月三十一日に館山に上陸して以来、十月二十四日に県庁内に千葉軍政部が設置されるまでの間、斉藤県政は進駐軍と県民との対応に追われる日々であった。十月八日に成立した幣原喜重郎内閣は十月二十七日に知事更迭を行い、斉藤亮知事は兵庫県知事に転任となった。そして後任には生悦住《いけずみ》求馬《たくま》宮城県知事が第三三代千葉県知事に就任したのである。(2)

（注）

（１）前掲早稲田大学図書館蔵「米軍返還文書・経済関係書類編冊」

（２）前掲図書館蔵「毎日新聞全国版」一九四五年十月二十八日付、齊藤知事は一九四六年一月公職追放となる。

終章

一、厳しい社会運動弾圧の影響

一九四五年（昭和二十）九月十五日に安部磯雄、高野岩三郎、賀川豊彦等の呼びかけで九月二十二日全国無産党結成準備懇談会開催の発表があった。千葉県の特高課では県下各警察署に県内の社会運動家に対し、招請状の有無、その対応について内査を指示した。その対象となった一人に千葉市若松町在住の大塚良平がいた。大塚良平は一八九八年に長生郡東村芝原に生まれ、一九二四年日本農民組合に加盟し、南総小作争議を闘う。一九二六年日農第五回大会には代議員として参加。一年間日農県連書記となる。一九二九年三月の土睦少年行商隊の指導者として名を馳せる。一九三三年九月共産党地区準備活動で検挙され、四年の懲役刑で投獄され、出獄後千葉市川野邉開墾に従事した人物であった。(1) 大塚は「現在此の侭では政民の地盤が強硬であり、官吏にして戦争指導者がその侭存続して居る以上、直ちに拡大強化は不可能である。然し上層部所謂重臣には民主主義的傾向が濃厚であるから、この点は非常に有利に展開すると思う。殊に近衛公が民主主義の標本であり、又賀川豊彦が内閣顧問と云う肩書きがあるだけ将来性があると思う（略）この新党なるものの趣旨、綱領等は良く判明しないが、これは所謂昔の社会大衆党と同様で、議会を反駁する党と観る以外はない（略）この際国民間に闘争的党派の出現は余り好ましくない。仮にこうした新党に善良なる国民が多数引き入れられることになると、所謂国体護持の観念が自然薄らぎ、将来由々しき国家に陥入るのではないかと懸念して居る」と語ったと九月十七日に千葉署から報告されていた。(2)警察の報告書であるので、限界はあるが、近衛を「民主主義の標本」としていた点は驚きであった。戦後に近衛文麿は東久邇宮稔彦内閣の国務相としてマッカーサーと会見し、憲法改正の示唆、激励を受けたりしていたから、一時は国民の間に期待が広がっていた。しかし近衛こそ一五戦争突入時の首相であり、日独伊三国軍事同盟締結時の首相であった。やがて国内外から戦犯追及の声が高まり、近衛は逮捕直前の十二月十六日に服毒自殺した。大塚は戦前の千葉県農民運動の優れたリーダーであり、戦後は共産党県委員会再建に責任者として活動し、一九八六年に八八歳で没したが、共産党員として晩節を全うした人であった。その大塚ですら戦中期に厳しい弾圧を受け、様々な社会運動が潰されて、実践運動から離れざるを得なかったことが、一時的に「近衛」美化を生み出し、国体護持に親近感を寄せさせたものと思われる。

(注)

(1) 拙稿「大塚良平」(『近代日本社会運動史人物大事典』1所収)、日外アソシエーツ、一九九七年、六三五頁

(2) 国立公文書館蔵米軍返還文書「昭和二十年左翼報告書類編冊」

二、取り上げた主な事項と日本国憲法との関連性

①本稿全体にわたって展開された戦争行為は第九条で禁止となった。②多久県政期に起こった人民戦線弾圧事件は第一九条思想及び良心の自由、第二一条集会・結社・表現の自由・通信の秘密で保障となった。③藤原県政期か

ら始まった中小商工業者の強制転廃業措置は第二二条居住・移転及び職業選択の自由、外国移住及び国籍離脱の自由と第二九条財産権で保障となった。④天皇制ファシズムの登場で自由や個人の尊重が排撃されたが、第一一条基本的人権の享有、第一二条自由・権利の保持の責任とその濫用の禁止、第一三条個人の尊重・幸福追求権・公共の福祉、第九七条基本的人権の本質でしっかりと保障された。⑤改変が激しかった地方制度では第八章地方自治として憲法上に初めて規定され、第九三条地方公共団体の機関、その直接選挙で、遂に念願であった知事公選が保障されたのである。⑥我が国にはかつて遊郭（明治以降は貸座敷）制度があり、敗戦直後には進駐軍専用の慰安施設も設置されたが、そこで働かされた女性たちには、第一三条個人の尊重・幸福追求権・公共の福祉、第一八条奴隷的拘束及び苦役からの自由で、解放への道を開く根拠が出来たのである。日本国憲法は占領軍に押しつけられたものと攻撃する勢力がある。たしかに占領下のことであり、押しつけられた側面があったことは否定出来ない。しかし戦争中の暗黒世界で犠牲となったり、呻吟していた人々の願いや第二次世界大戦での民主主義勝利の成果を日本国家の最高法規として実現したところに、真の姿があったことを認識すべきである。

三、知事公選と『都道府県史』の問題点

敗戦以前の我が国では、知事は「中央政府に対して責任を持つ国の行政官庁たることが本体であって、これに地方公共団体たる都道府県の執行機関たる地位を附随的に与えられた」存在であった(1)。すなわち知事は二重の性格を持つことで、「地方段階において国政事務と自治行政を官僚的に調整し、その円滑な運用をはかってきたものであり、知事の存在を度外視しては、如何なる種類の行政と雖も、全国津々浦々に至るまでの実効的な普及徹底は期し難いと云われたほどに、内政における重要な存在」であった(2)。この府県知事公選問題は政党政治期に取り上げ

られ、一九二七年（昭和二）田中義一政友会内閣当時、行政制度審議会が設置され、その際、地租委譲、地方財政権の確立、地方自治体における婦人参政権の付与と共に答申があった。その折りには「知事公選論は杜撰なり」と問題にされなかった。その後、一九三六年（昭和十一）に官吏の頻繁なる更迭と絡んで地方分権の立場から、一部に唱えられたが、立ち消えとなり、一九四五年十月に幣原喜重郎内閣の堀切善次郎内相が断行決意によって実現が必至となったものである。[3]しかし堀切内相は住民の直接選挙でなく、間接選挙を想定していたのであり、堀切内相の後を受けた三土宙造内相は食糧危機に直面していたので、「知事公選は望ましくない」と言明していたと云う。一方ＧＨＱ（占領軍総司令部）では日本の地方制度改革のうち、知事直接公選制実施を最重点事項としていて、一九四六年二月十三日に日本政府に提示された「憲法改正草案」に入っていた。日本政府には閣内に反対があったが、この草案に従って新憲法を起草することにし、三月六日に「憲法改正草案要綱」として発表し、これが現憲法第九三条となって、知事の直接公選制が確定したのである。しかし内務省は間接選挙制の途を残そうと、六月二十日に「帝国憲法改正案」が第九〇議会に上程される直前まで交渉を続けたと云う。[4]これほど重要な位置を占めていた府県政治について、戦後には都道府県で歴史編纂が進められている。その中で、『都道府県史』の通史編を見ると、①『滋賀県史』[5]のように政党時代の県政（田寺県政）、革新政治時代の県政（伊藤、村地県政）、平県政と日華事変、太平洋戦争下の県政（並川、菊地、稲田）とあって、時期区分する中で知事の具体的な県政を取り上げているようなもの、②長期にわたって県政を担当した知事、あるいは特徴のあった知事の県政だけを取り上げているもの、③項目に「県政」とあるが、知事の具体的叙述は取り上げていないもの、④項目にそもそも「県政」がないもの等の四つのタイプが見られる。そのうち③と④のタイプが最も多く、全体の半数以上を占めており、①は数県の『県史』に見られだけである。[6]上述のように、知事直接公選以前は、知事の地位は附随的なものではあったが、内政上重要なものであったにも拘わらず、歴史的には重視していない傾向が強いことが反映している。公選の前と後の府県政の違いを明確にしてこそ、日本国憲法の地方自治の本旨を尊重することに繋がるものであろう。

（注）
（1）千葉県立中央図書館蔵佐久間彊『地方自治制度講義』、良書普及会、一九六六年、四九頁
（2）前掲図書館蔵高木鉦作「知事公選と中央統制」（『現代行政と官僚制』下巻所収）、東京大学出版会、一九七四年、二六一頁
（3）前掲図書館蔵「毎日新聞千葉版」一九四五年十月二十四日付
（4）前掲高木鉦作論文二六五頁
（5）前掲図書館蔵『滋賀県史』昭和編、第二巻、行政編
（6）戦後に通史編を刊行せず、あるいは現在編纂中のもの等があり、対象としたものは四七都道府県の約七〇％の『県史』である。

四、二度と暗い社会を出現させないために

一九五一年（昭和二十六）八月段階での千葉県出身軍人軍属戦没者のうち、判明している者は四万七四八六人であったと云う[1]。一九三八年末に千葉県護国神社に合祀された戦没者数は七六二名であったから、四五年の八年間で六二倍以上に増大していたことになる。あたら前途ある青壮年が犠牲となったのであり、しかも戦後七〇年以上経つ今日でも、かつての戦場で亡くなられた人たちの遺骨収集がまだ完了していない所があると云う。こんな無残なことが許されて良いであろうか。また戦争中には「世の中は星（陸軍）にいかり（海軍）に闇に顔（町内会等顔役）馬鹿者のみが行列に立つ」と云う歌が流行った[2]。筆者は配給で行列に並ぶ一般庶民を決して「馬鹿者共」とは思っていないが、政府を信じ、誠実に生きていた一般庶民に対して、こんな不合理なことが堂々と罷り通ったよう

な社会を二度と再現させてはならないと思う。

（注）

（１）前掲図書館蔵『千葉県の歴史』通史編 近現代3、二〇〇九年、六七頁

（２）清沢洌『暗黒日記』、岩波文庫、一九九〇年、三〇頁

五、残された課題

本稿執筆にあたって二つのことが時間と紙幅の都合で、取り上げることが出来なかった。その一つは戦中期の農業問題、特に自作農創設の動向についてであった。もう一つは粟屋憲太郎氏が「戦時下の国民動員によってもたらされた未曾有の社会変動を、戦後史の発展のなかにいかに位置付けるかという重要な論点がある[1]」と指摘されていることであるが、特に翼壮は銃後の国民生活の中で戦争を煽った勢力であり、その戦後史への動向である。彼等は国民義勇隊に吸収され、活動機能を低下させたが、歴史の舞台から消え去ったのではない。たしかに一部は戦後に公職追放等にあったが、多くは免れ、一時的に鳴りを潜めたが、反省することなく冷戦下に再登場していたことである。この追及の道筋をつけることが出来なかった。この二つについては別の機会に譲りたいと思う。

（注）

（１）前掲図書館蔵粟屋憲太郎「国民動員と抵抗」（『岩波講座日本歴史』21）一九七七年、一六二頁

あとがき

筆者は『自治労千葉の三十五年』（一九八四年刊行）の編纂に関係し、千葉県政史研究に大変に興味を持った。そこでまず明治期以来の官選知事中心の戦前県政史を追究し、公選知事による戦後県政史との違いを明らかにしたいと思った。初代千葉県知事の柴原県政に始まり、日清・日露戦争期、大正デモクラシー期、準戦時期と追究して来た。しかし戦前の地方制度では県政は中央行政の附随的役割が強く、しかも戦中期はますますその傾向を強め、また一方では民主的、平和的な社会運動を激しく弾圧していたので関心が薄れ、少し研究に逡巡していた。折しも二〇一五年（平成二十七）に安倍晋三内閣は「戦争法」を強行採決した。元最高裁判所長官までが「憲法違反」と反対に起ち上がり、日本列島は九月まで騒然とした状況となった。かつて国内外の多くの人々に大変な災厄をもたらした戦争以後、我が国はその反省に立って七一年間平和憲法の下で直接戦争に関わらない時代を続けて来たが、再び軍靴の音を聞きそうな状況を迎えた。戦争関与の危機に直面している時に、戦中期の研究を逡巡すべきではないと思った。まして現代は戦争の知らない世代が国民の多数となった社会であり、戦中期の理解を誤って伝えられている場合が多い。さらに今日では多国籍企業の利益を優先する新自由主義経済が広がり、そこから起こる国民の矛盾には国家主義的に抑圧する風潮が強まっており、戦中期の統制経済と国家主義との関係に似ている状況がある。そこで戦中期の千葉県政の追究を思い立ったのである。

一九五九年（昭和三十四）大学四年生の時、藤原彰先生（一橋大学名誉教授）が千葉大学に非常勤講師で「日

本政治史」を講義され、その中で「戦前社会は暗いと云うが、本当に酷くなるのは一九四〇年（昭和十五）以降ですよ」とお話されたことが記憶に残っていた。戦中期の研究に取り組んで見て、なるほど先生が指摘されたように、一九四〇年の大政翼賛会登場以降は本当に酷い時代であったことが実感出来た。日中戦争以来の戦争拡大では国民は将兵の犠牲者急増や生活必需物資の不足に誰もが戦争の重さを感じていたが、これまで我が国は日清、日露、第一次世界大戦と一〇年毎に戦争を行い、いずれも勝利していた。しかも戦場は常に国外であったから、大半の人々は「戦争は勝つであろうし、海外の出来事であり、本国までは攻撃されることはない」との〝安全神話〟の中にあった。戦争指導者も防空訓練を叫んだが、その内容は消火活動や灯火管制程度であった。一九四三年（昭和十八）に入って漸く「掩蓋待避壕設置」等を督励するようになったが、しかしこれらの防空施設は米軍の焼夷弾による猛爆撃には全く役に立たなかった。国民もこの段階になって戦争の恐ろしさを実感したのであったが、最早後の祭りであった。一五年戦争では際限のない軍備拡大を行い、日独伊三国軍事同盟よる世界制覇を企てたが、結果は制空権、制海権を奪われ、島国のために国民は途端の苦しみを舐めさせられたことを忘れてはならない。戦争では絶対に我が国が攻撃されないと云う保障はない。食糧自給率三九％、エネルギー自給率六％の現状ではひとたび戦争に巻き込まれれば、一五年戦争時の苦しみとは比較出来ない程のダメージを受けるだろう。だからこそ日本国憲法の平和主義の精神をもっと真剣に追求すべきであると思う。

どんなことがあっても戦中期のような暗い社会を再び我が国に出現させてはならないとの思いで、このささやかな本書を執筆した。少しでも戦中期の千葉県政に関心を持って戴き、平和な社会建設のお役に立てたならば、望外の幸わせである。最後になって恐縮であるが、資料閲覧では千葉県立中央図書館千葉県資料室、新聞雑誌室の方々には大変にお世話になり、感謝の意を表したい。またこれまで出版に当たってご尽力を頂いて来た佐藤英豪前社長が病気に倒れ、茂山和也氏には大変なご厚意に与った。佐藤氏の一日も早いご回復の祈念と茂山氏のご厚情に対し記して深謝の意を表したい。

二〇一六年六月吉日

池田宏樹

付・県庁首脳部一覧

代	知事名	前職	就任 年月日	在任 期間	転出先	内務部長	学務部長	総務部長	警察部長
28	多久安信	岡山県 知事	1937.7.7	1.6 年	東京市教 育局長	上田誠一	高瀬五郎		田中省吾
						総務部長	学務部長	経済部長	警察部長
						上田誠一	高瀬五郎	清水虎雄	田中省吾
29	立田清辰	鳥取県 知事	1939.1.11	2.4 年	罷免	渡正監	高瀬五郎	高辻武邦	伊能芳雄
30	藤原孝夫	前警保 局長	1941.5.16	1.1 年	軍事保護 院副総裁	鷲野重光	菅野一郎	織田智	猪俣二郎
						内政部長	官房長	経済部長	警察部長
31	川村秀文	厚生省 生活局長	1942.6.15	2.10 年	罷免	島田叡		織田智	青木重臣
						竹谷源太郎		沖森源一	増原恵吉
						内政部長	官房長	経済第一 経済第二	警察部長
						竹谷源太郎	久山秀雄		大森寛
32	齊藤亮	山形県 知事	1945.4.21	0.6 年	兵庫県 知事	久山秀雄		岡本三良助	大森寛

備考　内政部長は学務部長を兼務、官房長廃止後は統轄する

			官房長制を廃止、内政部長統轄			
1944	7	17	学童集団疎開実施要領決定			
1944	7	18	東条内閣総辞職			
1944	7	22	小磯国昭内閣発足			
1944				7	24	県参事会は保健所7か所増設承認県下に15か所となる
1944				8	7	君津郡金田（木更津市）から安房郡和田（南房総市）までの沿岸、海上立入禁止
1944	8	17	学童集団疎開第1陣佐原町に到着			
1944	9	11	臨時県会、議長青木泰助、副議長松本栄一			
1944				9	11	農務課食糧係を食糧課に独立
1944	9		白金、ダイヤ、銀の強制回収開始			
1944				10	1	市川市以外全県下で国保事業開始
1944				10	28	県戦時食糧増産推進本部設置
1944	10	28	県護国神社合祀新祭神843柱			
1944	11	22	通常県会（～11.30）			
1944	11	24	マリアナ基地のB29で東京初爆撃			
1945				1		供米全国成績最下位となる
1945				1		県下16万戸農家に松根採掘割当
1945	3	10	銚子空襲、7.20、8.2にも空襲			
1945	3		県は千葉、木更津、館山の3市を第1次防空都市に指定	3		市川市に国保組合結成
1945	4	7	鈴木貫太郎内閣成立			
1945	4	21	齊藤亮山県県知事は第32代千葉県知事に就任			
1945	4	25	千葉地区司令部成立			
1945	4	30	第2次地方事務所長権限拡大			
1945	4		靖国神社合祀の新祭神1,513柱			
1945	5	4	第2次防空都市指定（市川、船橋津田沼）			
1945	6	5	国民義勇隊県本部陣容決定			
1945	6	10	千葉市空襲、7.7にも空襲			
1945				7		県下全市町村で馬鈴薯代替配給
1945	8	15	戦争終結詔書放送			
1945	8	17	東久邇宮稔彦内閣成立			
1945	8	31	米占領軍先遣部隊が館山に上陸			
1945	9	2	降伏文書に調印			
1945	10	9	幣原喜重郎内閣成立			
1945	10	24	米第82軍政部は県庁に千葉軍政部を設置			
1945	10	27	生悦住求馬宮城県知事が第33代千葉県知事に就任			

1943			副議長岩井力三郎			
				3	15	県貸家組合連合会結成
1943	3	20	地方制度改革			
1943				3	29	千葉合同無尽株式会社設立
				3	31	千葉銀行創立
1943	4	27	銅像供出			
1943	4		陸軍誉田飛行場整地着工	4		千葉合同缶詰株式会社発足
1943				5		町内会部落会に健民部設置
1943				6	23	県中小工業再編成協議会
1943	6	25	学徒戦時動員体制確立要綱を閣議決定			
1943				7	10	県下7市17町で馬鈴薯代替配給
1943	7	20	町内会部落会運営委員会設置			
1943	7	28	防諜週間（～8.3）			
1943				10	20	国民健康保険町村普及完成大会
1943				10	22	県は野菜持出禁止令発布
1943				10	26	県青少年学徒動員実施要綱決定
1943	10	28	護国神社合祀の新祭神447柱			
1943				11	1	小麦粉に代わりパン配給（7市2町
1943				11	5	花卉栽培を許可制となる
1943	11	20	通常県会（～11.30）			
1943	12	1	県疎開関係対策本部規程制定			
1943	12	1	地方事務所長の権限拡大			
1944				1	18	緊急学徒勤労動員方策要綱の閣議決定（4か月継続動員）
1944				1	19	県警察部は保安課廃止し、輸送課を設置
1944				1	25	県は花卉栽培を全面禁止に
1944				1	30	県勤労報国隊出動壮行式
1944				1		7市で野菜隣組配給制実施
1944				2	1	政府は指定衣料品の隣組配給制実施を閣議決定
1944	2	25	臨時県会			
1944				3	7	学徒動員実施要綱で通年動員に
1944	3	20	県疎開対策事務室開設			
1944				4		7市で鮮魚切符制実施
1944				5	2	新衣料切符で都市、農村区別廃止
1944	5	末	帝都疎開者6万8500余名			
1944 1944				6	13	1943年度全国貯蓄増加実績で県は全国第18位
1944	6	19	マリアナ沖海戦（空母、航空機大半を失う）			
1944				6		県は県下市町村に松根生産を依頼
1944	7	4	県経済部に第一、第二部設置			

1941	10	3	軍国家庭を表彰			
1941	10	18	東条英機内閣成立			
1941				10	29	県味噌統制株式会社創立
1941	11	17	通常県会（～12.8）			
1941	11	26	小安嘉六県議質問議事録削除			
1941	12	8	米英両国に宣戦の詔書			
1941				12	11	企業許可令公布
1941	12	18	傷痍軍人下総療養所開所			
1942				2	1	衣料品総合切符制実施
1942	2	12	千葉県翼賛壮年団結成大会			
1942	2	18	臨時県会（～2.19）議長諏訪寛治副議長坂本斎一			
1942				3	10	中小商工業再編成、職業転換促進の閣議決定
1942				3	28	県中小商工業再編成協議会規程
1942	4	25	県護国神社合祀新祭神 713 柱			
1942	4	30	第 21 回総選挙（翼賛選挙）			
1942				5	1	厚生省は健民健兵運動を起こす
1942	5	5	県航空青少年隊発会式			
1942				5	13	企業整備令公布
1942	5	15	翼賛会改組の閣議決定			
1942	6	5	ミッドウエイー海戦			
1942	6	15	川村秀文厚生省生活局長が第 31 代千葉県知事に就任			
1942	5	21	推薦制の町村会議員選挙			
1942				6		全県 318 町村中 243 町村で共同炊事
1942	7	1	県下 11 か所に地方事務所設置			
1942				7	4	富津から西岬（館山市）まで海水浴、登山一切禁止
1942 1942	8	21	総務、学務を統合して、内政部に知事官房には官房長設置となる			
1942				9	9	県中小商工業再編成協議会
1942				10	21	国民健康保険組合強化週間開始
1942				10	28	県下バス路線 4 地区に統合
1942				10	31	6 市 82 か町の町内会に消費経済部設置
1942				10		住宅営団は千葉市検見川町に 50 棟建設完成
1942	11	24	通常県会（～12.7）			
1942				11	28	県は小売業整備要綱発表
1942				12	末	県下電力会社は関東配電に統合
1943				1	15	県木材株式会社創立
1943	2	1	ガダルカナル島撤退開始	2	1	新衣料切符発行
1943	2	19	臨時県会（～2.20）議長横田清蔵			

1939				1	27	農民赤化事件で伊東武次有罪判決
1939	3	29	臨時県会			
1939	4		県招魂社は県護国神社と改称			
1939	8	30	阿部信行内閣成立			
1939	11	15	通常県会（～ 12.13）			
1940	1	16	米内光政内閣成立			
1940	1	20	県会定時選挙（政友・民政同数）	1	20	千葉県供米開始
1940	2	12	臨時県会（～ 2.13）議長伊藤博愛 副議長藤田昌邦、政民県会役員協定（議長 1 年交替）			
1940				4	13	県は臨時食糧対策部を設置
1940	5	6	佐倉滑空場建設に農民反対			
1940	6	24	近衛文麿は新体制運動に決意表明			
1940				7	14	青果物配給統制規則公布
1940	7	22	第 2 次近衛内閣成立			
1940				7		貸家組合法制定
1940	8	8	新体制促進同志会結成			
1940	8	16	政友会県支部解党式			
1940	9	15	民政党県支部解党式			
1940	10	6	千葉県靖国会結成			
1940	10	12	大政翼賛会発会式			
1940	11	19	通常県会（～ 12.14）			
1940	11	30	大政翼賛会県支部発会式			
1940				12	18	木炭配給統制規則施行細則改正
1941	2	17	臨時県会（～ 2.19）議長鈴木亮 副議長石川善之助			
1941				3	13	木材統制法公布
1941				3	28	県中小商工業職業転換対策協議会
1941 1941	5	16	藤原孝夫前警保局長第 30 代千葉県知事就任			
1941				5	1	住宅営団設立
1941				6	1	県下全域で米の配給通帳制実施
1941				6	9	改正麦類配給統制規則公布
1941	7	1	県企画委員会設置			
1941 1941	7	7	軍用機献納運動開始 県青少年団武装行進			
1941				7	22	香取、印旛、東葛飾 3 郡水害発生
1941	8	30	政府は金属回収令公布			
1941	9	1	海軍茂原飛行場建設で移転命令	9	1	鶏卵配給統制事項細則実施
1941				9	5	県商業者転廃業対策協議会開催
1941				9	10	藷類配給統制規則公布
1941				9	19	青果物配給統制規則施行細則公布
1941				9	19	銚子水産会 56 統を 27 統に統合
1941				9	20	県酒類販売株式会社創立

略年表

年	月	日	政治・軍事	月	日	経済・その他
1937	7	6	多久安信岡山県知事第 28 代千葉県知事に就任			
1937	7	7	盧溝橋事件			
1937				7		全協再建運動事件は不起訴
1937	8	9	県在満支将兵後援会設立			
1937	8	10	木更津基地から初の渡洋爆撃出撃			
1937				8	14	百貨店法公布
1937				8	19	百貨店排撃期成同盟会結成
1937	8	30	臨時県会（～ 8.31）議長島田弥久			
1937	9	10		9	10	臨時資金調整法、輸出入品等臨時措置法、軍需工業動員法
1937	9	23	佐倉歩兵第 157 連隊が上海に上陸			
1937				10	5	房総文学事件で 8 名検挙
1937	10	13	陸軍防空学校が千葉市に新設			
1937	11	10	通常県会（～ 12.6）議長島田弥久副議長横田清蔵			
1937	12	13	南京占領			
1938				1	8	鴨川ニッケル創立総会
1938	2	18	臨時県会（～ 2.19）議長島田弥久副議長田中恭三			
1938	2		臨時軍事課を新設、軍需品供出委員会設置			
1938	3		千葉郡犢橋村宇那谷は全 96 戸移転			
1938				4	1	国家総動員法
1938				4	6	電力管理法
1938	5		匝瑳郡共和村に海軍香取航空隊基地建設命令			
1938				6	10	県地方工業委員会規程
1938	6	17	千葉郡千城村に傷痍軍人療養所鍬入れ式			
1938				6	25	経済部に農務、企画、畜産林務の 3 課新設
1938				8	1	県下 29 警察署に経済警察係配置
1938	9	23		9	23	畜産林務課を畜産課と林務課に分離独立
1938	10	27	臨時県会 (～ 10.28)			
1938	11	18	通常県会（～ 12.17）議長星野懿吉、副議長伊藤博愛			
1938				12	20	第 1 回県地方工業委員会開催
1938	12	末	戦没者論功行賞者数 762 名			
1939	1	5	平沼騏一郎内閣成立			
1939	1	11	立田清辰第 29 代千葉県知事就任			

索　引

著者紹介

池田宏樹（いけだ ひろき）

1937年11月、東京都生まれ
1960年3月、千葉大学文理学部卒
1960年4月、千葉県公立高校教員となる
1988年4月、千葉経済短期大学商経科助教授に就任
1995年4月、千葉経済大学短期大学部教授
2008年3月、定年退職、同大学短期大学部名誉教授
利根川文化研究会評議員
『大正・昭和期の地方政治と社会―千葉県政の展開と社会運動の諸相』（彩流社）
『近代房総の社会経済と政治』（彩流社）
『日本の近代化と地域社会―房総の近代―』（国書刊行会）
『近世日本の大地主形成研究』（国書刊行会）ほか

戦争《せんそう》と地方政治《ちほうせいじ》――戦中期《せんちゅうき》の千葉県政《ちばけんせい》

第1刷発行　2016年6月30日

著　者● 池田 宏樹

発行人● 茂山 和也

発行所● 株式会社 アルファベータブックス

〒102-0072　東京都千代田区飯田橋 2-14-5　定谷ビル

電話 03-3239-1850　Fax 03-3239-1851　E-mail alpha-beta@ab-books.co.jp

装丁●佐々木 正見

組版●具羅夢

印刷●株式会社 エーヴィスシステムズ　製本●株式会社 難波製本

ISBN 978-4-86598-015-8 C0021